古代歷史文化研究輯刊

十二編

王明蓀 主編

第 9 冊

唐代城市居民的宗教生活
——以佛教爲中心

陳艷玲 著

國家圖書館出版品預行編目資料

唐代城市居民的宗教生活——以佛教為中心／陳艷玲 著 -- 初
版 -- 新北市：花木蘭文化出版社，2014〔民 103〕
目 2+264 面：19×26 公分
（古代歷史文化研究輯刊 十二編；第 9 冊）
ISBN 978-986-322-889-9（精裝）
1.宗教文化　2.佛教　3.唐代
618　　　　　　　　　　　　　　　　　　　103013895

古代歷史文化研究輯刊
十二編　第九冊　　　　　　　　ISBN：978-986-322-889-9

唐代城市居民的宗教生活
──以佛教爲中心

作　　　者	陳艷玲
主　　編	王明蓀
總 編 輯	杜潔祥
副總編輯	楊嘉樂
編　　輯	許郁翎
出　　版	花木蘭文化出版社
社　　長	高小娟
聯絡地址	235 新北市中和區中安街七二號十三樓
	電話：02-2923-1455／傳眞：02-2923-1452
網　　址	http://www.huamulan.tw 信箱 hml 810518@gmail.com
印　　刷	普羅文化出版廣告事業
初　　版	2014 年 9 月
定　　價	十二編 20 冊（精裝）新台幣 38,000 元

唐代城市居民的宗教生活
——以佛教爲中心

陳艷玲　著

作者簡介

陳艷玲，女，山東蓬萊人。2008 年畢業於上海華東師范大學歷史系，獲博士學位。現爲山東大學歷史學博士后流動站研究人員，研究方向爲魏晉南北朝隋唐史、中古佛教史。

提　　要

　　全書通過對唐朝宗教管理機構及其政策調控的分析，究明了唐代城市民眾宗教生活的政治法律保障及其限度。繼而對唐代城市居民的宗教生活，從大型的公共宗教活動、不同階層群體、個體生命歷程、不同地區特色等角度，分專題進行了探討。研究城市的大型公共宗教活動，對象是城市全體居民的公共宗教生活，主要從共性上把握城市各階層居民懷著共同宗教信仰的共同參與和共同體驗；討論不同城市居民不同社會群體的宗教生活，則是從個性上把握城市各個階層的宗教信仰及其宗教生活的不同特徵。討論個體生命歷程中的宗教滲透，是從縱的方面探討人生不同階段所受宗教的不同影響；個案研究特定地區和城市的民眾宗教生活，則是從橫的方面把握唐代民眾宗教生活的地方特色，進而把握其共同特徵。由此展現出唐代城市居民宗教生活的多樣性、開放性、兼容性、時代性和地域性等特徵。

　　全書圍繞設定的主題，通過多角度、多棱鏡透視，縱橫交叉，點面相映，個體與群體、分階層觀察與對市民整體鳥瞰、個案剖析與共性抽象相結合等方法，希望最終能夠客觀、眞實、立體地展現唐代城市居民宗教生活的全貌。

目
次

導　論

一、選題緣起

　　陳寅恪先生曾指出：「唐代之史可分前後兩期，前期結束南北朝相承之舊局面；後期開啓趙宋以降之新局面，關於政治社會經濟者如此，關於文化學術者亦莫不如此。」〔註1〕陳先生精闢地指出了唐代在中古史上承前啓後、繼往開來的時代特徵。這一時代特徵不僅表現在唐代經濟和政治體制上，也表現在思想文化和唐人的精神風貌上。

　　唐代開放的民族和宗教政策使唐人得以接受各種思想文化潮流的湧入，因而相關唐代史料中留下了大量的各個階層群體思想信仰狀況的記載，如見於兩《唐書》等正史中的各種神奇信仰，「天人感應」學說、陰陽術數之學，以及《太平廣記》等筆記小說中所反映的災異鬼怪故事的因果報應、輪迴轉世等宗教思想觀念，墓誌碑刻中誌主日常吃齋念經的佛道教宗教言行，敦煌願文中的祈願頌贊等齋文，都是唐人思想觀念及信仰的體現。這些豐富的史料爲我們研究唐人宗教思想信仰提供了必要條件。而這些大量體現唐人社會生活的宗教思想及信仰資料，還有待於更加充分地加以利用。

　　以往學界對唐代宗教信仰的研究，主要集中在對宗教本身的研究，如對宗教的發展史、宗教義理及教軌、宗教外部組織及寺觀經濟制度等方面的探討，並已取得相當豐富的成果。我們知道，宗教思想永遠不會脫離社會而孤立存在，它是根植於社會群體成員的思想中、滲透於社會生活之中並通過日

〔註 1〕陳寅恪《論韓愈》,《金明館叢稿初編》,三聯書店 2001 年版,頁 332。

常社會行爲而得以傳播流行的。張廣達先生曾就唐代研究的不足，指出宗教史研究與社會史研究存在相脫節的現象，宗教思想及信仰只是宗教史研究的組成部分，並未成爲唐史研究的組成部分，希望今後要扭轉這種局面。〔註2〕只要我們稍微留意國外學界的研究動態，我們就會發現，在這一領域裏外國學者比我們起步要早。如華裔美籍學者楊慶堃《中國社會中的宗教：宗教的現代社會功能與其歷史因素之研究》〔註3〕是研究中國宗教、社會和文化的通論性經典作品。書中考察了中國社會中各種類型的信仰，以及國家政治、經濟和儒家學說的關係，描述了中國社會與宗教的整合狀況。有論者稱：「他最大的貢獻就是表明了宗教的儀式和信仰是怎樣成爲中國社會，包括家庭、階級、民間團體、行業、經濟活動和朝廷，必不可少的一部分的。所有的這些階層、宗教和社會都是相互影響的，又互爲支撐的。宗教的傳統同時又是個人以及社會道德的基礎。」〔註4〕美國學者太史文《幽靈的節日：中國中世紀的信仰與生活》〔註5〕，是以佛教的節日盂蘭盆節爲切入點，將該節日置入唐代社會的大背景下，透過它來探視各個階層的成員對節日的不同理解，從不同理解中發掘出唐代宗教與社會的種種關係，展現唐人宗教生活的畫面。這種獨特的研究視角爲我們的研究提供了新思路。美國學者伊佩霞、葛里高里合編《唐宋中國的宗教與社會》〔註6〕，是數篇論文合集，主要反映了唐宋時期宗教與社會的關係，但僅有一篇爲唐代，其餘均屬於宋代內容。這種情況也說明了研究唐宋史的美國學者近來更偏重於對宋代的研究。英國學者杜德橋《唐代的宗教體驗與世俗社會：對戴孚〈廣異記〉的解讀》，評者認爲「作者的研究目的是要從文學的角度揭示 8 世紀中國世俗社會的個人生活，研究社會變遷的動因」〔註7〕。該書根據唐代筆記小說描述的陰間鬼神怪誕故事，

〔註2〕 胡戟主編《二十世紀唐研究・序一》，中國社會科學出版社 2002 年版，頁 4。

〔註3〕 （美）楊慶堃著，范麗珠等譯《中國社會中的宗教——宗教的現代社會功能與其歷史因素之研究》，上海人民出版社 2007 年版。

〔註4〕 歐大年《中國社會中的宗教——宗教的現代社會功能與其歷史因素之研究：序言》，頁 15。

〔註5〕 （美）太史文著，侯旭東譯《幽靈的節日：中國中世紀的信仰與生活》，浙江人民出版社 1999 年版。

〔註6〕 Ebrey, Patricia and Gregory, Peter N.ed. *Religion and Society in T`ang and Sung China*, Honolulu: University of Hawaii Press, 1993.轉引自榮新江《導言：唐代宗教信仰與社會：新問題與新探索》，榮新江主編《唐代宗教信仰與社會》，上海辭書出版社 2003 年版，頁 3。

〔註7〕 Dudbridge, Glen. *Religious Experience and Lay Society in T'ang China: A reading*

揭示唐代世俗社會的政治、經濟、文化狀況及民眾的宗教生活。這種創新的研究題材和新穎的視角，爲研究者們提供了成功的典範。近些年來，中國學者們逐漸將目光投向宗教與社會關係的研究，並已頗有成就，研究隊伍也有日漸壯大的趨勢。寧可、郝春文先生是國內專業領域內對宗教與社會研究課題的較早關注者。他們以敦煌吐魯番出土文獻爲重要資料，對中古佛教社邑及敦煌寺院生活進行了深入的探究，代表作是郝春文先生的《唐後期五代宋初敦煌僧尼的社會生活》〔註8〕。同時及稍後，一批中青年學者相繼湧現，如侯旭東《五、六世紀北方民眾佛教信仰：以造像記爲中心的考察》〔註9〕、尚永琪《3～6世紀佛教傳播背景下的北方社會群體研究》〔註10〕、余欣《神道人心：唐宋之際敦煌民生宗教社會史研究》〔註11〕，都是對下層民眾群體宗教生活的研究，都以自下而上的視角和下層民眾的立場探討佛教信仰對社會生活的影響。此外，榮新江先生組織相關研究領域學者實施「盛唐研究計劃」，圍繞「唐代宗教與社會」這一主題將研究成果集結成書——《唐代宗教信仰與社會》〔註12〕，書中各篇文章從唐代宗教與社會的關連處著眼，多方面多角度地論述了道教、佛教、三夷教及民間信仰與唐代社會生活方面的關係。當然，由於該書是出自眾人之手而選題各自側重於自己研究領域的論文集，因而難免顯得缺乏整體性和系統性，而且書中多數論文主要還是從傳統的宗教與國家上層建築之間的關係著手。但該書的嘗試卻值得肯定。尤應注意的是，臺灣學者劉淑芬先生近年來圍繞佛教與社會問題推出系列成果，其代表作是《中古的佛教與社會》〔註13〕，該書對中古的佛教與政治、禮俗、地方社會以及醫療養生等社會方面的諸多論題進行了深入探討。

---

　　of Tai Fu's Kuang i-chi, Cambridge University Press, 1995. 見趙宏勃書評《唐代的宗教體驗與世俗社會：對戴孚〈廣異記〉的解讀》，載《中國社會歷史評論》第2卷2000年版，頁5192。

〔註 8〕郝春文《唐後期五代宋初敦煌僧尼的社會生活》，中國社會科學出版社 1998年版。

〔註 9〕侯旭東《五、六世紀北方民眾佛教信仰：以造像紀爲中心的考察》，中國社會科學出版社1998年版。

〔註10〕尚永琪《3～6世紀佛教傳播背景下的北方社會群體研究》，科學出版社 2008年版。

〔註11〕余欣《神道人心：唐宋之際敦煌民生宗教社會史研究》，中華書局2006年版。

〔註12〕榮新江主編《唐代宗教信仰與社會》，上海辭書出版社2003年版。

〔註13〕（臺）劉淑芬《中古的佛教與社會》，上海古籍出版社2008年版。

綜合諸上已有的研究成績和存在的不足，本書力將研究重點放在宗教與社會生活之間的關係，特別是佛教對唐代社會生活的影響上，對唐代城市居民的宗教生活進行探討。

本書將唐代的宗教生活限於城市這一空間範圍和城市居民這一社會群體，是基於如下的考慮。首先，城市是人類生產和生活最爲發達，物質和精神成果最爲集中，同時也是一個國家和時代思想文化最爲發達的地方，毋寧說是一個國家和時代文明程度的代表和象徵。城鄉之間是相互依賴、相互補充而無法割裂開的。但是，由於中古農民封閉式自給自足的經營特點，使得農民除農業生產外，極少有時間和機會接受新思想觀念和從事文化藝術等精神活動，城鄉之間的差別極爲顯著。這種差別既體現在物質層面上，而尤其表現在社會生活方式、思想觀念等精神層面上。又由於在中國古代話語權主要掌握在有權力有知識的階層手中，因而鄉村民眾的生產和生活活動很少載入史冊，史料中所見民眾宗教生活往往爲社會上層，而他們多居於城市中。其次，佛教、道教等宗教的發展傳播和城市的關係密不可分。宗教借助城市得到了巨大發展，城市亦因宗教文化的影響和滲透而顯得更加豐富多彩。最後，唐代作爲當時引領世界的大帝國，其宗教思想文化也主要通過城市得以交流、傳播和展現，影響主要居住在城市的統治階層。就唐代城市研究而言，目前研究的重點主要集中在城市內部的坊市、官衙布局，以及基於考古發掘的城郭、坊市建築遺址的還原研究；在內部機能方面，則主要集中在都市的政治、軍事、經濟和商業功能。而對城市居民的社會生活的研究卻較爲薄弱，其中城市居民的宗教生活則更爲不足。因此，將唐代宗教與居民社會生活的聯繫立足於城市這一空間範圍，以期爲改變這個領域的研究薄弱現象略盡微薄之力，這即是本書選擇此課題的緣起。

治史者既需有求眞、求實的治史精神，又要有「期於在今日爲用」的現實功能預期，因此，對於這一課題的研究，筆者首先力求眞實反映和復原唐代城市宗教生活風貌，同時也希望能對今天城市的精神文明建設提供一定的歷史借鑒。

二、學術史回顧

中外學界對唐代城市居民宗教生活的研究，目前尚未見有專著出版，但是與這一課題相關的唐代城市、宗教、社會生活等問題的研究已取得豐碩成

果。而且，近幾年在前賢時彥的倡導及關注下，有關唐代宗教與國家、社會的關係問題引起了越來越多學者的興趣，使這一研究也得到一定程度的深入。上述問題的相關成果主要體現在如下數篇論文和散見於一些通論性著作的篇章中。

　　關於唐代宗教事務的管理研究，學界已取得非常豐富的成果，公開出版的論著主要有：謝重光、白文固《中國僧官制度史》〔註 14〕，臺灣僧人明復《中國僧官制度研究》〔註 15〕等。論文方面主要有：王永平《唐代道教的管理體制》〔註 16〕、鄭顯文《唐代道僧格的研究》〔註 17〕、孟憲實《論唐朝的佛教管理——以僧籍的編造爲中心》〔註 18〕等。另外還有在以往研究基礎上撰就的未刊博士論文〔註 19〕。這些成果大致反映了僧道管理制度的發生、發展及演變過程，爲我們明瞭唐代城市居民宗教生活的政治保障和管理背景有莫大的助益。當然，有關這方面的研究在個別問題上學界還存在分歧，還有繼續探討的餘地。

　　綜合論述唐代宗教與社會關係的論著，除上文已經述及的榮新江、李斌城等先生，以及楊慶堃、太史文、杜德橋、伊佩霞等海外學者的論著以外，還有鍾國發《神聖的突破：從世界文明視野看儒佛道三元一體格局的由來》〔註 20〕從宏觀整體上闡釋「三教一體」格局對中古社會、文化與宗教的作用及影響。張國剛的《佛學與隋唐社會》〔註 21〕，該書論述了佛學經典與教派，佛教與寺院僧尼，佛教與世俗王權、民眾信仰、社會生活及文化等方面的關係問題。由於書中問題牽涉面較廣，不可能對所有問題都有同樣深入的探討，但仍從總體上反映了佛教與隋唐社會關係的基本方面。王永平《道教與唐代社會》〔註 22〕，就政治、經濟、文化、社會生活四個方面各立篇

〔註 14〕謝重光、白文固《中國僧官制度史》，青海人民出版社 1990 年版。
〔註 15〕（臺）明復《中國僧官制度研究》，臺灣明文書局 1981 年版。
〔註 16〕王永平《唐代道教的管理體制》，《首都師範大學學報》2000 年第 5 期。
〔註 17〕鄭顯文《唐代道僧格的研究》，《歷史研究》2004 年第 4 期。
〔註 18〕孟憲實《論唐朝的佛教管理——以僧籍的編造爲中心》，《北京大學學報》2009年第 3 期。
〔註 19〕周奇《唐代宗教管理研究》，復旦大學 2005 屆博士論文；張經真《法律視角下的隋唐佛教管理研究》，中國社會科學院 2012 屆博士論文。
〔註 20〕鍾國發《神聖的突破：從世界文明視野看儒佛道三元一體格局的由來》，四川人民出版社 2003 年版。
〔註 21〕張國剛《佛學與隋唐社會》，河北人民出版社 2002 年版。
〔註 22〕王永平《道教與唐代社會》，首都師大出版社 2002 年版。

章，反映了道教與唐代社會各方面的關係。黃新亞《消逝的太陽：唐代城市生活長卷》〔註23〕，涉及到城市居民宗教生活的是「淨土的召喚」，從唐帝迎佛骨、城市裏的佛寺、在家信徒、諸神的競爭等方面反映了市民的宗教生活。書中以豐富的史料，對城市社會的宗教生活進行了概括性的描述和介紹，也留下了不少值得深入分析的問題。港臺學者的研究成果，劉淑芬的《慈悲清淨：佛教與中古社會生活》〔註24〕與本文關係最爲近切，該書深入淺出地描述了佛教信仰在中古社會的慈善救濟、節日慶祝中的表現，以及對不同性別的人群在社會日常生活方面的不同影響，筆調雖然通俗易懂，但不乏對史實的透徹分析，體現了作者深厚的社會學功底。比較國內及海外學者們的成果，不難發現，國內學者更關注於宗教與國家政策、社會經濟、思想文化觀念等較爲宏觀的關係問題，或有具體到社會日常生活中的宗教行爲，但在人們的宗教情感及體驗方面，仍有較大的討論空間，而這正是本書重點關注的問題所在。

以下就本書研究所涉各個方面，扼要分述前人的相關成果。

國家及宗教團體參與主持的大型宗教活動及帶有宗教色彩的歲時節慶活動，最能體現城市民眾的參與程度。有關這方面的研究，散見於上舉諸位先生的論著中。如張國剛《佛學與隋唐社會》、黃新亞《消逝的太陽》的相關篇章，概述了唐代諸帝迎佛骨的情況。上列太史文《幽靈的節日》通過宗教節日慶典中人們對其的不同理解及表現，較深刻地探討了社會各階層人們的宗教情感與體驗。至於唐代高僧玄奘西遊歸來受到朝廷隆重接待，圓寂後的厚葬場面和城市民眾的反響，宗教團體參與主持如無遮大會之類的大型法事活動中的民眾參與情況，囿於見聞，至今尚未見到相關的專題研究。

關於社會各階層的宗教信仰活動，研究成果較爲豐富。綜論社會不同階層成員的情況有前面提到的李斌城等主筆的《隋唐五代社會生活史》〔註25〕，其書第四章第六節「宗教生活」中，將宗教生活分成佛教生活和道教生活兩類，按照帝王、王公貴族、士大夫、平民百姓等社會階層的劃分，概括性地描述了社會各階層不同的佛教和道教生活。然而限於篇幅和研究範圍，這些問題不可能充分展開，有待深入。黃正建主編《中晚唐社會與政治

〔註23〕黃新亞《消失的太陽：唐代城市生活長卷》，湖南出版社 1996 年版。

〔註24〕（臺）劉淑芬《慈悲清淨：佛教與中古社會生活》，臺北三民書局 2001 年版。

〔註25〕李斌城第主編《隋唐五代社會生活史》，中國社會科學出版社 1998 年版。

研究》〔註 26〕的第六章「中晚唐時期的世俗佛教信仰」，主要從世俗佛教的信仰主體、主要崇信對象、主要特點與影響等方面闡述了佛教在中晚唐時期的世俗化進程。相關論文有王濤《唐宋之際城市民眾的佛教信仰》〔註 27〕，從唐宋之際佛教廣泛滲透到城市民眾的日常生活的表現形式和宗教意識中得出，佛教完全意義上的中國化，是應該以它對民眾生活的巨大影響爲旨歸的。可知此文的關注點在於佛教在中國本土化和世俗化的過程中對城市民眾日常生活的影響。對社會某一階層的具體研究，關於士人與宗教的關係方面，有郭紹林《唐代士大夫與佛教》〔註 28〕，就唐代士大夫在文化、思想、日常生活等方面與佛教的關係及相互影響，士大夫奉佛的方式和原因等，進行了探討。李斌城《論唐代士大夫與佛教》〔註 29〕一文，對於唐代在朝士大夫佞佛的現象作了綜合考察，並從政治、經濟、思想和社會根源方面進行了原因分析，指出「佩服世教，棲心空門，外爲君子儒，內修菩薩行」，就是唐代士大夫儒釋合二而一風貌的概括寫照。歸根到底，唐代士大夫的佞佛，是由其階級地位決定的，它從一個側面反映了唐代社會矛盾，尤其是統治階級內部矛盾。顯然，李先生注重從士大夫的階級屬性上尋找問題的根源。張弓《唐代士人的「始儒終佛」》〔註 30〕認爲唐代士人的人生軌迹普遍遵循著一種「始儒終佛」的趨向，考察了儒學和佛教在唐代士人人生歷程中的作用和影響。關於商業手工業與宗教的關係，較早給予關注的是季羨林先生《商人與佛教》〔註 31〕，該文運用佛典文獻，從經濟關係、思想來源、意識形態及共同的歷史使命等方面論述了印度商人如何與佛教建立起互相依賴、互相影響的密切關係。同時指出了在商人與佛教關係上中國與印度之間的差異。近年姚瀟鶄對此問題亦有關注，並有相關方面的研究成果〔註 32〕。比較而

〔註 26〕黃正建主編《中晚唐社會與政治研究》，中國社會科學出版社 2006 年版。

〔註 27〕王濤《唐宋之際城市民眾的佛教信仰》，《山西大學學報》2007 年第 1 期。

〔註 28〕郭紹林《唐代士大夫與佛教》，河南大學出版社 1987 年版。

〔註 29〕李斌城《論唐代士大夫與佛教》，《魏晉隋唐史論集》2，中國社會科學 1983 年版。

〔註 30〕張弓《唐代士人的「始儒終佛」》，《華梵大學第七屆儒佛會通學術研討會論文集》，臺北 2003 年版。

〔註 31〕季羨林《商人與佛教》，選自《季羨林文集》第七卷，江西教育出版社 1996 年版。

〔註 32〕姚瀟鶄《試述魏晉南北朝時期中土商人的佛教信仰》，《史林》2011 年第 2 期；《隋唐時期中土商人的佛教信仰》，《雲南社會科學》2013 年第 4 期。

言，學者對佛教與手工業的關係研究較爲豐富，如唐長孺先生《吐魯番文書所見絲織手工業技術在西域各地的傳播》〔註33〕，利用吐魯番文書探討了西北各族生產絲織品的情況，指出西域各地由於當地普遍崇信佛教，受佛教不殺生戒律的影響，「一定要待繭破蛾出，方才治繭取綿」，故而當地生產出獨有的「綿經綿緯」特點的錦等絲織品。這是較早將佛教信仰與手工業聯繫起來的文章。姜伯勤先生《唐五代敦煌寺戶制度》〔註34〕對敦煌古代各行各業的工匠作了全面細緻地考察和深入研究。此外，魏明孔專著《隋唐手工業研究》〔註35〕中第一章第四節「寺院手工業」闡述了唐代寺觀手工業經營的範圍、門類、內部分工及與外界的聯繫等，從物質層面反映了寺院手工業自身發展概況及其與俗世生產部門的密切聯繫。此書將寺院手工業從傳統手工業類型中析出並作專節研究，實獨具慧眼，因而是研究唐代工商業群體宗教信仰的重要參考書。或限於主題，該書對手工業者群體在生產、生活中的宗教信仰及精神活動未作進一步探討。馬德《敦煌莫高窟史研究》〔註36〕對參與莫高窟營造的唐代工匠作了比較系統的考察。周侃《淺談唐代手工業者的宗教信仰生活》〔註37〕則彌補了這方面的不足，該文主要運用唐代筆記小說的有關史料，分析了唐代手工業者的宗教信仰生活的類型、成因及特點，指出手工業者的宗教信仰生活既是中國古代宗教信仰的一環，又是唐代民間信仰的重要組成部分。文章雖過於簡略，卻對深入探討這一問題有啓發之功。

關於軍隊與佛教的關係問題則是學界研究的薄弱環節，目前的研究有嚴耀中先生作過相關論述，他在《佛教戒律與中國社會》〔註38〕第四篇第三十一章「僧兵與戒律」中，通過僧兵的建立是否爲戒律所允許和僧兵建立後與戒律的相互影響兩個方面闡述了軍隊與佛教之間的關係。這爲本文的研究提供了重要的參考。還有劉琴麗《唐代幽州軍人與佛教——以〈房山石經題記彙編〉爲中心》〔註39〕，運用北京房山石經題記資料，探討了唐代幽州地區

〔註33〕唐長孺《吐魯番文書所見絲織手工業技術在西域各地的傳播》，氏著《山居存稿》，中華書局 1989 年版。
〔註34〕姜伯勤《唐五代敦煌寺戶制度》，中華書局 1987 年版。
〔註35〕魏明孔《隋唐手工業研究》，甘肅人民出版社 1999 年版。
〔註36〕馬德《敦煌莫高窟史研究》，甘肅教育出版社 1996 年版。
〔註37〕周侃《淺談唐代手工業者的宗教信仰生活》，《聊城大學學報》2004 年第 2 期。
〔註38〕嚴耀中《佛教戒律與中國社會》，上海古籍出版社 2007 年版。
〔註39〕劉琴麗《唐代幽州縣人與佛教——以〈房山石經題紀江編〉爲中心》，《世界宗教研究》2011 年第 6 期。

軍人對當地佛教事業發展的貢獻，以及除去宗教訴求外，有部分幽州軍將以佛教作爲政治宣傳工具等特點。

　　關於生老病死等個體生命歷程中受宗教影響的研究目前尚不多見，僅姚平《唐代婦女的生命歷程》〔註40〕略有論及。書中第九章「生育」通過分析唐代墓誌資料，指出唐人不僅認爲婦女崇信佛教會對胎兒有益，而且還普遍在女性懷孕和分娩前後向佛祈求保祐，這說明了佛教對唐代生育觀念有重大的影響。書中從唐代女性的生命歷程反映佛教對她們人生不同階段的影響，爲我們研究提供了新模式和新思路。受此啓發，筆者在近年來的研究中關注了佛教對個體生命歷程，尤其在生育方面的影響，並撰有相關方面的論文。〔註41〕如果從生命個體的完整歷程來看，除去生育外，老病死尤其是死喪問題也應被視爲重要的環節。在唐代墓誌碑刻資料中，出現了大量的受宗教信仰的影響而不同於中國傳統喪葬禮制的亡葬情況，如唐代俗人臨終之際的宗教行爲、待亡寺觀的行爲及喪葬觀及葬法等，這些關於喪葬文化的重要信息都能從墓誌中獲取。遺憾的是，目前尚未見有專文詳加探討。這也是本書所要特別關注的重要問題之一。

　　關於城市居民宗教信仰的地區個案研究，研究成果非常顯著。洛陽與長安是唐朝的東西兩個都城，既是唐帝國政治、經濟、軍事和文化的中樞，又是帝王、百官、士庶、僧道世俗民眾聚居的生活空間。二京東西遙相呼應，共同承擔著唐帝國各項制度之制訂施行和國計民生之籌謀運作的政治中心的重任。因而長安、洛陽兩京地區一直是學者們用力較勤的課題。目前學術界對長安與洛陽的研究，在文獻整理與增補、考古發掘、都城建制等方面已經取得豐碩的研究成果〔註42〕。在宗教文化與社會問題上與本書相關的成果，主要有向達《唐代長安與西域文明》〔註43〕，作者從勾稽進入長安的西域各

〔註40〕姚平《唐代婦女的生命歷程》，上海古籍出版社2004年版。

〔註41〕陳艷玲《宗教影響下魏晉迄唐生育禮俗探微：以佛道教爲中心》，《河南師範大學學報》2011年第3期；《生命與信仰：中古時期求子之道的社會文化意蘊》，《江西社會科學》2012年第7期。

〔註42〕（日）平岡武夫《唐代的長安與洛陽》，上海古籍出版社1989年版；（日）妹尾達彥《白居易と長安・洛陽》，岩波書店1958年版；榮新江《關於隋唐長安的幾點思考》，《唐研究》第9卷，北京大學出版社，2003年版；吳濤《盛唐時期的東都洛陽》，《鄭州大學學報》1992年第6期；丁毅華《從唐詩看唐代洛陽的生活畫卷》，《文史知識》1994年第11期。

〔註43〕向達《唐代長安與西域文明》，氏著《唐代長安與西域文明》，河北教育出版社2001年版。

國使者、商人、胡姬等各色人物開始，進而揭示開元前後唐朝長安所受西域文化影響的情況，再具體研究西域繪畫、樂舞、娛樂活動、宗教對長安文化的影響。長安作為中西方文化的交融地，接受著異質文化的衝擊，並加以衍化、吸收。向先生以長安為基點，向我們展現了中原文化與西域文化之間的交匯融通，尤其在宗教文化方面對長安社會的影響和滲透。樊光春《長安道教與道觀》〔註44〕則是系統論述了中古史上道教在長安的發展興衰過程。龔國強《隋唐長安城佛寺研究》〔註45〕在古代文獻和考古發掘資料相結合的基礎上，對隋唐長安城的佛寺分佈、形制布局及源流等方面進行了深入探討，書中通過考證得出的一些觀點和結論很有見地和極具啟發性。論文方面，曹爾琴《唐長安的寺觀及有關的文化》〔註46〕對長安的寺觀規模包括寺觀的淵源、寺觀與里坊、寺觀的僧道和財產、寺觀的園林、寺觀的文化等幾個方面作了詳細的論述，從歷史地理、宗教與文化、宗教與社會等角度為我們全面介紹了長安的寺觀及其文化。由於受我國當時階級鬥爭思想的影響，文章帶有鮮明的時代特徵，如「從這兩件事情看來，佛道兩教，除了被統治者作為毒害人民群眾的精神麻醉劑外，還有鞏固統治這樣的大作用。」顯然這種說法帶有明顯的主觀色彩。孫昌武《唐長安佛寺考》對唐長安地區的寺院管理與經營、宗教活動、社會文化活動等作了較全面的論述，是研究唐長安佛教文化與社會關係的重要之作。〔註47〕除此而外，還有王維坤《唐代長安與西方宗教文化交流的研究》〔註48〕、陳瑞《佛教文化與隋唐洛陽城市生活》〔註49〕、韓香《唐代外來宗教與中亞文明》〔註50〕等論文，也從不同方面展現了長安、洛陽地區的宗教文化生活。

由於敦煌文書中絕大多數涉及的是佛教內容，因此研究者在諸多方面，如佛教與世俗政權的關係，佛教經典的翻譯及其哲學思想的分析，佛教各宗派的產生和發展變化，寺院經濟的發展等方面，都取得了顯著的成果。不過

〔註44〕樊光春《長安道教與道觀》，西安出版社2002年版。
〔註45〕龔國強《隋唐長安城佛寺研究》，文物出版社2006年版。
〔註46〕曹爾琴《唐長安的寺觀及有關的文化》，《中國古都研究》，浙江人民出版社1985年版。
〔註47〕孫昌武《唐長安佛寺考》，《唐研究》第2卷，北京大學出版社1996年版。
〔註48〕王維坤《唐代長安與西方宗教文化交流的研究》，《西北大學學報》2002年第4期。
〔註49〕陳瑞《佛教文化與隋唐洛陽城市生活》，《中學歷史教學參考》2001年第3期。
〔註50〕韓香《唐代外來宗教與中亞文明》，《陝西師範大學學報》2006年第5期。

在宗教社會生活史方面，過去關注得相對較少。近年，宗教與社會之間的關係已引起學者們的關注，因而一系列成果相繼推出，較有代表性的論著有郝春文《唐後期五代宋初敦煌僧尼的社會生活》〔註51〕。作者利用敦煌文書，參以傳世佛典和史籍，考察了9～11世紀上半葉敦煌僧尼出家受戒的程序與過程，僧尼的日常宗教生活、經濟生活方式，與寺院常住財產、常住什物的關係，宗教收入，死亡及遺產處理和操辦喪事的情況，以及敦煌世俗政權的佛教政策與僧人生活的關係等，是敦煌釋門社會生活研究的一項重要成果，被海內外學者廣為稱引。余欣《神道人心：唐宋之際敦煌民生宗教社會史研究》〔註52〕，是利用敦煌文獻，從社會生活實際層面研究唐宋之際敦煌民眾的信仰世界的一部力作。作者幾乎窮盡了所有相關的敦煌文獻，吸收了國內外的研究成果，借鑒了西方社會史的理論和方法，為自己的民生宗教史理論建立了堅實的構架。上述兩部論著是唐代宗教與社會生活相結合研究的典型代表，雖討論範圍限於唐宋之際的敦煌，但仍為本文的研究提供了成功的範例。

此外，關於西南巴蜀地區，日本學者吉川忠夫有《唐代巴蜀にぉける佛教と道教》一文，據稱此文從四川巴蜀地區佛教與道教的競爭來透視整個唐帝國的宗教現象。此文選題與本書關於巴蜀地區的佛道相爭研究有極其相似的視角，遺憾的是，筆者雖知有此文，卻迄今未能獲讀〔註53〕。關於東南揚州地區的相關研究，首推李廷先《唐代揚州史考》〔註54〕，其中第十章「唐代揚州的道教」和第十一章「唐代揚州的佛教」，運用佛書、道書、唐代筆記小說等資料梳理了佛教和道教在揚州地區的基本發展情況。此外，還有米壽江《揚州早期的穆斯林與伊斯蘭教東傳》〔註55〕及李興華《揚州伊斯蘭教研究》〔註56〕等。揚州屬於對外交流便利的東南沿海港口城市，頻繁的內外交

〔註51〕郝春文《唐後期五代宋初敦煌僧尼的社會生活》，中國社會科學出版社 1998年版。
〔註52〕余欣《神道人心：唐宋之際敦煌民生宗教社會史研究》，中華書局 2006年版。
〔註53〕（日）吉川忠夫《唐代巴蜀にぉける佛教と道教》，選自吉川忠夫編《唐代の宗教》，朋友書店 2000年版。轉引自葛兆光《重新清理唐代宗教的歷史：讀吉川忠夫編〈唐代の宗教〉》，載於《屈服史及其他：六朝隋唐道教的思想史研究》，三聯書店 2003年版，頁185。
〔註54〕李廷先《唐代揚州史考》，江蘇古籍出版社2002年版。
〔註55〕米壽江《揚州早期的穆斯林與伊斯蘭教東傳》，《世界宗教研究》1999年第2期。
〔註56〕李興華《揚州伊斯蘭教研究》，《回族研究》2005年第1期。

往促進了該地區宗教文化的交流，因此佛教及伊斯蘭教與外地及海外的交流成爲該地區宗教發展的特色。

通過對中外前人研究成果的分析，我們發現，學者們對唐代宗教及社會生活多有研究，研究範圍廣泛，內容全面，分類細緻，既有對某種宗教與唐代社會之間的關聯的研究，也有對某個區域、某個階層群體的宗教信仰情況的系統論述，其中某些方面的專題研究已很深入。但總體而言，研究面仍有待於開拓，尤其在城市居民的生活上，缺乏系統性和完整性的考察，對城市居民的宗教生活涉及的就更稀缺了，目前也尚未有一本針對「唐代城市居民宗教生活」這個中心話題進行深入細緻研究的專著出版。

三、資料運用及研究方法

正史是側重於記載歷朝歷代的政治、經濟、軍事等關係國家生死存亡、爲統治者提供治國安邦借鑒的歷史，對於細鎖的社會生活則涉及不多，唐代也不例外。但唐人留下的豐富的筆記小說、墓誌碑刻、詩集文萃及僧人傳記等，展現了唐人的精神世界，爲我們提供了正史極少涉及的民眾生活內容。故本人主要運用這些資料，在結合正史記載的基礎上，擬對本課題進行深入研究。

在研究方法上，主要採用了如下幾種：

1、綜合考量本研究所要解決的問題及所要達到的目的，在具體的研究策略上將採用以傳統的治史方法爲基礎，根據所搜集的研究文獻、敘述史料等，對其分類、歸納整理，得出相關可用性史料，運用計量、統計等方法，結合相應表格，以便更直觀地論證相關問題。

2、簡單的定量分析方法。在歷史研究中，爲得出盡可能正確的結論，與定性分析的同時，定量分析手法的並用無疑是最爲理想的。在研究過程中，筆者擬在可能條件下，採用簡單的定量分析法，同時運用敘述性史料加以論證，使二者有機地結合起來，以便得出可以信賴的結論。

3、宗教史的研究方法。即從宗教本身的歷史發展來認識宗教，通過研究、探討宗教的史實來描述、勾勒其歷史發展線索。宗教作爲一種信仰，它是在一定的社會組織和社會力量的作用下對社會發生影響的。本文作爲一種實證性研究，關注宗教的社會性，即著眼於宗教與外部社會系統發生的關係，重點探討宗教對民眾生活的影響和滲透。我們知道，唐代是所謂儒釋道三教並

立的時代。佛教傳入中土之初，爲了適應傳播、爭取信眾的需要，曾借用道家的思想、概念，而道教更是借用佛教成熟的理論思想來充實和完善自身。由於這種彼此的借用，使得民間普通的信仰者在其崇拜活動中往往混雜著多種宗教的成分。而且這種混雜使得民間信仰者在宗教信仰上十分寬容，在自己的信仰活動中允許對方的信徒參與其中。這樣一種比較的視野，將有利於把握唐代宗教傳播活動的特徵和與之密切相關的唐代民眾宗教生活的特徵。

4、區域史研究與整體史研究相結合。通過對一些特定地區的城市民眾的宗教信仰進行個案研究，以凸顯不同城市民眾信仰的地域特徵及其背景，在比較分析的基礎上，從整體上把握唐代城市民眾宗教生活的時代特色。

當然，以上的研究方法必然以馬克思主義的辯證唯物主義和歷史唯物主義爲指導。馬克思主義理論的核心在於實事求是，因此本書將從歷史本身的實際情況出發，力求其結論建立在確實可信的資料基礎之上。以馬克思主義思想爲指導，絕不意味著排斥現代西方的宗教研究成果，以及他們在理論方法上有啓發性的見解。相反，我們將充分借鑒和利用包括西方宗教學在內的現代人文社會科學的理論和方法，廣泛利用前賢時彥的相關研究成果和方法策略，注重實證，論從史出，以盡可能客觀眞實地反映唐代城市居民宗教生活的總體面貌。

四、本書的研究思路

全文除導論和結論外共分爲五章。導論明確問題意識所在，結論簡括全文論證所得。

第一章主要利用傳世文獻和前人成果，分析介紹唐代宗教事務的管理機構、宗教徒數量及寺觀數額，以明瞭唐政府對宗教事務的管理調控情況。當時對於獻身宗教的專業神職人員（如佛僧、道士）的身份准入（出家）及名額，專門宗教空間（如寺、觀，特別是都市和郡縣城市之內的大型寺觀）的建立及其銜額、數量，大型公共宗教活動的舉辦准許以及形式、規模，國家均加以有效管控。它一方面保證了城市居民宗教生活的合法性，另一方面也規定了民眾宗教生活的限度。

第二章探討國家或宗教團體或二者共同舉辦的大型公共宗教活動，以及民眾在活動中的宗教體驗。這些活動包括大型法會和帶有濃重宗教色彩的歲時節慶活動。這是城市居民不分士庶貴賤普遍參與、人數眾多、規模宏大、

極具城市特色的公共宗教生活。它對參與者（包括城市居民及近郊農民）的宗教情感刺激之強烈，宗教體驗之深刻，影響之久長，遠爲其他形式的宗教生活所不及。故本文特立專章探討。

第三章旨在分類探討城市居民的宗教生活情況。本書將城市居民分爲世俗居民和神職人員兩部分，進而又對世俗居民按階層分爲士人、商業手工業者、軍隊將士等三部分。城市神職人員主要從出家人與世俗家庭之間的密切關係反映其對世俗家庭的宗教影響。本章主要分析宗教信仰對城市各個階層社會生活的介入和影響。

第四章主要運用墓誌碑刻資料探究唐代城市居民在生命歷程中的宗教影響。主要圍繞世俗居民在生、老、病、死及喪葬過程中如何受到宗教的影響，以及這種影響產生了什麼樣的社會後果等。如果說第二章的研究對象是城市全體居民和公共宗教生活，第三章的研究對象是城市中不同的階層和職業，討論不同社會群體的宗教生活，那麼，本章則是以具有宗教信仰的民眾個體爲研究對象，探討其生命歷程中的宗教滲透。本書希望通過以上諸方面的交叉探討，得以鳥瞰唐代城市居民宗教生活的全貌。誠然，城市公共宗教活動的參與者有不少農民，特別是近郊農民及流動人口，但限於資料，本文沒能作更細緻的區分。

第五章對一些特定的地區和城市作個案研究。分別以全國政治、經濟、軍事、文化中心的東西二京，具有深厚悠久的道教及其他民間宗教傳統的巴蜀，對外開放便利的東南港口城市揚州爲例，考察其各具特色的城市宗教信仰及民眾宗教生活。本書希望通過這些各具特色的地區的個案探討，全面展示唐代城市居民宗教生活極具地方特色的斑爛畫面以及共性。

五、本書術語及相關問題的說明

爲避免一些概念上的誤解，在此有必要對本書的核心概念，以及本書的缺陷或曰今後進一步研究的方向，作些說明。

1、唐代城市及其發展概況

本書所講的唐代城市的概念有別於現代意義上的城市。現代意義上的「城市」是一個合成詞，作爲一種居民聚落形態，主要具備以下幾個基本特徵：聚集了一定數量的人口；以非農業活動爲主，是區別於農村的社會組織形式；一定地域中在政治、經濟、文化等方面具有不同範圍職能的中心；城市要求相對聚集，以滿

足居民生產和生活方面的需要，發揮城市特有功能；必須提供必要的物質設施和力求保持良好的生態環境；是根據共同的社會目標和各方面的需要而進行協調運轉的社會實體；有繼承傳統文化，並加以綿延發展的使命〔註57〕。

　　中國古代的城市則包括城和市兩個不同的概念。城有自己的獨特的發展史。它自成一套體系，一般情況下根據其政治、軍事地位和戶口數、納稅的多少來確定相應的等級。古人「築城以衛君」說明城的主要功能是軍事防禦，是國君行使政治權力的地方。隨著經濟的發展和社會進步，城才逐漸增加了經濟、文化功能，自然而然演變爲一國、一地的社會活動的中心，繼而衍生出繁雜的社會矛盾和鬥爭，成爲推動中國古代社會發展的主要動力源。而古代的市是專門的集市交易，坐商和行商們繳稅，稅官收稅的地方，有時也是地方稅務機構駐紮之地，代表中央和地方政府行使經濟職能。它不一定必須安置在城中。因此市中一般無固定居民。在內部布局上，中國古代的城除了首都和陪都是按照前朝後市、左祖右社的嚴整布局來建設之外，其他地方城市則是依據各自的行政級別、地形地貌，山川形勢的分佈來設置，通常官署居於城的中央，佔據交通要道，掌控全城居民的活動。唐代的城一般是指具備上述完整或部分功能的區域性軍事、政治、經濟、文化、宗教中心。從建築角度講，從外層至內層一般有護城河、外城城牆、內城城牆、皇城宮城或官署牙城。而唐代的市就是專門的集貿、繳稅地點。城和市的關係通常有以下兩種：市在城中；市在城外。所以唐代的城可能只有城而無市，也可能是既有城也有市。〔註58〕從中國古代城市發展史和布局演變的角度來講，本文所說唐代的城市兼包城和市，二者視爲一體，所指包括城，或有市的城，還包括以城牆爲中心掌握有一定管轄範圍的行政區。實際上唐代城市除兩京之外，基本上都是縣以上各級政軍機構的駐節地（治所），即所謂「郡縣城市」〔註59〕。

　　中國城市體系的形成、發展經歷了漫長的歷史過程。根據現代考古技術的發展和歷史文獻記載挖掘的雙重證明，中國早期城市發端於原始社會末期向奴隸社會過渡的時期，類似於現代意義上的城市體系則形成於西周末期。

〔註57〕　《中國大百科全書》，中國大百科全書出版社 1984 年版。
〔註58〕　參考顧朝林《中國城鎮體系——歷史・現狀・展望》，商務印書館 1996 年版。
〔註59〕　胡如雷《中國封建社會形態研究》第十二章第一節「封建城市產生的特殊途徑」稱：「中國封建城市的產生途徑與西方不同，城市的政治、軍事性質特別突出，我覺得這種城市可以簡稱之爲『郡縣城市』。」三聯書店 1979 年版，頁 249。

從秦代至唐，中國城市體系的發展大致可分爲以下幾個階段：（1）秦漢時期（前 221～220）以政治中心爲主的城市體系的形成和發展，其組成是以首都爲中心，郡城爲骨幹，縣城爲基層的城市系列組群；（2）魏、晉南北朝、隋、唐時期（220～907）以政治中心和經濟中心互相促進的城市的發展，形成了都城——道級駐所城市——府、州級駐所城市——縣城——鎮及草市組成的比較完整的城市系統〔註60〕。

唐初繼承隋制，分州縣兩級，後州或改郡，或復稱州〔註61〕，儘管州之上往往設置監察或地方軍區機構（如道、觀察節度使等），但州（郡）、縣終歸是最基本的行政區劃，州、郡治所，即「郡縣城市」，仍是唐代最基本的城市體系，因爲州之上的監察、軍區，其治所往往與所屬首州同治。唐太宗貞觀十三年（639）全國共有州府 358 個，縣 1551 個〔註62〕。這樣，唐初全國基本形成了都城——道——府州（郡）——縣四級，其治所即構成與之相應的包括兩京在內、以「郡縣城市」爲主幹的城市體系。

唐玄宗時全國共分十五道，作爲地方軍區的節度使開始出現〔註63〕。開元二十八年（740），郡府（州郡）數量下降到 328 個，縣數量增至 1573 個，〔註64〕但其郡縣城市總數仍與貞觀年間相若。唐憲宗元和二年（807）由方鎮取代道作爲全國基本的行政轄區，全國共設 48 個方鎮，下隸府州 295 個，府州下隸縣級轄區 1453 個〔註65〕。安史之亂以後，中國經濟和人口重心逐漸南移，加之南方城市經濟發展較快，南方出現了大量的非建制的市鎮和草市。

唐代各等級城市內部的居民按照職業、身份等特點在城市內有不同的分佈。兩京是皇帝及其近臣貴族、重要的大臣皇城中，便於處理國家政務，其他居民則居住在坊中，便於集中控制。都城以下的城市則是按照職業特點各有分佈，如官吏居住在官署中，其他人等居住在坊中。市內每天早上固定時間開放讓城內居民和城外民眾進行日常交易，晚上固定時間準時關閉，不准留宿。總之，唐代城市居民的日常生活嚴格受到坊市格局的限制和國家制度

〔註60〕 參見顧朝林《中國城鎮體系——歷史・現狀・展望》第四章「中國封建社會城鎮體系的發展（上）」。
〔註61〕 《唐會要》卷 68《刺史上》，頁 1416。
〔註62〕 《新唐書》卷 37《地理志》，頁 959。
〔註63〕 《舊唐書》卷 38《地理志一》，頁 1385。《唐會要》卷 78《節度使》，頁 1686。
〔註64〕 《新唐書》卷 37《地理志》，頁 960。
〔註65〕 《舊唐書》卷 14《憲宗本紀》，頁 424。

的控管。〔註 66〕直至唐末五代以降，城內的里、坊制受到破壞，居民形成沿街（市）分佈的格局，市里才有了居民。至於非官方的草市，本來就不存在坊市制。

2、城市居民

城市居民的構成極為複雜。從社會生產角度來說，城市中已聚集有一定數量的非農業人口和非生產人口；從職業構成來看，城市人口有官僚階層，商業手工業者，僧道巫覡等神職人員，以及無固定職業者和流動人口等的區別。本書所謂城市居民，涵蓋了上述所列範圍，主要包括：皇親國戚、文武百官、宮人之類的特權階層，傳統「四民」階層中「習學文武」的士、「功作貿易」的工、「屠沽興販」的商〔註 67〕，軍隊將士，學校生徒，各地應試的舉子，樂工舞郎、教坊伶人，少數族人，城居地主及規避賦役和戰亂之人，僧尼道士及具有不同信仰的「方外」之人及寺觀依附人口。他們分屬於不同階層、階級，社會地位及職業亦各不相同，但他們都是城市居民的組成部分。總之，只要是在「城市」這個地域範圍內從事各種職業和各項活動的人，無論是常住的固定人口還是播遷、流寓、浮游的流動人口，都在本文所謂城市居民的範圍內。

3、宗教生活

城市居民的宗教生活因職業不同、政治經濟地位有異而表現得豐富多彩，形式多樣。宗教生活不獨是宗教神職人員的享受，而是唐代城市各個階層居民精神生活的重要組成部分，是與正規的宗教儀式、禮儀等有關的一切社會活動，包括僧侶道士及其他神職人員的日常生產和生活，非宗教職業者的宗教節事參與等。本書所探討的城市居民的宗教生活，主要包括四種：（一）在教規戒律下的職業教徒和其他專業神職人員的生活。如佛僧道士日常生活中吃齋、念經、說法、坐夏、行腳、化緣等必修功課，為世俗人作薦靈消災的法會活動，教徒們在國家、宗教團體舉行大規模的公共活動中進行的宗教法事、法會等活動，城外山林寺觀的僧侶道士在城市中遊方化宣的宗教活動。

〔註 66〕唐律引《宮衛令》曰：「五更三籌，順天門擊鼓，聽人行。晝漏盡，順天門擊鼓四百槌訖，閉門。後更擊六百槌，坊門皆閉，禁人行」「閉門鼓後，開門鼓前行者，皆為犯夜」（唐・長孫無忌《唐律疏議》卷 26，中華書局 1993 年版）。較早對唐代的市制進行研究的是日本學者加藤繁先生，論文《唐宋時代的市》收入《中國經濟史考證》上，中譯本第 1 卷，商務印書館 1959 年版。

〔註 67〕《唐六典》卷 3《尚書戶部》，「戶部郎中員外郎」條，頁 74。

他們以宗教爲生，並生活在宗教中。在理論上，宗教生活如果不是他們生活的全部，也是他們的主要生活。（二）在家信徒（居士）與宗教有關的生活。（三）在教徒影響下普通人參加的宗教活動。以及滲透著宗教信仰的相關社會生活。（四）城居民眾到城外郊區野外的寺觀蘭若等宗教場所進行禮佛求道活動。

4、本書存在的不足及相關問題的說明

南北朝隋唐有「三教」之稱，儒教乃爲其一。儒教究竟是不是宗教，論者眾說紛紜，迄無定讞。自上世紀七十、八十年代之交，任繼愈先生重提「儒教是教」說以來，論證儒教爲宗教，以儒教爲國教的論著相繼問世〔註68〕。實際上中國古代思想中的神靈系統、祭祀制度等宗教因素，在中國古代始終作爲主流意識形態的儒家思想在歷史上所發揮的類似宗教的功能，即使反對儒教爲宗教的學者也並不否認。然而儒家是否爲宗教，學界目前尚未達成共識。儒家的政治文化功能，在「修、齊、治、平」目標和科舉制度背景下的儒經研讀及儒家人倫規範的修習，與一般意義上的宗教均有極大差別，加之儒家思想對唐代社會生活的影響之大，人所共知，論著極多；因此儒教是否爲宗教及其對唐人社會生活的影響本文沒有納入探討。不唯儒教，限於資料和學力，本文雖以「宗教生活」爲題，實際所涉主要爲佛教，道教、三夷教及其他民間宗教等，均鮮有論及，故本文特擬副標題以限制之。

本書在資料取捨及行文論證中，還有一個明顯的軟肋，即資料指向與「城市居民」的對應性問題。本文所引史料，雖力圖確認它反映的是城市居民而非鄉村居民的宗教生活，但仍有一些史料在兩可之間，不能準確斷定。鑒於今存史料大多反映的是社會上層的生活，而這些人，如唐代在職及待選、退休的官吏，有實力的商業手工業者，往往居於城市或城郊莊墅；兩京及諸州朝廷賜額即准敕建立的寺觀等，也主要集中在首都及郡縣城市，居住於其中的僧道神職人員，遊方而來或長住或暫留的外地乃至海外僧侶，均可視爲城市居民；因而有關上述人宗教生活的史料，大多可以視爲反映城市居民宗教生活的資料。儘管如此，所引史料中有不少屬性指向欠明晰者，仍是本文的不足之處。

以上按照各個篇章順序對本書的觀點和方法以及存在的不足做了介紹。

〔註68〕代表性論著有李申《中國儒教史》（上下卷），上海人民出版社1999年、2000年版。張榮明《中國的國教》，中國社會科學出版社2001年版。

如前所述，本書只是筆者學術生涯的階段性成果，今後還將在佛教與唐代社會其他方面的關係作進一步探討。當然，筆者才疏學淺，也許犯下疏漏謬誤之處也未可知，期望方家給予教正。

第一章　唐代的宗教事務管理

　　本章主要就國家對唐代民眾宗教生活的管理架構和政治保障，在前人基礎上作進一步的探討。為了加強對各種宗教的有效管理和控制，唐政府的宗教政策既對前代有所沿襲，又根據具體國情進行了調整和改革，以便使諸宗教既能有助於鞏固至少是無損於唐朝的政治統治，又能滿足各階層民眾在宗教生活上的合法需求。國家除通過制訂制度法規、設立職官機構實行管理調控外，還力圖在公共宗教活動上發揮其主導權。學界對唐代宗教事務管理的研究已取得豐碩成果〔註1〕，本章擬就本文主題所需在前人基礎上略作探討。

第一節　宗教事務管理機構

　　唐代實行開放的宗教政策，但開放不等於放任，而是建立了完善的法規制度和管理機構。宗教管理機構的設置雖然並不始於唐朝，但唐朝在歷代基礎上又有明顯發展。

〔註1〕 代表性成果有：謝重光、白文固《中國僧官制度史》（青海人民出版社 1990年版）對中國古代的僧官制度的發展演變進行系統論述。張弓《漢唐佛寺文化史》（中國社會科學出版社 1997 年版）「僧伽篇」中「二、僧官與寺職」「三、省寺的僧伽管理」論述了漢唐僧官制度的演變情況。王永平《道教與唐代社會》（首都師範大學出版社 2002 年版）「政治篇：三、唐政府對道教的控制與管理」闡述了唐代對道教的管理制度及措施。林西朗《唐代道教管理制度研究》（巴蜀書社 2006 年版）探討了唐政府對道教的管理及道教在唐代的發展狀況。論文：袁剛《論隋唐政府的宗教事務管理》（《貴州社會科學》2013 年第 1 期）從行政管理角度論述了隋唐政府所設立的宗教管理機構幾經變易，由統一走向分立，始終未能按行政原則建立起統一的政府宗教管理部門，促成了政府腐敗。此外，周奇《唐代宗教管理研究》（復旦大學 2005 屆博士論文未刊稿）也對唐代宗教管理進行專門論述。

　　佛教傳入中國後，隨著其勢力的發展、僧尼人數的激增，僧團規模的不斷擴大，如何加強對僧團的管理，不僅是僧團本身亟待解決的問題，更是統治者始終面臨的大事。東晉時期，統治者已開始實行對僧團的治理，後秦和北魏也相繼建立起僧官制度。

　　約在公元四世紀末五世紀初，我國南北方分裂政權中的東晉、姚秦和拓跋魏先後正式出現了僧官的設置。《高僧傳》卷 5《竺道壹傳》稱：

> 竺道壹……晉簡文皇帝深所知重。及帝崩汰死，壹乃還東，止
> 虎丘山……壹既博通内外，又律行清嚴，故四遠僧尼，咸依附諮稟，
> 時人號曰九州都維那。……以晉隆安中遇疾而卒。〔註2〕

謝重光、白文固二位先生據此史料，考證指出，至遲在東晉安帝隆安末年（401）前，我國就已產生了僧官制度，推翻了宋代僧贊寧認爲中國僧官制度始於姚秦的說法。但他們分析認爲，拓跋魏建立僧官制度早於姚秦，〔註3〕似值得商榷。據《魏書・釋老志》載：

> （太祖）天興元年（398）……始作五級佛圖、耆闍崛山及須彌
> 山殿，加以繢飾。別構講堂、禪堂及沙門座，莫不嚴具焉。太宗踐
> 位，遵太祖之業，亦好黃老，又崇佛法，京邑四方，建立圖像，仍
> 令沙門敷導民俗。
>
> 初，皇始中，趙郡有沙門法果，誡行精至，開演法籍。太祖聞
> 其名，詔以禮徵赴京師。後以爲道人統，綰攝僧徒。〔註4〕

上引《釋老志》稱魏太祖（道武帝）詔徵法果赴京師，「後以爲道人統，綰攝僧徒」，但「後」到何時？並無明言。上引謝重光、白文固氏《中國僧官制度史》據贊寧《大宋僧史略》所載：

> 後魏皇始中，趙郡沙門法果戒行精至，開演法籍，太祖徵爲沙
> 門統。〔註5〕

斷定爲北魏太祖皇始年間（396～397）。按上引《大宋僧史略》顯然出於上引《魏書・釋老志》，卻有所刪減。原文本爲兩句：「太祖聞其名，詔以禮徵赴

〔註2〕（梁）慧皎撰，湯用彤校注《高僧傳》卷 5《竺道壹傳》，中華書局 1992 年版，頁 206～207。
〔註3〕參見《中國僧官制度史》第三章第三節「僧官制度的產生」，頁 10～16。
〔註4〕《魏書》卷 114《釋老志》，中華書局 1974 年版，頁 3030。
〔註5〕（宋）贊寧《大宋僧史略》卷中，《大正新修大藏經》（簡稱《大正藏》，臺北佛陀教育基金會 1990 年版，以下同）第 54 冊，頁 243。

京師。後以爲道人統，綰攝僧徒。」贊寧乃合爲一句，於是原本發生於不同時間的兩件事——法果「徵赴京師」在先、「爲道人統」在後，遂合而爲同一時間的同一件事。傳本唐道宣《廣弘明集》卷2《歸正篇》轉載原《魏書·釋老志》上引文字時，亦作了與《大宋僧史略》大致相同的刪改。《廣弘明集》成書在前，蓋爲成書在後的《大宋僧史略》所本。但我們注意到《廣弘明集》轉引《釋老志》的此段文字——「太祖詔徵以爲沙門統，綰攝僧徒」，存在異文，諸本中大多作：「太祖詔徵以爲沙門，爲統綰攝僧徒」〔註6〕。如果「沙門」和「統」之間的「爲」字不是衍文，則可推知太祖徵法果到京師並讓他「統綰（或「統攝」或「綰攝」，「統綰攝」三字中當有一字爲衍文）僧徒」時，並沒有任命他爲僧官，他爲「道人統」乃是在後。實際上元人念常就這樣理解，所著《佛祖歷代通載》卷七「魏明元皇帝嗣」永興元年（409）稱：「沙門法果，戒行精至，開演法籍。是歲明元皇帝進加僧統。」佛教史專家湯用彤先生亦如此理解，其名著《漢魏兩晉南北朝佛教史》稱：

> 天興元年（公元398年）始敕建寺塔於都城。明元帝（公元409
> 年至公元422年）於京內外建圖像，令沙門敷導民俗，以沙門法果
> 爲道人統，管攝僧徒。〔註7〕

以上分歧主要在於對上引《魏書·釋老志》的解讀上。據《釋老志》，太祖道武帝天興元年（398）始下詔於京城「修整宮舍，令信嚮之徒有所居止」，並起寺塔，「建講堂、禪堂及沙門座」，也就是說皇始年間（396～397）奉詔來京的法果，尙無寺院可居。以後隨著大量沙門來京，明元帝即位以後「遵太祖之業」，「又崇佛法」，在京邑四方建佛像，並令沙門「敷導民俗」，弘傳佛法。必定吸引了更多數量的僧徒，因而需要設置機構，任命道人統管理僧徒，僧官遂應運而生。繹讀《釋老志》原文並揆諸當時北魏的政治軍事局勢（詳考不贅），元人念常和今人湯用彤先生的解讀，似更符合歷史實際。關於姚秦僧官制度的設立，據《高僧傳》卷6《僧䂮傳》載，後秦國主姚興立僧䂮爲「僧主」，僧遷爲「悅眾」，法欽、慧斌「共掌僧錄」，以掌管僧尼，作者梁慧皎稱「僧正之興，䂮之始也」〔註8〕，其事至遲在弘始七年（405）之前，因此我們不能同意姚秦的僧官制度遲於北魏。

到五世紀初，南北政權東晉、姚秦、北魏先後建立起僧官制度。此時的

〔註6〕諸本異文情況詳見《大正藏》版《廣弘明集》此條校注，2103／0102a02。
〔註7〕湯用彤《漢魏兩晉南北朝佛教史》，河北人民出版社2000年版，頁368。
〔註8〕《高僧傳》卷6《僧䂮傳》，頁240。

僧官制度尚處於草創期，有待於發展和完善的地方很多，但基本上構建了後世僧官制度的輪廓。

正值佛教勢力不斷發展之際，北朝發生了北魏太武帝滅佛（446）和北周武帝法難（574～577）運動，遏制了佛教的發展勢頭，給佛教以沉重打擊。隋朝重建統一國家後，恢復和振興了佛教，對政權和教權也做了相應的調整，使政教關係進入了教權服從王權、并積極配合王權進行教化的新階段。隋文帝在沿襲魏、齊舊制的同時又有所發展。他繼承魏、齊舊制，重設昭玄寺統領全國僧尼，昭玄寺中又設大統、沙門統、沙門都三種僧職，各領其事。他又創造性地設立了管理入隋的外國僧主、爲僧徒教習傳業的二十五眾主和五眾主。〔註9〕煬帝即位後，加強了對僧團的管理和整頓。他逐步廢弛了中央和州、郡的僧官，加強了寺院的基層僧官〔註10〕，一方面重視由僧人擔任的寺院三綱的配置，一方面在寺院三綱之外另立監、丞。大業三年（601），將佛寺改稱道場，於各道場設置監丞，形成了監寺制度。〔註11〕國家向各寺派出監丞，加強國家對僧團的監督與控制。

國家對道教事務管理機構的設置約始於北魏時期〔註12〕，北魏道武帝天興中（398～403），儀曹郎董謐獻《服食仙經》數十篇，太祖始「置仙人博士，立仙坊，煮鍊百藥」〔註13〕，並授張曜任仙人博士。這種專門爲道教而設立的機構和官員，可以視之爲最早的道官制度。太武帝在位（424～451）時，令寇謙之「止於張曜之所」，可能仙人博士和仙坊已具有官府管理道教的性質。魏孝文帝太和十五年（491），下詔於都南桑乾之陰沿舊名置崇虛寺。〔註14〕崇玄寺可能是仙人博士或「仙坊」演變而來的。北齊時，太常寺內設有崇虛局，管理「在京及諸州道士簿帳等事」〔註15〕。至北周時「有司寂上士、

〔註9〕 詳參《中國僧官制度史》第四章第一節「隋文帝對魏、齊僧官制度的繼承和發展」頁85～93。

〔註10〕 敕任寺院三綱的情況大量出現在高僧傳的記載中，如在《續高僧傳》卷11《普曠傳》、卷18《靜端傳》都有實證。（唐）道宣《續高僧傳》，《大正藏》第50冊。相反，有關任命中央及州郡僧官的情況到隋文帝開皇末年已經罕見。

〔註11〕 《隋書》卷28《百官下》，中華書局1973年版，頁802。

〔註12〕 關於道教管理機構的最早設立時間，王永平先生認爲始於北周（參見氏著《道教與唐代社會》，頁112）。近有研究者上推至北魏（林西朗《唐代道教管理制度研究》；周奇《唐代宗教管理研究》）。

〔註13〕 《魏書》卷114《釋老志》，頁3049。

〔註14〕 《魏書》卷114《釋老志》，頁3055。

〔註15〕 《隋書》卷27《百官志中》，頁755。

中士，掌法門之政；又有司玄中士、下士，掌道門之政。」〔註 16〕到隋朝文帝時，國家正式設立專門管理佛道事務的機構崇玄署，加強對佛道二教的管理和控制。隋煬帝時又進行改革，改道觀爲玄壇，置監、丞。〔註 17〕這時國家已建立起從中央崇玄署到地方監丞的兩級道教管理體制。

　　到唐代，佛道二教都得到迅速發展，伴隨著其它外來宗教的湧入，唐政府加強了對宗教事務的管理。統治者因其個人喜好、政治形勢需要等因素對佛道的政策各有不同，因而佛道管理的隸屬機構也幾易其名。

　　唐初，沿襲隋制，僧道管理隸屬於鴻臚寺之崇玄署。據《唐六典》卷 16「崇玄署」條載：「皇朝又爲崇玄署令。又置諸寺、觀監，隸鴻臚寺，每寺、觀各監一人。貞觀中省。」〔註 18〕到武則天光宅元年（684），道士、女冠改由吏部司封掌管。〔註 19〕自此，自隋以來由崇玄署共管佛道時期，演變爲由崇玄署專門管理佛教、吏部掌管道教事務的分管時期。延載元年（694）五月，武則天又下制：「天下僧尼隸祠部，不須屬司賓（鴻臚寺）。」〔註 20〕鴻臚寺是掌管「賓客及凶儀之事」〔註 21〕的機構，祠部是「掌祠祀、享祭、天文、漏刻、國忌、廟諱、卜筮、醫藥、僧尼之事」〔註 22〕的機構，前者主賓客接待，後者主祠祀祭奠。武則天將僧尼事務管理由鴻臚寺之司賓改隸爲祠部，是把佛教由以賓客相待的外來宗教納入國內祭祀之事，說明武則天在政權已穩固的情況下扶持和推崇佛教的態度。此制只涉及僧尼，未言道士女冠的管理情況。到玄宗時期，玄宗是崇道之君，開元二十四年（736）七月，中書門下承帝旨，上奏書：「臣等商量，緣老子至流沙，化胡成佛。法本西方興教，使同客禮，割屬鴻臚。自爾已久，因循積久。聖心以玄元本係，移就宗正。誠如天旨，非愚慮所及。伏望過元日後，承春令便宣，其道僧等既緣改革，亦望此時同處分。」〔註 23〕奏文說僧尼隸屬於鴻臚寺由來以久，不合隸於祠部，應改歸鴻臚寺；而道教爲唐朝尊爲始祖的老子所創立，以客禮待之也是不合理的，現遵皇帝旨意，將道教改隸於宗正寺。由此奏文可推知，光宅制中吏部司封掌管道士女冠

〔註 16〕《唐六典》卷 16《崇玄署》條，中華書局 1992 年版，頁 467。
〔註 17〕《隋書》卷 29《百官志下》，頁 802。
〔註 18〕《唐六典》卷 16《宗正寺》「崇玄署」條，頁 467。
〔註 19〕《通典》卷 23《吏部》「司封郎中」條，中華書局 1988 年版，頁 634。
〔註 20〕《通典》卷 23《禮部》「祠部郎中」條，頁 640。
〔註 21〕《新唐書》卷 48《百官志三》，中華書局 1975 年版，頁 1257。
〔註 22〕《舊唐書》卷 43《職官志二》，中華書局 1975 年版，頁 1831。
〔註 23〕《唐會要》卷 49「僧尼所隸」條，上海古籍出版社 2006 年版，頁 1006。

事務已在玄宗前就已復歸鴻臚寺，現又提出改歸宗正寺。宗正寺是掌管「天子族親屬籍」〔註 24〕的重要機構，國家將管理道教的崇玄署由鴻臚寺改隸宗正寺，確認道教爲皇室宗教，其意顯然在擡高道教的地位。開元二十四年（736）七月，中書門下奏請將道士女冠改屬宗正寺，並請同時調整僧尼的隸屬關係。玄宗准奏，敕僧尼隸鴻臚寺，開元二十五年（737）正式將道士女冠移隸宗正寺，同時又重申延載制，將僧尼復歸祠部檢校。〔註 25〕天寶二載（743）這一格局又被打破，「至天寶二載三月十三日制：僧尼隸祠部，道士宜令司封檢校，不須隸宗正寺。」〔註 26〕到肅宗至德二年（757）下敕道士、女冠依光宅制隸屬吏部司封〔註 27〕。但是在天寶末年，出現了稱爲功德使的新官職〔註 28〕，佛教的一部分權力逐漸被轉到功德使手中。功德使職初爲參與修寺造像等功德活動，臨時差遣爲使，事畢則罷。到德宗貞元四年（788），朝廷「置左右街大功德使、東都功德使、修功德使，總僧、尼之籍及功役」〔註 29〕，功德使遂轉變爲常設機構。至憲宗元和二年（807）正式下詔：「僧、尼、道士，同隸左街右街功德使，自是祠部、司封不復關奏。」〔註 30〕此後，除武宗會昌五年（845）七月到宣宗會昌六年（846）五月間由「諸蕃朝見之事」〔註 31〕的禮部主客短暫管理僧尼事務〔註 32〕外，這種僧道共管於功德使的體制一直維持到唐末，唐昭宗天復三年（903），朱全忠誅殺宦官，「悉罷諸司使，其事務盡歸之省寺」〔註 33〕，數年後，「功德使宰執帶之」〔註 34〕。

地方上的宗教事務管理，京兆、河南、太原府及都督、都護、天下上、中州主要由功曹之司功參軍掌管，「功曹、司功參軍掌官吏考課、假使、選舉、

〔註 24〕　《新唐書》卷 48《百官志三》，頁 1250。

〔註 25〕　《唐會要》卷 49《僧尼所隸》，頁 1006；《佛祖統紀》卷 54《僧籍免丁》：「（開元）二十四年，敕僧尼隸鴻臚寺；明年仍舊隸祠部；道士隸宗正寺，以李宗也。」

〔註 26〕　《唐會要》卷 49《僧尼所隸》，頁 1006。

〔註 27〕　《通典》卷 23「吏部尚書」條，頁 634。

〔註 28〕　天寶十三載（754），高僧不空在武威，「別爲功德使、開府李元琮受法」，是宦官任功德使的最早記載。《宋高僧傳》卷 1《不空傳》，中華書局 1987 年版，頁 8。

〔註 29〕　《新唐書》卷 48《百官三》，頁 1253。

〔註 30〕　《唐會要》卷 49《僧尼所隸》，頁 1006。

〔註 31〕　《新唐書》卷 46《百官志一》，頁 1195。

〔註 32〕　《唐會要》卷 49「僧尼所隸」條，頁 1006～1007。

〔註 33〕　《資治通鑑》卷 263「唐昭宗天復三年」條，中華書局 1956 年版，頁 8594。

〔註 34〕　（宋）贊寧《大宋僧史略》卷中「管屬僧尼」條，《大正藏》第 54 冊，頁 246。

祭祀、禎祥、道佛、學校、表疏、書啓、醫藥、陳設之事。」〔註 35〕上州設司功參軍事一人，中州設司功參軍事一人。戶不滿二萬的下州，不設司功，由司倉參軍「兼掌司功事」。〔註 36〕在京縣和畿縣設有司功，地方縣一般不設司功之職。京縣和畿縣之司功職掌應與州、府司功相同。

唐代中央僧道管理機構表

時　間	隸屬機構（佛）	隸屬機構（道）	出　處
唐初	鴻臚寺（崇玄署）	鴻臚寺（崇玄署）	《唐六典》卷 16，頁 467
武則天光宅元年（684）	改鴻臚爲司賓	吏部司封	《通典》卷 23，頁 634
武則天延載元年（694）	祠部	何時改爲他署不清楚	《通典》卷 23，頁 640
玄宗開元二十四年（736）	鴻臚寺（崇玄署）	鴻臚寺（崇玄署）	《唐會要》卷 49，頁 1006
玄宗開元二十五年（737）	祠部檢校	宗正寺	《唐會要》卷 49，頁 1006；《佛祖統紀》卷 54
玄宗天寶二載（743）	祠部	吏部司封	《唐會要》卷 49，頁 1006
玄宗天寶末年	功德使職參與分管部分職責		《宋高僧傳》卷 1《不空傳》，頁 8
肅宗至德二年（757）	祠部	吏部司封檢校	《通典》卷 23，頁 634
德宗貞元四年（788）	左右街功德使、東都功德使、修功德使	左右街功德使、東都功德使、修功德使	《新唐書》卷 48《百官三》，頁 1253
憲宗元和二年（807）	兩街功德使	左右街功德使	《唐會要》卷 49，頁 1006
武宗會昌五年（845）	禮部主客		《唐會要》卷 49，頁 1006～1007
宣宗會昌六年（846）	兩街功德使		《唐會要》卷 49，頁 1007

〔註 35〕《唐六典》卷 30「中都督府」條，頁 748。
〔註 36〕《舊唐書》卷 44《職官三》：「長安、萬年、河南、洛陽、太原、晉陽六縣，謂之京縣。……京兆、河南、太原所管諸縣，謂之畿縣。」頁 1920。

時　間	隸屬機構（佛）	隸屬機構（道）	出　處
昭宗天復三年（903）	宦官被誅，宰臣領功德使		《資治通鑒》卷263，頁8594；《大宋僧史略》卷中，頁246

第二節　專職宗教徒數量及寺觀數額

　　如果我們能夠統計出城市居民中出家人的數量及建於城中寺觀的數額，就可以大體瞭解唐代職業教徒在城市人口中所佔的比重，也可以考察出國家對宗教事務的管理成效。但是我們現在所能掌握的唐代國家的人口統計資料，均是僧俗不分、城鄉不別的問題，而且在籍與實籍人數相脫節的現象當時已存在，這給我們的深入研究造成很大困難。基於這一實際情況，我們在對全國在籍人口數〔註37〕、職業教徒數及寺觀數進行統計時，都不作城鄉的區別，在此僅提供一些相關數據，以便於我們宏觀瞭解唐代教徒在全國人口數中所佔的分量。

　　大致說來，唐代出家人數受國家政局穩定與否、統治者宗教政策的鬆禁的影響很大，而與唐代人口的增減升降趨勢並不總是一致。

　　在唐初，國家所掌握的編戶人數很少，即便是統治者採取各種措施使社會生產和人口繁殖都有所發展和增長，到貞觀十三年（639），也才有人口12351681〔註38〕，至於僧尼的人數就更加少（唐初道士、女冠人數史無可徵）。據僧籍記載，高祖武德七年（624）「大唐寺籍佛道二眾不滿七萬」〔註39〕。而隋朝大業年間，全國在籍人數高達46019956，僧尼數量據《法苑珠林》載：「隋代二君，四十七年。寺有三千九百八十五所，度僧尼二十三萬

〔註37〕唐代所保存下來的在籍戶口數據，主要是以州縣爲單位的編民。另有一些特殊戶口諸如工商雜戶、官私奴婢、寺觀人戶等未列入州縣戶口，城市中的流寓、浮遊人口等無法固定的戶口一般也難以爲國家所掌握，因而國家所掌控的全國人口數也不完整。需要說明的是，以下行文所說的人口數，均指在籍人口數。

〔註38〕據《舊唐書·地理志》諸州戶口統計數。統計數字參照凍國棟《中國人口史：隋唐五代時期》「表2－2唐代著籍戶口升降表」，復旦大學出版社，2002年版，頁96。

〔註39〕《廣弘明集》卷7，《大正藏》第52冊，頁134。

六千二百人。」〔註40〕造成這一局面的原因主要是隋末戰亂及唐朝建國之初群雄逐鹿中原所造成的戰亂破壞，致使大批道俗人口的死亡和逃逸，如「自隋季道消，天下淪喪。衣冠之族，疆場之人，或寄命諸戎，或見拘寇手」〔註41〕。「隋運末齡，賊徒交亂，佛寺僧坊，並隨灰燼，眾侶分散，顛仆溝壑」〔註42〕。高僧玄奘也是為躲避隋末戰亂而逃往巴蜀繼續學法〔註43〕。此外，戰亂使經濟遭到嚴重破壞，統治者為恢復生產，必然要全力調動社會勞動力投入生產，因而對編戶控制很嚴，對剃度出家之人也有意識的加以限制。高祖武德九年（626）曾下詔沙汰佛道徒，據《全唐文》卷 3 高祖《沙汰佛道詔》載：

> 乃有猥賤之侶，規自尊高，浮惰之人，苟避徭役，妄為剃度。
> 託號出家，嗜欲無厭。營求不息，出入閭里，周旋闤闠；驅策畜產，
> 聚積貨物；耕織為生，估販成業，事同編戶。〔註44〕

詔令因高祖退位未能執行。但太宗即位後，嚴厲檢括隋末私度僧尼，「貞觀三年（629），天下大括義寧私度，不出者斬。聞此咸畏，得頭巾者並依還俗，其不得者，現今出家」。〔註45〕並對出家剃度者作了明確規定，據《全唐文》卷 5 太宗《度僧於天下詔》載：

> 其天下諸州有寺之處，宜令度人為僧尼，總數以三千為限。其
> 州有大小，地有華夷，當處所度多少，委有司量定。務須精誠德業，
> 無問年之幼長，其往因減省還俗，及私度白首之徒，若行業可稱，
> 通在取限。必無人可取，亦任其闕數。若官人簡練不精，宜錄附殿
> 失。但戒行之本，惟尚無為。多有僧徒，溺於流俗，或假託神通，
> 妄傳妖怪，或謬稱醫筮，左道求財。或造詣官曹，囑致贓賄，或鑽
> 膚焚指，駭俗驚愚，並自貽伊戚，動掛刑網。有一於此，大虧聖教。
> 朕情深持護，必無寬捨，已令依附內律，參以金科，具陳條制，務

〔註40〕（唐）道世撰，周叔迦、蘇晉仁校注《法苑珠林校注》卷100《傳記篇・興福部》，中華書局 2003 年版，頁 2894。

〔註41〕唐太宗《討高昌詔》，《全唐文》卷 6，中華書局 1983 年版，頁 76。

〔註42〕《續高僧傳》卷 15《玄鑒傳》，《大正藏》第 50 冊，頁 542。

〔註43〕（唐）慧立本、彥悰箋《大唐大慈恩寺三藏法師傳》卷 1，中華書局 2000 年版，頁 7～8。

〔註44〕高祖《沙汰佛道詔》，《全唐文》卷 3，頁 38。

〔註45〕《續高僧傳》卷 20《法向傳》，頁 606。

使法門清整。所在官司，宜加檢察。其部內有違法僧不舉發者，所
司錄狀奏聞。庶善者必採，惡者必斥。〔註46〕

太宗對天下有寺院的諸州所度僧尼的總量、標準都作了明確的限定，並對違
反旨意所承擔的罪責也有詳細規定。綜觀高祖太宗的政令及所採取的措施，
雖有嚴肅戒律、敦促教團及整頓教風「務使法門清整」之意，但主要目的還
在於通過精簡僧道來嚴格控制出家人的數量，以便於有更多的人從事社會生
產。

經過高祖、太宗二帝的勵精圖治，國家出現了「貞觀之治」的太平景
象，到高宗時期，全國經濟已步入正軌，並保持持續穩定的發展勢頭。高
宗永徽三年（652），唐全國在籍戶數達 380～385 萬〔註47〕，如果按照每戶
5 人〔註48〕計算的話，那麼全國人口總數應達到 1900～1925 萬餘人，這時
期的僧尼數量約爲 6 萬餘人〔註49〕。與貞觀中相較，國家人口數有所增長，
雖不明顯，但回升的趨勢顯而易見，但出家人數不見增長，仍與貞觀年間
人數保持基本不變。可見，統治者爲恢復和保障社會經濟而制定的宗教緊
縮政策行之有效。

武后末年以後，國家人口數開始呈持續上昇趨勢，到玄宗天寶十四載
（755）達到唐代著籍人口數的最高額 52919309 人〔註50〕，較貞觀中翻了 4
倍多，較高宗永徽年間也增長很大。相應地，全國僧道數量也上昇很快，《新
唐書·百官志》中記載了玄宗開元二十四年（736）前後僧道徒的數量，「天

〔註46〕太宗《度僧於天下詔》，《全唐文》卷 5，頁 66。
〔註47〕《舊唐書》卷 4《高宗紀上》永徽三年七月丁丑條記 380 萬；《唐會要》卷 84
《租稅下·戶口雜錄》「永徽三年七月二十二」條記 385 萬。
〔註48〕據研究表明，唐代絕大多數的民戶家庭都以小戶爲主，人數多在 5 口上下。
參凍國棟《中國人口史：隋唐五代時期》第六章第二節「唐代的家庭規模結
構」，頁 371～399。今姑據此比例推算，以下同。
〔註49〕《法苑珠林校注》卷 100，頁 2898。
〔註50〕《通典》卷 7《食貨七》，頁 153。必須指出，官府著籍戶口與實際人口之間
存在著較大的差異，這個差異首先在於戶籍的嚴重脫漏，大量人戶未爲版籍
所收。這裡包括兩種情況：一是戶口的逃亡，現有戶籍不予錄名；二是戶口
的隱漏，雖未逃走，卻隱瞞不報。前者是主要的。此外，這個差異還由於不
少的特殊人戶另行統計，未納入州縣編戶，城市中的流動人口很難爲官府圈
定，以及一些少數族人口原本缺乏可信的統計數據等，如玄宗天寶年間浮逃
戶的數字在 300 萬～400 萬戶之間，合計人數有上千萬。參見凍國棟《中國人
口史：隋唐五代時期》，頁 153～157。

下觀一千六百八十七，道士七百七十六，女官九百八十八；寺五千三百五十八，僧七萬五千五百二十四，尼五萬五百七十六。」〔註51〕我們姑且以此爲據，合計僧道徒共127864人，較唐初至少翻了一倍。該年全國戶數爲8018710〔註52〕，合計人口數（按每戶5人標準）至少爲4000餘萬人。唐代前期人口的恢復和增長有多方面原因，主要有如下幾個方面：一是社會的相對安定，經濟上昇，有利於人口的自然增殖；二是當時的統治者採取了一些獎勵婚配、鼓勵人口增殖的辦法和措施；三是收撫流入邊地的人口和收降少數民族的人口；四是唐代嚴密的籍帳制度和嚴格的戶口調查與搜括，對於著籍戶口的增長也有一定作用。〔註53〕除此而外，還有統治者對宗教政策的傾向也不應忽視。武則天和唐中宗均爲崇佛之君，他們在位期間，大力扶持佛教，使佛教在各個方面都得到極大發展，推測這個階段僧尼數量當會膨脹很大。玄宗是慕道之君，他在天寶改元的詔文中說：「朕粵自君臨，載弘道教，崇清靜之化，暢玄元之風，庶乎澤及蒼生」。〔註54〕他在位期間，大力扶持道教，從而把道教推向全面發展的繁榮時期，這時期社會上出家入道之人應較多。雖然崇道，但出於統治的需要，玄宗並不壓制佛教，而是使其有限度的發展。至於這時期所推行的宗教政策，前人已多有論述，此不多談。總之，玄宗時期佛道徒總數較前已有較大的增長。

　　安史之亂打破了唐朝的盛世局面，使唐朝由此走向衰落，也使唐朝人口持續上昇的勢頭由此中斷，此後國家總人口數再也沒有達到天寶年間任何一次的統計數額，如肅宗乾元三年（760）國家所控人口總數僅爲16990386人〔註55〕。戰亂雖導致國家人口總數的銳減，但是出家人數卻未因此而減少，

〔註51〕《新唐書》卷48《百官志》「崇玄署」條，頁1252。《新唐書》所載僧道數量大致與《唐六典》同，這說明《新唐書》的記載源於《唐六典》。《唐六典》成書於開元二十六年（738），由此可知，此數據反映的是開元年間的統計數。需要說明的是，這一系列僧道徒數據的可信度已引起學者們的質疑。張澤洪先生同意任繼愈的說法，認爲道士人數大約是同時期佛教人數的二十分之一（張澤洪《唐代道教規模辨析》，《宗教學研究》，1997年第1期）。王永平先生推算在開元年間全國的道士數應在43214～69948名左右（《道教與唐代社會》，頁198）。關於此時期僧尼的數量，也有人提出懷疑，估計可能多達25～30萬人左右（周奇《唐代宗教管理研究》）。

〔註52〕《唐會要》卷84，頁1837。

〔註53〕參考凍國棟《中國人口史：隋唐五代時期》，頁139～142。

〔註54〕（宋）王欽若等《冊府元龜》卷54《尚黃老二》，中華書局1960年版。

〔註55〕《通典》卷7《食貨七》，頁153。有學者已指出，此年的戶口數絕非全國的

相反有增加的趨勢，主要原因在於朝廷開始實行度牒政策。安史亂後肅宗即位，面對財政困難，軍用不足，肅宗開朝廷鬻牒之先河，規定誦經、納錢都可以請牒剃度。宰相裴冕奏請出售僧道度牒以充軍費，並邀請惠能弟子僧神會主持。神會設戒壇度僧，將所收「香水錢」補充軍用，爲唐廷解決了燃眉之急。〔註 56〕此後，出家入道既簡便易行，又能逃避徭役、兵役的困擾，因而僧道數量日益龐大，到文宗大和四年（830），各地「僧尼冒名非正度者」多達 70 萬人〔註 57〕。所謂「冒名」或「非正度」，即是無牒投附，冒爲僧道，實爲寺觀的「枝附」人戶，不被官府承認〔註 58〕。道士和道觀依附人戶並未計算在內，如果將道觀人數按照寺觀人數的三分之一計算（《唐六典》在玄宗開元年間道觀、佛寺數，道觀約占佛寺的三分之一強，我們姑且按此比例推算），兩者合計，估計當在 110 萬以上〔註 59〕。而同期的全國戶數才僅 4357575 戶〔註 60〕，如果按每戶 5 人計算的話，全國人口總數也才 21787875 人，僅僅超過唐初高宗時期的人口數（而當時的僧尼數僅 6 萬餘人）。可以想見，當時僧道教團的勢力之大。

因戰亂導致朝廷實行度牒政策，致使社會之人因各種原因以不同目的出家爲僧道徒。許多人相與入道，假慕沙門，實際是逃避調役，因而導致了教團徒眾魚目混珠、良莠不齊，使徒眾整體素質下降，從僧傳中不勝枚舉的不守戒律、國律僧徒的例子中即可窺見，難怪贊寧感歎當時僧界的不良風氣，「大小乘之交惡，上中下之相凌，活寄四邪，行違七聚。威儀既缺，生善全虧，

戶口數，因爲據《通典》「肅宗乾元三年見到帳百六十九州，應管戶總百九十三萬三千一百七十四」可知，這個數字是該年度向中央申報戶帳的 119 個州的戶口數。據兩唐志，天寶十一載全國州郡數達 310 個，《資治通鑑》卷 217 天寶十三載有州 321 個，則乾元三年至少有 150 餘州未向中央申報戶帳，亦即是年的戶數只是全國二分之一略多一些的州郡戶口數，而非全國之戶口數。詳參凍國棟《中國人口史》，頁 102。總之，中晚唐時期，由於藩鎮割據、社會動亂、皇權日益縮小，使四方州府多不上計，也不申報戶口。而申報戶口的諸州由於流亡遷移，也很難核實。加之戶籍隱漏一仍其舊，因此實有人數必然遠過於戶部計帳登錄的數字。

〔註 56〕《宋高僧傳》卷 8《神會傳》，頁 180。
〔註 57〕《佛祖統紀》卷 42，《大正藏》第 49 冊，頁 385。
〔註 58〕參張弓《南北朝隋唐寺觀戶述略》，《中國史研究》，1984 年第 2 期。
〔註 59〕詳見凍國棟《中國人口史：隋唐五代時期》，頁 108。
〔註 60〕《唐會要》卷 84，頁 1837。中晚唐時期戶部計帳所錄相關數據存在許多疑問，在此列出僅供參考。

謂律為不急之文，放僧落自由之地。馬令脫轡，象闕施鉤，不習律儀，難調象馬。遂令教法日見凌夷，短則行果微亡，折則年齡減少，合夫《洪範》中凶短折也」〔註61〕。教團人數之龐雜、混亂即是導致武宗滅佛的重要原因之一。

武宗法難是道俗兩界均受極大影響的事件。對僧團的打擊自不待言，對國家而言，值得稱道的恐怕就是在編賦役人口數的增加、膏腴良田的回收和金銀器的收歸國有。據史載，共有還俗僧尼 26 萬餘人收充兩稅戶，收寺院寺奴等依附人口即共 15 萬人入兩稅戶，勒大秦穆護、祆 3000 餘人還俗。〔註62〕還俗人口共計 40 餘萬人。但從相關文獻看出，當時藩鎮割據情況嚴重，唐中央政府下令毀佛，強藩割據區內不奉令執行，實際上還出現過僧徒逃遁藩鎮勢力區域以求庇護的情況，如據日僧圓仁的記載：「唯黃河已北鎮、幽、魏、路等四節度元來敬重佛法，不拆（寺）舍，不條流僧尼。佛法之事，一切不動之。頻有敕使勘罰。云：『天子自來毀拆焚燒，即可然矣，臣等不能作此事也。』」〔註63〕另外，在毀佛期間，國家並不是將全部僧尼驅逐出寺院，而是在各州郡酌情留有部分僧人，「敕兩都左右街留寺四所，僧各三十人；天下州郡各留一寺，上寺二十人，中寺十人，下寺五人」〔註64〕。如果再加上道士人數，其數量當更大。

應當指出的是：官方的僧道統計數字和實際人數之間存在著較大的差距，官方數字僅僅強調具有合法地位和居住在國家寺院中的正度僧侶，而那些遊方行腳僧以及蘭若佛堂的不在著籍的私度僧尼，國家無法獲得准確數據，也不可能統計入內。因此，如果考慮這些非在籍僧尼的話，僧尼數量就遠遠超過上述統計數字。儘管如此，這些統計數字對於我們的研究而言畢竟聊勝於無，具有一定的參考價值的。

為了能很好說明問題，我們將各時期僧道徒數量的記載與同時期官方對全國人口數量的統計相互參照，儘管這些統計數據很不完整，但仍然是我們研究當時道俗人數的重要依據。

〔註61〕　《宋高僧傳》卷 16，頁 407。
〔註62〕　《舊唐書》卷 18 上《武宗本紀》，頁 606。
〔註63〕　（日）圓仁著，白化文、李鼎霞、許德楠校注，周一良審閱《入唐求法巡禮行記校注》卷 4，花山文藝出版社 1992 年版，頁 496。
〔註64〕　《佛祖統紀》卷 42，《大正藏》第 49 冊，頁 386。

唐代人口數及僧道數額一覽表

年　代	僧道數		人口數	出　　處
	僧尼數	道士數		
武德七年（624）	不滿 7 萬			《廣弘明集》卷 7，頁 134
貞觀十三年（639）			12351681	據《舊唐書·地理志》諸州戶口統計數
永徽三年（652）	6 萬餘		戶 380〜385 萬，約 1900〜1925 萬餘人（按照每戶 5 人計算）	《法苑珠林校注》卷 100，頁 1027；《舊唐書》卷 4《高宗紀上》記 380 萬，《唐會要》卷 84《租稅下·戶口雜錄》計 385 萬
開元二十四年（736）	126100	1764	戶 8018710，合計人口數約 40 餘萬	《新唐書》卷 48《百官志》，頁 1252；《唐會要》卷 84
乾元三年（760）			16990386	《通典》卷 7，頁 153
大和四年（830）	私度者達 70 餘萬，估計僧道合計不少於 110 萬		戶數約計 4357575，人口數合計 2178785	《佛祖統紀》卷 42，頁 385；《唐會要》卷 84
會昌年間（841〜845）	還俗人口至少約 40 餘萬，估計僧道合計不少於 110 萬		戶數 2114960（？）〜4955151，合計人口數 10574880〜24775755	據《舊唐書》卷 18 上《武宗紀》統計；《新唐書》卷 52《食貨志》
唐末五代		15000 有餘		《歷代崇道記》

　　有關唐代的寺觀數額，在此僅以表格形式羅列出來，不作具體的分析和說明：

唐代寺觀數額一覽表

年代	寺院數	道觀數	出處
貞觀二十二年（648）	3716		《大唐大慈恩寺三藏法師傳》卷 7，頁 153
高宗在位期間（650〜683）	4000		《法苑珠林校注》卷 100，頁 2898

年代	寺院數	道觀數	出處
玄宗在位期間 （713〜755）	5358	1687	《唐六典》卷 4，頁 125
武宗在位期間 （841〜845）	蘭若 4000 寺院 4600		《舊唐書》卷 18 上《武宗紀》，頁 606
唐末五代		1900 餘	《歷代崇道記》

第二章　唐代城市大型的公共宗教活動

　　唐朝不僅在中央和地方設立管理宗教事務的專門機構，還根據實際情況主持重大的宗教活動。宗教團體爲了弘法傳教、廣收教徒，也經常舉行大型的法會。這些活動有些在京城長安、洛陽，也有些在地方的州縣治所舉行。其中不少活動因爲是國家或宗教團體出資承辦，故規模盛大、影響廣泛，給城市居民思想觀念帶來極大衝擊，構成深刻的總結體驗。

第一節　國家主持的公共宗教活動

　　有唐一代，政府主持的較大規模的宗教活動很多，本節所要論述的主要有：唐前期的佛道論辯和中後期的三教論衡，迎奉法門寺佛骨活動，迎接西行求法歸來的高僧玄奘及玄奘法師圓寂後的隆重殯葬儀式等。雖然學者們對上述問題有不同程度的研究〔註1〕，但主要是對活動本身的研究，對這些活動給城市居民帶來的宗教影響則未多措意，本節將重點對此加以探討。

（一）唐前期的儒佛道三教之爭和中後期的三教論議

　　佛教自兩漢之際傳入中國後，隨著勢力的發展壯大，在兩晉南北朝時期不斷與本土道教及傳統儒家思想發生衝突。到了唐代，三教之爭雖沒有停止，但有了變化，主要表現在：在唐前期三教鬥爭激烈，在朝廷上發生數次較大

〔註 1〕 相關研究成果主要有：李斌城《唐前期道儒釋三教在朝廷的鬥爭》，選自楊曾文、方廣錩主編《佛教與歷史文化》，宗教文化出版社 2001 年版。胡小偉《三教論衡與唐代俗講》，選自《周紹良先生八十壽辰紀念文集》；楊維中《法門寺佛骨崇拜析》，《西北大學學報》1994 年第 1 期。

的辯論；到中晚唐時期，三教鬥爭趨於緩和，向著融合共存的方向發展。

在唐前期，三教之間在朝廷發生重大的鬥爭主要有五次：高祖在位時圍繞傅弈反佛而展開的一場大論戰，以爭佛道先後爲中心的爭論；太宗時關於沙門拜君父的爭論；高宗朝關於《老子化胡經》的爭論；睿宗朝關於爲金仙、玉眞二公主修建道觀的鬥爭。〔註2〕三教論議在南北朝時已然存在，陳寅恪先生云：

> 南北朝時，即有儒釋道三教之目（北周衛元嵩撰《齊三教論》
> 七卷，見《舊唐書》肆柒《經籍志》下）。至李唐之世，遂成固定之
> 制度。如國家有慶典，則召集三教之學士，講論於殿廷，是其一例。
> 〔註3〕

這種論議一般是在宮廷由皇帝出面主持，召集三教中較有影響的人物，提出問題，展開辯論。在唐前期，三教論議較爲激烈，中唐以後，三教論議已失去了初期的火藥味，不再有實質性的鬥爭，而是禮節性的論辯，尤其在論議成爲中晚唐皇帝降誕節的重要慶典內容後。一般認爲，唐帝誕節舉行三教論辯，至唐德宗開始成爲常例，爲常例的開始，三教論辯自此被賦予了帝誕節慶典節目的形式。憲宗、敬宗、文宗、懿宗、昭宗等在位期間都有皇帝誕節舉行齋會，同時進行三教論辯的記載。

唐前期儒釋道三教在朝廷御座前的詰難辯論，對參與者來說，小則關係一身之榮辱，大則關係一教之盛衰，所以鬥爭十分激烈。中唐以後三教關係趨於緩和，並向著融合共存的趨勢發展。三教之間的關係變化既反映統治者政策的導向，同時也對朝廷內外、道俗兩界產生了深遠影響。如唐前期關於沙門是否拜君父的問題，自唐高祖一直爭論不絕，到高宗時期達到白熱化。龍朔二年（662）四月十五日高宗一紙敕書「僧道咸施俗拜」掀起了朝廷及僧俗的大爭論。廷外僧界，京城高僧聚集二百僧人赴蓬萊宮爭辯，未果，高僧大德求助於偏好佛法的達官貴戚，以求通融和支持。廷內官員，高宗召集文武官僚九品以上及州縣官員等千餘人，於中臺都堂詳議此事。最後「朝宰五百三十九人請不拜，三百五十四人請拜」，高宗以當廷朝官表決的方式詔令僧道不拜君王。〔註4〕整個事件的關鍵在於使外來的佛教禮節符合儒家傳統禮儀

〔註2〕 詳參李斌城《唐前期道儒釋三教在朝廷的鬥爭》。

〔註3〕 《馮友蘭〈中國哲學史〉下冊審查報告》，載於陳寅恪《金明館叢稿二編》，
上海古籍出版社1980年版，頁283。

〔註4〕 《宋高僧傳》卷17《威秀傳》，頁411。

規範，根本是使教權順服於君權，因而是佛教與儒、道的激烈鬥爭。雖是佛界為了維護自身權益的鬥爭，但事件卻牽涉了千餘名文武官員，這批官員對決議的作用當是很關鍵的。參加的官員中，必有曾受高僧託情之人，這批人除了本人支持佛教外，還會在朝廷論爭中盡力說服同僚使之共同向皇帝施加壓力，以便作出的決議向著有利於佛教方向發展。詔令下達後對「三百五十四人請拜」的反對者的影響也很大，一些反佛不堅決徹底的人可能因而對佛教態度有所改變，並親歷了廷堂論辯，也加深了對佛教的認識，他們態度的轉變直接影響到周圍的人，其作用不亞於高僧們的傳法說教。

　　論者已言，唐前期三教形成三足鼎立之勢，為中唐以後三教的融合提供了客觀條件，而三教在各自的發展過程中也都深切地感受到了相互補充、相互融合的必要性，因而都表現出了強烈的融合他人理論精華的主觀意向〔註5〕，儒佛道三教呈現出的進一步融合的趨勢是中晚唐時期三教關係的最重要特點。中唐以後，三教同堂論辯，雖保留論爭的形式，但義理辯對、思想交鋒的內容已成為一種預知結局的表演，成為朝廷裝點朝政的道具了，這說明三教融合共存已成為時代發展的趨勢，《冊府元龜·誕聖》曾記敘三教論衡情況云：「數十人迭昇講座論三教。初如矛戟，森然相向；後類江河，同歸於海。」〔註6〕

　　關於德宗誕節三教論辯，據《冊府元龜·誕聖》載，貞元十二年（796）四月庚辰，「帝降誕之日，近歲常以其日會沙門、道士于麟德殿講論。帝每謂三教與儒教所歸不殊，但內外跡用有異爾。是日兼召儒官給事中徐岱、兵部郎中趙需、禮部郎中許孟容、四門博士韋渠牟，與沙門談延、道士萬參成等數十人，迭昇講，坐論三教。」〔註7〕之後，憲宗元和九年（814）二月「降誕日，御麟德殿垂簾，命沙門、道士三百五十人齋會于殿內。食畢，較論于高座，晡而罷，頒賜有差」〔註8〕。敬宗寶曆二年（826），「敕沙門、道士四百餘人，於大明宮談論設齋。」〔註9〕文宗太和元年（827）十月誕節，在麟德殿召集了隆重的三教論議，白居易以儒臣身份參加並作了《三教論衡》記

〔註5〕　參洪修平《儒佛道三教關係與中國佛教的發展》，《南京大學學報》2002 年第3 期。

〔註6〕　《冊府元龜》卷2《誕聖》，中華書局影印1960 年版，頁22。

〔註7〕　《冊府元龜》卷2《誕聖》，頁22。

〔註8〕　《冊府元龜》卷2《誕聖》，頁23。

〔註9〕　《佛祖統紀》卷42，頁384。

錄當時講論情況。〔註10〕懿宗皇帝在位時,「留心釋氏,頗異前朝。遇八齋日,必內中飯僧數盈萬計。帝因法集,躬爲贊唄,徹則升臺朗詠。……以(咸通十一年,870年)十一月十四日延慶節,麟德殿召京城僧道赴內講論。」〔註11〕據所引史料,我們可以想見當時三教論辯的規模和影響。首先,中唐後僅在誕節舉行論辯的皇帝就有上述德宗、憲宗、敬宗、文宗、懿宗五位,其中文宗曾舉行過數次,還有的皇帝誕節以外也舉行。其次,從參加人的身份上看,論辯的三方代表大都是名儒、高僧、高道之士,代表儒教參與的多爲文武高官,如給事中、兵部郎中、禮部郎中、四門博士等,多是飽學之士,不僅在政界,而且在思想文化界也是有影響的人物。因此他們參與三教講論雖在廷內,但在廷外客觀上起著輿論導向的作用。如白居易參加文宗舉行的三教論辯後所著《三教論衡》,詳細記載了當時論辯的問答內容及程序。這一出自當時第一流文士手筆的論辯「紀要」,在文壇政界的影響可以想見。再次,從參加的人數上看,僅沙門、道士的人數一般不下於數十人,規模大的多達數百人,如敬宗時僅沙門道士兩教教徒就達到了四百餘人,如果加上朝廷其它官員的參與,其數量遠不止於此。由於參與人數眾多,唯有在大型的宮殿裏才能容得下如此眾多之人,故論辯多數在大明宮麟德殿裏舉行。最後,從舉行的活動場所來看,麟德殿在大明宮太液池西的一座高地上,是唐代皇帝宴飲群臣和娛樂的地方。據《玉海》卷165載:「金鑾西南曰長安殿,長安殿北曰仙居殿,仙居殿西北曰麟德殿,此殿三面,故以三殿名。東南、西南有閣,東、西有樓。內宴多於此。」《舊唐書》卷13《德宗本紀下》:「貞元四年(788年)……宴群臣於麟德殿,設九部樂,內出舞馬,上賦詩一章,群臣屬和。」〔註12〕據考古學家閻文儒先生研究,「初唐時即有於麟德殿集宴事。中唐以來,德宗、憲宗時代,規模漸漸宏大,宴饗群臣多設於麟德殿內,因而此殿之建築非同一般。近來中國科學院考古所西安發掘隊,在西安掘出麟德殿遺址……臺基之平面呈長方形,南北長130.41米,東西寬77.55米。臺基上下兩層重臺。」〔註13〕由此可知,這所宮殿建築的平面面積已經將近一萬平米,由此可以推知,發生在其中的三教論辯場面有多麼壯觀。總之,唐前

〔註10〕白居易《三教論衡》,《白居易集》(第四冊)卷68,中華書局1979年版,頁1434～1440。

〔註11〕《宋高僧傳》卷6《僧徹傳》,頁133。

〔註12〕《舊唐書》卷13《德宗本紀下》,頁363～364。

〔註13〕閻文儒《兩京城坊考補》,河南人民出版社1992年版。

期的儒佛道三教的鬥爭及中晚唐時期的三教論辯對三教自身的交流和促進自
不待言，對朝中官宦及廷外士庶的影響也不可小覷。

（二）迎奉法門寺佛骨活動

唐代帝王的迎奉佛骨活動，是指皇帝敕令將瘞埋在京西鳳翔法門寺塔內
的佛祖指骨舍利開塔示人、供奉祭祀。因古老傳云：「此塔一閉經四十年，一
出示人，令道俗生善」〔註14〕是可遇不可求的盛事，故唐代帝王視之爲重要
的國家慶典活動。

1、唐帝王迎佛骨

唐代迎奉佛骨活動濫觴於太宗。貞觀五年（631）二月，太宗敕准岐州刺
史張亮的奏請，開塔奉祭佛骨舍利。這次只是開啓法門寺塔基，在當地舉行
儀式，供奉塔下瘞埋的佛骨，並未迎入京師。當舍利「通現道俗」，「京邑內
外，奔赴塔所，日有數萬」，〔註15〕頗爲轟動。高宗顯慶五年（660）詔迎佛
骨，首開帝王迎佛骨入宮供養的先例。此後武則天於長安四年（704）迎奉、
中宗於景龍二年（708）護送回塔，肅宗於上元初年（760）、德宗於貞元六年
（790）、憲宗於元和十四年（819）、懿宗於咸通十四年（873）都先後舉行過
迎送佛骨活動。昭宗皇帝即位後，將懿宗所迎奉的佛骨護送回塔，唐帝迎送
佛骨至此告終。而在唐代皇帝奉迎佛骨中，對士庶民眾影響較大的是最後兩
次由憲宗和懿宗先後舉行的迎佛骨活動。

元和十四年（819）春正月，唐憲宗敕准迎法門寺佛骨至京師，留宮中三
日後，送各寺瞻仰。佛骨迎入京城後，傾城士庶爲之沸騰，史書多處記載。
《資治通鑑》卷240：

> 王公士民瞻奉捨施，惟恐弗及，有竭產充施者，有然香臂頂供
> 養者。〔註16〕

《唐闕史》卷下：

> 有僧自京一步一禮至鳳翔法門寺。〔註17〕

〔註14〕《法苑珠林校注》卷38《敬塔篇》，頁1212。《佛祖統紀》卷53載：「世傳三
　　　十年當一開，則歲豐人安。」《大正藏》第49冊，頁461。
〔註15〕《法苑珠林校注》卷38《敬塔篇》，頁1212。
〔註16〕《資治通鑑》卷240，「憲宗元和十四年」條，頁7758。
〔註17〕《唐闕史》卷下，《唐五代筆記小說大觀》，上海古籍出版社2000年版，頁
　　　1357。

《唐會要》卷 47：

> 上開光順門以納之，留禁中三日，乃送京城佛寺。王公士庶，瞻禮施捨，如恐不及。百姓有廢業竭產、燒頂灼臂而云供養者。又有閒肆惡子，不苦焚烙之痛，謫言供養而熱其肌膚。緣是佛骨所在，往往盜發，既擒獲，皆向之自灼者。農人多廢東作，奔走京城。〔註18〕

《舊唐書》卷 160《韓愈傳》：

> 令群僧迎佛骨於鳳翔，御樓以觀，舁入大內，令諸寺遞迎供養。……灼頂燔指，百十爲群，解衣散錢，自朝至暮，轉相倣效，唯恐後時，老幼奔波，棄其生業。若不加禁遏，更歷諸寺，必有斷臂臠身以爲供養者。〔註19〕

到唐懿宗時，迎佛骨規模更是有過之而無不及，其影響超過前代任何一次。咸通十四年（873）春，懿宗不顧臣僚的激烈反對，詔大德高僧數十人至法門寺迎佛骨。史載整個活動的始末。

《杜陽雜編》卷下：

> 以金銀爲寶刹，以珠玉爲寶帳香舁，仍用孔雀氄毛飾其寶刹，小者高一丈，大者二丈。……舁一刹則用夫數百。其寶帳香舁不可勝紀。……其剪綵爲幡爲傘，約以萬隊。四月八日，佛骨入長安，自開遠門安福樓，夾道佛聲振地，士女瞻禮，僧徒道從。上御安福寺親自頂禮，泣下沾臆。即召兩街供奉僧賜金帛各有差。而京師耆老元和迎眞體者，悉賜銀碗錦綵。長安豪家競飾車服，駕肩彌路，四方挈老扶幼來觀者，莫不蔬素以待恩福。時有軍卒斷左臂於佛前，以手執之，一步一禮，血流滿地，至於肘行膝步，齧指截髮，不可算數。又有僧以艾覆頂上，謂之煉頂。火發痛作，即掉其首呼叫。坊市少年擒之不令動搖，而痛不可忍，乃號哭臥於道上。頭頂焦爛，舉止蒼迫，凡見者無不大哂焉。上迎佛骨入內道場，即設金花帳、溫清床，龍鱗之席，鳳毛之褥，焚玉髓之香，薦瑪膏之乳，皆九年訶陵國所貢獻也。……又坊市豪家相爲無遮齋大會，通衢間結綵爲樓閣臺殿，或水銀以爲池，金玉以爲樹。競聚僧徒，廣設佛像，吹

〔註18〕 《唐會要》卷 47《議釋教上》，頁 982。
〔註19〕 《舊唐書》卷 160《韓愈傳》，頁 4199～4200。

螺擊鈸，燈燭相繼。又令小兒玉帶金額白腳呵唱於其間，恣爲嬉戲。
又結錦繡爲小車輿以載歌舞。如是充於輦轂之下，而延壽里推爲繁
華之最。〔註20〕

《舊唐書》卷19上《懿宗本紀》：

　　自開遠門達安福門，綵棚夾道，念佛之音震地。上登安福門迎
　　禮之，迎入內道場三日，出於京城諸寺。士女雲合，威儀盛飾，古
　　無其比。制曰：「……今觀睹之眾，隘塞路歧。載念狴牢，寢興在慮，
　　嗟我黎人，陷於刑辟。……京畿及天下州府見禁囚徒，除十惡忤逆、
　　故意殺人、官典犯贓、合造毒藥、放火持仗、開發墳墓外，餘罪輕
　　重節級遞減一等。其京城軍鎮，限兩日內疏理訖聞奏；天下州府，
　　敕到三日內疏理聞奏。」〔註21〕

《資治通鑑》卷252：

　　自京城至寺三百里間，道路車馬，晝夜不絕。夏，四月，壬寅，
　　佛骨至京師，導以禁軍兵仗、公私音樂，沸天燭地，綿亙數十里；
　　儀衛之盛，過於郊祀，元和之時不及遠矣。〔註22〕

《隆興編年通論》卷27：

　　於是以金銀爲刹，珠玉爲帳，孔翠周飾之。小者尋丈，高者倍
　　之。刻檀爲檐柱，陛墄塗黃金。每一刹數百人舉之，香輿前後係道
　　綴玉瑟瑟，幡蓋殊綵以爲幢旌，費不貲限。以四月八日至京師，綵
　　觀夾道。天子御安福門樓迎拜，引入內道場，三日後出京城諸寺。
　　詔賜兩街僧金帛，京師耆老及見元和事者悉厚賜。所過卿聚皆裒土
　　爲刹，相望於途，光景晝見。京城高貲相與集大衢，作繒臺緩闕，
　　注水銀爲池，金玉爲樹。集桑門，羅像設，考鼓鳴螺繼日夜。〔註23〕

以上是唐代憲宗、德宗二帝迎奉佛骨的相關史料，下文試加分析。

2、城市居民對佛骨的崇拜情形

　　佛骨又稱佛舍利，是佛祖釋迦牟尼滅度後，火化所留下的遺骨、遺灰。史
載：「佛既謝世，香木焚尸。靈骨分碎，大小如粒，擊之不壞，焚亦不燋，或

〔註20〕　（唐）蘇鶚《杜陽雜編》下，《唐五代筆記小説大觀》，頁1397～1398。
〔註21〕　《舊唐書》卷19上《懿宗本紀》，頁683。
〔註22〕　《資治通鑑》卷252，「懿宗咸通十四年」條，頁8165。
〔註23〕　（宋）祖琇《隆興編年通論》卷27，《大正藏》第75冊，頁245。

有光明神驗，胡言謂之『舍利』。」〔註24〕初入中原的高僧爲廣宣佛教，大力渲染佛祖神迹，並將其神迹物化於舍利，視之爲神奇的靈驗之物，「舍利於掌上騰光洞照遐邇」，並聲稱舍利靈異之相，視人福力業報而有不同，「或覩銑鎏睟容，或觀纓毳奇像，環姿瑋質，乍大乍小，大或數尺，小或數寸」〔註25〕。傳聞中，佛祖「弟子收奉，置之寶瓶，竭香花，致敬慕，建宮宇，謂爲塔」〔註26〕。古印度阿育王在位時，爲了弘傳佛法，將佛祖遺骨分成八萬四千件，分藏於世界各地，並建成八萬四千座寺塔。法門寺得一佛指骨，並建寺塔供養。古老相傳，說指骨閉於塔中，須經四十年，方出示於人，出則可令「道俗生善」。〔註27〕舍利神奇靈異的傳聞引得上自帝后權貴、下至士庶民眾無不爲之想望，因此當佛骨迎入京城後，全城各個階層紛紛捲入狂熱的佛骨崇拜大潮中。

國家作爲活動的承辦者，活動期間爲迎奉佛骨投入了大量的人力、物力、財力。懿宗迎佛骨時，金銀做成的寶刹〔註28〕用珠玉、孔雀氄毛作裝飾，大小不一，但每一個寶刹要用數百個人力才能擡起。懿宗「初迎佛骨，有詔令京城及畿甸於路旁壘土爲香刹。或高一二丈，迨八九尺，悉於金翠飾之。京城之內約及萬數。」京城內壘土而成的一二丈高的香刹就有上萬個，還不算「畿甸」即鳳翔府法門寺至京兆府一線所見香刹。僖宗在送回佛骨後，詔令剷除懿宗留下的香刹，可知郊縣尚有香刹遺存。這些數以萬計的香刹，亦飾以「金翠」。每個香刹高一、二丈，壘築及剷除、裝飾，要耗費大量的人力、物力，僅土方工程就不下數萬立方，所用金玉珠翠更不計其數。迎送佛骨時又剪綵作幡傘，約有萬隊。如果加上「綿亙數十里」「儀衛之盛過於郊祀」的國家禁軍、兵仗等護衛隊的人數，粗略估算，所耗人力至少達數十萬人之眾。可見，當時國家所投入的人力、物力和財力之巨。如此浩大的活動規模，涉及的空間範圍甚爲廣闊。佛骨從法門寺迎到京城有三百里的路程，從長安城西開遠門入城需橫行三坊四街才達安福門，懿宗駕幸於此恭迎佛骨。長距離和大範圍的地域，使佛骨所經之地呈現出「道路車馬，晝夜不絕」、「禁軍兵

〔註24〕《魏書》卷114《釋老志》，頁3028。

〔註25〕（新羅）崔致遠《唐大薦福寺故寺主翻經大德法藏和尚傳》，《大正藏》第50冊，頁283。

〔註26〕《魏書》卷114《釋老志》，頁3028。

〔註27〕《法苑珠林校注》卷38《敬塔篇》，頁1212。

〔註28〕刹，指刹竿、幡柱，即於塔中心柱上加冠傘蓋，或於佛殿之前庭豎立幢幡，以作爲寺塔之標幟，故寺院稱佛刹、梵刹、寶刹等。

仗、公私音樂，沸天燭地，綿亙數十里」、「通衢間結綵為樓閣臺殿」的盛況，而以「延壽里推為繁華之最」。

　　皇帝作為活動的發起者和組織者，除了以國家的財力和物力保證佛骨得以順利迎送外，還以不同的方式表達自己親睹佛骨的體驗。武則天長安四年（704），命鳳閣侍郎崔玄暐和華嚴宗實際創始人高僧法藏、文綱律師等到法門寺迎奉佛骨，次年正月十一日迎入神都洛陽，武則天「勅令王公已降、洛城近事之眾，精事幡華幢蓋，仍命太常具樂奏迎置於明堂」。在正月十五觀燈日，武則天「身心護淨，頭面盡虔，請藏捧持，普為善禱」，〔註29〕以佛教徒方式表達了對佛骨的崇敬。中宗是位崇佛之君，他在位時雖未親迎佛骨，但在敕送佛骨時卻有開創之舉。他即位後，於景龍二年（708）始命文綱律師送佛骨回寺入塔，同時，中宗與皇后及公主等「下髮入塔」。在中國古代，身體髮膚受之父母，不可毀傷，下髮入塔實有以身供養之意。由此可見，中宗對佛骨推崇之至。不僅如此，中宗還欲在其當政之時再迎佛骨，然「每欲開臨，皆呈異相，或風煙歜歜，蕩覆河山，或雷雨震驚，機動天地」，致使中宗只「旌為聖朝無憂王寺，題大聖真身寶塔」。〔註30〕懿宗迎佛骨時，有臣僚不畏觸怒龍顏，以憲宗在迎佛骨後尋即駕崩之事，告誡皇帝首先應顧及身命，懿宗絕然對曰：「但生得見，歿而無恨也」。當佛骨入京時，「親自頂禮，泣下沾臆」。〔註31〕不僅如此，懿宗還以佛家慈悲之懷賜恩福於臣民，他不僅賜金帛於兩街供奉僧，還對京師耆老及參與元和迎佛骨事的人「悉賜銀碗錦綵」，又制使京畿及天下州府的囚徒，除十惡罪外，都節級遞減一等，並令軍鎮、州府限日疏理。

　　京城地區及迎奉佛骨影響所能輻射之地的不同階層、不同行業、不同年齡的居民各以不同方式表達對此生能得以親見佛骨的狂熱。王宮貴族拋卻「士庶有別」、「貴賤之分」的觀念，「瞻奉捨施」「競飾車服，駕肩彌路」，融入萬人瞻仰佛骨的潮流中，如西京留守會稽王率官屬及五部眾「投身道左，競施異供，香華鼓樂之妙，朦瞶亦可覩聞」。〔註32〕他們深受現場禮佛的感化和洗禮，「相為無遮齋大會……競聚僧徒，廣設佛像」。不僅世俗之人，僧人也同樣認為，能在此生得以親見佛骨，當為前世修福所致，故有的「一步一禮」

〔註29〕《唐大薦福寺故寺主翻經大德法藏和尚傳》，頁283。
〔註30〕（清）王昶《金石萃編》卷101《大唐聖朝無憂王寺大聖真身寶塔碑銘並序》，中國書店1990年版。
〔註31〕蘇鶚《杜陽雜編》下，《唐五代筆記小說大觀》，頁1397～1398。
〔註32〕《唐大薦福寺故寺主翻經大德法藏和尚傳》，頁283。

至法門寺，有的「鍊左拇指，口誦《法華經》」〔註33〕，還有的以教徒特有的方式「無畏施」來表達他們的狂熱，「以艾覆頂上，謂之煉頂。火發痛作，即掉其首呼叫」。而在迎佛骨活動中，受震撼最大的莫過於城中的軍人士卒。他們本是常與兵戈相伴、與戰事爲伍，所從職業與慈悲爲懷的佛教信仰似乎絕然相反。而他們不僅作爲迎奉佛骨的儀仗護衛，「導以禁軍兵仗」，而且有的士卒竟以教徒的方式「斷左臂於佛前，以手執之，一步一禮，血流滿地，至於肘行膝步，齧指截髮，不可算數」，（關於軍隊軍人與佛教的關係，本書將於另章討論）。此外，還有普通百姓「廢業破產、燒頂灼臂」供養者，有「老幼奔波、棄其生業」者，有「開肆惡子」，有廢農事奔走京城的農人。總之，當佛骨入京瞻禮時，這些「王公士民」、「長安坊市豪家」、「京師耆老」、「坊市少年」、「玉帶金額，白腳呵唱」的小兒、僧徒、軍卒、工商業者及城郊農人等四方「挈老扶幼來觀者」，都以不同的方式參與瞻仰、禮拜，在他們看來，只要盡心表達自己的虔誠和信念，就會獲得同樣好的果報。

轟轟烈烈的迎佛骨活動雖然呈現出舉國上下歡騰雀躍的景象，但並非都是一片應聲和稱道。憲宗時，韓愈一篇言辭犀利的《諫迎佛骨表》使得憲宗迎佛骨活動不同於其它幾次。韓愈生平以衛道自許，以昌明儒學自任，推崇周孔，佐祐六經，著《原道》、《原性》諸文，以彰孔孟之學。他之所以激烈反佛、道，是想在三教並立的唐代恢復自魏晉以來旁落的儒學一統的至尊地位，因而針對京城士庶百姓的盲目崇信，從反面勸諫憲宗：「然百姓愚冥，易惑難曉，苟見陛下如此，將謂眞心信佛。皆云天子大聖，猶一心敬信，百姓微賤，於佛豈合惜身命。」故意說憲宗內心並不信佛，迎送佛骨活動不過是一場娛樂節目，「爲京都士庶設詭異之觀、戲玩之具耳。」〔註34〕但是，如湯用彤先生言：他的「振臂一呼，天下自多有從之者。……雖代表一時反佛之潮流，而以其純爲文人，率乏理論上之建設，不能推陳出新，取佛教勢力而代之也。」〔註35〕因而以韓愈爲代表的一批士大夫階層激烈的諫迎佛骨並沒能說服憲宗，也無法遏制佛教的發展態勢，在四民廢業、舉國奉佛的狂熱民眾信仰面前，實在是蒼白無力。

頗值得深思的是，韓愈奏諫雖未阻止憲宗迎佛骨活動，但此後數位皇帝

〔註33〕《宋高僧傳》卷23《元慧傳》，頁589。
〔註34〕《舊唐書》卷160《韓愈傳》，頁4199。
〔註35〕湯用彤《隋唐佛教史稿》，江蘇教育出版社2007年版，頁30～31。

已不再遵循三十年一周期的迎奉活動了，甚至出現武宗廢佛事件。然而，時隔半個多世紀後，懿宗又掀起迎奉活動，且規模空前、超邁以往數次，但綿延數百年的唐帝迎佛骨就此成爲了絕響。僖宗詔歸佛骨於法門寺時，「其道從威儀，十無其一，具體而已」〔註36〕。

3、對佛骨崇拜的原因

人們對佛骨的崇拜首先來自於佛骨自身的神奇傳說〔註37〕，而對於迎佛骨的唐代諸帝來說，又有著各自不同的特定需要。高宗、武后、中宗個人信仰成分相對濃厚些，中晚唐時期的肅宗、德宗、憲宗、懿宗在個人信仰之外更多的是緣於政治時局的需要。肅宗和德宗統治時期正處於安史之亂以及剛平亂不久，國家由盛而轉衰。二帝在兵戎戰亂之時開迎佛骨，是希望它能護祐國家擊退敵人侵犯，幫助國家度過危機時期，穩固政權統治。懿宗在位時唐朝已處於風雨飄搖之中，懿宗坦言：「朕以寡德，纘承鴻業，十有四年。頃屬寇猖狂，王師未息。朕憂勤在位，愛育生靈，遂乃尊崇釋教，至重玄門，迎請眞身，爲萬姓祈福。」〔註38〕他迫切地希望通過迎奉佛骨解除國家面臨的困境，以達到國泰民安之願望。

對於士庶民眾來說，佛骨的意義更在於它能消災禳禍、避害就利，爲自己化解現時的苦難。太宗和高宗的兩次供養和迎奉活動中，備錄了佛骨現顯靈異於普通民眾的事例。據《法苑珠林・敬塔篇》載：

> 既出舍利，徧視道俗。……舍利高出，見者不同。或見如玉，白光映徹內外，或見綠色，或見佛形像，或見菩薩聖僧，或見赤光，或見五色雜光。〔註39〕

同一實體，因不同觀者所顯示的外象各異，這本就令人詫異，更奇異的事發生在隨後，

〔註36〕《杜陽雜編》下，《唐五代筆記小說大觀》，頁1398。

〔註37〕據《法苑珠林校注》卷40《舍利篇》載：「晉義熙元年（405），有林邑人嘗有一舍利，每齋日有光。沙門慧邃隨廣州刺史刁逵在南，敬其光相，欲請之。未及發言，而舍利自分爲二，遠聞心悅，又請留敬。而又分爲三。」（頁1271）又「魏明帝曾欲壞宮西佛圖。外國沙門乃金盤盛水，置於殿前，以佛舍利投之於水，乃有五色光起，於是帝歎曰：『自非靈異，安得爾乎？』遂徙於道東，爲作周閣百間。佛圖故處，鑿爲濛氾池，種芙蓉於中。」（《魏書》卷114《釋老志》，頁3029。）

〔註38〕《舊唐書》卷19上《懿宗本紀》，頁683。

〔註39〕《法苑珠林校注》卷38《敬塔篇》，頁1212。

> 有一盲人，積年目冥，努眼直視，忽然明淨。……或有全不見
> 者，問其本末，為一生已來多造重罪。有善友人，教使徹到懺悔。
> 或有燒頭煉指，刺血灑地。殷重之誠，遂得見之。〔註40〕

佛骨能使盲人開視，使罪人徹底悔悟、傷體誓表信向，方能得見。這是太宗初迎佛骨時的靈異之事。事隔三十年後，法門寺第二次重啓於高宗，史稱「於時京邑內外道俗，連接二百里閒，往來相續，皆稱佛德一代光華。」〔註41〕有關佛骨的靈瑞感應，《法苑珠林・敬塔篇》詳載如下：

> 顯慶四年（660）九月內，有山僧智琮、慧辯以解呪術，見追入
> 內。語及育王塔事。年歲久遠，須假弘護……即給錢五千貫，絹五
> 十匹，以充供養。……琮即入塔內專精苦到行道，久之未驗。至十
> 日三更，乃臂上安炭火燒香，懷屬專注，曾無異想。忽聞塔內像下
> 振裂之聲，尋聲往觀，乃見瑞光流溢，霏霏上涌。塔內三像足下，
> 各放光明，赤白綠色，旋遶而上。至於衡角，合成帳蓋……。

> 初開舍利，二十餘人，同共下鑿。及獲舍利，諸人並見，唯一
> 人不見。其人懊惱，自拔頭髮，苦心邀請。乃置舍利於掌，雖覺其
> 重，不見如初。由是諸人恐不見骨，不敢觀光。

> 寺東雲龍坊人，敕使未至前數日，望寺塔上有赤色光，周照遠
> 近。或見如虹，直上至天。或見光照寺城，丹赤如晝。〔註42〕

可見，不管出世在俗，只有誠心向佛，潛心修行，捨財供養，才能得見舍利靈瑞。如誠心不足，即便佛界僧人也很難見，如僧智琮需要「燒頭煉指」才能得見。《法苑珠林》卷 38 中記載了一則發生在高宗皇帝敕送佛骨活動中的故事：

> 岐州岐山縣華陽鄉王莊村有人姓馮，名玄嗣。先來麤獷，殊不
> 信敬。母兄承舍利從東都來，將欲藏掩，嗣不許往。母兄不用其語，
> 至舍利所，禮拜還家。玄嗣怒曰：此有何驗，而往禮之。若舍利有
> 功德者，我家中佛像亦有功德。即取佛像燒之，竟有何驗。母兄救
> 之，已燒下半。玄嗣忽倒，不覺暴死。經三日始活，說云：忽到一
> 處，似是地獄。有大鳥飛來，啄睛噉舌，入大火坑，燒烙困苦，覺

〔註40〕《法苑珠林校注》卷38《敬塔篇》，頁1212。
〔註41〕《法苑珠林校注》卷38《敬塔篇》，頁1214。
〔註42〕《法苑珠林校注》卷38《敬塔篇》，頁1213。

身癢悶，以手摩面，眉髮隨落。目看大地，全無精光。親屬傍看，皆知罪驗。諸人語曰：汝自造罪，無可代者。玄嗣神識不與人同，但曰：火燒我心。以取道士之語，教吾不信。謗佛之罪，今殃著身。東西馳走，又被打杖。怕懼號哭，但惟叩頭彈指，懺悔乞命。而晝夜號走，不曾暫住。至（龍朔二年，662）二月十三日，親屬哀愍，請僧懺悔，乞願造像。又將至塔所。於時京邑大德極多。時行虔法師為眾說法。裴尚宮、比丘尼等數百俗人士女，向有萬人，咸見玄嗣五體投地，對舍利前，號哭自撲。至誠懺悔，不信之罪，又懺犯尼淨行，打罵眾僧，盜食僧果。自懺已後，眠夢稍安。〔註43〕

有意思的是，為了增強故事的真實性和說服力，道世不惜筆墨大力書寫此人的詳細情況（具體到州縣鄉村），使當時的讀者相信此事並非他的杜撰，如有懷疑可按圖索驥。此事雖不具普遍性，但對時人極富感化意義。道世旨在警示時人及後人，不得聽信道徒的關於對佛法的讒言和誹謗，也不得蔑視、非禮三寶，否則就會受到惡報。如果已有不良行為發生，還會有彌補的機會，即懺悔發願，此後要虔誠向佛，歸依三寶，佛祖會以寬宏大愛之心免去昔日之罪。如馮玄嗣，聽信道士之言，不僅自己不敬三寶，還阻擋母兄的信奉。在燒毀佛像時，遭到惡果，暴死三日，在地獄受盡惡鬼折磨。時值龍朔二年（662），高宗正派京師諸僧及塔寺高僧及官人等數千人，將共下佛骨於法門寺石室，而馮玄嗣眾親屬趁機向京師大德懺悔，並發願造像。行虔法師正當眾說法，「數百俗人士女，向有萬人」親睹了馮玄嗣五體投地、在佛骨前至誠懺悔的場景。發生在周圍的具體生動的實例遠比空泛的講經說法的效果更直接、奏效。

此人事雖屬鄉民歸奉佛門案例，但從馮玄嗣這一事件的始末來看，他的信奉因皇帝敕送佛骨回法門寺時，因母兄敬拜舍利而引起，此其一；他是在京師大德為眾說法、道俗士女數萬人在場時以全力虔誠皈依了佛門，這無疑會給當眾道俗帶來極大的震撼和感染，此其二。從這兩個意義上說，馮玄嗣的舉動更為從京師而來的道俗士女帶來了深遠影響，而這又遠非城鄉之界所能劃清的。

當然我們很清楚的是，道世作為佛界高僧，他是站在佛教的立場上，借皇帝迎送佛骨活動為弘護佛法、教化民眾、收攏信徒而作的宣傳。

〔註43〕《法苑珠林校注》卷38《敬塔篇》，頁1214。

除了上述爲追福求報、解苦避難等目的而崇拜佛骨外，我們推測當不乏有盲目追隨、好奇觀望的民眾，在迎送佛骨的熱潮中他們的心靈深處或多或少會受到衝擊和感染。

（三）敬迎玄奘法師求法歸來及法師圓寂後的殯葬

除了迎佛骨活動外，唐代國家在城市中舉行規模較大的活動莫過於敬迎玄奘法師西行求法歸來和法師圓寂後的喪葬儀式。

玄奘法師是我國古代著名的佛學家、哲學家、翻譯家和旅行家，是中印文化交流的傑出使者〔註 44〕。他爲世人所做的貢獻不僅在今人看來是偉大的，其實他在當時就已受到上自皇帝下至民眾的欽佩和愛戴。這裡主要從法師求法歸來後受到朝廷隆重的敬迎、圓寂後受到傾城道俗官民的沉痛悼念的場景來探討法師在精神上給時人帶來的巨大影響。

貞觀十九年（645）春正月，玄奘法師從印度求法歸來，太宗皇帝組織了隆重的歡迎儀式。《大慈恩寺三藏法師傳》卷 6 中詳細記載了當時的盛況：

> 貞觀十九年（645）春正月景子，京城留守左僕射梁國公房玄齡等承法師齎經、像至，乃遣右武侯大將軍侯莫陳實、雍州司馬李叔睿、長安縣令李乾祐奉迎，自漕而入，舍於都亭驛，其從若雲。
>
> 是日有司頒諸寺，具帳輿、華旛等，擬送經、像於弘福寺，人皆欣踊，各競莊嚴。翌日大會於朱雀街之南，凡數百件，部伍陳列。即以安置法師於西域所得……凡五百二十夾，六百五十七部，以二十疋馬負而至。其日所司普班諸寺，俱有寶帳、幢、幡供養之具，限明二十八日旦並集朱雀街擬迎新至經、像於弘福寺。
>
> 於是人增勇銳，各競莊嚴，窮諸麗好，旛帳、幢蓋、寶案、寶轝，寺別將出分佈訖，僧尼等整服隨之，雅梵居前，薰爐列後，至是並到朱雀街內，凡數百事。布經、像而行，珠佩流音，金華散綵，預送之儔莫不歌詠希有，忘塵遣累，歎其希遇。始自朱雀街內終屆弘福寺門，數十里間，都人士子、內外官僚迎道兩傍，瞻仰而立，

〔註44〕關於對玄奘生平的研究、玄奘在翻譯上的貢獻研究、對玄奘哲學思想的研究、對玄奘與佛教的研究及名著《大唐西域記》的研究概況，請參黃夏年《四十年來我國玄奘研究的綜述》（《佛學研究》1993 年）和《百年玄奘研究綜述》（《廣東佛教》第 1 期，後收入黃心川主編《玄奘精神與西部文化：玄奘精神與西部文化研討會論文集》，三秦出版社 2002 年版）

人物闐闔。所司恐相騰踐，各令當處燒香散華，無得移動，而煙雲贊響，處處連合。昔如來創降迦毗，彌勒初升覩史，龍神供養，大眾圍繞，雖不及彼時，亦遺法之盛也。其日眾人同見天有五色綺雲現於日北，宛轉當經、像之上，紛紛郁郁，周圓數里，若迎若送，至寺而微。〔註45〕

從國家的重視程度看，國家委派朝廷高官、京師所在州縣長官親自迎奉，有司令京城各寺裝備慈悲威儀等供養之具，並集於朱雀大街以備迎接經像；從場景規模來說，從朱雀街內到弘福寺院，數十里間，要經過數個坊市，坊市里居住著豪家貴望、士庶民眾，聚集了各種行業的工商作坊，寺院僧尼、京城士子、內外官僚，夾道瞻仰，致使「京都五日，四民廢業，七眾歸承」，〔註46〕數十萬人出迎，士農工商無一不參加，以至於「所司恐相騰踐，各令當處燒香散華，無得移動」。史稱其盛大場面昔日如來、彌勒創降差可比擬。當日，數十萬眾共睹了「五色綺雲現於日北，宛轉當經、像之上」、「若迎若送」的祥瑞景象，更為法師歸國增添了離奇、神聖的色彩。官府出面組織大規模的親迎法師活動，其意義不僅僅在於對法師道高德隆的虔仰和敬重，還在於它向時人昭示了國家對佛教的重視和扶持。京城士庶能得以親見高僧風儀，也是對他們心靈深處一次宗教精神的洗禮，信仰的昇華，就普通民眾的宗教體驗而言，其影響較之於現場聽僧講法弘道恐怕還要來得深刻。

二十年後，高宗皇帝在位時，玄奘因病而逝。麟德元年（664）三月葬玄奘法師：

門人遵其遺命，以蘧蒢為輿，奉神柩還京，安置慈恩翻經堂內。弟子數百人哀號動地，京城道俗奔赴哭泣，日數百千。以四月十四日將葬滻東，都內僧尼及諸士庶共造殯送之儀，素蓋、旛幢、泥洹、帳轝、金棺、銀槨、娑羅樹等五百餘事，布之街衢，連雲接漢，悲笳悽挽，響匝穹宇，而京邑及諸州五百里內送者百萬餘人。雖復喪事華整，而法師神柩仍在蘧蒢本轝。東市絹行用繒綵三千疋結作涅槃轝，兼以華佩莊嚴，極為殊妙，請安法師神柩。門徒等恐虧師素志，因止之。乃以法師三衣及國家所施百金之衲置以前行，蘧蒢轝

〔註45〕（唐）慧立本，彥悰箋《大慈恩寺三藏法師傳》卷6，中華書局2000年版，頁126～128。
〔註46〕《續高僧傳》卷4《玄奘傳》，頁454。

次其後，觀者莫不流淚哽塞。是日緇素宿於墓所者三萬餘人。十五

日旦，掩坎訖，即於墓所設無遮會而散。〔註47〕

活動所用威儀、幢蓋、音聲等殯葬之具耗資甚巨，參與者京城道俗「日數百千」，京邑及州縣五百里相送者達百萬餘人，葬日爲法師守墓之人達三萬餘。可以想見，其場面多麼悲壯感人。〔註48〕

比較這兩次活動，我們發現後次比前次增加了新情況和內容：前次是所司令諸寺準備威儀供養之具，後次是僧尼及諸士庶道俗自願共造葬儀凶具；前次活動場景主要集中在朱雀街內到弘福寺的數十里坊市內，後次則「京邑及諸州五百里內送者百萬餘人」。尤爲值得注意的是，京城東市手工作坊絹行用三千匹繪綵做成涅槃輿以安葬法師神柩。坊市閭里的手工商業以自己的方式表達對法師的景仰，這在前次是不曾有的現象。這至少說明，從法師回京到圓寂的二十年間，佛教的影響力在一定程度上改變了坊市民眾的精神世界，就連以營利爲目的的商業手工業以行業組織的形式參與公共宗教生活。

第二節　國家或宗教團體主持的公共宗教活動：無遮大會

無遮大會是佛教法會儀式的一種，因其不分聖凡賢愚、出家在俗、貴賤上下，一律平等地進行財法兩施原則，故曾在唐代受到上至帝王豪貴、下至庶民百姓等城市各階層的關注。對唐代無遮大會的研究，有助於我們進一步探視唐代城市居民在大型宗教活動中的宗教體驗。

據筆者所知，目前對無遮大會做過專門研究的學者有霍旭初先生，霍文〔註49〕對無遮大會的名義和內容、起源及無遮大會在印度、西域、中原的流行情況作了詳細介紹，指出由於受中國傳統文化和各朝代形勢的影響，無遮大會在傳入中國後，內容和形式在不斷發生變化。又由於政治、經濟和宗派

〔註47〕《大慈恩寺三藏法師傳》卷6，頁226。

〔註48〕台灣學者劉淑芬先生近年細析有關玄奘資料，認爲玄奘的晚年艱辛困頓。高宗即位後，玄奘被歸入輔政舊臣系，此後玄奘處於一種被監視的環境之中，甚至從臥病到辭世前，都未有官醫前往診視。玄奘圓寂後，朝廷沒有派官員參加葬禮，沒有追諡，也沒有塔銘，甚至在入葬後五年，竟被發棺遷葬。參閱劉淑芬《玄奘的最後十年（655～664）——兼論總章二年（669）改葬事》，《中華文史論叢》，2009年第3期。

〔註49〕霍旭初《考證與辯析：西域佛教文化論稿》，新疆美術出版社2002年版。

變化以及統治者的興趣等因素，無遮大會最後走向衰落和消亡。但文章最後提出有待於繼續深入研究的問題是，唐代興起的密宗有冥道無遮大齋，不知與原來的無遮大會是怎樣的關係。這一問題由謝生保先生做了繼續探討，謝文〔註 50〕利用敦煌文獻資料對水陸法會的淵源和形成，以及唐五代時期敦煌地區水陸法會的狀況作了論述，認爲水陸法會起源於梁武帝所倡導的無遮大會和創制的《慈悲道場懺法》。因北周隋代，世涉戰亂，逐步衰落。中晚唐時，密宗得到了發展，無遮大會與密宗軌儀相結合的水陸法會，再度興起，並非宋代始有水陸法會。宋代完備的水陸法會儀文，是在唐五代水陸法會儀文基礎上修訂編撰的。也就是說，由印度傳入中國、得到梁武帝倡導而發展起來的無遮大會，中經衰微，直至中晚唐時期與密宗軌儀相結合演變而成新的佛教法會——水陸法會。

　　二位先生分別對無遮大會的內涵性質、淵源流變做了系統論述，使我們對該問題有了清晰的認識。但唐代舉行的數次無遮大會的詳細情況，兩位先生雖有涉及，然似顯不足，故本文在二先生研究成果基礎上，借助唐代無遮大會的舉行情況，試對唐代各階層的城市居民在該活動中所體現的宗教情感加以探討。

一、無遮大會的傳入

　　「無遮大會」是梵文 Pañcapari□ad 或 Pañcavār□ikapari□ad 的意譯，漢譯佛典一般按讀音寫作「般闍於瑟」、「般遮於瑟」、「般遮跋瑟迦」、「般遮跋利沙」等。意謂無分（無遮）賢聖道俗上下貴賤，平等行財施和法施的法會。〔註 51〕這種「法會」，由於它是一種綜合性的佛事活動，「無所限制，平等相待，凡是來者，都可與會」。〔註 52〕所以人們在習慣上稱之爲「無遮大會」，又名無遮會、無礙會、無遮施會、無遮齋筵、無遮祠祀大會。又因在印度此齋會係五年一設，故亦稱五年大會。

　　據霍文〔註 53〕的考證，佛在世時和佛涅槃後，無遮會已經是佛教普遍流

〔註 50〕謝生保、謝靜《敦煌文獻與水陸法會——敦煌唐五代時期水陸法會研究》，《敦煌研究》2006 年第 2 期。
〔註 51〕任繼愈主編《宗教大辭典》，上海辭書出版社 1998 年版，頁 862～863。
〔註 52〕郭朋《漢魏兩晉南北朝佛教》，齊魯書社 1986 年版，頁 564。
〔註 53〕霍旭初《考證與辯析：西域佛教文化論稿》，新疆美術出版社 2002 年版，頁 129。

行的一種法事活動了。印度無遮會的盛行，與阿育王的提倡和推行有極大關係。據《雜阿含經》卷25中《阿育王施半阿摩勒果緣經》載：

> 阿育王於如來法中得大敬信。時，王問諸比丘言，誰於如來法中行大布施。諸比丘白王言，給孤獨長者最行大施。王復問曰，彼施幾許寶物，比丘答曰，以億千金。王聞已，如是思惟，彼長者尚能億千金，我今爲王，何緣復以億千金施，當以億百千金施。時，王起八萬四千佛塔。於彼諸塔中復施百千金。復作五歲大會，會有三百千比丘，用三百億金供養於彼僧眾中。第一分是阿羅漢，第二分是學人，第三分是眞實凡夫。除私庫藏，此閻浮提夫人、婇女、太子、大臣施與聖僧。四十億金還復贖取。如是計校，用九十六億千金。〔註54〕

由此可見，阿育王時期無遮會已基本定型，即五年一周期，布施民眾和供養僧眾，除了施捨國庫財物外，還將太子、大臣等一併施與聖僧，再用金贖回以讚助寺院。阿育王以舉行廣興布施的無遮大會形式極大宣傳了佛法，使佛教在印度及周邊國家得到迅速傳播。

佛教中經西域傳入中國，故西域諸國也有舉行無遮會的情況。東晉高僧法顯《佛國記》記載了在西域舉行的一次：

> 值其國王作般遮越師。般遮越師漢言五年大會也。會時請四方沙門，皆來雲集。集已，莊嚴眾僧坐處，懸繒幡蓋，作金銀蓮華著僧座後，鋪淨坐具。王及群臣如法供養，或一月二月，或三月，多在春時。王作會已，復勸諸群臣設供供養，或一日二日三日五日，乃至七日。供養都畢，王以所乘馬鞍勒自副使國中貴重臣騎之，並諸白氎種種珍寶沙門所須之物，共諸群臣發願布施眾僧。布施僧已，還從僧贖其地。〔註55〕

「般遮越師」即無遮大會，《玄應音義》云：「般闍於瑟，或作般遮於瑟，皆訛略也。應言般遮跋利沙，又言般遮婆栗史迦。般遮，此云五；婆栗史迦，此云年。謂五年一大會也。」〔註56〕故法顯解釋爲「五年大會」；周期爲五年；舉辦主體爲國王；參加者爲國中群臣；施捨主要對象是遠近僧眾。時間多在

〔註54〕《雜阿含經》卷25，《大正藏》第2冊，頁180。
〔註55〕（東晉）法顯《佛國記》（又名《高僧法顯傳》），《大正藏》第51冊，頁857。
〔註56〕《玄應音義》卷17，《大正藏》第30冊。

春季，會期長短不一，國王施供一至三月，群臣則一至七日。由此推知，西域地區當舉行了多次，故已具規模。

佛教傳入中原後，中原也漸染此習。中國史書有確切記載的無遮大會始於南朝梁武帝。梁武帝在位時期曾頻繁地舉行無遮會，此僅舉一例分析：

> 中大通元年（529）京城大疫，帝於重雲殿爲百姓設救苦齋，以身爲禱。復幸同泰寺，設四部（即四眾，指比丘、比丘尼、優婆塞、優婆夷，亦即僧、尼及在家男、女信徒）無遮大會，披法衣行清淨大舍（應爲會），素床瓦器乘小車，親升法座，爲眾開《涅槃經題》，群臣以錢一億萬奉贖，皇帝設道俗大齋五萬人。〔註57〕

皇帝運用世俗王權以國家財力向受災疫百姓布施救苦齋；親幸寺院，捨身爲僧，親升法座爲眾講法，這是爲民眾進行法施；群臣又用億萬錢捐贈寺院以贖帝身，這實際是對僧眾進行財施和供養。

爲了適應中國人的口味，梁武帝還對無遮大會進行過改造，佛教音樂中摻入中國宮廷音樂，使之與中國傳統文化藝術相結合〔註58〕。梁武帝時期的「無遮大會」應該會對唐代「無遮大會」產生一定的影響。

在唐代，高僧玄奘法師曾到印度取經，期間曾親自參加過那裡的「無遮大會」。當時印度無遮大會有相對固定的地點，並有一定的周期性。玄奘曾應戒日王盛情邀請，參加第六次無遮大齋會。此前戒日王已通告五印度的僧人，露形外道及貧窮孤獨者，都前來施場接受施捨。十八國王也跟隨著戒日王同行。到達會場時，僧俗前來的已有五十多萬人。大會共分 8 個程序：

> 初一日，於施場草殿內安佛像，布施上寶上衣及美饌，作樂散華，至日晚歸營。第二日，安日天像，施寶及衣半於初日。第三日，安自在天像，施如日天。第四日，施僧萬餘人，百行俱坐，人施金錢百、文珠一枚，氍衣一具，及飲食香華供養訖而出。第五番施婆羅門，二十餘日方徧。第六番施外道，十四方徧。第七番施遠方求者，十日方徧。第八番施諸貧窮孤獨者，一月方徧。至是，五年所積府庫俱盡，

〔註57〕（宋）志磐，《佛祖統紀》卷 37，頁 350。

〔註58〕《隋書》卷 13：「帝自爲之詞三曲，又令沈約爲三曲，以被絃管。帝既篤敬佛法，又製《善哉》、《大樂》、《大歡》、《天道》、《仙道》、《神王》、《龍王》、《滅過惡》、《除愛水》、《斷苦輪》等十篇，名爲正樂，皆述佛法。又有法樂童子伎、童子倚歌梵唄，設無遮大會則爲之。」（魏徵等，《隋書》卷 13，志 8，頁 305）

唯留象、馬、兵器，擬征暴亂，守護宗廟。自餘寶貨及在身衣服、瓔

珞、耳鐺、臂釧、寶鬘、頸珠、髻中明珠，總施無復孑遺。〔註59〕

這次大會在印度佛教史上極具代表性：舉辦主體是北印度羯若鞠闍國王戒日
王；施捨財物除去象、馬、兵器等守護宗廟的必備器物外，五年國家所積聚
的財物俱施殆盡；布施的對象和範圍極其廣泛，有五印度僧人、婆羅門人、
露形外道人及貧窮孤獨者；參加人數僧俗共計五十萬餘人；會期持續時間長
達七十五天之久。會議井然有序，財法兩施，既布施了俗人又供養了僧侶，
更達到宣傳佛法的目的。玄奘回到長安後，必然會介紹當時印度「無遮大會」
的情況，從而使它對唐代的「無遮大會」產生直接影響。

二、唐代無遮大會概況

受時代變遷和社會條件的影響，到唐代，無遮大會在內容和形式上發生
了變化。建唐之初，唐高祖李淵舉辦了無遮大會，開唐代無遮大會之先河。
據當時高僧法琳《辯正論》卷4載：

武德元年（618），於朱雀門南通衢之上，普建道場，設無遮大

會。〔註60〕

如所周知，隋恭帝於義寧二年（618）五月被迫禪位於唐，唐王李淵即皇帝位
並改元武德，是月高祖舉辦了無遮大會〔註61〕。高祖如此迫切地舉辦大規模
的佛教法會，與當時的政治形勢和社會背景密切相關。首先，高祖欲借助宗
教影響力來擴大政權的正統性和合法性基礎。其實這種做法並非高祖獨創，
陳朝陳霸先就有此舉。《陳書》卷2《高祖本紀》載：永定元年（557）十月，
「庚辰（十五日），詔出佛牙於杜姥宅，集四部設無遮大會，高祖親出關前禮
拜。」〔註62〕在陳霸先受梁朝禪讓即位時，舉辦無遮大會，論者認爲是他爲
新政權尋求政治的合法性的手段之一，並成功地達到了目的。〔註63〕出身南

〔註59〕《大慈恩寺三藏法師傳》卷5，頁111～112。

〔註60〕（唐）法琳《辯正論》卷4，《大正藏》第52冊，頁511。

〔註61〕（元）覺岸《釋氏稽古略》卷3載：「（武德元年）五月，帝於朱雀門南衢建
道場，設無遮大會。」，頁812。高祖於是月受隋禪後，隨即舉辦無遮大會，
兩《唐書》高祖本紀及《資治通鑒》均不載此事。但此事必有，由此我們可
據佛教典籍以補正史之不足。

〔註62〕《陳書》卷2《高祖本紀下》，中華書局1972年版，頁34。

〔註63〕牟發松《陳朝建立之際的合法性訴求及其運作》，《中華文史論叢》2006年第
3期。

土寒微的陳霸先，脫不了東晉南朝帝王崇佛的動因，「都和高門士族的動態分不開」，「或多或少地包含著討好士族的成分」〔註64〕。但高祖李淵卻有別於此，據《舊唐書·高祖本紀》載，李淵是一個出身軍功的貴族，祖父李虎是西魏勳貴，所謂「八柱國家」之一，周隋以來號稱第一流「門閥」。佛教傳入中土後，在隋朝二帝的大力扶持下，獲得充分地發展，擁有廣大的信眾。無遮大會又是佛教中極有影響力和號召力的法會活動，李淵以舊臣代唐，舉辦這樣的法會，無疑會為尚處於草創時期的新政權籠絡民心，獲得最廣大的社會各階層的支持和擁護。事實證明，唐高祖此舉成功地達到了預期目的，《法苑珠林校注》記載了當時的盛況：

> 詵詵法侶，若鷲嶺之初開；濟濟名賓，似鶴林之始集。車馬偪側，士女軿填，競庇禪枝，如爭禊飲。〔註65〕

高祖特意將地點選擇在京師長安，長安是全國政治經濟和文化中心，同時也是全國佛教中心，許多佛教高層領導人長期雲集於此，修行、講經、布道、舉辦各種法會。高祖在此舉辦法會，首先會贏得佛教界上層人士的支持和擁戴。此外，將道場設在皇城朱雀門外的主要交通幹線上，必會招徠四方民眾的響應，因而當時場景非常熱鬧，其涉及面甚廣，參與人數眾多，勢必對當時道俗兩界的人們產生極大衝擊和影響。

武則天推崇佛教，武周時期，佛教發展極盛，曾多次舉行無遮會。據《資治通鑒》卷205記載：

> 天冊萬歲元年（695）……（薛）懷義用財如糞土，太后一聽之，無所問。每作無遮會，用錢萬緡；士女雲集，又散錢十車，使之爭拾，相蹈踐有死者。……（正月）乙未（十五日），作無遮會於明堂，鑿地為院，深五丈，結綵為宮殿，佛像皆於院中引出之，云自地涌出。又殺牛取血，畫大像，首高二百尺，云懷義刺膝血為之。丙申（十六日），張像於天津橋南，設齋。〔註66〕

上引可見，武周時的無遮大會，由僧人主持儀式，有財物施捨，設有齋會，參加者「士女雲集」。與以往不同的是，舉行時間為正月十五日上元節，當天僧人觀佛舍利、點燈敬佛，士庶民眾掛燈結綵、觀燈賞月，也有更多人到寺

〔註64〕嚴耀中《中國東南佛教史》，上海人民出版社2005年版，頁92。
〔註65〕《法苑珠林校注》卷100《傳記篇》，頁2894。
〔註66〕《資治通鑒》卷205，「則天后天冊元年」條，頁6498。

院燃燈觀燈。在這個節慶日設大法會，必然會招引更多民眾的參與，上元節也因之具有濃重的佛教色彩。

唐中宗時，曾舉行過兩次無遮大會活動，據《舊唐書·中宗本紀》載：

> （景龍三年七月，709），壬戌（八日），安福門外設無遮齋，三品已上行香（《大宋僧史略》記五品已上行香）。〔註67〕

> （景龍四年，710），春正月乙卯（三日），於化度寺門設無遮大齋。〔註68〕

第一次大會內容不詳，但一定品級的朝官才允行香自此始。第二次中宗親幸化度寺設大法會。化度寺位於長安朱雀街義寧坊南門之東，爲隋唐時期三階教的本院。隋開皇三年（583），尚書左僕射高熲捨自宅爲寺，名眞寂寺，請三階教之祖信行（540～594）住之。開皇十四年（594）正月四日，信行法師於眞寂寺滅度。其後，信行之徒僧邕、慧如、慧了等皆曾住此寺。〔註69〕唐代信義於寺內建無盡藏院，廣爲募財，遂成爲三階教之中心。三階教創始人信行提倡「無盡藏行」，即提倡布施，積聚財物，將之分爲三份，「一分供養天下伽藍增修之備；一分以施天下饑餒悲田之苦；一分以充供養無礙。」〔註70〕他認爲「以無盡藏物，施貧下眾生，由數得施故，勸發善心，即易可得」；「教貧窮人，以少財物同他菩薩無盡藏施，令其漸發菩提之心。」即用無盡藏的財物施給貧病之人，可以激發其向善、從善之心；而施財物給無盡藏的人，則可發菩提心。信行還號召眾人布施，認爲眾人布施的力量大，所獲福報也更大：「若復有人多饒財物，獨行布施，從生至死，其福甚少；不如眾人，不問貧富貴賤、通俗，共相勸化，各出少財，聚集一處，隨宜布施貧窮、孤老、惡疾、重病困厄之人，其福甚大。」〔註71〕在他的倡導下，京城士女大量地向寺院施捨錢財。唐韋述《兩京新記》「南門之東，化度寺」條稱寺內信行所立無盡藏院，「京城施捨，後漸崇盛。貞觀之後，錢帛金玉積聚，不可勝

〔註67〕《舊唐書》卷7《中宗本紀》，頁147。

〔註68〕《舊唐書》卷7《中宗本紀》，頁149。

〔註69〕（宋）宋敏求《長安志》卷10，中華書局1991年版。《續高僧傳》卷16《信行傳》，頁560。

〔註70〕《太平廣記》卷493《裴玄智》引《辨疑志》，頁4047。

〔註71〕《無盡藏法釋》，見矢吹慶輝《三階教の研究·別篇》，岩波書店刊行。另，關於三階教無盡藏，法國學者謝和耐亦曾有論述，參氏著，耿昇譯《中國5～10世紀的寺院經濟》，上海古籍出版社2004年版，頁213～221。

計。常使名僧監藏，供天下伽藍修理。藏內所供，燕、涼、蜀、趙，咸來取給。每日所出，亦不勝數。或有舉便，亦不作文約。但往，至期還送而已。」〔註72〕《太平廣記》卷493裴玄智條亦稱化度寺「士女禮懺闐咽，施捨爭次不得。更有連車載錢絹，捨而棄去，不知姓名。」〔註73〕化度寺的無盡藏院積聚了大量的財富，而這些財富主要來自京城士女的施捨。施捨是自願的，非功利的，有的施捨者甚至連姓名也沒留下，但施捨卻不是徒然無意義的，這是爲彼岸的幸福而投資，收益不僅僅是激發了現實社會的「善心」和「菩提之心」，而是以「少財富」獲取來世的大福報。在施捨者的宗教生活中，這被認爲是最有意義、最具效益的修行。而作爲接受者的貧病困厄之人，他們所接受的不僅僅是物質財富，更是傳播宗教信仰的媒體，他們將由此而萌生或者強化對佛教情感，而正是這樣一種信仰情感突破貧富貴賤界限，使施、收雙方經受了共同的宗教體驗。化度寺的無盡藏還遠振燕、涼、蜀、趙等地的寺院供其增修伽藍，從而將三階教的樂善好施精神遠播四方，甚至改變了世俗的通行觀念：如有要到化度寺無盡藏借貸財物，可以不立契約，屆時自動送還。從三階教的無盡藏對世俗社會生活影響力之大，可以推見規模宏大，以施捨爲中心的「無遮大會」對社會生活的影響力和滲透力。後來三階教曾遭到最高統治者的數次禁斷〔註74〕，而據上引《舊唐書·中宗本紀》正月三

〔註72〕（唐）韋述撰、辛德勇輯校《兩京新記輯校》卷3，三秦出版社2006年版，頁57。

〔註73〕《太平廣記》卷493《裴玄智》引《辨疑志》，頁4047。

〔註74〕三階教雄厚的寺院經濟力量對封建地主經濟構成嚴重威脅，加之三階教徒不持戒律，不誦經論，唯重頭陀的修持方式及普法、末法等思想，無疑是對佛教正統宗派的否定，這使統治者極爲不安，因此在信行圓寂後三階教就先後遭到隋文帝、武則天、唐玄宗等皇帝的數次禁斷。隋開皇二十年（600），隋文帝時曾對三階教「敕斷不聽流行」（《歷代三寶記》卷12，《大正藏》卷49，頁105）；武周證聖元年（695）認爲三階教籍違背佛意，命盡數送禮部集中，作僞經符錄處理；聖曆二年（699），武則天敕令三階教徒，除「乞食、長齋、絕穀、持戒、坐禪，此（外）輒行，皆是違法。」（《大周刊定眾經目錄》卷15）；開元十三年（725）六月三日，唐玄宗敕令去除諸佛教寺院中的三階教院，毀棄三階教的經著，並令所有三階教還俗（《開元釋教錄》卷18）；這實際上也等於是「禁斷」。從有關史籍中，我們還見到，唐玄宗還專門針對三階教活動中心化度寺等，下過兩道處置無盡藏的詔書：開元元年（713）四月「聞化度寺及福先寺三階僧創無盡藏，每年正月四日（信行忌日），天下士女施錢，名爲護法，稱濟貧弱。多肆奸欺，事非眞正，即宜禁斷。」（《全唐文》卷28《禁士女施錢佛寺詔》，頁320）；禁斷這些寺中三階教的所有活動。「化度寺無盡藏財物田宅六畜，並宜散施京城觀寺。先用修理破壞尊像堂殿橋梁，有

日條，可知當時由朝廷發起的無遮大會，正值信行忌日（正月四日）的前一天。眾所周知，佛教寺院在唐代已不僅僅是傳法禮佛的中心，而且還發揮了重要的社會文化功能，尤其在特殊的節慶禮俗中，各地寺院已承擔起城市民眾群眾性文化活動的職能。信行忌日在正月四日，人們還沉浸在春節的喜慶裏，唐中宗正月三日親臨化度寺的無遮會，無疑使節日的宗教氣氛更加濃鬱，民眾的宗教情感更加強化。值得特別提出的是無遮大會在富有施捨（無盡藏）傳統的三階教化度寺舉行，其鼓勵社會各界慷慨布施的用心是昭然若揭的。當然，這對於化度寺和三階教來說，不僅意味著信眾的增多，還意味著無盡藏的增值。

到玄宗時期，無遮大會的舉行已經不限於皇帝，出現了僧人舉辦的情況。資料所見首次由僧人主持的無遮大會是慧能的弟子僧神會，開元二十二年（734）正月十五日，神會在滑臺（今河南滑縣境內）大雲寺舉行無遮大會，立南宗宗旨，爲南宗爭取正統法系，從而向京派禪系公然挑戰，禪宗宗派之爭漸起。當時慧能在以韶、廣二州爲中心的嶺南傳法，主張「一切眾生皆有佛性」的佛性論思想和頓悟成佛的修行方式，自成派系，其影響經廣州而遠及於廣西，只是由於他們主要活動在邊僻下層中間，詳情難爲外界所知。而主張「法門是漸」的北方神秀一系由於受到朝廷的尊崇和保護，在以兩京爲中心的北方影響很大，「勢力連天」。在這樣的背景下，神會北上河洛，在北宗的勢力範圍內積極地弘傳南宗頓教禪法，並攻擊北宗宗旨。南北宗正式對峙即始於這次滑臺無遮大會。會上神會與當時北方「北宗禪」著名大師崇遠法師展開激烈的辯論，神會宣稱：「神會今設無遮大會，兼莊嚴道場，不爲功德，爲天下學道者定宗旨，爲天下學道者辨是非。」〔註75〕闡明了大會的宗旨，並就若干佛教問題進行辯論，旗幟鮮明地宣傳南宗闡法。會後神會爲繼續弘傳和鞏固南宗思想而做不懈地努力，雖歷經挫折，但最終仍得到朝廷的尊崇和支持，終於使南宗取得正統地位，爲南宗的迅速擴展提供了極爲有利的條件。這次無遮大會雖然是爲解決佛教內部宗派問題而開，但參加者不僅僅是佛教人士，而且神會自稱此會是爲「天下」學道者定宗旨、辯是非，可見其影響並不限於佛教內部，實際上其影響亦及於天下。

餘入常住，不得分與私房，從貧觀寺給。」勒令分散三階教活動中心化度寺的所有財產，這實際上也等於是取締。

〔註75〕《菩提達摩南宗定是非論》，載於石峻編《中國佛教思想資料選編》第2卷第4冊，中華書局1992年版，頁111。

此後，由僧人舉辦的無遮大會頻繁地出現，如玄宗開元、天寶年間的僧文瓚，「好修福事，設無遮一百會，凡聖混淆，一皆等施。」〔註76〕活躍於代、德二宗時期的代州五臺山清涼寺高僧澄觀，一生設無遮大會十二中。〔註77〕唐末五代時期的高僧息塵（875～937）一生舉行過五次無遮大會。〔註78〕玄宗時期，還出現了由地方刺史承辦、僧人主持的無遮大會情況，但僅見於江浙沿海一帶，大會的主旨也很明確，主要是施法度人。開元二十六年（738），玄宗恩制度人，採訪使潤州刺史齊澣等人禮遇高僧玄儼，秉承法訓。齊澣迎請玄儼于丹陽、餘杭、吳興等郡，令新度釋子躬受具戒，「自廣陵（今江蘇揚州）迄於信安（今浙江衢州），地方千里，道俗受法者殆出萬人。凡禮《佛名經》一百遍，設無遮大會十筵，而入境住持，舉無與比。」〔註79〕

無論是地方官辦還是僧人舉辦的無遮大會，受人力和物力資源所限，其規模遠遠無法與國家舉辦的規模相提並論，從僧文瓚一生舉辦多達一百筵的事例中可知，這類由地方官或僧人舉辦的無遮大會規模不大，僧人個體都可以舉辦。

武宗以會昌法難名聞僧俗兩界，其實在即位之初，武宗並無滅佛之意，相反還循舊例敕令京師及周圍地區的寺院開展俗講、供養佛牙等奉佛傳法的活動，這些都是日本僧人圓仁在此時期來唐求法時的耳聞目睹，並以日記形式載於《入唐求法巡禮行記》中。書中也記載了會昌元年（841）二月在長安郊縣藍田縣見到當地舉行的一次「無礙茶飯」：

　　　　藍田縣從（二月）八日至十五日設無礙茶飯。十方僧俗盡來吃。左街僧錄體虛法師為會主，諸寺赴集。各設珍供：百種藥食，珍妙果花，眾香嚴備，供養佛牙及供養樓廊下敷設不可勝計。佛牙在樓中庭。城中大德盡在樓上，隨喜讚嘆。舉城赴來，禮拜供養。有人施百石粳米、廿石粟米；有人施無礙供餕頭足，有人施無礙供雜用

〔註76〕《宋高僧傳》卷26《文瓚》，頁668。據黃夏年先生《唐代山西太原寺與崇福寺芻議》（2006年8月太原「佛教本土化與晉陽文化嬗變」學術研討會論文）考證，山西的太原寺改名為崇福寺在武則天載初元年（689），僧文瓚「幼事師於并州崇福寺」，據此我們推測，他的主要活動當在玄宗開元、天寶年間。
〔註77〕《宋高僧傳》卷5《澄觀傳》，頁107；《佛祖統紀》卷29載澄觀一生「建無遮大會十五會」，《大正藏》第49冊，頁293。
〔註78〕《宋高僧傳》卷23《息塵傳》，頁592。
〔註79〕《宋高僧傳》卷14《玄儼傳》，頁344。

錢足，有人供無礙薄餅足。有人施諸寺大德老宿供足。如是各各發
願布施，莊嚴佛牙會，向佛牙樓散錢如雨。求法僧等十日往彼隨喜。
登佛牙樓上，親見佛牙，頂戴禮拜。〔註80〕

從記載中我們知道，大會的承辦主體當爲藍田縣諸寺院〔註81〕，「會主」即
無礙茶飯的主持者爲僧官左街僧錄體虛法師；時間爲二月八日佛誕日〔註
82〕，期限爲七日；大會主要是供養佛牙，並爲此建造莊嚴佛牙樓，引來十
方僧俗、舉城士庶民眾皆來禮拜，施主各各發願，施捨錢財如雨；最後供僧
俗無礙茶飯。學者認爲這種無礙茶飯已是無遮大會的通俗化做法，此說比較
合理。〔註83〕

　　到晚唐時期，一些經濟條件優裕的世俗豪家，通過舉辦無遮會來慶賀重
大的佛事活動，如唐蘇鶚《杜陽雜編》卷下記載了唐懿宗咸通十四年（873）
的迎佛骨活動中，

　　　　又坊市豪家相爲無遮齋大會，通衢間結綵爲樓閣臺殿，或水銀
　　以爲池，金玉以爲樹。競聚僧徒，廣設佛像，吹螺擊鈸，燈燭相繼。
　　又令小兒玉帶金額白腳呵唱於其間，恣爲嬉戲。又結錦繡爲小車轝
　　以載歌舞。〔註84〕

佛骨迎入長安後，城內豪族權貴因親睹佛骨而狂熱，遂競相供像齋僧舉辦法
會。此時的無遮會不僅有競聚齋僧、廣事說法的內容，還有張燈結綵、小兒
呵唱嬉戲的載歌載舞形式。

三、唐代無遮大會的特點及發展演變

　　由於受時代變遷、社會政治經濟環境的變化、統治者好惡、宗教自身發
展情況不同等因素的影響，無遮大會在唐代已經發生了很大變化。

　　從舉辦時間看，唐代無遮會更多選擇在節慶日或有特殊紀念意義的日子

〔註80〕《入唐求法巡禮行記校注》，頁373、374。
〔註81〕藍田縣唐代屬京兆府，縣境內寺院很多，據張弓先生的統計共有五所：玉泉
　　　　寺、津梁寺、化感寺、法池寺、悟眞寺。（《漢唐佛教文化史》上，頁111）
〔註82〕又說以四月八日爲佛誕日。無論是二月八日還是四月八日，只要遇到當時認
　　　　爲是佛誕的這一天，各個佛寺屆時舉行誦經法會，並根據「佛生時龍噴香雨
　　　　浴佛身」的傳說，以各種名香浸水灌洗佛像，並供養各種花卉。另外，還舉
　　　　行拜佛祭祖、施捨僧侶等慶祝活動。（參見《入唐求法巡禮行記校注》，頁375）
〔註83〕《入唐求法巡禮行記校注》，頁376。
〔註84〕《杜陽雜編》（下），《唐五代筆記小說大觀》，頁1398。

裏舉行，如正月十五上元日、二月八日佛誕日、正月三日（次日即爲信行忌日）等。我們知道，我國傳統的節日到唐代已發展得很成熟和完善，而宗教尤其佛道二教在唐代的興盛更使唐代的節日賦予了時代特色。宗教活動選擇在各個節日裏舉行，更便於廣泛、深入地向城市普通民眾宣傳教義和教法，傳統節日裏融入了宗教活動也增加了節日的喜慶色彩、豐富了節日內容，而宗教的特殊意義的日子則發展成爲新的節日也增加了節日的種類，因此唐代節日帶有非常濃厚的宗教色彩。或許無遮會的舉辦主體更願意選擇在這些特殊的日子裏進行，以易於在普通民眾中產生較大影響。

從舉辦地點看，唐代前期主要集中在兩京，到玄宗以後逐漸推廣至河南滑臺、東南江浙沿海州郡，武宗時長安郊縣也曾舉行過。但總的來說，仍然以兩京爲主要地點。

從舉辦主體看，在印度、西域和梁武帝時期都是由國王、皇帝以國家財力承辦，梁武帝不僅以世俗王權的最高統治者充當最大的檀越，還以僧人身份親升法座，爲眾說法。到唐代情況起了變化：高祖、武則天、中宗時期都是由國家承辦，中宗還親幸現場；玄宗時期，出現了由寺院承辦、僧人主持和僧人單獨舉辦的情況，而且更趨於向簡便易行的方向發展；武宗會昌初年，由長安郊縣藍田縣境內諸寺舉行僧人主持；懿宗時則是長安豪家爲慶祝佛骨入京而競相舉辦。主體身份的變化意味著大會規模的變化，寺院及個人承辦顯然不及國家雄厚的資財，故在規模上遠不能與國王和皇帝資助的相比，如玄奘法師在印度曲女城參加的大會達五十餘萬人，大會持續七十五天之久；而在唐代參加人數有數萬人也算是大規模的了，時間也長至七天左右，遠不能與印度相比。至於五年一周期的舉行，在唐代因數朝中斷而無周期可言。且唐代皇帝對此會的熱情也在驟減，縱有如中宗皇帝奔赴三階教中心化度寺參與大會，也遠不及梁武皇帝全身心投入大會的熱情。但從另一方面說，無遮會已打破以往以統治者名義和國家財力承辦的局面，開始轉向社會上僧俗兩界只要有財力、有信向均可承辦的程度，如地方州郡官吏、縣的寺院等。無遮會承辦主體變化說明了佛教在除了兩京之地以外的其它城市士庶民眾的影響在不斷擴大，這也是佛教在玄宗以後尤其在中晚唐時期的本土化、中國化的演變過程。

從大會的目的和內容看，在印度、西域和梁武帝時代都是大規模的施捨錢財，同時伴有隆重的弘法活動。唐代無遮會大多情況下實行財法兩施，但

有時因承辦主體的主旨不同而使大會內容的側重點也起變化，典型例子是僧神會在河南滑臺舉行的無遮會，旨在弘傳南宗闡法，攻擊北宗，樹立南宗正統地位，故以法施爲主；又如會昌元年在藍田縣供奉佛牙時舉行的無礙茶飯以財施爲主；懿宗迎佛骨時長安豪家競相舉辦的無遮會則慶賀的成分居多。由此可見，無遮會由初期的帶有謝恩、祈福免災等用意的施齋捨財的佛事活動，發展到中期已經帶有某些政治、宗派之爭等目的的活動，到後期發展爲帶有慶賀、愉悅性質的活動。

玄宗以後，無遮大會逐漸從兩京腹地擴大至地方州郡，到唐五代宋時期，已經與密宗軌儀相結合而發展成冥道水陸法會。〔註85〕水陸法會自宋代流行以後，很快地普及於全國，「今之供一佛、齋一僧，尚有無限功德，何況普通供養十方三寶、六道萬靈，豈止自利一身，亦乃恩沾九族。」〔註86〕「或保慶平安而不設水陸，則人以爲不善。追資尊長而不設水陸，則人以爲不孝。濟拔卑幼而不設水陸，則人以爲不慈。」〔註87〕因此，出現了富者獨立營辦，貧者共財修設的流行狀況。但是不變的是，社會各階層平等無礙的參與，並且是一種大範圍大規模的僧俗兩界共同參與的法事活動。

無遮大會由印度經西域傳入中土，在梁武帝大力倡導推行並改造下傳至唐代。從唐代舉行情況來看，無遮大會已經在時間和地點、舉辦主體、內容和目的等方面發生了變化，已由初期的帶有謝恩、祈福免災等用意的施齋捨財的佛事活動，發展到中期帶有某些政治、宗派之爭等目的的活動，到後期又發展爲帶有慶賀、愉悅性質的活動。從這些變化中，我們隱約已見佛教在玄宗朝以後尤其在中晚唐時期的本土化和中國化的演變過程。到唐五代宋時期，無遮大會已經與密宗軌儀相結合而發展成冥道水陸法會，並成爲宋代士庶民眾流行和影響極爲廣泛的法事活動。

第三節　歲時節慶中的公共宗教活動

目前學界對唐代節日習俗的研究已取得豐富成果〔註88〕，但大多是研究

〔註85〕謝生保、謝靜《敦煌文獻與水陸法會：敦煌唐五代時期水陸法會研究》，《敦煌研究》2006年第2期。

〔註86〕（宋）宗頤《水陸緣起》，《大正藏》續101，頁442。

〔註87〕《水陸緣起》，《大正藏》續101，頁442。

〔註88〕目前學術界對唐代節日的研究已取得豐富的成果，根據研究內容我們大致可以分爲三類：一、對某一個或某一種類型節日的研究，如張澤咸《唐代的誕

唐代節日的淵源、類型、發展演變過程等，由此反映唐代的習俗和社會生活的風貌。隨著佛道二教在唐代的盛行並日益世俗化，唐人在一些傳統節日的歡慶中宗教色彩更加濃厚，而宗教節日也在向世俗化發展。一些論文論著中也注意到並有所涉及，但仍有待於繼續研究。本節不在於探討唐代節日習俗

節》（《魏晉南北朝隋唐史資料》11，武漢大學出版社 1991 年版）重點研究了唐五代皇帝的誕節，並對唐政府爲佛、道二教創始人所創建的佛誕、道誕日進行了探討。郭紹林《論隋唐時期慶生辰》（《陝西師大學報》1988 年第 3 期）認爲「隋文帝首創慶生辰」，「這是最早的慶生辰活動，和後世內容不同，其宗旨不在於自己的健康長壽或回顧經歷，而在紀念父母」，「這種慶生辰活動的制度淵源是佛教的浴佛節（佛誕節）」，「隋文帝慶生辰還未制度化，到玄宗時才定爲程序」，即「皇帝生日從此成爲全國性的節日」。張弓《中古盂蘭盆節的民族化衍變》（《歷史研究》1991 年第 1 期）認爲，古天竺沒有盂蘭盆齋節，它是在《盂蘭盆經》譯爲漢文後，由譯經派生的漢地齋節。在中國古老文化和民俗傳統的不斷浸潤薰陶下，盂蘭盆齋節原有的外域宗教色彩漸趨淡化，中土民俗氣息愈見濃鬱。他的另一篇論文《敦煌春月節俗探論》（《中國史研究》1989 年第 3 期）主要根據出土文書對敦煌春季的四節，即傳統三節（元日、燃燈節、寒食節）與外域節俗（佛誕節）進行了有意義的探索。李傳軍《論元宵觀燈起源於西域佛教社會》（《西域研究》2007 年第 4 期）認爲元宵節是古代中西文化交流的產物，它是受西域佛教社會燃燈供佛宗教習俗的影響，而在唐代最終確立的一個民俗節日。佛教涅槃的經典及其思想，在這一過程中發揮了重要的影響。二、對唐代節日的整體研究，旨在探討唐代節日的繼承、發展及其演變過程，如張澤咸《唐代的節日》（《文史》37，1993年）以詩文爲證系統地探討唐代誕節、佛日、道日、元日、中和、端午、中秋、除夕等 17 個節日的活動情況，力圖從一個側面反映唐代社會生活和民情風俗。張勃《唐代節日研究》（中國社會科學出版社 2013 年版）主要根據《全唐文》和《全唐詩》及一些筆記小說資料，對於節日發展到唐代所呈現的特點，唐代新興節日的興起發展，以及若干傳統節日在唐代的新變進行了具體研究，體現了唐代節日「在傳承中變遷，在變遷中傳承」的總特徵；三、從文學角度利用唐代節日探討唐代的民俗與精神、文化生活，如朱紅《唐代節日民俗與文學研究》（復旦大學 2003 屆博士論文，未刊稿）從節日民俗與文學相互關係的角度，將唐代節日分爲傳統節日民俗與新變節日民俗兩類，重點考察了寒食清明、中和節、中秋節、臘日賜物和誕節；論文中還逐一考察了歲時類書，在最後還附有節日民俗編年資料，爲研究唐代節日習俗提供了縱向的線索。此外，還有散見於論著篇章中有關唐代文化、習俗等社會生活方面涉及到唐代節日習俗的，如張弓《漢唐佛寺文化史》（中國社會科學出版社 1997 年版），徐連達《唐朝文化史》（復旦大學出版社 2003 年版），趙文潤《隋唐文化史》（陝西師大出版社 1992 年版），陰法魯等《中國古代文化史》3（北京大學 1991 年版），李斌城等《隋唐社會生活史》（中國社會科學出版社 1998 年版），高國藩《中國民俗探微》（河海大學出版社 1993 年版）等論著的相關章節中均有不同程度的涉及和論述。

的流變過程，而是在已有研究成果基礎上，以唐代節日爲依託和視點，通過對傳統節日的宗教色彩和宗教節日的世俗化傾向的考察，探討唐代城市社會在節日活動中所呈現的宗教熱情和精神生活。

除去在國家和宗教團體舉辦的大型慶典、法會等活動中全面展現了唐代各個階層共同參與的宗教活動場面外，在傳統的和宗教的節日習俗中唐代城市居民的公共宗教生活同樣豐富多彩。

一、傳統節日的宗教色彩

受時代風氣影響，唐人在歡慶許多傳統節日，如除日、元日、元宵節、中秋等節時已孱入了濃厚的宗教色彩，節日慶祝的同時也是他們宗教生活的體驗過程。

俗以陰曆十二月末日爲除日，也稱除夕，言舊歲至此日而除，明日即另換新歲。除日之後是元日，元日爲一歲之始，「一元肇始，萬象更新」，因此唐人通常將除日與元日連在一起慶祝。唐末趙州人李綽在《秦中歲時記》中記載了長安地區在除歲迎新時舉行的驅儺情況：「歲除日進儺，皆作鬼神狀，內二老兒儺公、儺母。」〔註89〕即由樂人塗抹臉上裝扮成鬼神形狀，有二老人稱爲儺翁儺母，並作些趨鬼的舞蹈動作，表示驅逐疫鬼、被除災邪。驅儺風俗，甚爲遠古，春秋時就已經很普遍。〔註90〕據今人研究，唐人在舉行送神活動中，還增加了新內容，即邀請和尚、道士念經保平安，並擺列新鮮果脯酒肴之類食物供祭神靈。〔註91〕驅儺習俗受佛教或道教因素影響的情況在唐之前就已出現，據梁代宗懍《荊楚歲時記》載：「十二月八日爲臘日。……村人並擊細腰鼓，戴胡頭，及作金剛力士以逐疫。」〔註92〕《後漢書‧禮儀志》中所載驅疫儀式中爲首的「方相氏」到梁代卻由佛教中的金剛力士所取代，反映了佛教對傳統風俗的滲透，論者稱之爲「是佛教對傳統風俗『和平演變』式的滲透」。〔註93〕另一例證是遠在西陲的敦煌地區，在除日也有這種

〔註89〕（唐）李綽《秦中歲時記》，轉引自徐連達《唐朝文化史》，復旦大學出版社2003年版，頁465。

〔註90〕楊伯峻譯注《論語譯注‧鄉黨第十》：「鄉人儺，朝服而立於阼階。」中華書局1980年版，頁105。

〔註91〕《唐朝文化史》，頁465。

〔註92〕（南朝梁）宗懍《荊楚歲時記》，湖北人民出版社1985年版，頁116。

〔註93〕牟發松《關於〈荊楚歲時記〉的幾個問題》，載於《南國名都江陵：它的歷史與文化》，湖北教育出版社1993年版，頁146。

夾雜佛教因素的驅儺節俗。敦煌文書中有一篇驅儺詞《兒郎偉·驅儺》〔註94〕
即出自於佛寺，故張弓先生指出，「敦煌的新年與內地一樣，僧俗同慶。」〔註
95〕節日慶典中宗教因素的加入，如僧人道士的念經做法，對於一般俗眾來說，
注意力並不在經文奧義上，而在於祈祥祛災，種福來生，在於心靈的慰藉和
生命的平安，還在於這些宗教節目本身帶來的節日氣氛，增加了過節者的喜
慶感和愉悅感。這樣一種情感可以說至今猶然。僧俗兩界往往共祝新春，日
僧圓仁記載了開成六年至會昌二年（841～842）長安資聖寺僧俗同慶新年的
情景：「開成六年辛酉正月一日，僧俗拜年寺中。」〔註96〕「會昌二年歲次壬
戌正月一日，家家立竹杆，懸幡子。新歲祈長命。諸寺開俗講。」〔註97〕傳
統上，世俗人於新年之際拜家中尊長及到親友處祝賀，而文宗時期的長安就
有俗人到寺中與僧人相互致拜。爲慶祝節日，長安諸寺還開寺舉行俗講活動。
俗講是用轉讀、梵唄和唱導來作佛經的通俗講演，目的是爲了因時制宜隨類
化俗。〔註98〕俗講既是僧人化導民眾的傳教方式，同時也成爲民眾喜聞樂見
的娛樂活動，爲節日增添了歡樂的氣氛。這既吸引了眾多民眾的參與，也爲
僧俗共同歡慶節日提供了平臺。

　　元宵節最具特色的是放燈、觀燈，也是舉國上至王公貴族、下至普通城
居民眾各以不同心境共以巨大熱情參與的娛樂節日。關於元宵節的起源，歷
來眾說紛紜，傳統觀點認爲元宵節起源於西漢漢武帝於正月十五日祭祀太一
神活動。近有學者經過縝密考證，認爲「元宵節是我國南北朝至隋唐時期中

〔註94〕《兒郎偉》（P.3270）。錄文參周紹良《敦煌文學「兒郎偉」並跋》，載文化部
　　　　文物局古文獻研究室編《出土文獻研究》，文物出版社1985年。
〔註95〕張弓《漢唐佛寺文化史》，中國社會科學出版社1997年版，頁941。
〔註96〕《入唐求法巡禮行記校注》，頁364。「開成六年」應爲「會昌元年」。文宗開
　　　　成年號共5年（836～840）。開成五年（840）正月，文宗崩，武宗即位。次
　　　　年（841）正月辛巳（正月九日），改元會昌。在《行記》中圓仁仍按舊年號
　　　　紀年，大約因爲朝廷詔令下達地方州縣需要一段時間。
〔註97〕《入唐求法巡禮行記校注》，頁395。
〔註98〕向達《唐代俗講考》，載於《唐代長安與西域文明》，河北教育出版社，2001
　　　　年版。僧善伏就是於貞觀三年（629）在常州聽俗講後皈依佛門的。（《續高僧
　　　　傳》卷20《善伏傳》）僧文漱在文宗朝以俗講而名聞於時，並受皇帝優寵，「有
　　　　文淑僧者，公爲聚眾譚說，假託經論所言，無非淫穢鄙褻之事。不逞之徒，
　　　　轉相鼓扇扶樹。愚夫冶婦，樂聞其說，聽者填咽。寺舍瞻禮崇奉，呼爲和尚」。
　　　　（唐·李肇《因話錄》卷4，上海古典文學出版社1957年版，頁94）此文作
　　　　者雖以不屑的口氣詆毀文淑，但從其描述中不難看出文淑的俗講確實受到士
　　　　庶民眾的歡迎。

國固有節日習俗和西域佛教社會宗教習俗相結合的過程中產生的。這個過程，又表現爲兩條發展線索：一條爲我國南北朝至隋唐時期正月十五日節慶活動的發展；一條表現爲西域佛教社會正月十五日燃燈禮佛習俗的發展和持續傳播。可以說，這兩條線索在中國和西域是各自獨立發展的，直到唐朝，隨著西域佛教文化和習俗的傳入，兩種節日活動才合二爲一，最終形成中國古代的元宵節和元宵觀燈的習俗。」〔註99〕這說明，這一節俗的形成發展被蒙上了宗教的色彩，因而到隋唐成爲定俗。它仍然帶有濃厚的宗教氣息，如隋煬帝爲熱鬧的燈事活動而自作的詩《元夕於通衢建燈夜升南樓》：「法輪天上轉，梵聲天上來。燈樹千光照，花焰七枝開。」〔註100〕玄宗爲宣揚其太平盛世，於天寶三載（744）十一月下敕：「每載依舊正月十四、十五、十六日開坊市燃燈，永爲常式。」〔註101〕燈節特改爲從正月十四夜起，一連三個晚上。《雍洛靈異小錄》載雍洛地區街巷、寺觀燈明若晝，「士女無不夜遊，車馬塞路，有不躡地浮行數十步者」。節日時間延長了，相應地城市民眾的活動範圍也隨之擴大，他們不局限於街頭巷尾，而是結伴成群到市裏城郊的寺觀裏觀燈行樂，如圓仁親歷開成四年（839）揚州僧寺與世俗民眾共度燈節的盛況：「（正月）十五日夜，東西街中，人宅燃燈，與本國年盡晦夜不殊矣。寺裏燃燈，供養佛，兼祭奠祖師影。俗人亦爾。當寺佛殿前建燈樓。砌下、庭中及行廊側皆燃油。其燈盞數不遑計知。街裏男女不憚深夜入寺看事，供燈之前隨分捨錢，巡看已訖，更到餘寺看禮捨錢。諸寺堂裏並諸院皆競燃燈，有來赴者，必捨錢去。無量義寺設匙燈、竹燈，計此千燈。其匙竹之燈樹構作之貌如塔也，結絡之樣極是精妙，其高七八尺許。並從此夜至十七日夜，三夜爲期。」〔註102〕揚州「三日燃燈」自十五日至十七日，與天寶制略不同，但是節日裏五彩繽紛的燈盞和節日的氣氛及民眾歡樂高漲的情緒卻是相似的。另外，揚州街坊里巷男女士庶們深夜入寺，除了觀燈歡慶外，還不忘施捨錢財，爲家人和自己祈禱長壽平安、來年好運。這種融合了慶節作樂、施財向善的觀燈活動，正體現了城市民眾在公共性的節慶活動中的宗教情懷。

此外，在中秋節即將來臨的幾天裏，也是唐人通過宗教活動表達內心企盼

〔註99〕李傳軍《論元宵觀燈起源於西域佛教社會》，《西域研究》2007年第4期。
〔註100〕隋煬帝《元夕於通衢建燈夜升南樓》。
〔註101〕《唐會要》卷49《燃燈》，上海古籍出版社2006年版，頁1010。
〔註102〕《入唐求法巡禮行記校注》，頁97。

和願望的好時機，如「大和末歲……鍾陵有西山，山有遊帷觀，即許仙君遜上昇地也。每歲至中秋上昇日，吳、越、楚、蜀人，不遠千里而攜挈名香、珍果、繪繡、金錢，設齋醮，求福祐。時鍾陵人萬數，車馬喧闐，士女櫛比，數十里若闤闠。」〔註103〕吳越楚蜀四地民眾在中秋節前幾天不遠千里到鍾陵（今江西南昌一帶）西山遊帷觀施捨財物、設齋打醮，目的是為了求仙降福祉，滿足自己心中願望。人數上萬、車水馬龍，「數十里苦闤闠」，可見場面之壯觀。

二、宗教節日的世俗化

　　唐人的傳統節日不僅滲透著佛教和道教因素，而且還有一系列民眾參與面極廣的宗教節日，如佛誕節、盂蘭盆節（中元節）等。

　　四月八日為佛教的宗教節日。此日相傳為佛祖釋迦牟尼生日，故亦稱「佛誕日」。此日寺廟均有盛大場面的浴佛活動。關於佛生日有兩種說法：一說是在二月八日，一說是在四月八日。據今人學者研究認為，這兩說並不矛盾，這是由於歲首建子還是歲首建寅的不同而形成。〔註104〕實際上兩說都同時存在，因地區不同而各被選擇沿習。至於佛誕日成為士庶民眾歡樂的盛節，並非在唐代才出現，其實早在北魏時就已形成規模，北魏楊衒之《洛陽伽藍記》記載了六世紀洛陽城僧俗民眾在不同寺院祝誕活動的盛況：

卷1 洛陽城內長秋寺

　　　　像停之處，觀者如堵，迭相踐躍，常有死人〔註105〕；

卷2 洛陽城東宗聖寺

　　　　有像一軀，舉高三丈八尺，端嚴殊特，相好畢備，士庶瞻仰，
　　　　目不暫瞬。此像一出，市井皆空，炎光輝赫，獨絕世表。妙伎雜樂，
　　　　亞於劉騰，城東士女，多來此寺觀看也〔註106〕；

〔註103〕《傳奇‧文簫》，《唐五代筆記小說大觀》，頁1151。

〔註104〕陳元靚《歲時廣記》云：「佛以周昭王二十四年四月八日生。周代以十一月為正月，四月八日即今之二月八也。」《荊楚歲時記》：「二月八日釋氏下生，良有自也。近代以四月八日為佛生日，故徇俗耳。」周代的四月八日，自漢代行建寅曆法後，實際上是在二月八日。但流俗仍沿舊說而定為四月八日，因此遂有此兩種記述的不同。參見徐連達《唐朝文化史》，復旦大學出版社2003年版，頁489。

〔註105〕（魏）楊衒之撰，周祖謨校釋《洛陽伽藍記校釋》，中華書局1963年版，頁53。

〔註106〕《洛陽伽藍記》卷2，頁74。

卷 3 洛陽城南景明寺

> 于時金花映日，寶蓋浮雲，旛幢若林，香煙似霧。梵樂法音，
> 聒動天地。百戲騰驤，所在駢比。名僧德眾，負錫爲群；信徒法侶，
> 持花成藪。車騎填咽，繁衍相傾〔註107〕；

卷 4 洛陽城西河間寺

> 四月初八日，京師士女多至河間寺，觀其廊廡綺麗，無不歎息，
> 以爲蓬萊僊室亦不是過〔註108〕。

佛像巡行，招徠城居士庶民眾駐足細觀，這既增加了節日歡快愉悅的氣氛，也令民眾爲佛像的盛大莊嚴場景所歎服。到唐代，佛誕節已發展成爲寺院隆重的典禮，如中唐百丈懷海禪師《百丈清規》卷 2 載：「四月八日，遇本師釋迦如來大和尚降誕令辰，率比丘中，嚴備鮮花燈燭茶果珍羞，以申供養。」略可見其儀制。在舉行慶典活動中，僧眾們誦經講法，世俗的善男信女們則於此日拜佛祭祖，或向寺廟施捨財物，或盛服前往瞻仰觀禮。而在皇室，則有帝王在內道場〔註109〕禮佛和選擇在此日前後舉行盛大的迎佛骨活動，如「上（代宗）崇釋氏教，乃春百品香和銀粉以塗佛室。遇新羅國獻五色氍毹，及萬佛山，可高一丈。上置於佛室。……四月八日，召兩街僧徒入內道場，禮萬佛山，是時觀者歎非人工。」〔註110〕懿宗皇帝選擇在佛誕日這天將佛骨迎至京師，已見前文。玄宗時期還有佛誕節休假的規定，《唐會要》卷 50《雜記》載：「（天寶）五載（746）二月十三日太清宮使、門下侍郎陳希烈奏：『大聖祖玄元皇帝以二月十五日降生，既是吉辰，請四月八日佛生日，准令休假一日。』從之。」〔註111〕這從制度上保證了官民休閒娛樂、進行宗教活動的時間。

此外，在市民階層，則有舉行戲場表演以示慶祝的節俗，如「濮陽郡有續生者，莫知其來。……每四月八日，市場戲處，皆有續生。郡人張孝恭不信，自在戲場，對一續生，又遣奴子往諸處看驗。奴子來報，場場悉有。」〔註112〕

〔註107〕《洛陽伽藍記》卷 3，頁 115。

〔註108〕《洛陽伽藍記》卷 4，頁 167。

〔註109〕內道場是皇帝在宮中設置的專門事佛場所，是皇室在此舉行譯經、受戒、誦經、齋會及接待高僧等活動的場所。關於唐代內道場及內道場僧團的探討，請參張弓《唐代的內道場與內道場僧團》（《世界宗教研究》1993 年第 3 期）。

〔註110〕《太平廣記》卷 404《萬佛山》引《杜陽雜編》，頁 3257；（高麗）一然《三國遺事》卷 3，《大正藏》第 49 冊，頁 991。

〔註111〕《唐會要》卷 50《雜記》，頁 1031。

〔註112〕《太平廣記》卷 83《續生》引《廣古今五行記》，頁 532。

剝離故事中誇張離奇的成分，我們似可窺見該郡慶佛誕節的習俗。「每」表明該郡年年都在此日舉行，意味著此節俗流傳已久，久盛不衰；「市場」是商品交換流通的主要場所，這裡不僅是豐富商品的聚集地，還是各色各等人的輻輳之地。戲場設在市場，正是爲了吸引市場上川流不息的人群的駐足觀看。「場場」暗示了在市場中不只設置一處戲場，而是在數處戲場同時上演。由濮陽郡佛誕節戲場舉辦的時間、地點、頻率可見，佛誕節是該郡流傳已久的、以喜聞樂見的演戲爲主要慶祝方式、被廣大市民所認同和接受的節日。

夏曆七月十五這一天早在佛道二教流行前中國民間社會就已有之，通常稱爲鬼節，在佛教裏稱爲盂蘭盆節，道教中則稱爲中元節。鬼節是以中國傳統思想的孝道爲主旨，並在本土禮俗基礎上發展起來的傳統節日。道教初起時有三官崇拜。即天官、地官、水官，以後稱之爲三官大帝。他們各有責司，天官爲上元賜福，地官爲中元赦罪，水官則稱下元解厄。道書中說，凡是這三天，三官都要檢校人間功罪以定賞罰。其中地官所管爲地府，所檢的重點是諸路鬼眾。所以這一天，眾鬼都要出離冥界，接受考校。道門中於這一天例行設醮爲地官慶賀誕辰，同時信眾也出資設齋爲祖先求冥福，請地官赦免罪過，早昇天堂。中元節由此而形成。至於源於印度的盂蘭盆節如何同中國傳統節俗結合起來，美國學者太史文認爲，「七月把即將來臨的衰微及死亡與獻祭先人、始祖及給予生命者的慶典結合起來，天上地下男女混雜，如同居家者與放棄家庭生活及生兒育女的人混雜起來一樣。」〔註113〕即認爲死亡與再生、變化與更新是中國傳統鬼節與盂蘭盆節的結合點，此論極具啓發意義。簡單說，盂蘭盆節源自漢譯《佛說盂蘭盆經》，大約在東晉初年由南渡僧傳至建康及三吳地區。最早的盂蘭盆齋會亦始於兩晉之際，流行在西北地區和東南地區的一些寺院中。約到南北朝時期出現了盂蘭盆節與道教的中元節同日並行的現象，在南朝梁武帝時期，道門中元節向佛門盆節趨同，到唐代發展成盂蘭盆節和中元兩節並行並重，〔註114〕並成爲上自皇帝朝臣、下至城市民眾所熱衷的節日慶典活動。先看唐朝宮廷的盆齋法會慶祝活動：唐高宗時，「國家大寺，如似長安西明、慈恩等寺，……（皇室）每年送盆獻供種種雜物，及舉盆音樂人等，並有送盆官人，來者非一」，〔註115〕禮儀非常隆重。武則天

〔註113〕《幽靈的節日——中國中世紀的信仰與生活》，頁28。
〔註114〕詳參張弓《中古盂蘭盆節的民族化衍變》，《歷史研究》1991年第1期。
〔註115〕《法苑珠林校注》卷62《祭祠篇》，頁1826。

時期，宮廷盆齋法會已形成一套完整的禮儀，演化為符合儒家傳統禮儀的皇室頌孝節儀，常被史家徵引的典型例子是楊炯《盂蘭盆賦》〔註116〕中描寫的如意元年（692）武則天在洛陽南門舉行盆齋的全部過程，真實再現了皇家盆齋的盛大規模和恢宏景象。之後的玄宗、代宗兩帝也曾舉行過數次齋節，到唐末皇權衰落，皇室停罷盆節供養。但盂蘭盆節在宮廷之外的僧俗士庶中則久盛不衰。唐玄宗時期的太守盧元裕「未仕時，嘗以中元設幡幢像，置盂蘭於其間」〔註117〕。天寶後，劍南節度使張某「中元日，令郭下諸寺，盛其陳列，以縱士女遊觀」〔註118〕。唐德宗貞元年間，「中元日，番禺人多陳設珍異於佛廟，集百戲於開元寺」〔註119〕。圓仁記載了會昌四年（844）在長安親見的諸寺盆節盛況：「城中諸寺七月十五日供養，諸寺作花：臘花鉼（瓶）、假花果樹等，各競奇妙。常例皆於佛殿前鋪設供養，傾城巡寺隨喜，甚是盛會。」〔註120〕諸寺競相置辦盆齋，民眾「傾城巡寺隨喜」，上自官府提供物品充供，皇帝、朝廷官員頻頻外出觀禮，下至平民百姓自己出物供養，陳列百戲，恣情尋歡。可見，這時期的盆節，已成為各階層民眾共同參與的節日活動，節慶將更為莊嚴、帶有宗教色彩的主題與節日娛樂氣氛統一了起來。

　　相比佛門盆節，唐代道門的中元節無論規模還是在民間的影響都遜色多了，從史書記載較少就反證了這一點。此外，在武宗會昌四年（844），長安「諸寺鋪設供養，勝於常年」，朝廷卻「敕令諸寺佛殿供養花藥等盡般到興唐觀，祭天尊。十五日，天子駕幸觀裏，召百姓令看。百姓罵云：『奪佛供養祭鬼神，誰肯觀看！』天子怪百姓不來。諸寺被奪供養物，恓惶甚也」。〔註121〕史料雖反映了武宗毀佛的前奏，但從中我們不難看出，道門中元節的節日規模和在民眾中間的影響遠不能與佛門盂蘭盆節相比。不過有一點是肯定的，在唐代無論是佛教還是道教，也無論是朝廷還是民間、權貴還是賤民，都在每歲這一天以傳統習俗和宗教形式相結合的方式表達著節日裏各階層的精神依託和宗教情感。

　　綜上所述，在唐代節慶中，無論是傳統的如除日、元日、元宵等節，還

〔註116〕《文苑英華》卷125，中華書局，1966年版，頁573。
〔註117〕《太平廣記》卷422《盧元裕》引《宣室志》，頁3438。
〔註118〕《太平廣記》卷122《華陽李尉》引《逸史》，頁860。
〔註119〕《太平廣記》卷34《崔煒》引《傳奇》，頁216。
〔註120〕《入唐求法巡禮行記校注》卷4，頁445。
〔註121〕《入唐求法巡禮行記校注》卷4，頁445。

是宗教的如佛誕日、盂蘭盆節（中元節），無論是中華節俗還是外域衍變而來的節日，唐代官民、貴賤、僧俗都以極大的熱情積極投入到歡快的節日氛圍中。在既定成俗的節日裏，各階層人們以不同的心態融入到共同慶祝的歡樂節日中，他們從中享受著節日輕鬆愉悅的情趣。

第三章　唐代城市居民生活中的宗教滲透

　　一切社會關係中，最爲根本的關係就是人們在社會活動中所結成的各種利益關係。社會關係按照不同的標準有不同的劃分法，本文基本遵循自先秦以來形成的四民階層分類法〔註1〕而略有變動。鑒於本書所討論的範圍僅限於城市，故農民階層不在討論之列。又，中國古代城市的興起主要源於軍事和政治目的，在唐代，爲保證國家安定和邊疆的穩定，大量的軍隊被部署在京師、地方州縣治所及邊疆各地。受佛道教盛行於時的影響，軍中將士除戎馬倥傯於戰場外，同其他階層人員一樣具有宗教信仰的思想和活動，因而軍中將士也成爲本書的討論對象之一。此外，由於唐代佛道教的盛行，僧道徒即

〔註1〕　自先秦以來形成的以社會分工和職業結構爲標準的「士、農、工、商」四民
　　　　階層分類法。《春秋‧穀梁傳》云：「古者有四民：有士民、有商民、有農民、
　　　　有工民。」（阮元校刻《十三經注疏‧春秋穀梁傳注疏》成公元年，中華書局
　　　　1980年版，頁2417）《管子‧小匡》云：「士農工商四民者，國之石民也。」
　　　　（房玄齡注，劉績增注《管子》卷8《小匡》，上海古籍出版社1989年版，頁
　　　　76）即爲國家的基石。在唐代，據《唐六典》卷三《戶部尚書》：「辨天下之
　　　　四人，使各專其業：凡習學文武者爲士，肆力耕桑者爲農，功作貿易者爲工，
　　　　屠沽興販者爲商。」（《唐六典》卷3《戶部尚書》，頁74）可見，四民階層的
　　　　基本分類自先秦延續到唐代未有根本性的改變。韓愈在中唐儒學復興運動時
　　　　寫下的《原道》（屈守元、常思春主編《韓愈全集校注》，四川大學出版社1996
　　　　年版，頁2663）一文中，提出：「古之爲民者四，今之爲民者六。」他在傳統
　　　　的「四民」說之外，加上僧、道二教，合稱「六民」。韓愈從國計民生的角度
　　　　指責僧道二教破壞了社會生產和生活，旨在強調二教背離了儒家聖人之道，
　　　　成爲社會上不勞而食、不工而用器的食人階層，增加了社會負擔，不利於社
　　　　會發展。但是傳統的四民階層劃分法並未根本改變。

寺觀戶在人口所佔的比例加重，〔註2〕然而從史籍中我們發現，他們在日常生活中仍然與世俗家庭保持著不同程度的關係。因此，本文亦將此群體作爲一個階層加以討論。

　　本章擬從士、工商、兵、僧四個方面分類探討城市居民各個階層的宗教生活情況，旨在說明宗教信仰對城市各個階層社會生活的介入和影響。

第一節　出俗與入世的轉換：士人與宗教

　　士是中國古代社會中具有一定身份地位的特定社會階層，它在不同的歷史時期有不同的內涵。在唐代，「凡習學文武者爲士」〔註3〕，即以修習儒家思想文化而安身立命的儒者及步入仕途的文武之士。關於士人階層，學者們已從不同角度進行了深入研究〔註4〕，這些研究構成本文討論的基礎。在此基礎上，本文試從部分士人之離俗出家和部分僧道徒之返服爲士這兩個方面，來綜合論述唐代士人與宗教的密切關係，最後以中晚唐名相裴休的佛教信仰作爲個案研究，以期對士人與宗教做具體而微的透視。

一、士人與宗教關係綜論

（一）離俗出家

　　在儒家看來，求學爲官是大丈夫實現政治理想和抱負的最有效途徑。既已步入仕途，就應該積極地投入到社會中擔當起「兼濟天下」的重任。據目前已掌握的資料可知，在唐代由於社會盛行崇佛慕道之風，許多士人與方外之士的宗教徒保持著密切的聯繫。不僅如此，有些人甚至拋官舍家，穿袈裟

〔註2〕據凍國棟先生的估計，唐代僧尼和道士（道姑）數十分龐大，文宗、武宗時，估計不少於110萬。（葛劍雄主編，凍國棟著《中國人口史：隋唐五代時期》，復旦大學出版社2002年版，頁107）這個數量非常龐大。

〔註3〕《唐六典》卷3《戶部尚書》，頁74。

〔註4〕余英時《士與中國文化》，上海人民出版社1987年版；閻步克《士大夫政治演生史》，北京大學出版社1996年版；郭紹林《唐代士大夫與佛教》，河南大學出版社1987年版。以上專著主要從文化、政治、宗教思想文化角度對士大夫階層進行探討。李斌城《論唐代士大夫與佛教》（《魏晉隋唐史論集》2，中國社會科學，1983年版）用階級分析方法，更注重從士大夫的階級屬性上尋找問題根源。此外，還有張弓《唐代士人的「始儒終佛」》，《華梵大學第七屆儒佛會通學術研討會論文集》，臺北，2003年版。

披道袍，眞正過起了宗教徒的生活。唐代士人離俗出家的現象雖不具有普遍性，但也並非個別現象，他們出家有著複雜的社會背景和深刻的現實根源，下文將從士人出家的原因入手進行分析。其具體原因雖各異，但歸納起來不外如下數種。

1. **客觀現實情況所迫**　唐代士人出家主要與當時複雜多變的政治形勢密切相關。武則天時期的監察御史王守愼，因不滿於當時的酷吏政治，遂出家爲僧。據《宋高僧傳》卷 26《釋法成傳》載：法成「本姓王，名守愼，官至監察御史。屬天后猜貳，信酷吏羅織，乃避法官，乞出家爲僧。」王守愼在《舊唐書》歸於「隱逸傳」，傳稱：「王守愼者，有美名。垂拱中爲監察御史。時羅織事起，守愼舅秋官侍郎張知默推詔獄，奏守愼同知其事，守愼以疾辭，因請爲僧。則天初甚怪之，守愼陳情，詞理甚高，則天欣然從之，賜號法成。識鑒高雅，爲時賢所重。以壽終。」〔註5〕結合僧俗兩傳可知，法成入道前，官至監察御史，爲官廉正，有很好的聲譽。時武則天當政，酷吏政治彌漫帝國，仕宦之人順則青雲直上，逆則性命難保。當此非常時期，士人既無法履行爲官之道，只能出俗以自保，故王守愼請度爲僧。其不戀高官厚祿的形像，既爲他贏得「時賢所重」；而武則天是崇佛之君，佛教在當時享有極高的地位，他出家爲僧，得到皇帝所賜法號，遂「以壽終」。總之，王守愼的捨官出家，實爲謀略深遠的明哲保身之舉。中宗時期衛尉卿楊元琰，曾因參與張柬之、李多祚等定計誅殺二張、革周復唐的決策，受到重用。但是「敬暉等爲武三思所構，元琰知禍未已，乃詭計請祝髮事浮屠，悉還官封。」〔註6〕其謀略與王守愼頗有相似之處。武則天從子武攸緒「少有志行，恬淡寡欲」，不慕榮華富貴，厭惡政治鬥爭中的爾虞我詐，棄家隱居中嶽爲道士。即使朝廷屢詔下山也不赴闕，只是當安樂公主舉行婚禮時，才奉璽書勉強入京一次，至京後亦不與人交往接談，禮畢，立即還山。〔註7〕當武三思擅權後，他請棄官爲僧，不過沒有得到中宗的同意。天寶年間，戶部尚書裴寬「不附權貴，務於恤隱」，卻因懼怕李林甫陷害而「上表請爲僧」，玄宗不許。雖未遂願，但他素來崇信釋典，「常與僧徒往來，焚香禮懺，老而彌堅。」〔註8〕武攸緒和裴寬雖未遂

〔註5〕《舊唐書》卷 192《隱逸·王守愼傳》，頁 5123。
〔註6〕《新唐書》卷 120《楊元琰傳》，頁 4315。
〔註7〕《舊唐書》卷 183《武攸緒傳》，頁 4740～4741。
〔註8〕《舊唐書》卷 100《裴寬傳》，頁 3131。

出家之願，其疏離權力中心的姿態卻藉以充分顯示出來，避免了在權力漩渦
中沉淪的悲劇。德宗時期的宰相姜公輔，因諫阻厚葬唐安公主而觸犯龍顏獲
罪，被罷爲左庶子。因久不得升遷，遂向翰林舊友宰相陸贄求官，求官不得，
懼帝怒己，上疏乞請罷官度爲道士，但未得到應允，被貶至泉州。〔註9〕德宗
皇帝即位後不久京師發生兵變，德宗倉皇出逃，太子少師喬琳扈從至周至託
辭不前，削髮爲僧居仙遊寺。〔註10〕他錯估形勢，以爲局勢難收，帝國將會
面臨改主或換代的局面，只有出家才能避免因政權更替而帶來的殺身之禍。
但不久叛亂解除，喬琳以「背義負恩」被誅。在同一事件中的另一官員、肅
宗皇后之外甥柳晟，在隨帝到奉天後，自告奮勇入京游說群賊，使之退兵，
卻被賊擒俘，遂落髮爲僧，而自謀逃脫，歸德宗行在所，後遷官將作少監。
上述三人在面臨困境時，同樣採取出家自保的方式，結局卻出現極大反差：
一貶官，一遷官，一被誅，這恐怕是當事人所始料未及的。出家確可自保，
卻不一定如其所願。又文宗時的左僕射蕭俛絕意仕進，有出世之念，卻沒有
得到皇帝的同意。〔註11〕據《舊唐書》本傳載，蕭俛於穆宗長慶元年（821）
遷任中書侍郎、同中書門下平章事。他居相位時，重惜名譽，嫉惡如仇。四
川節度使王播以重金賄賂宦官，欲爲宰相。蕭俛多次力排眾議，而唐穆宗聽
信偏言，遂辭相位，後改任吏部尚書、兵部尚書、太子少保等。大和元年（827），
文宗即位，詔進蕭俛爲左僕射兼太子少師，蕭俛以年老多疾，辭不受。蕭俛
初有大志，願以自己才智奉獻當朝。後因見宦官弄權，官場腐敗，不願再入
仕途。蕭俛致仕後，在離洛陽百里的濟源縣境的王屋山下，建房屋一幢，逍
遙山林，以讀書詠詩安度晚年。相對於姜公輔、喬琳的悲劇性結果，蕭俛最
終求仁得仁，竟以善終，可能與他內心確有出世之念，不戀高位、激流勇退
有關。〔註12〕除受政治鬥爭影響外，還有因動蕩不安時局所擾而被迫離俗的，
如僖宗起居郎蔣曙，時逢黃巢之難，兵燹頻仍。廣明末年（881），起義軍攻

〔註 9〕《舊唐書》卷 138《姜公輔傳》，頁 3788。
〔註 10〕《舊唐書》卷 127《喬琳傳》，頁 3577。
〔註 11〕（五代）王定保《唐摭言》卷 8，上海古籍出版社 1978 年版，頁 93。查蕭俛
　　　　其它相關材料，均未提到過他曾上表請度爲道士。由蕭俛致仕後逍遙於山林
　　　　修身養性來看，他極有可能爲此上表請求，但因未得到皇帝的敕許而作罷，
　　　　故史書不載。同樣的情況在德宗朝也有一例，貞元中戴叔倫罷容管都督，上
　　　　表請度爲道士，因未得到皇帝應允而不了了之。除去《唐摭言》提到此事外，
　　　　其它相關戴叔倫資料均不見載。
〔註 12〕《舊唐書》卷 172《蕭俛傳》，頁 4476。

入長安，並於當年十一月建立大齊政權。不久，其部屬「焚市肆，殺人滿街，巢不能禁」〔註13〕，唐宗室留長安者幾無遺類，唐室官員惶惶不可終日，《秦婦吟》言：「華軒繡轂皆銷散，甲第朱門無一半」，「內庫燒爲錦繡灰，天街踏盡公卿骨」。〔註14〕當此之際，蔣曙闔門罹難，遂「絕意仕進，隱居沉痛」〔註15〕，在天令節（冬至節）表請入道，獲僖宗的准許。〔註16〕此外，宦海沉浮、仕途升降難以把握最是士人困苦的問題，也容易使士人產生對宗教的依賴感和歸屬感。蜀僧善曉，早年曾爲州縣官，苦於久不得調選，乃萌出俗之志，於是剃削爲沙門。〔註17〕僧善曉生卒仕歷，史闕有間，不可詳知，可以確知的是，他因仕進渺茫而入桑門。總之，當大道既隱，自己的政治抱負得不到施展時，以及因爲政治上的失意，仕途上的挫折，官場上的波詭雲譎難以把握，命運多舛的士人們往往被迫選擇遠離現實，試圖躲避到虛幻的方外世界。

2. **棲心出世、信向所歸**　受當時佛道傳播的普遍和廣泛這一社會環境影響，一些士人素有出世信向，在時機成熟時，他們希望滿足自己的心願。太宗時太史令薛頤貞觀中表請爲道士。〔註18〕據《舊唐書》本傳載，薛頤解天文律曆，尤曉雜占，在隋煬帝大業年間曾爲道士，煬帝曾引入內道場章醮。武德初年，薛頤追隨秦王李世民，並密授機要：「德星守秦分，王當有天下，願王自愛。」秦王乃授以太史丞，並累遷至太史令。貞觀中，太宗敕許入道，並在九嵕山爲之建置紫府觀，拜授中大夫，行紫府觀主事。又敕令於觀中建清臺，候玄象，以備遇有「災祥薄蝕謫見」等事，隨時上奏。〔註19〕從薛頤復道的前後來看，無論在俗在道，他都位居顯要、名揚當時，原因在於他具有天文卜筮方面的天賦，並爲當權者所賞識和重用。既然道俗對他而言都暢通無阻，何必又要入道？這多與他的信仰有關。道教由於其教義思想和宗教修行活動的特點，特別是道教的內修外養強調順天應時，離不開對天地陰陽節氣等天文律曆的把握，因此，道教與中國古代曆法之間形成了比較密切的

〔註13〕《資治通鑒》卷254「僖宗廣明元年」條，頁8240。
〔註14〕王重民、孫望、童養年輯錄《全唐詩外編》（上），中華書局1982年版。
〔註15〕《新唐書》卷132《蔣乂傳附蔣曙傳》，頁4534。
〔註16〕《唐摭言》卷8，頁93。
〔註17〕（五代）孫光憲《北夢瑣言逸文》卷3《璧山神》，上海古籍出版社1981年版，頁162。
〔註18〕《唐故中大夫紫府觀道士薛先生墓誌銘》，《續集》貞觀048，頁35～36。《冊府元龜》卷822《尚黃老》，頁9768。
〔註19〕《舊唐書》卷191《薛頤傳》，頁5089。

關係，許多道士精通天文曆法。薛頤也不例外，他崇尚道法自然，出家入道既是自己的信向所屬，又可兼任道俗兩界的職務，更能充分發揮利用天象推定人事吉凶禍福的天分。當然，還有一個重要的客觀條件我們不應忽略，道教在唐代被奉爲近乎國教一樣的地位，因而不少類似薛頤這樣的道士，受到相應的優待。又如代宗時期濮陽郡柳某，《唐故禪大德演公塔銘並序》稱他「語及無生，喟然歎曰：『萬法歸空，一身偕幻，瑣瑣名位，曷足控搏』」，遂抛棄官印，經神策都知兵馬使王駕鶴奏請，捨官爲僧。〔註20〕可見，他已厭倦世間功名利祿，感慨人世虛幻，爲擺脫現世而出家爲僧，獲得恬淡和安靜。德宗朝吉州刺史閻寀於貞元七年（791）四月表請入道，德宗賜名「遺榮」，〔註21〕隸武陵桃源觀。據《全唐文》卷684《閻貞範先生碑》：

> 先生名寀，天水人。蟬聯戚屬，才爲時選，再登憲府，三領大郡，不樂進取機密，求出爲武陵相。聞桃源有黃君瞿童之事，甘心而請學焉，黃君欣然留公。秋分中夜，授以洞神正一券云：「蒼崖沉沉，如交杳冥。羽節繽紛，往來無聲。」黃悚異，命公爲記。時淮將跋扈，朝議以正人莅之，可使遷善，傳召公爲申州刺史。公將命始至，數陳王綱，誘諭忠節，然察其惡稔，亦以上聞。渠凶愈怒，鑿空構禍，初貶韶陵，怒猶未厭，逗遛不遣，再貶韶州司户參軍，獲脫虎口矣。於是忠賢失志，長蛇肆毒。天子念公之勤，重惟險阻，詔還，恩降造膝，面拜汝州刺史，錄前效也。爲節將挾忿奏替，改授澧州刺史。……轉吉州刺史，公乃歎曰：「夙奉道牙，志期修進，而流年不待，齒髮將暮，湛恩稠疊，恐遂無報。」乃上言乞以皇帝誕慶之辰，度爲武陵桃源觀道士，永焚香火，庶竭涓埃之力，少酬亭育之報。優詔褒美，賜號遺榮，仍宣付史館，以尚賢也。……以貞元七年十一月三日，順化於鍾陵宗華觀，甲子三百九十有八。〔註22〕

閻寀在武陵爲相時，就曾躬身請學於桃源的高道黃君。寀道根惟固，機俊變通，黃君授以洞神正一券，授券之際呈現出的奇象靈徵，黃君亦爲之驚奇「悚異」。後「忠賢失志，長蛇肆毒」，遭上司陷害，仕途多舛，因天子鑒察才幸

〔註20〕《唐故禪大德演公塔銘並序》，《彙編》貞元111，頁1917。
〔註21〕《唐會要》卷50《雜記》，頁1031。
〔註22〕董侹《閻貞範先生碑》，《全唐文》卷684，頁7003。

免於難。時宷已六十有餘，感慨華年已逝，流年不待，遂重燃學道之念，於德宗誕慶之辰，表請入道，得遂所願，並蒙天子賜以法號。閻宷以垂暮之軀歸入道門，一是遂己所願，二是以修行方式來報答皇帝之浩恩和父母劬勞之恩。

3. **客觀情勢和個人信向兼而有之**　有些士人在家修行，本無意出家，但世事難料，使他們被迫放棄俗世。天寶時期的戶部尚書裴寬以崇信佛教而聞名於朝野，他入朝行臣子之禮，下堂行方外之道，參禪學，問心要，求名僧為師，因而對佛教有很深的造詣。神秀弟子普寂在洛陽時，時任河南尹的裴寬「日夕造謁，執弟子禮曾無差脫」，「得心印，歸向越深」，因此「職事在躬，不避密行，顯掇時謗」。〔註 23〕後李林甫擅權，裴寬遭其誣陷，「寬又懼死，上表請為僧，詔不許。」雖未抽簪穿袈裟，但並未影響其心向佛的虔誠，「焚香禮懺，老而彌堅」。〔註 24〕唐穆宗時期的幽州節度使劉總亦與裴寬有相似之處。他於長慶元年（821）上表請出家，帝不許。「總乃以印付留後，自剃髮為僧，以私第為寺。帝乃從其志，封為大覺師。賜僧臘五十，寺名報恩。」〔註 25〕劉總是幽州盧龍節度使劉濟之子。劉濟在兩《唐書》本傳中雖不載其崇信佛教，但保存至今的房山雲居寺（今北京房山西南）僧俗信眾造經的題記《房山石經題記彙編》中，記載了他發起所刻的很多經典，〔註 26〕這說明劉濟是信佛的。由此可知，劉總信佛受其家庭的一定影響。但促使他最終皈依佛門不僅僅是基於他的信仰，更重要的是由於他做了違背綱常倫理、觸犯佛門大忌之事。唐憲宗元和初，他殺了其父劉濟，繼任幽州節度使，但「每公退，則憩於道場，若入他室，則惆悵不敢寐。晚年恐悸尤甚，故請落髮為僧，冀以脫禍」。〔註 27〕強烈的罪惡感導致他心理恐慌、絕望，以致精神焦慮不安，於是逃避現實、自我欺騙。這是一條虛構的擺脫危機狀況的出路，一條達到

〔註 23〕《宋高僧傳》卷 9《普寂傳》，頁 199。

〔註 24〕《舊唐書》卷 100《裴寬傳》，頁 3131。

〔註 25〕《佛祖統紀》卷 42，頁 384。

〔註 26〕北京圖書館金石組、中國佛教圖書文物館石經組編《房山石經題記彙編》（書目文獻出版社 1987 年版）載有幽州盧龍節度使劉濟從貞元五年至元和四年（789～809）的二十年中鐫刻的題記就有 21 則〔這些則數只就文字明確者統計，其字不十分明確，經考證仍可斷定者雖不少，未計在內，故此數係最低數字。所刻經有《涿鹿山石經堂記》（頁 15）、所上經有《大般若波羅密多經》（共九條，達百餘卷，頁 143）；《妙法蓮華經》（共九條，頁 213）〕。

〔註 27〕《舊唐書》卷 143《劉怦傳附劉總傳》，頁 3902。

個人心理平衡、自我安撫或自我安慰的出路，佛教提供的正是這樣的出路。佛教認爲人起碼應該有三畏，除了畏懼生老病死等苦外，就是畏懼業因和畏懼自心了。佛經云：「眾生畏果，菩薩畏因。」果指苦果、業報，因指苦因、業行。造成一切痛苦的原因，唯是自己所造的有漏業，只有從根本著眼，畏懼業因，才能促使人不作諸惡，奉行眾善，想法去減輕、改善痛苦，創造受樂的因緣。而能造作有漏業而感招苦果者，唯是自心，由自心迷惑不覺，心隨境轉，跟著感覺、知覺走，起諸煩惱，由煩惱發起有漏業，才使自己陷溺輪迴，備受諸苦。畏懼自心，能促使人們自覺治心修心，爭做自心的主人。〔註28〕於是，在這種內在的心理需求驅使下，劉總強烈地希望皈依佛教，以尋求精神的解脫和心靈的慰藉，穆宗最終爲私度的劉總賜予正號。

4. 其他原因　玄宗時期，太子賓客賀知章上疏請爲道士，據《舊唐書》本傳載：「天寶三載（744），知章因病恍惚，乃上疏請度爲道士，求還鄉里，仍舍本鄉宅爲觀。上許之，……至鄉無幾壽終，年八十六。」〔註29〕賀知章，證聖元年（695）舉進士，累遷太常博士。開元十三年（725），升禮部侍郎（從四品），兼集賢殿學士，後徙工部侍郎，官終太子賓客（正三品），授秘書監（從三品）。從其仕途發展來看，他是個追求功名、積極入世之人。但他也不乏對精神信仰的追求，他原來崇奉佛教，與當時數位高僧都有往來，如與僧道亮「同心慕仰，請問禪心」〔註30〕，與僧玄儼「具法朋之契」〔註31〕，與僧曇一「並爲師友」〔註32〕。到了晚年，他「老去近仙方」，改易玄門。在患病且生命臨近終點之際，請度爲道士。從賀的仕途歷程、信向轉變、入道時間和原因來看，我們不能不對他晚年慕道出家的真實原因再作追尋。如所周知，道教是最重視人生命的宗教。《道藏》首經《元始無量度人經》即謂「仙道貴生」。《抱朴子內篇‧勤求》更對人生苦短詳加論證，以強調貴生惜命〔註

〔註28〕參陳兵《佛教的宗教信仰心理觀》，《法音》2001年第5期。
〔註29〕《舊唐書》卷190中《賀知章傳》，頁5034。
〔註30〕《宋高僧傳》卷8《道亮傳》，頁183。
〔註31〕《宋高僧傳》卷14《玄儼傳》，頁344。
〔註32〕《宋高僧傳》卷14《曇一傳》，頁353。
〔註33〕（晉）葛洪《抱朴子內篇》卷14《勤求》曰：「百年之壽，三萬餘日耳。幼弱則未有所知，衰邁則歡樂並廢，童蒙昏耄，除數十年，而險隘憂病，相尋代有，居世之年，略消其半。計定得百年者，喜笑平和，則不過五六十年，咄嗟滅盡，哀憂昏耄，六七千日耳，顧眄已盡矣，況於全百年者，萬未有一乎？諦而念之，亦無以笑彼夏蟲朝菌也。蓋不知道者之所至悲矣。里語有之：人

33〕。賀在晚年求仙訪道，患病之際請入道門，可以說，對生命的依戀促使他對道教的「仙道貴生」寄託了極大的希望或曰渴望。這一推測可以從《太平廣記》卷 42 引《原化記》的記載中得到部分證實。據載，居於京城長安的賀知章曾拿一枚珍貴明珠拜一位善黃白之術的賣藥老人爲師，欲求長生不老之術，老人卻用明珠於市場上換回胡餅。賀因爲輕用明珠而大爲可惜。老人曰：「夫道者可以心得，豈在力爭。慳惜未止，術無由成。」〔註 34〕 這是一則有關他求道的故事，雖爲小說，卻反映了賀知章追求長生不死的欲求之切，這應是他暮年入道的主要原因。

（二）還俗入世

佛家言：萬事萬物皆因緣和合而生，緣散則歸於寂滅。前述出家的士人因不同遭際而離俗出世，下面將要論及的是出俗的宗教徒在不同境況下再燃入世之念，抱著積極入世的人生態度重返俗世。

既已離俗出家，士人何以重返初服？下面從他們還俗的原因入手，試作分析。

1. **離俗出家原非本意**　這種情況主要有兩種：一是爲逃避現實困境而被迫離俗。危機解除，自然返初。高宗時宰相上官儀即屬此例。上官儀「幼度沙門」，後還俗，「貞觀初舉進士，授宏文館直學士，累遷起居郎。高宗朝遷秘書少監，加銀青光祿大夫西臺侍郎同東西臺三品」。〔註 35〕據《舊唐書》本傳載，上官儀父親上官弘是隋朝江都宮副監，大業末爲將軍陳棱所殺。「儀幼時，藏匿獲免，因私度爲沙門」〔註 36〕上官儀少爲沙門，是因爲其父被政敵所殺，家庭蒙受災難，爲了躲避仇人追殺，被父親的親信藏匿佛門。可見，他出家是出於安全生存的考慮，是被動的。當困境解除，他主動返回俗界。又據《太平廣記》卷 334《楊準》引《廣異記》載，唐朝宋城人楊準，爲士流名族，被女鬼纏身並與之野合兩三年，致使他仕途渺茫、婚配無望。其兄很是生氣，「汝爲人子，當應紹續。奈何忽與鬼爲匹乎？」楊準很慚愧並有所醒悟，因「出家被緇服，鬼遂不至」，是以出家。其後楊準反初服，「選爲縣尉，

在世間，日失一日，如牽牛羊以詣屠所，每進一步，而去死轉近。此譬雖醜，而實理也。」（中華書局 1985 年版，頁 253。）
〔註 34〕《太平廣記》卷 42《賀知章》引《原化記》，頁 263。
〔註 35〕韋挺《上官儀》，《全唐文》卷 154，頁 1576。
〔註 36〕《舊唐書》卷 80《上官儀傳》，頁 2743；《新唐書》卷 105 本傳，頁 4035。

別婚家人子。」〔註37〕這雖是唐人杜撰的關於人鬼戀小說，但反映了現實中士人爲生活所困，爲暫時躲避困難而被迫出家的境況。二是家庭中因父祖等長輩的意願或受他們崇佛慕道的影響而少小離俗。隨著年齡的增長、身心發育的健全和社會閱歷的豐富，自己開始有所領悟並希望重返世俗實現自己的理想和抱負，遂返初回俗，投身仕途。如天寶年間河南府參軍張軫，據《唐代墓誌彙編》天寶111墓誌所載：

> 君諱軫，字季心，其先范陽方城人也。……往昔中宗復辟，邪黨構端，大父被奪鳳池，歸來典郡，見君性不食肉，幼及成童，奏爲梵苑沙門，配居龍興精舍，載雖及紀，材必爲時，君謂釋門之道也，祈沒後之因；儒門之教也，救當今之弊。修惠狹於善己，濟世博於蒼生，返初服於巾簪，捨緇流而冠帶。……喟然曰：吾當擅鴻筆，取青紫。即胄太學，擢秀才。無何，拜河南府參軍，以秀才有後也。〔註38〕

張軫卒於開元二十年（732），此誌爲天寶四載（745）軫夫人邵氏過世時合祔所撰。誌稱他幼時祖父見他「性不食肉」，以爲有慧根，而奏請爲沙門。同時代人呂岩說在爲其撰墓誌銘時（蓋軫死時入葬之誌），則記爲「年九歲，以母氏夙願，固請爲沙門」〔註39〕，即非因其祖父而因其母夙願請爲僧，無論如何，終歸是因其祖父或母親等長輩有宗教信仰，或有出家夙願，使他幼小之年，被動出家，這種情況在唐代墓誌中屢屢可見。當張軫成人後，他深感「釋門之道也，祈沒後之因；儒門之教也，救當今之弊。修惠狹於善己，濟世博於蒼生」，於是毅然「捨緇流而冠帶」。德宗時期太原王士林，據《唐代墓誌彙編》建中014《唐故贈戶部郎中太原王君墓誌銘並序》載：

> 君名士林，字東皐。其先子晉控鶴駕於緱山，喬化鳧舃於葉縣，靈仙之裔，斯焉可詳，泠泠道風，不墜於地。會先帝尊大道，祖玄元，以道莅天下而天下大順，有若君之元兄，爲北羽客，遊藝於鴻都，有詔徵入內道場，爲帝修福。其後奏請適莽蒼以求靈仙，入崆峒而問政理，及夫至止，元戎聞而嘉之，署爲節度參謀，與之參謀軍事，令反初服，奏授廷尉評。〔註40〕

〔註37〕《太平廣記》卷334《楊準》條引《廣異記》，頁2650。
〔註38〕《唐故河南府參軍張君墓誌並序》，《彙編》天寶111，頁1609。
〔註39〕呂岩說《唐故河南府參軍范陽張府君墓誌銘（並序）》，《全唐文》之《唐文拾遺》卷19，頁10577。
〔註40〕《彙編》建中014，頁1830。

誌文稱王士林信佛是受遠祖王子晉羽化成仙的影響，實爲託辭，當時朝廷尊崇道教之風頗盛，其兄之出家爲道士，當與這一大的時代背景有關。其兄在爲道士時就已受到皇帝的禮遇而詔徵入內道場，爲帝修福。可見，當其置身世俗之外時就已顯現出對時事的關心。後以道士身份遊方於外，受到地方上成德節度使李寶臣的欽佩和重用，遂薦舉他成爲廷尉評，乃脫道袍，返初服，全身心地投入現世名利之場。

2. 受到社會上權要名流、達人雅士的賞識和提攜而返俗世　前舉王士林長兄之外，又如中唐著名詩人賈島（779～843），「初爲浮圖，名無本。來東都時禁僧午後不得出。島爲詩自傷。韓愈因教其爲文，遂去浮圖，舉進士。有李洞者，慕島爲詩，鑄像以事之，嘗稱賈島佛。」〔註41〕賈島巧遇大文豪韓愈，備受其稱賞並教以屬文，脫緇入世後以詩文之名大振於當世，時人就有崇拜者鑄像以事之。同時期與他齊名的另一位詩人周賀也有類似的經歷，「周賀，少從浮圖，法名清塞，遇姚合而反初。詩格清雅，與賈長江、無可上人齊名。」〔註42〕周賀受到姚合賞識而返初。姚合爲憲宗元和年間的進士，歷任監察御史，金、杭二州刺史、刑部郎中、給事中等職。他不僅官品高，而且在當時詩名也很盛。由於對周賀的詩歌才華的欣賞，姚爲周賀加冠巾，這既是對志趣相投之人的愛惜，也是對他的提攜和褒賞。

3. 受三教典籍及義理影響而改變人生取向　文宗時期侍御史劉軻，據《太平廣記》卷117引《雲溪友議》載：他「幼之羅浮、九疑，讀黃老書，欲學輕舉之道。又於曹溪探釋氏關戒，遂被僧服，故釋名海納。北之筠川方山等寺，又居廬嶽東林寺，習南山鈔及百法論，咸得宗旨焉。」在遍讀儒釋道三家典籍後，他可能認爲入佛教適合自己個性和旨趣，遂剃髮爲僧，可見宗教典籍一度影響了他對生命價值的取向和對生活方式的選擇。〔註43〕據《唐摭言》

〔註41〕《佛祖統紀》卷41，頁384。
〔註42〕《唐摭言》卷10，頁111。據《唐才子傳》卷6載：「寶曆（825～827）中，姚合守錢塘，因攜書投刺以丐品第，合延待甚異。見其《哭僧》詩云：『凍鬚亡夜剃，遺偈病中書。』大愛之，因加以冠巾，使復姓字。時夏臘已高，榮望落落，竟往依名山諸尊宿自終。」傅璇琮主編《唐才子傳校箋》第三冊，中華書局1990年版，頁73。
〔註43〕據《唐摭言》卷11載，劉軻「少爲僧，止於豫章高安縣南果園，復求黃老之術，隱於廬山，既而進士登第，文章與韓柳齊名。」文中雖稱他自幼爲僧，但對儒釋道三家書籍的閱覽卻是無疑的。

卷11載，劉軻在縱覽三教典籍之後，最後仍「進士登第，文章與韓柳齊名」，回歸到傳統士大夫「學而優則仕」傳統途轍。

4. **時局動蕩，被迫還俗**　唐末還俗僧張策即爲此例，據《舊五代史》卷18本傳載：

> 張策，字少逸，燉煌人。……策少聰警好學，尤樂章句。……然而妙通因果，酷奉空教，未弱冠，落髮爲僧，居雍之慈恩精廬，頗有高致。唐廣明末，大盜犯闕，策遂返初服，奉父母逃難，君子多之。及丁家艱，以孝聞。服滿，自屏郊藪，一無干進意，若是者十餘載，方出爲廣文博士，改秘書郎。……太祖受禪，改工部侍郎，加承旨。其年冬，轉禮部侍郎。明年，從征至澤州，拜刑部侍郎、平章事，仍判戶部，尋遷中書侍郎，以風恙拜章乞骸，改刑部尚書致仕。〔註44〕

僖宗時期，黃巢領導的農民起義軍席卷帝國。頻仍的戰亂不僅破壞了世俗社會的安寧和穩定，還波及到出世的僧道徒眾，《宋高僧傳》中多處記載了這個時期許多高僧爲戰亂所擾的境況〔註45〕。其中張策在唐末動亂之際，爲「奉父母逃難」，遂還俗反服。盡人子之道後，他雖未立即出家，卻「自屏郊藪」，淡泊無「干進意」，隱居不仕。後不知何故又出仕五代後梁，官居宰相，但晚年仍「拜章」請求退休。看來，若能依其本意，他是不會還俗的。〔註46〕

〔註44〕　《舊五代史》卷18《張策傳》，中華書局1976年版，頁243~245。

〔註45〕　《宋高僧傳》卷13《智閒傳附大同傳》：鄧州香岩山寺僧大同在「巢寇蕩覆京畿，天下悖亂」之時，「有賊持刃問同曰：『住此何爲？』對以佛法。」《宋高僧傳》卷16《慧則傳》：京兆西明寺慧則於廣明元年，「巢寇犯闕，關中俶擾，出華州下邽避亂。」《宋高僧傳》卷30《棲隱傳》：洪州開元寺僧棲隱廣明中，「避巢寇，入廬山折桂峰，實嘉遁也。」《宋高僧傳》卷23《鴻休傳》：福州黃檗山建福寺僧鴻休於廣明之際，「巢寇充斥，休出寺外，脫納衣於松下磐石之上，言曰：『誓不污清淨之地』。」僧徒們或以佛法對抗兵戈，或逃竄異地，或隱居山林等諸多方式躲避亂世以求自保。張策則以改易初服侍奉父母以終。

〔註46〕　關於張策還俗應舉入仕之事，時人也有與之相左的反應和評價。《唐摭言》卷11載：「張策，同文子也，自小從學浮圖，法號藏機，粲名內道場爲大德。廣明庚子（唐僖宗廣明元年，880）之亂，趙少師崇主文，策謂時事更變，求就貢籍，崇庭譴之。策不得已，復舉博學宏辭，崇職受天官，復黜之，仍顯揚其過。」《北夢瑣言》卷3《趙大夫無字碑張策附》載：「梁相張策嘗爲僧，返俗應舉，亞臺鄙之。或曰：『劉軻、蔡京，得非僧乎？』亞臺曰：『劉、蔡輩雖作僧，未爲人知，翻然貢藝，有何不可？張策衣冠子弟，無故出家，不能參禪訪道，抗迹塵外。乃於御簾前進詩，希望恩澤，如此行止，豈掩人口？

5. **眷戀俗間名利，私欲之心未泯**　這些出家人多為有才寡德，不拘道俗禮法，應時勢而隨機更變之徒。德宗朝太常卿韋渠牟（貞元中，即 785～805 官至太常卿），少警悟，能寫詩，李白曾授以古樂府之學。代宗大曆四年（769）出家為道士，遊歷湖州八九年後又出家為僧，大曆末還俗。德宗貞元初為浙西節度從事，又徵為四門博士。在奉詔參預三教論衡時，為德宗所稱賞，拜右補闕，旋遷左諫議大夫，歷太府卿、太常卿。但他「形神佻躁，無士君子器，志向不根道德，眾雅知不能以正道開悟上意。」〔註47〕韋渠牟先披袈裟，後服道袍，最後復歸俗世。雖得到德宗的重用，但他性格輕佻狂燥，無君子風範，時人評價極低。唐末僧鸞，據《太平廣記》卷 264《僧鸞》條引《北夢瑣言》載：「有逸才而無拘檢，早歲稱鄉衙，謁薛能於嘉州。能以其顛率，難為舉子，乃俚出家，自於百尺丈像前披剃，不肯師於常僧也。後入京，為文章供奉，賜紫。柳玭甚愛其才，租庸張浚，亦曾加敬，盛言其可大用。由是反初，號鮮于鳳。修刺謁柳，柳鄙之不接。又謁張，張亦拒之。於是失望而為李鋌江西判官，後為西班小將軍，竟於黃州遇害。」〔註48〕僧鸞在出家前因中舉無望，故出家為僧；出家時無視佛門規戒，「自於百尺丈像前披剃」，自我作古。為僧時又入京任官，受皇帝賜紫，朝貴亦賞其才能，於是他以為入仕後能得大用，遂返初服，不料還俗之舉為時人所鄙，始終未能如願。出世為士之大節，由於僧鸞仰慕權位，在方內方外遊移不定，因而無論其出家還是還俗，都與信仰無干。

（三）出世入俗的角色轉換及其影響

上述因不同遭際、出於不同目的而出世或還俗者，在僧俗兩界都產生了影響。如「衲氣終身不除」〔註49〕的賈島，他入世後雖仕途不暢，卻創作了

某十度知舉，十度斥之。』」而同文載侍御史趙崇，為人「凝重清介，門無雜賓，慕王濛、劉真長之風也，標格清峻，不為文章，號曰『無字碑』」。（五代）孫光憲撰，賈二強點校《北夢瑣言》，中華書局 2002 年版，頁 64。在趙崇看來，出家人應該嚴守戒律、專心修行，有佛門之節操；而假道賣法、求利取人，不齋戒奉修卻貪戀世間功名利祿，為求恩澤而曲意逢迎，不僅敗壞了佛門之風，也擾亂了世俗的正常秩序，是一種極其無恥的行徑。顯然，趙崇是受儒家倫理綱常影響極深的正統人士的典型代表，這與梁太祖唯才是用的做法差別極大。

〔註47〕《舊唐書》卷 135《韋渠牟傳》，頁 3728；《新唐書》卷 167，頁 5109。

〔註48〕《太平廣記》卷 264《僧鸞》條引《北夢瑣言》，頁 2067。

〔註49〕齊文榜《賈島集校注》，人民文學出版社 2001 年版，頁 593。

大量的含有佛門禪意的苦吟詩,如《早秋寄題天竺靈隱寺》:「峰前峰後寺新秋,絕頂高窗見沃洲。人在定中聞蟋蟀,鶴從樓處掛獼猴。山鐘夜渡空江水,汀月寒生古石樓。心憶懸帆身未遂,謝公此地昔年遊。」〔註50〕如此深邃幽遠的高致,非禪旨深湛者難以達此境,這類佛禪氣息的詩歌在賈島的詩中並不少見。當時學賈島詩的人數眾多,蔚爲風氣,自成一體。《唐才子傳》卷九載李洞鑄賈島銅像,並「載之巾中。常持數珠念賈島佛,一日千遍。人有喜島者,洞必手錄島詩贈之,叮嚀再四曰:『此無異佛經,歸焚香拜之』。」〔註51〕由之可見賈島的詩歌對當時的詩壇的重大影響。再如韋渠牟在德宗朝以雄才辯給而受到德宗的重用。德宗時將三教論衡引入誕節作爲慶典的主要內容,韋渠牟更弦易轍,出入三教,轉易多師,他「去爲道士,更爲浮屠,已而復冠」,因而在貞元十二年四月誕日的三教論衡中發揮了融通三教、機俊變通的優勢。還有隋末唐初僧鷥,曾是高僧粲的弟子,他「八歲通禮,十歲講傳於江都。夙有驚俗之譽,及投簪佛種,經論有聞。隋末返俗,唐初出仕,位至給事中。」〔註52〕唐初儒生馬嘉運「少出家爲沙門,明於《三論》」。後來還俗,「專精儒業,尤善論難」,貞觀初出仕,高宗時更頗受禮遇,數次侍講殿中,後遷國子博士。〔註53〕唐初儒生許淹「少出家爲僧,後又還俗。博物洽聞,尤精詁訓」〔註54〕,還俗後致力於儒業並成爲當時名儒。唐末五代時人周玄豹,「少爲僧。其師有知人之鑒,從遊十年,不憚辛苦,遂傳其秘。」〔註55〕後唐明宗即位後欲召用,被侍臣趙鳳以「爭問吉凶,恐近於妖惑」爲由而勸止,明宗遂令以金帛厚賜之,授光祿卿致仕。這些兼通三教、或出或入不斷改變角色的士人,對於唐代三教間的相互瞭解,對於唐代的三教並立、三教融通,對於政界與宗教界的溝通,發揮了特殊的作用。

隨著與宗教徒接觸的密切和頻繁,唐代士人對宗教的瞭解和認識也在逐漸加深,同時在宗教世界裏找到了儒家傳統文化所無法提供的精神家園,暫時緩解了現世中的矛盾和困惑。因此,在士人與宗教徒保持密切交往中,雙

〔註50〕賈島《早秋寄題天竺靈隱寺》,《全唐詩》(增訂本)卷574,中華書局1999年版,頁6736。

〔註51〕傅璇琮主編《唐才子傳校箋》第四冊,中華書局1990年版,頁213。

〔註52〕《續高僧傳》卷9《僧粲傳附僧鷥傳》,頁501。

〔註53〕《舊唐書》卷73《孔穎達傳附馬嘉運傳》,頁2603。

〔註54〕《舊唐書》卷189上《儒學上》,頁4946。

〔註55〕《北夢瑣言》卷19《周玄豹》,頁341。

方相互潛移默化的影響和作用，使彼此都在發生改變，其外在的表現形式即
為上述所論士人角色的轉換，即一些士人離俗出世，而一些僧道重返初服。

上述離俗出世的這些士人，在當時客觀現實環境的制約、自身對宗教的
信仰及兩者兼有的情況下，決然放棄世間功利，抗迹塵外、參禪修道，向教
門尋找真正可以棲心之境。而另一些已然出家之人，或因離俗時的不得已，
或受時賢所舉，或私欲未泯等未斷的俗緣而重返塵俗。如所周知，士人本身
就是一個知識和文化的傳播者和載體，他們又處在儒釋道三教並行盛傳，且
到中唐以後三教圓融更趨明顯的時代大背景下，因而隨著對三教義理內涵深
入透徹的瞭解，這些兼涉道俗兩界的士人必然會將內化於己身的三教思想傳
向社會，如上述賈島詩中的佛禪之韻、韋牟渠在朝廷三教論衡中的機變，均
為佳例。

當然，如上所論，這些出入世俗的士人畢竟是少數，更多的士人即便傾
心於某種宗教也不願拋開俗世，而是將信行珍藏於心中，即內修道心，外行
臣禮。他們更願意在塵俗中積極地追求「修身、齊家、治國、平天下」的人
生價值理想。這從初唐蕭瑀身上我們能體驗到多數士人的心理活動。蕭瑀整
個家族都崇奉佛教，長期在宗教環境中耳濡目染，使他內心對佛教有一種根
深蒂固的偏愛，他自然也成為虔誠的信徒，但太宗皇帝對其身在朝廷心繫佛
教很不以為然，其敕文稱：

> 太子太保宋國公瑀，踐覆車之餘軌，襲亡國之遺風，棄公就私，
> 未明隱顯之際，身俗口道，莫辨邪正之心，修累業之殃源，祈一功
> 之福本。上以違忤君主，下則扇習浮華。往前朕謂張亮云：卿既事
> 佛，何不出家？瑀乃端然自應：請先入道。朕即許之，尋復不用。
> 一迴一惑，在於瞬息之間，自可自否，變於帷扆之所，乖棟梁之大
> 體，豈具瞻之量乎？朕猶隱忍至今，瑀尚全無悛改。宜即去茲朝闕，
> 出牧小藩，可商州刺史，仍除其封。〔註56〕

敕文對蕭瑀的批判，集中在「棄公就私」、「身俗口道」上。蕭瑀作為朝廷要
官，不能全身心公忠體國，竟不惜「違忤君主」，為祈一己之福報，視事佛高
於事君。更有甚者，太宗敕許他出家後，蕭既不願背離自己的信仰，又迷戀
世俗的名利，徘徊於道俗兩界之間，出爾反爾。權衡利弊後，蕭瑀最終沒有
為自己的信仰獻身，而是留在了俗界。雖然蕭瑀受到貶官外任的處罰，但像

〔註56〕唐太宗《貶蕭瑀手詔》，《全唐文》卷8，頁97。

他這種「身俗口道」、「隱顯之際」的曖昧態度，決不止他一人，而是多數士人內心活動的寫照。誠如李斌城先生所論，大多數情況下唐代士人更多是居家禮佛崇道，以出世之心做世間之事，「佩服世教，棲心空門，外爲君子儒，內修菩提行」〔註57〕，如下文將要探討的中晚唐名相裴休即爲顯例。

需要指出的是，在武宗滅佛中，大批僧尼被迫還俗，這是在國家高壓政策下的被迫行爲，這與本文所論有主觀意願的還俗僧道徒情況是迥然不同的，故武宗滅佛中的還俗僧尼不在本書討論範圍內。

二、裴休的佛教信仰

河東裴氏是魏晉隋唐間的世家大族之一。這個家族興起於秦漢，發展於魏晉南北朝，至隋唐間達到鼎盛。《新唐書・宰相世系表》曰：「裴氏定著五房：一曰西眷裴，二曰洗馬裴，三曰南來吳裴，四曰中眷裴，五曰東眷裴。宰相十七人。」〔註58〕裴休曾在唐宣宗大中年間任宰相。他屬於裴氏五房中的東眷裴。

關於裴休的研究，學界成果較爲豐富。前輩學者陳寅恪、胡適，日本學者吉川忠夫、加拿大華裔學者冉雲華等，都對裴休與大乘佛教、裴休生平及其與當時數位高僧的關係、裴休的佛教思想等方面給予關注。本文力求在前人研究的基礎上，以裴休在仕途上的任職遷轉爲經，以他的禮佛活動爲緯，客觀反映裴休關於佛教信仰的基本情況。

（一）仕途遷轉

裴休（797～870），字公美，唐代河內濟源（今河南濟源）人。穆宗長慶（821～824）年中從鄉賦登第，文宗大和二年（828）舉進士第，登賢良方正甲科。入仕後的職位轉遷大致可分五個階段：

京師任職：大和（827～836）年間官至監察御史、右補闕、史館撰修、中書舍人等職。

首度出京任地方高級官員：開成年間（836～840）任綿州刺史。武宗會昌元年至三年（841～843）出任洪州刺史（豫章郡）、江西觀察使；會昌三年

〔註57〕 李斌城《論唐代士大夫與佛教》，頁348。
〔註58〕 （宋）歐陽修等撰《新唐書》卷71上《宰相世系表》，中華書局1975年版，頁2244。

至大中元年（843～847）在潭州（長沙郡）任刺史、湖南觀察使。唐宣宗大中二年至三年（848～849）遷宣州（宣城郡）刺史。

返京升遷，直至宰輔：從大中四年（850）回京後歷任禮部尚書、戶部侍郎、鹽鐵轉運使、兵部侍郎、禮部尚書，大中六年（852）以本官同中書門下平章事，在相位五年。

再度離京任地方要職：大中十年（856）冬，出任汴州刺史併兼多職。大中十一年（857）充昭義軍節度使等，旋又調任太原尹併兼職銜多種。大中十三年（859），以本官兼鳳翔尹，充鳳翔隴州節度使。

返京任職直到致仕：咸通（860年十一月～874年）初，入爲戶部尚書，累遷吏部尚書、太子少師。致仕後裴休居湖南寧鄉溈山，咸通十一年（870），卒。

他的佛教信仰活動貫穿官場生涯，直至終老。

裴休奉佛的具體事迹，正史幾乎缺載，《舊唐書》本傳只做了概括性的描述：

> 家世奉佛，休尤深於釋典。太原、鳳翔近名山，多僧寺。視事之際，遊踐山林，與義學僧講求佛理。中年後，不食葷血，常齋戒，屏嗜欲。香爐貝典，不離齋中，詠歌讚唄，以爲法樂。與尚書紀干㲄皆以法號相字。〔註59〕

《新唐書》曰：

> 然嗜浮屠法，居常不禦酒肉，講求其說，演繹附著數萬言，習歌唄以爲樂。與紀干㲄素善，至爲桑門號以相字，當世嘲薄之，而所好不衰。〔註60〕

幸賴《大藏經》經典及僧傳部分留下了裴休與高僧交往的資料。資料顯示，裴休與高僧的聯繫，應在文宗大和初年，最初是與華嚴五祖圭峰宗密的交往。

宗密最初受菏澤宗禪法，後又隨華嚴宗高僧澄觀受學，故融會教禪，盛倡禪教一致。宗密又少通儒學，主張佛儒一源，其佛學著述頗豐。大和初年，宗密被召入宮，文宗親自問佛學要義，對之大加讚賞，二年（828）慶成節（皇帝誕日）宗密被「徵賜紫方袍爲大德」〔註61〕。朝臣士庶都以歸仰宗密爲榮，裴休也如此。

〔註59〕《舊唐書》卷177，頁4594。
〔註60〕《新唐書》卷182，頁5372。
〔註61〕《宋高僧傳》卷6《唐圭峰草堂寺宗密傳》，頁125。

　　時值裴休在朝先後任監察御史、史館撰修、中書舍人等職。這期間，裴休爲宗密的許多著作作了序，如《禪源諸詮集都序》、《注華嚴法界觀門序》、《道俗酬答文集》、《圓覺經大疏序》、《唐故圭峰定慧禪師傳法並序》等。後來，贊寧這樣評述他們二人的關係：

　　　　影待形起，響隨聲來，有宗密公，公則有裴相國。非相國曷能知密公……〔註62〕

從裴休的文章中，也可以看出二人的親密關係：

　　　　休與大師於法爲昆仲，於義爲交友，於恩爲善知識，於教爲內外護。〔註63〕

其中，《注華嚴法界觀門序》、《禪源諸詮集都序敍》和《勸發菩提心文》，作於文宗開成年間（836～840），是裴休任綿州刺史期間所作。

　　唐武宗登基後崇信道教，發動了滅佛運動。京城長安尤其劇烈，遠離政治中心的地方郡縣相對鬆弛一些。這也給裴休堅持佛教信仰提供了可能。會昌元年至三年（841～843），裴休任洪州刺史、江西觀察使。會昌二年（842），裴休敬仰黃檗希運禪師的名望，迎請其到洪州治所鍾陵（今南昌），安置在龍興寺，「且夕問道」，並隨錄日常對話爲《黃檗山斷際禪師傳心法要》（簡稱《傳心法要》）。會昌三年至大中元年（843～847）裴休改任潭州刺史、湖南觀察使期間，參禪問道於華林善覺禪師。〔註64〕他還曾與潙仰宗創始人靈祐禪師交往從密：

　　　　值武宗毀教，（靈祐）裏頭隱於民。大中初，觀察使裴休請師復至所居。〔註65〕

唐宣宗大中二年（848），裴休轉任宣州刺史，又請黃檗希運禪師至宣州治所宣城（在今安徽，漢稱宛陵）開元寺，隨時問道。大中十一年（857）所記錄《黃檗斷際禪師宛陵錄》（簡稱《宛陵錄》），成爲中國佛教重要經典。他見天下寺觀多爲官僚寄客蹂踐，立即上奏朝廷。朝廷「詔從所請，令今後不得居止」〔註66〕。這是他爲重振佛教作出的努力。

〔註62〕《宋高僧傳》卷6《唐圭峰草堂寺宗密傳》，頁127。
〔註63〕《全唐文》卷743《圭峰禪師碑銘》，頁7694。
〔註64〕（元）念常《佛祖歷代通載》卷16，《大正藏》第49冊，頁638。（明）覺岸《釋氏稽古錄》卷3，《大正藏》第49冊，頁839。載「己巳三年」，即849年。
〔註65〕《釋氏稽古錄》卷3《潭州潙山禪師靈祐》，頁839。
〔註66〕（宋）志磐《佛祖統紀》卷42，《大正藏》第49冊，頁387。

大中六年八月至大中十年十月（852～856），裴休返京升任宰相。九年
（855）十月十三，他爲圭峰禪師宗密傳法碑撰文並書丹，成爲保存至今的晚
唐佛寺碑銘精品。十年（856）冬天陰曆十月，裴休罷丞相職，出任汴州刺史
併兼多職。任汴州刺史期間，與圓紹禪師共同擴建雙林院（今開封封禪寺）。
〔註67〕十一年（857）充昭義軍節度使等，旋又調任太原尹併兼職多種。十一
月初八爲黃檗希運禪師《傳心法要》作序，並書宗密所著《禪源諸詮集都序》。

裴休性情寬慧，風度閒雅，擅文書翰墨。爲官公正清廉，操守嚴正，曾
力革漕運之弊，設立稅茶法，禁止擅徵商人之賦：

> 自太和以來，歲運江、淮米不過四十萬斛，吏卒侵盜、沉沒，
> 舟達渭倉者什不三四，大墮劉晏之法。休窮究其弊，立漕法十條，
> 歲運米至渭倉者百二十萬斛。〔註68〕

裴休爲官，屬下多敬畏之。宣宗曾贊他爲「眞儒者」。他修行時，同僧人一樣
斷絕肉食，摒棄諸欲，焚香誦經，世稱「河東大士」。他一生奉佛，在中國佛
教史上，有「宰相沙門」的美譽。

此外，世間還流傳許多裴休信佛的故事。據說，裴休曾遇到一位異僧。
異僧命他去清涼山求佛，授舍利三顆，並書有梵文一簡。裴休不識梵文，便
置此簡諸笥中。出仕後，裴休遇到黃檗禪師希運與圭峰禪師宗密，棲心佛道，
不樂世位。一日，他將梵文書簡揀出，請教宗密。宗密遂令梵僧譯出，簡文
乃是一偈。偈云：「大士涉俗，小士居眞，欲求佛道，豈離紅塵？」〔註69〕這
是說，皈依佛門的大士可以入世傳教，不必脫離紅塵。於是，裴休不再避世，
而是一面作官，一面學禪了。此說無可稽考。故事似乎表明裴休曾爲出俗還
是入世而猶豫，同時也在說明俗世與佛法的關係，佛法需要通過世俗廣泛傳
播。

另據《太平廣記》卷115《裴休》引《北夢瑣言》說：裴休「常被毳衲，
於歌妓院中，持缽乞食，自言曰：『不爲俗情所染，可以說法爲人。』每自發
願，願世世爲國王，弘護佛法。後于闐國王生一子，手文中有裴休二字，聞
於中朝。其子弟請迎之，彼國不允而止。」故事荒誕不經，但也可反映裴休
奉佛的虔誠及決心。

〔註67〕《宋高僧傳》卷13《圓紹傳》，頁301。

〔註68〕（宋）司馬光《資治通鑑》卷249，中華書局1956年版，頁8045。

〔註69〕（清）彭紹升《居士傳》卷13《裴休傳》，江蘇廣陵古籍刻印社1991年版，
　　　　頁181。

　　需要指出的是，裴休既崇奉菏澤宗圭峰宗密禪師，又信仰洪州宗馬祖道一的黃檗希運禪師。他同時與兩個宗派的高僧交遊。這主要是由當時佛教的發展形勢決定的。中國隋唐時期雖然成立許多佛教宗派，但在一般信徒之中並沒有形成鮮明的宗派意識，即使出家僧尼的宗派意識也比較薄弱，甚至有的僧人兼奉兩個宗派以上。宗密（780～841）是唐代著名華嚴宗學僧，然而同時信奉禪宗，並且主張神會的菏澤宗爲禪宗正統，以直承菏澤宗自許。教內佛僧如此，教外儒士也如此。對於裴休而言，他並不在乎門派之分。因爲他不是佛教宗派中人，也不是職業的佛教宗教家，而是一個佛教的信仰者和生活上的踐行者。因此，無論菏澤的宗密，還是黃檗的希運禪思想，他都能接受。同時，他又是儒家傳統思想的信仰者和踐行者，他是在尊崇儒家思想的基礎上，有選擇性地接受佛教的。因此，他才會不分門戶地禮佛。

（二）佛教因緣

　　裴休作爲中晚唐時期頗有建樹的高官，一方面躬任世俗要職，另一方面精神上又皈依佛門，歸結起來，主要是由時代背景、家庭環境、佛教轉型以及個人修爲等諸多因素共同使然。

　　1. 時代背景　佛教自兩漢之際傳入漢地以來，始終與中國固有的儒道文化處在相互矛盾和融合的過程中，並曲折地發展著。到了唐代，佛教發展臻於鼎盛。尤其到了中晚唐時期，儒佛道三教之間的相互矛盾和鬥爭明顯減弱，而彼此融合、滲透的傾向日益明顯。佛教與儒家思想不再是尖銳的對立起來，而是融合貫通，形成了你中有我、我中有你的局面。故而不會出現初唐唐太宗與太子太保蕭瑀那樣儒佛之間非此即彼的決然對立關係。

　　因此，無論超凡出俗的僧徒還是積極入世的儒士，大多是儒釋思想兼收並蓄。如對裴休影響甚大的圭峰禪師宗密，在《圓覺經大疏鈔》卷1中自敘：

　　　　即七歲乃至十六七爲儒學，十八九、二十一二之間素服莊居，

　　　　聽習經論，二十三又卻全功專於儒學。乃至二十五歲，過禪門，方

　　　　出家矣。

可以說，他在人生觀、認識論形成的關鍵時期，都受到了儒家知識體系的薰陶，而其宗旨也是「欲干世界、以活生靈」〔註70〕。直到心中的困惑無法用儒學思想解釋的時候，發現用佛教思想可以豁然開朗，於是才毅然轉投佛學。

〔註70〕《全唐文》卷743，頁7692。

像宗密這樣的由儒而通佛的高僧不在少數，如牛頭山第一祖法融大師、衡山中院大律師希操、荊溪湛然、馬祖道一、雪峰義存、丹霞天然、雲門文偃等。反之，精通佛理的儒士也不在少數，裴休就是典型代表，他博覽儒家經典，憑此入仕，官至宰輔。同時，又兼通佛學義理。正如《清涼山志》卷六《裴休傳》稱：

> 出入百氏之學，以儒業於爵，參黃蘗禪、飽圭峰教，隱淪金馬，
> 默契無生。

此外，佛教在信仰層面影響的深刻性和廣泛性，尤其是對儒士思想的浸染，有力地衝擊著儒學的地位。這種衝擊不斷激起了中晚唐儒士復興儒學的高度自覺。在佛教思想滲透於社會生活的各個方面的情況下，儒士走出了一條以儒統合佛道來復興儒學的道路。〔註71〕

　　總之，中晚唐時期是佛教和儒家思想兼容並包的時代，又是儒士們以儒統合佛道復興儒學時期，這種宏觀的時代背景造就了裴休。

　　2. **家庭薰染**　據《舊唐書》本傳載，裴休「家世奉佛」。可知裴休出身於一個有著世代信仰佛教傳統的特殊家庭。裴休父肅，官至越州刺史、浙東團練觀察使，曾因平亂有功得到唐德宗的嘉賞。裴肅的佛教信仰活動，未見正史記載。但《景德傳燈錄》「裴休」條言：

> 公父肅字中明，任越州觀察使，應三百年讖記，重建龍興寺大
> 佛殿，自撰碑銘。

此事雖不見他書所載，但所記官銜與史書相符，再加上「家世奉佛」之言，重建龍興寺之說，當有所據。可見，裴休以後的佛教信仰以及宗教生活，與其家庭的薰陶與感染有著密切的聯繫。

　　3. **佛教發展及個人知識儲備**　據有關學者研究認為，中晚唐時期是中古思想史上一個極為重要的轉型期。儒釋道三種重要的不同淵源的文化分別解構、交融，又逐漸融合建構為一種新的文化模式。如佛教界，洪州禪所代表的南宗禪在中國受到長期薰染，主動或被迫地接納了中國本土文化中許多新因素、新成分，佛教教義融入了世俗人生信條。盛唐時期，中央政府實行開放的對外政策，兼容並包的治理理念共同推動本土文化的強大，同時兼收並蓄外來文化，使佛教文化加速了同中國本土文化的交融。這種變化是雙向的，

〔註71〕　「儒學復興」這個課題是思想史和哲學史的熱門話題，限於主題和篇幅，在
　　　　　此僅作為一個要點列出，不做詳細探討。

在佛教自身發生變化的同時，中國傳統的儒家和道家文化也發生變化，這樣一種主流文化——儒教和道佛融合，形成新的文化整合，成為儒釋道交融的文化。這個時期的文化人，如裴休，自然打上這個時代特徵的烙印，成為儒釋道交融文化的實踐者。據記載，裴休「童齓時，兄弟同學於濟源別墅。休經年不出墅門，晝講經籍，夜課詩賦。……長慶中，從鄉賦登第，又應賢良方正，升甲科」〔註72〕。自幼習誦儒家經典文化，青年登科，步入仕途，裴休走的是一套標準的儒學之路。儘管通達禪旨，博綜教相，但他對佛教理論的認識，仍是以「儒學」為「前理解」的。也就是說，他的佛教觀，是在儒學視野中形成的。

此外，中晚唐時代，佛教也有宗派門戶，如南北宗就存在正統地位之爭。但是大多數文人儒士很少介入這種紛爭。他們不是虔誠的宗教徒，也不承擔對某一宗派的責任，因而佛教禪宗更多地只是一種思想與人生的興趣，大多數文人是能夠兼容並蓄的。比如裴休，他既自稱菏澤後人的圭峰宗密的思想信徒，又與菏澤宗的對頭洪州一系來往頗多。他為宗密所寫碑文中曾奉菏澤為正宗以馬祖為支脈。他說：「休與大師於法為昆仲，於義為交友，於恩為善知識，於教為內外護」。〔註73〕但在「護教」方面，他要比宗密寬鬆得多，而不像宗密點評禪門七派那樣，只護菏澤一家而貶斥其他各家。他與洪州一系的希運禪師過往甚密，他為希運《傳心法要》作序時，盛讚馬祖一系思想是：「獨佩最上乘，離文字之印，唯傳一心，更無別法」；而且，「證之者無新舊，無深淺，說之者不立義解，不立宗主」。

（三）評價

對於裴休這位出身官宦之家、以實現修齊治平為政治抱負的「真儒士」，卻參禪悟道、寫下洋洋數萬言佛教著作、與數位高僧往來密切的佛教的外護。世人褒貶不一，有非議也有贊同。

《舊唐書》本傳稱他：

> 中年後，不食葷血，常齋戒，屏嗜欲。香爐貝典，不離齋中，詠歌贊唄，以為法樂。與尚書紇干臮皆以法號相字。時人重其高潔而鄙其太過，多以詞語嘲之，休不以為忤。〔註74〕

〔註72〕《舊唐書》卷177，頁4593。
〔註73〕《全唐文》卷743《圭峰禪師碑銘》，頁7694。
〔註74〕《舊唐書》卷177，頁4594。

《新唐書》本傳曰：

> 然嗜浮屠法，居常不禦酒肉，講求其說，演繹附著數萬言，習
> 歌唄以爲樂。與紇干臬素善，至爲桑門號以相字，當世嘲薄之，而
> 所好不衰。〔註75〕

這是時人以儒家歷史觀對他的嘲諷。

五代後蜀人何光遠，在《鑒誡錄》一書中，以詼諧玩笑夾雜著怪異寫道：

> 裴休相公，性慕禪林，往往掛衲。所生兒女，多名師女僧兒。
> 潛令婢妾承事禪師，留其聖種。當時士族無不惡之。李德裕相公，
> 性好玄門，往往冠褐，修彭祖房中之術，求茅君點化之功，沙汰緇
> 徒，超昇術士，但無所就，身死朱崖。議者以裴、李二公累代臺鉉，
> 不守諸儒之行，各迷二教之宗，翻成點污空門，妖淫玄教。……近
> 以二公之行，識者笑焉。所以時人譏晉公曰：「趙氏女皆尼氏女，師
> 翁見即晉公兒。卻教術士難推算，胎月分張與阿誰。」〔註76〕

這段故事的字裏行間裏流露出作者對裴休信佛的誇張、譏諷和否定。

對於世人的非議，裴休本人如何看待的呢？先看裴休爲圭峰宗密禪師作的碑銘：

> 議者以大師不守禪行，而廣講經論，遊名邑大都，以興建爲務，
> 乃爲多聞之所役乎？豈聲利之所未忘乎？嘻，議者焉知大道之所趣
> 哉。夫一心者，萬法之總也。分而爲戒定慧，開而爲六度，散而爲
> 萬行。萬行未嘗非一心，一心未嘗違萬行。禪者，六度之一耳，何
> 能總諸法哉。〔註77〕

對於時人對宗密禪師所謂「不守禪行」的不解，裴休用「一心」和「萬行」的辯證關係爲之辯護。本文認爲，裴休所說議者對宗密的非議，與時人對裴休「身在朝中心向佛」的疑慮相似，裴休正是由於相似的處境而深刻體悟到宗密對佛教的苦心孤詣，所以才能寫出這樣發自肺腑的感慨。因此，似乎也可以認爲，這也是裴休對自己舉止的詮釋和辯解。

宋代有一位名叫王隨的官員，也以崇佛著稱於時。《宋史》本傳對王隨的評價是：

〔註75〕《新唐書》卷182，頁5372。

〔註76〕（五代後蜀）何光遠《鑒誡錄》卷2《耽釋道》，臺灣商務出版社1985年版，
　　　　頁15。

〔註77〕裴休《圭峰禪師碑銘》，《全唐文》卷743，頁7692。

> 隨外若方嚴，而治失於寬。晚更卞急，輒嫚罵人。性喜佛，慕裴休之爲人，然風跡弗逮也。〔註 78〕

可見，王隨也是個信佛的官員，而且把裴休當成自己行爲的楷模，並以之傚仿。但作者認爲自己的奉佛形神遠不如裴休。

元人劉謐是儒釋道三教調和論者，他在《三教平心論》中認爲：

> 裴晉公以身繫天下安危，則執弟子禮於徑山法針。〔註 79〕

這是客觀公允的評價。

清人彭紹升《居士傳》說：

> 知歸子曰：唐世士大夫善説法要者，李、梁、裴三君子而已……裴之於圭峰，皆能洪其教者，獨怪公美撰圭峰碑，謂六祖之道傳於菏澤，稱七祖，而南嶽、馬祖爲別系。夫公美既得法於黃檗矣，扶教而抑宗，此予所不解也。〔註 80〕

知歸子是彭紹升的號，他是佛教居士。從上文可知，他是首肯並贊許裴休的。

裴休是唐代把儒家傳統文化與佛教思想相結合的重要人物。他既能在世俗中登進士及第，踏入仕途之路，甚至榮登宰相要職，又能利用自己的佛學修養，闡述和傳播佛教義理及思想，以「一心」含萬法爲內涵，以發菩提心爲宗教實踐。他從佛學思想中汲取人生哲學，既能保持自己內心的坦然、淡定，又能在現實政治中實現自己的抱負。這種「外爲君子儒，內修菩提行」的朝官，確實值得我們研究。

裴休有一段名言：

> 鬼神沈幽愁之苦，鳥獸懷獗狘之悲，修羅方瞋，諸天正樂；可以整心慮、趣菩提，唯人道爲能耳。〔註 81〕

明末四大高僧之一的憨山大師，精闢地解讀了佛法與人道的內涵：

> 由是觀之，舍人道無以立佛法，非佛法無以盡一心。是則佛法以人道爲鎡基，人道以佛法爲究竟。……所言人道者，乃君臣父子夫婦之間，民生日用之常也。〔註 82〕

〔註 78〕（元）脱脱等撰《宋史》卷 311《王隨傳》，中華書局 1985 年版，頁 10204。

〔註 79〕（元）劉謐撰《三教平心論》卷下，《大正藏》第 52 冊，頁 788。

〔註 80〕《居士傳》卷 13，頁 189。

〔註 81〕（唐）宗密述《大方廣圓覺經疏序》，《大正藏》第 9 冊，頁 523。

〔註 82〕（侍者）福善日錄，（門人）通迥編輯：《憨山老人夢遊集》，《大正新修大藏經》第 73 冊。

第二節　宗教影響下的商業手工業和從業人員的宗教生活

　　人們通常從經營者的角度將古代的手工業分爲官營和私營二種，實際上私營又可以有城市私人作坊和農村家庭手工業之分。因本書主題是探討城市居民的宗教生活情況，故農村家庭手工業不在討論之內。又，唐代仍然屬於師徒式作坊生產時代，大多數私營手工業作坊主既從事手工業生產，又實行商品銷售，他們是集手工業生產與銷售於一體的作坊主，手工業作坊主往往同時又是商人，這種工商結合的現象在唐代比較普遍，是人所周知的，故在此將這兩種行業部門一併討論，不作細緻區分。

　　目前學術界系統研究唐代工商業的論著比較豐富，不過多集中於探討手工業商業部門自身的發展及其在唐代乃至中國封建社會經濟中的地位，[註83]至於工商業與宗教之間的關係，從業者的宗教生活，探討者不多。而筆者在整理史料中發現，雖然涉及此問題的傳世文獻資料不多，但在房山石經題記中卻留下了有關商業手工業者的宗教活動的豐富資料。這些資料已經引起學者們的關注[註84]，本節第二小節擬就商業手工業者的宗教生活，將文獻資料與房山石經題記結合起來探討。

一、宗教影響下的商業手工業行業及從業人員

　　以佛、道二教爲首的唐代宗教文化的空前繁榮及廣泛傳播，爲唐代城市

〔註83〕張澤咸《唐代工商業》（中國社會科學出版社，1995 年版）著重考察了唐代工商業的種類及各自特點，目的在於說明工商業在唐代社會經濟中所處的地位，揭示唐代工商業在古代發展演變中的軌迹。劉玉峰《唐代工商業形態論稿》（齊魯書社，2002 年版）著力點在於唐代的工商業經濟結構和運營方式，從各方面揭示政治權力與工商業經濟的關係，目的在於從唐代工商業中發現政治權力支配經濟的內部機制和唐代工商業經濟產生不出資本主義的基本原因。田廷柱《唐代手工業者生產生活狀況探微》（選自《中外封建社會勞動者狀況比較研究論文集》，南開大學歷史系 1989 年版）對唐代手工業者的身份和社會地位問題做了探討。

〔註84〕黃炳章《房山雲居寺石經》（《房山石經之研究》1987 年版）；張建木《房山石經題記歷史資料初探（上）》，《法音》1981 年第 2 期；梁豐《從房山「石經題記」看唐代的邑社組織》，《中國歷史文物》1987 年；唐耕耦《房山石經題記中的唐代社邑》，《文獻》1989 年第 1 期。上述論文主要介紹了房山石經的基本概況，並對石經題記中所反映的唐代河北藩鎮、社邑組織等情況進行初步探討。至於題記中涉及唐代幽州地區工商行業的宗教活動情況，則未見有專門研究。

文化的繁榮、經濟的發展，注入了新的生機與活力。在商業手工業領域，唐代宗教的積極影響，不僅體現在寺院商業手工業行業，還體現在世俗的官私商業手工業經濟中。隋唐時期的寺觀手工業已有學者作過研究〔註85〕，故在此僅對受宗教影響的世俗工商業作些探討。

在唐代，隨著宗教的發展，一系列相關的商業手工業部門也隨之繁榮和興盛起來，特別是以寺觀和洞窟修建爲中心的造像、雕塑、繪畫等行業，以及抄刻經文、宗教祭祀用品等行業。

寺觀營建活動在唐代頻繁而普遍。國家和民間都以大量財力、物力、人力投入到寺觀的營造中，因而宗教建築的數量多、分佈廣。中宗景龍二年（708）九月，并州清源肥尉呂元太上疏稱：「蜿旌寶蓋，接影都畿，鳳刹龍宮，相望都邑。」〔註86〕簡明扼要地反映了兩京及各地郡縣城市普遍、高規格建立寺觀的情形。在建設過程中，因追求「峻宇雕牆，思竭輪飾，窮壯麗以希至道」的效果，故耗費巨大，「觀寺興工，土木所料，動至鉅萬」〔註87〕。因而，寺觀營建在唐代乃至整個中國古代城市建築史上佔有十分重要的地位，許多著名建築保存至今，舉世聞名，成爲建築文化和宗教文化的瑰寶。

中國營窟造像活動興起於北魏。隨著開窟造像之風的漸起，自北齊開始國家就在中央手工業機構將作監的甄官署下專門設立了石窟丞，主持大規模石窟開鑿、寺廟修建、陵墓營造及各種明器的製作等活動。〔註88〕經東魏、西魏、北齊、北周、隋代的發展，到唐代，石窟工程建設和藝術創作達到它的巔峰時期。以龍門石窟爲例，龍門石窟於北魏孝文帝遷都洛陽時開鑿（494），到唐代達到其造像高潮，這時期所鑿窟占石窟總數的 60% 上，其中尤以唐高宗、武則天時期開鑿居多。在唐窟中以奉先寺盧舍那像龕爲主體的藝術群雕塑最爲著名。盧舍那像龕是唐高宗和武則天親自經營的皇家開龕造像工程，工程設計和施工是由高宗親自任命制定，爲此皇后武則天在咸亨三年（672）曾助脂粉錢二萬貫。龍門石窟是北魏、唐代皇家貴族發願造像最集中的地方。皇室貴族擁有雄厚的人力、物力條件，因而所開鑿的石窟規模龐大，彙集當時石窟藝術的精華，是中國唐代佛教雕刻藝術的代表作。龍門石窟代表了當時建築雕塑業的高超水平和技術。

〔註85〕魏明孔《隋唐手工業研究》，甘肅人民出版社1999年版。

〔註86〕《唐會要》卷48《寺》，頁997。

〔註87〕韋湊《諫造寺觀疏》，《全唐文》卷200，頁2021。

〔註88〕《唐六典》卷23「甄官署」條，頁597。

　　寺觀壁畫，始興於六朝，極盛於隋唐。在唐代，寺院道觀作為世俗宗教文化的中心，其中多有彩繪圖畫，這些圖畫以佛道經文教義為題材，藉以喚起城中信眾強烈的皈依之心，是最直觀有效地宣傳宗教思想的有力工具，也是宗教文化的直接體現。宗教利用壁畫以為宣傳之助，壁畫亦依託宗教以為展示之所。佛道二教不惜工本，競相利用造像繪畫，廣宣教義，爭奪信徒。岑嘉州《登千福寺楚金禪師法華院多寶塔》：「千家獻黃金，萬匠磨琉璃。既空秦山木，亦罄天府貲。」據《太平廣記》引《獨異志》，僅初唐著名畫家吳道玄，就在「兩都寺觀，圖畫牆壁四十餘間」〔註89〕。寺觀崇飾之風可見一斑。在這一風氣下，畫工繪匠不擇手段，紛紛經營於寺觀之壁以求利。《太平廣記》卷212《淨域寺》引《酉陽雜俎》記淨域寺壁畫云：「西廊廟菩薩院門裡南壁，皇甫軫畫鬼神及雕，鶚勢若脫壁，軫與吳道玄同時，吳以其藝逼己，募人殺之。」〔註90〕據此流言，可推知當時壁畫藝術家之間的競爭非常殘酷，其水準自然會得到提高。此外，寺觀壁畫的盛行也為畫工拓寬了謀生之路，《太平廣記》卷213《聖畫》引《宣室志》載武則天時期：

　　　　雲花寺有聖畫殿，長安（701～704）中謂之七聖畫。初殿宇既製，寺僧召畫工，將命施彩飾，會貴其直，不合寺僧祈酬，亦竟去。

　　　　後數日，有二少年詣寺來謁曰：某善畫者也，今聞此寺將命畫工，某不敢利其價，願輸功，可乎？〔註91〕

寺僧出資招募畫工，說明社會上存在著大量以繪畫為職業的專業人員，這是他們的主要謀生手段。

　　抄寫宗教經典：唐武德（618～626）時，「河東有練行尼法信，常誦《法華經》。訪工書者一人，數倍酬直，特為淨室，令寫此經。」〔註92〕冀州頓丘縣一客僧配住頓丘寺時，「顧諸經生眾手寫經」。〔註93〕代宗大曆（766～779）中，「東都天津橋有乞兒，無兩手，以右足夾筆，寫經乞錢。欲書時，先用擲筆高尺餘，以足接之，未嘗失落。書跡官楷書不如也。」〔註94〕乞兒無兩手，為生活所迫，練就了用雙足寫字的本領。他用凡人難以做到的特殊技巧來謀生

〔註89〕《太平廣記》卷212《吳道玄》引《獨異志》，頁1622。
〔註90〕《太平廣記》卷212《淨域寺》引《酉陽雜俎》，頁1626～1627。
〔註91〕《太平廣記》卷213《聖畫》引《宣室志》，頁1635。
〔註92〕《法苑珠林校注》卷27，頁850。
〔註93〕《法苑珠林校注》卷94，頁2714。
〔註94〕《太平廣記》卷209《東都乞兒》引《酉陽雜俎》，頁1603。

路，用足抄經，既能引來世人的好奇，也會得到慈善人的同情和憐憫。抄經在佛家看來也是修功德的一種方式，「受持一偈，福利弘深；書寫一言，功超數劫。」〔註95〕眾多善男信女爲消災祈福，到寺廟進香時常敬獻已寫好的佛經以表虔誠，故社會上對經書的需求量之大，促使抄經也能成爲維持生計的手段。

佛道兩教的發展也推動了金屬製造業的發展。先看金銀造像。建於隋開皇三年（583）的長安常樂坊趙景公寺，有小銀像六百餘軀，金佛一軀長數尺，大銀像高六尺餘，古樣精巧。〔註96〕長安安邑坊玄法寺，高宗時期張頻捨宅爲寺，「鑄金銅像十萬軀金，石龕中皆滿，猶有數萬軀。」〔註97〕高宗時期，「定州安嘉縣人王珍，能金銀作。曾與寺家造功德。」〔註98〕近年，在山西平陸發現二十一尊佛教造像，四尊道教造像，分別有大業二年（606）、武德四年（621）、儀鳳四年（679）、開元八年（720）的紀年刻名，乃是信佛弟子和道士爲亡父母所造。〔註99〕高陽許文度，唐太和（827～835）中僑居岐陽郡，曾鑄二金人像。〔註100〕唐懿宗咸通（860～874）初，楚州淮陰的富家，「銀器若千件，匠某鍛成者。」〔註101〕在用銅鑄鐘方面。如太宗貞觀三年（629），鄜州寶室寺「用銅三千斤，鑄鐘一口」〔註102〕。高宗麟德二年（665），西明寺造銅鐘一口，重一萬斤〔註103〕。玄宗時，高力士捨宅爲寺，鑄一大鐘。〔註104〕代宗時「五臺山有金閣寺，鑄銅爲瓦，塗金於上，照耀山谷」〔註105〕。四川「眉州故彭山市觀有大鐘數千斤，觀去州二十餘里，每扣鐘之時，聲應州郭」〔註106〕。成都福感寺，大中初「鑄大鐘，計赤金萬餘斤」〔註107〕。此類事例甚多，這裡隨機舉出幾例，以概其餘。

〔註95〕 《法苑珠林注》卷17《敬法篇》，頁567。
〔註96〕 （唐）段成式撰，方南生點校《酉陽雜俎續集》卷5《寺塔記上》，中華書局1981年版，頁248～249。
〔註97〕 《酉陽雜俎續集》卷5《寺塔記上》，頁251。
〔註98〕 《太平廣記》卷134《王珍》引《廣古今五行記》，頁956。
〔註99〕 參見《山西平陸縣出土一批隋唐佛道銅造像》，《考古》1987年第1期。
〔註100〕 《太平廣記》卷101《許文度》引《宣室志》，頁678～679。
〔註101〕 《太平廣記》卷172《趙和》引《唐闕史》，頁1269。
〔註102〕 《鄜州寶室寺鐘銘》，《全唐文》卷988，頁10226。
〔註103〕 《西明寺鐘銘》，《全唐文》卷99，頁1019。
〔註104〕 《舊唐書》卷184《高力士傳》，頁4758。
〔註105〕 《舊唐書》卷118《王縉傳》，頁3418。
〔註106〕 （唐）杜光庭《道教靈驗記》卷13，《道藏》第10冊，文物出版社，上海書店，天津古籍出版社，1988年版。
〔註107〕 《宋高僧傳》卷27《定光傳》，頁676。

　　舉國上下盛行的崇佛慕道之風，為社會提供了大量的宗教消費品，促進了相關手工行業部門的興盛和發展；社會上出現了專門從事寫經、造像、鑄佛、畫像等的職業者，因而為城市居民提供了更多的謀生之路；大大豐富了人們的精神文化生活，滿足了人們的精神需求。但此風過盛，勢必會衍生不良的風氣，甚至影響到國計民生。太宗以降歷代皇帝，在有關詔敕中為此擔憂。《全唐文》卷9載唐太宗《斷賣佛像敕》：

> 佛道形像，事極尊嚴。伎巧之家，多有造鑄。供養之人，競來買購。品藻工拙，揣量輕重，買者不計因果，止求賤得。賣者本希利潤，唯在價高。罪累特深，福報俱盡，違犯經教，並宜禁約。自今已後，工匠皆不得預造佛道形像賣鬻。其見成之像，亦不得銷除。各令分送寺觀，令寺觀徒眾，酬其價直，仍仰所在州縣官司檢校。敕到後十日內使盡。〔註108〕

從太宗的敕令中可知，唐初存在專門製作經像的「伎巧之家」，他們自行造鑄佛道形像出售，顯然是因當時社會上佛教和道教都很興盛，各有自己眾多的善男信女和皈依供養之人，有很大的市場需求，使造鑄佛像成為有利可圖的行業，本極尊嚴的佛道像也成了被「品藻工拙、揣量輕重」的商品，以致生產者、售賣者唯利是圖，討價還價。太宗之下敕禁止，就敕文文本而言，主要原因在於佛道像成為普通商品後，「違犯經教」，褻瀆神靈，「罪累特深，福報俱盡」，故下敕整飭。這一敕令是否藉以控制相關的民營手工業部門的發展，保護官家或寺家作坊？則不得而知。總之，此敕反映當時佛道像的製作、銷售行業頗為興盛。

　　《全唐文》卷26玄宗《禁坊市鑄佛寫經詔》（開元二年七月）：

> 如聞坊巷之內，開鋪寫經，公然鑄佛，口食酒肉，手漫羶腥，尊敬之道既虧，慢狎之心斯起。百姓等或緣求福，因致飢寒。言念愚蒙，深用嗟悼。殊不知佛非在外，法本居心，近取諸身。道則不遠，溺於積習，實藉申明。自今已後，禁坊市等不得輒更鑄佛寫經為業。須瞻仰尊容者，任就寺拜禮。須經典讀誦者，勒於寺取讀。如經本少，僧為寫供。諸州寺觀並准此。〔註109〕

玄宗此詔，顯示當時全國的城市（兩京、諸州），以「鑄佛寫經」為業的坊巷

〔註108〕唐太宗《斷賣佛像敕》，《全唐文》卷9，頁110。
〔註109〕唐玄宗《禁坊市鑄佛寫經詔》，《全唐文》卷26，頁300。

店鋪極多。有需求即有市場，盛唐時佛教道教的發展勢頭很盛，以此爲業的商業手工業作坊、店鋪也相應興盛，太宗當年的一紙禁敕既不能禁絕，更不能長期禁絕〔註110〕。故玄宗此詔儘管重申「自今已後，禁坊市等不得輒更鑄佛寫經爲業」，但我們認爲，其作用也是有限的，短暫的。

《全唐文》卷966載憲宗元和元年（806）二月敕，京城及諸州府寺觀銅鐘在改鑄時，

> 不得更別添銅者，其諸州府近日皆不守敕文，擅有鼓鑄，自今已後，並令申省。〔註111〕

這反映了新的情況。中唐以後，與金銀器製造業發達形成鮮明對比的是，鑄銅業因爲銅的產量有限，政府鑄錢用銅及銅製生產生活用品的生產，導致用銅量增大，以致不敷所需，故政府嚴格限制甚至禁止私自鑄造銅器，上述敕文甚至禁止改鑄舊銅不得「更別添銅」，可見佛像廢佛的原因之一，以下引幾段相關史料。《舊唐書》卷18上《武宗本紀》載武宗在廢佛時：

> 天下廢寺，銅像、鍾磬委鹽鐵使鑄錢，其鐵像委本州鑄爲農器，金、銀、鍮石等像銷付度支。衣冠士庶之家所有金、銀、銅、鐵之像，敕出後限一月納官，如違，委鹽鐵使依禁銅法處分。〔註112〕

上引可知，會昌廢佛時對寺院銅器及其他金屬產品「納官」的極端重視，蓋因寺院金屬用量之大，已與國家正常用度相衝突，嚴重影響了國計民生。又據《唐語林》卷7載：

> 聖善寺銀佛，天寶亂，爲賊將截一耳。後少傅白公奉佛，用銀三鋌添補，然不及舊者。會昌拆寺，命中貴人毀像，收銀送內庫。中人以白公所添鑄，比舊耳少銀數十兩，遂詣白公索餘銀，恐涉隱沒故也。〔註113〕

聖善寺在東都洛陽，白公少傅即白居易。白居易自出錢爲佛補銀耳，武宗朝負責毀佛像的宦官竟至白公家索取補耳時所缺的銀兩，以免「涉隱沒」之嫌。又據《太平廣記》卷174《溫庭筠》引《尚書故實》載：

〔註110〕據李曉敏的統計分析，在唐代造像達到最高峰時期在龍朔元年——咸亨元年（661～670），即唐高宗與武后時期，這一造像高潮一直持續到開元天寶盛世結束。詳見李曉敏《造像記：隋唐民眾佛經信仰初探》，《鄭州大學學報》2007年第1期。

〔註111〕《請申禁僧尼奏》，《全唐文》卷966，頁10033。

〔註112〕《舊唐書》卷18上《武宗本紀》，頁605。

〔註113〕（宋）王讜撰，周勛初校證《唐語林》卷7，中華書局1987年版，頁627。

　　會昌毀寺時，分遣御史檢天下所廢寺，及收錄金銀佛像。有蘇
監察者不記名，巡檢兩街諸寺，見銀佛一尺已下者，多袖之而歸。
人謂之「蘇扛佛」。〔註114〕

蘇監察以公謀私，執行公務時私藏鑄佛的銀子。這兩則事例雖反映了官員在執行毀佛詔令時截然相反的行爲，但從另一角度也說明了天下鑄造佛像用金銀量之大。

　　佛道之風的興盛，不僅推動了商業手工行業的興盛，爲更多的城市民眾提供謀生之路，而且宗教所宣揚的因果報應和輪迴轉世等思想觀念，也對商業手工業的發展產生諸多影響。

　　《太平廣記》卷212《吳道玄》引《獨異志》載：

　　吳生畫此地獄變成之後，都人咸觀，皆懼罪修善。兩市屠沽，
魚肉不售。〔註115〕

此則故事雖旨在說明吳道子的畫傳神逼眞，但以佛教地獄經變爲繪畫題材，導致「兩市屠沽，魚肉不售」，雖不是作畫者的初衷，卻在因宣傳佛教的修善積德，福報來世思想，客觀上限制了魚肉製售業的發展。

　　又《太平廣記》卷355引《稽神錄》載：

　　廣陵法雲寺僧珉楚，常與中山賈人章某者親熟。章死，珉楚爲
設齋誦經。數月，忽遇章於市中，楚未食，章即延入食店，爲置胡
餅。既食，楚問：君已死，那得在此？章曰：然。吾以小罪而未得
解免，今配爲揚州掠剩鬼。復問：何謂掠剩？曰：凡吏人賈販，利
息皆有數常。過數得之，即爲餘剩。吾得掠而有之，今人間如吾輩
甚多。〔註116〕

僧人與世俗商人有交往，商人死後，僧人爲其「設齋誦經」，超度往生；報應故事借章某之口告誡世人：不論爲吏還是爲商，都不能貪得無厭，如果攫取了平均利潤之上的「利息」，也會被陰間所任「掠剩鬼」掠去。這裡的「掠剩鬼」，有如維持市場經濟秩序的法官。類似的宗教勸諫，對於唯利是圖的工商業從業者，在一定程度上起到職業規範和道德約束的作用。

　　《太平廣記》卷395《廬山賣油者》引《稽神錄》載：

〔註114〕《太平廣記》卷174《溫庭筠》引《尚書故實》，頁1291。
〔註115〕《太平廣記》卷212《吳道玄》引《獨異志》，頁1622。
〔註116〕《太平廣記》卷355《僧珉楚》引《稽神錄》，頁2809。

> 盧山賣油者，養其母甚孝謹，爲暴雷震死。其母自以無罪，日
> 號泣於九天使者之祠，願知其故。一夕，夢朱衣人告曰：「汝子恒以
> 魚膏雜油中，以圖厚利。且廟中齋醮，恒用此油，腥氣薰蒸，靈仙
> 不降，震死宜矣。」母知其事，遂止。〔註117〕

賣油之子摻雜假油，以圖厚利，並用此油齋醮，心不誠，遂招報應，被雷劈
死。這旨在告誡人們，經商雖以營利爲目的，但不能唯利是圖、不擇手段；
興利要合乎規範，誠實不欺人。

《太平廣記》卷328《陳導》引《集異記》載：

> 唐陳導者，豫章人也，以商賈爲業。龍朔中，乃泛舟之楚，……
> 見一人，龐眉大鼻。……導乃問以姓氏。龐眉人曰：某姓司徒，名
> 弁。被差至楚，已來充使。……弁曰：但俟吾從楚回，君可備緡錢
> 一二萬相眂，當免君家。導許諾，告謝而別。是歲，果荊楚大火，
> 延燒數萬家，蕩無子遺。……導以慳鄙爲性，託以他事，未辦所許
> 錢，……而宅內掀然火起，凡所財物悉盡。是夕無損他室，惟燒導
> 家。弁亦不見，蓋以導慳嗇，負前約而致之也。〔註118〕

商賈陳導因慳鄙失信而受到惡報，這是唐人在借佛教因果報應說教化後人要
慷慨大方、遵守諾言。

總體而言，唐代佛道的盛行，大大豐富了商業手工業部門的門類，也爲
城市居民的擇業謀生提供了更多的可能。宗教手工業特別是事關國計民生的
金屬冶鑄業的過度發展，對社會經濟運行有負作用，但宗教文化有時對於規
範商業手工業者的職業道德，仍起到一定的積極作用。

二、房山石經題記所見幽州地區商業手工業行會的宗教信仰活動

房山雲居寺石刻佛教典籍，最初發起者是隋朝幽州僧人靜琬。靜琬是「末
法」思想〔註119〕的信仰者，他爲了維護「正法」，以在佛教一旦遭「曠劫」時

〔註117〕《太平廣記》卷395《盧山賣油者》引《稽神錄》，頁3159。
〔註118〕《太平廣記》卷328《陳導》引《集異記》，頁2607。
〔註119〕在佛教的傳播過程中，有主張「末法佛」之說者，他們認爲釋尊入滅後，佛
　　　　教發展將經歷「正法」、「像法」、「末法」三個時期，具體時間說法不同，但
　　　　必將進入「末法」階段。(《法苑珠林》卷98)爲「護法」事業的需要，早在
　　　　北齊時就有僧唐邕於北齊天統四年（568）至武平三年（573），在今河北省武
　　　　安縣響堂山（即石鼓山）鐫刻石經。此後，隋朝僧靈裕於開皇九年（589）起

能有「濟度蒼生」之經典存世，可充「經本」，故刻經於石，藏而備用。〔註120〕造經活動始於隋代，終於明末，持續千年之久，其中以唐代玄宗開元、天寶時期最為興盛，五代時曾一度衰落，到了遼金時又有發展，元明時接近尾聲。

值得注意的是，房山石經在經文後附有大量的題記，其中有關唐代的題記記載了從唐高宗顯慶年間（656～660）到昭宗乾寧年間（656～898），二百餘年來幽州地區（今京、津大部分地區和河北部分地區）的造經情況，特別是各類工商業者的宗教信仰活動情況。像這樣大量集中記載唐代特別是盛唐時期有關工商業宗教活動的資料，實為一般文獻所罕見，為我們研究唐代商業手工業者的宗教信仰提供了珍貴史料。

石經題記中記載了唐代工商業部門的門類、行會組織以及為合資敬造石經而建立的社邑組織。按《房山石經題記彙編》〔註121〕出現的部門類別大致可分為如下四類：（一）、紡織服飾：小綵行、絹行、大絹行、小絹行社、新絹行社、帛行、綵帛行、大綵帛行社、絲綢綵帛行社、絲絹綵帛行社、絲綿綵帛行社、布行、布絹行社、錦行、襆頭、靴行等。（二）、生活飲食：白米行、肉行、屠行、油行、果子行、椒筍行、五熟行等。（三）、日用百貨：生鐵行、炭行、磨行、染行、雜貨行、新貨行等。（四）、其它：包括諸行、市行、社行、雜行等。由此可見，這些參與鐫刻石經的行業部門主要是與城居民眾生產和生活密切相關的商業手工業部門。「行」出現於隋唐時期，是在城市市區劃出集中的商業區，並按經營的類別劃分而成。

在鄴地保山（今河南安陽）鑿窟刻經。（《續高僧傳》卷 9《靈裕傳》，《大正藏》第 50 冊，頁 497）

〔註120〕《貞觀二年（628）靜琬題刻》：「（釋迦如來正法像法）凡（千五百餘歲）至今（貞）觀二年（已浸末）法七十五載。佛日既沒，（冥夜）方深，瞽目群生，從茲失導。靜琬為護正（法），率己門徒知識及好（施檀）越，就此山巘刊華嚴（經）等一十二部。冀於曠（劫濟度）蒼生，一切道俗（同登正覺）。」（《房山石經題記彙編》，頁 1）。關於靜琬刻經的記載，最早見於唐初唐臨《冥報錄（記）》：「唐幽州沙門知苑（即靜琬），精練有學識。隋大業中，發心造石室一切經藏，以備法戒。既而於幽州西山，鑿岩為石室，即摩四壁，而以寫經。又取方石，別更摹寫，藏諸室內。每一室滿，即以石塞門，鎔鐵固之。……苑所造石經，已滿七室。以貞觀十三年（639）卒，弟子繼其功焉。」（《太平廣記》卷 91《釋知苑》引《冥報錄》，頁 603）

〔註121〕北京圖書館金石組，中國佛教圖書文物館石經組編《房山石經題記彙編》，書目文獻出版社 1987 年版。

唐代行會組織除了共同遵守朝廷對手工藝品質量、規格、價位的相關規定外，還組織佛教社邑，經營開窟造像以及其他宗教生活。題記中幽州城內不同行的手工業者、商人及其他人員因鐫刻石經而結成了不同種類的石經社或邑。這種邑、社組織，據宋贊寧《大宋僧史略》卷下《結社法集》的記載：「社之法以眾輕成一重，濟事成功，莫近於社。今之結社，共作福因，條約嚴明，愈於公法。行人互相激勵，勤於修證，則社有生善之功大矣。」〔註122〕可見，邑、社是諸行爲共同進行宗教活動而結成的團體，這種宗教性社會組織，有嚴明的條約，以聯絡和約束行人。據石經題記，社中成員有社老、社官、邑官、平正、錄事、社人、邑人等。社老、社官、邑官是社團的領導人，錄事是管理文書的，平正是負責平判的。另外，在諸行中，時常出現邑、社相參的現象。唐代的邑、社之間的關係怎樣？據有學者研究，邑、社是東晉南北朝時興起的佛教組織，到北朝，邑、社在組織成分上有嚴格的區別，邑一般是由普通百姓組成，社則由達官貴人及士大夫所組成，可知邑、社雖然都是「共作福因」、「互相激勵」以修證的宗教性社會組織，卻依參加者社會身份地位的高低而有別。〔註123〕但到唐代，隨著佛教的日益世俗化，邑、社的區別日益泯滅，兩者趨於一致，因而在幽州城市諸行結社中出現了社、邑互用的情況。

題記中記載了數百條唐代幽州城中手工業和商業部門的社邑組織。這些社邑組織有以行業性質命名的行業性社邑，有以所在地區命名的地區或跨地區社邑。由於後者城鄉難辨，無法納入討論主題，故以下僅以性質明確的行業性社邑爲主要探討對象。

從題記看，上經活動主要集中在玄宗天寶時期，行業部門主要是綵帛、絹綿、襆頭等紡織服飾門類和米、肉、屠行等食品門類。其次爲德宗建中和貞元時期，最後是代宗大曆年間和唐憲宗元和年間，後兩者主要是油、磨、雜貨等行業門類。

上經時間。主要集中在佛教節日，即佛成道之二月八日和佛誕之四月八日。題記中，除去范陽郡（缺五字）寶行邑（93頁18行）在二月八日外，其它有明確記載的都在四月八日上經。可知幽州地區的佛教信仰者最重四月八日佛誕節。《彙編》「重修雲居寺一千人邑會之碑」有云：

〔註122〕（宋）贊寧《大宋僧史略》卷下《結社法集》，《大正藏》第57冊，頁250。
〔註123〕黃懺華《中國佛教史》，上海文藝出版社1990年版。

風俗以四月八日共慶佛生，凡水之濱，山之下，不遠百里，僅
有萬家，預饋供糧，號爲義食。是時也，香車寶馬，藻野縟川，靈
木神草，艷赫芊綿；從平地至於絕頂，雜沓駕肩；自天子達於庶人，
歸依福田；維摩互設於香積焉，將通成於米山。面丹崦者，熙熙怡
怡，謂耆闍於斯；俯清流者，意奪神駭，謂殑伽無礙。醵施者，不
以食會而由法會；巡禮者，不爲食來而由法來。觀其感於心外於身，
所燃指續燈者，所鍊頂代香者，所墮巖捨命者，所積火焚軀者，道
俗之間，歲有數輩。〔註124〕

可見，幽州地區在四月八日佛誕節舉行隆重的慶典活動，久已成俗。當此之
日，慶祝佛誕的法會規模極大，人數眾多，無分貴賤道俗，「雜沓駕肩」，醵
施捨身，共種福田。

　　上經人的成員構成。主要是社邑中的成員，包括城市手工業者和商人等
各行業的從業人員。另外，僧人和道士也參與其中，如在幽州油行石經邑的
上經活動中，其中三次有僧人或道士參加：貞元八年（792）有僧恒端、僧法
忍等十七人（129頁3行），貞元十三年（797）有道士周藏眞等合邑人三十三
人（139頁8行），貞元十四年（798）有僧法忍等二十五人（143頁9行），
貞元十七年（801）有道士周藏眞等十三人（149頁10行）。此外，涿州范陽
縣磨行維摩邑的邑主爲僧道翼，在貞元十五年（799）同邑人三十人參加了上
經活動（148頁9行）。僧人、道士參加上經活動，甚至還擔任邑主，由此可
見，由於當地崇佛之風盛行，僧人和道士也受到普遍的尊敬。還有代爲已亡
故的親人上經，如貞元十四年（798）涿州磨行維摩邑上經人名單中有「亡父
李仙朝」字樣（144頁2行）。此外，有些上經活動是女性擔任社官並領銜上
經，如范陽郡小綵行社在天寶二年（743）的兩次上經活動中，均由社官馮大
娘領導社人二十人上經。還有的社邑以女性爲主，如約在天寶六載（747）范
陽郡綵帛行上經時，除去領銜人王元封外，其他十一人均爲女性。顯然這是
由於紡織行業的從業者以女性爲主，同時也反映了范陽郡地區的女性積極參
與上經等宗教活動的情況。上舉涿州磨行維摩邑，從社邑名即可看出明顯的
佛教色彩。

　　諸行之間之聯合上經。其例有大綵帛行社和□□綿行□讚絹行的聯合（84
頁14行）；范陽郡絲綿（綵）帛絹行等社邑間的聯合（86頁5行）；涿郡諸行

市邑（114頁10行），從上經人姓名所屬社邑可推知，「諸行」至少包括綵帛行和雜貨行。上經人蘭壁是涿州（綵）曾（繪或帛）行邑的平正（117頁7行），陶光嗣和韓堪是涿州雜貨行邑人（126頁18行、128頁2行、132頁8行、134頁6行）。此外，幽州石經邑則是諸行之間的大規模聯合（135頁3行）。

　　一人跨數行。盧庭芬既屬於幽州油行邑人（139頁8行、143頁9行、146頁6行、149頁10行），又屬於磨行邑人（127頁11行）；陶光嗣是涿州雜貨行（122頁7行、124頁3行、126頁18行、128頁2行、132頁2行、132頁8行、134頁16行）和椒筍行邑人（118頁3行）。他們身跨兩行，上經時可分別參加兩邑的活動。不知是否因為，油脂須經石磨加工，椒筍亦屬雜貨，故磨行與油行，椒筍行與雜貨行，是分行與總行的關係？這一現象反映了宗教生活的組織性在一定範圍內打破了行業的細密分工。

　　上經人數。大多為各行或諸行合邑人或合社人集體上經。少則數人，多則數十人，甚至上百人。有的將參加人名單全部記載下來，有些因為人數眾多不必一一記載，故只留下領銜的社官數人名字並記下參加人數。在諸行業部門中，幽州石經邑上經規模較大，每次上經人數最少也在五十人左右，多則達上百人，如在貞元九年（793）、十年（794）、十一年（795）連續三年分別為110人、125人、117人（131頁7行、133頁13行、135頁3行）。需要注意的是，社邑的成員並不是固定不變的。同一社邑每一次上經人數和成員時有不同。這除了社人退社、入社、絕戶等原因外，還有一個原因是刻經是種出資出力的功德活動，它既要有經濟條件的支持，又要有修善積德的慈悲心，這些不確定的因素決定了這種性質的社邑組織是鬆散的和不穩定的，社邑內每次活動的成員有重合也有交叉情形。

　　由上所見，幽州城中工商行業性社邑的造經上經活動，涉及了與城市居民生產生活的各個方面密切相關的各個部門和各個行業，所參與的人數眾多、道俗士庶身份不等、男女老幼不分、上經次數頻繁，這些都說明了幽州地區工商業者的宗教活動規模大，持續時間長，高度的組織化和共同性等特點。

　　幽州地區的工商業者的宗教活動為什麼會具有上述這些特點呢？推測原因主要有如下幾點：一，唐代中期以後，隨著城市經濟的繁榮，城市管理由封閉向開放的轉折，里坊制漸次廢弛，官府對城市居民的控制相對減弱，因而私營工商業得到發展，市場活動日趨活躍。如上所見幽州地區的各行業

中，僅紡織部門，就有大小數量不等的綵行、絹行、帛行、布行，其種類繁多、分工精細，足見其發展的成熟和完善。這是該地區出現大量工商業行會聯合造經上經的物質基礎。二，唐政府的支持和地方官吏崇佛護法為商業手工業部門聯合造經活動提供了保證。如唐開元十八年（730），玄宗因其八妹金仙公主奏請賜大唐新舊譯經四千餘卷，作房山雲居寺刻經藍本，還施果園土地於雲居寺，並派《開元釋教錄》作者智昇為送經使。〔註125〕來自統治高層的支持，對幽州地區佛教的發展顯然具有極大的示範和推動作用。又據《宋高僧傳》卷16《辯才傳》載：「天寶十四載（755），玄宗以北方人也，稟剛氣，多訛風，列剎之中，餘習騎射，有教無類，何可止息。詔以才為教誡，臨壇度人。」〔註126〕玄宗詔令僧辯才以佛法教化尚武的北方人，作為北方軍事重鎮之一的幽州地區當不無影響。除此之外，唐朝統治幽州的地方官吏大都一以貫之地崇奉佛法，並積極為佛教作功德。如朱希彩「捐地傾資」建龍泉寺〔註127〕；劉濟捨宅建崇孝寺〔註128〕；劉總捨宅後，上表請求去官出家，穆宗「從其志，封為大覺師，賜僧臘五十，寺名報恩」〔註129〕；石經題記中，參與刻經的地方官，貞元（785）、元和（820）間有劉濟，大中咸通（847～873）間有楊志誠、史再榮、楊志榮、史元忠、張允伸等。其中任期較長的幽州節度使劉濟和張允伸刻經最多，石經中保存他們的刻經題記分別達21則和41則〔註130〕。他們奉佛護法在武宗會昌滅佛中也可為證，據圓仁《入唐求法巡禮行記》卷4載：「（會昌五年十一月，845）唯黃河已北鎮、幽、魏、路等四節度元來敬重佛法，不拆（寺）舍，不條流僧尼。佛法之事，一切不動之。頻有敕使堪罰。云：『天子自來毀拆焚燒，即可然矣，臣等不能作此事也。』」〔註131〕足見地方官吏的護法，對幽州佛教的發展起了極大的作用。三，工商業者自身利益的需要是造經活動的推動力。由於各個行業、各個部門是相對獨立的經濟實體，行業之間、部門之間都存在著自由競爭的壓力，他們為使本行業或本部門能持續生存和發展，在社會競爭中

〔註125〕王守泰《山頂石浮圖後記》，《房山石經題記彙編》，頁11。

〔註126〕《宋高僧傳》卷16《唐朔方龍興寺辯才傳》，頁387。

〔註127〕北京文物管理處《北京萬佛堂孔水洞調查》，《文物》1977年第4期，頁16。

〔註128〕（元）李蘭肹、趙萬里校輯《元一統志》卷1《崇孝寺》，中華書局1966年版，頁28。

〔註129〕《佛祖統紀》卷42，頁384。

〔註130〕吳夢麟《房山石經述略》，載於《房山石經之研究》1987年版，頁70～71。

〔註131〕《入唐求法巡禮行記校注》卷4，頁496。

立於不敗之地,他們除去進行必要的設備更新、技術改進及遵守行規以外,還聯合本行業或本部門自發組織行會社邑,爲相互勉勵,共修福因而共同出資建窟院、造佛像、刻經文等修功德事。如題記中小則幾人的單行、大則數十人甚至上百人的多行同部門的聯合。這樣,他們以行業爲單位發出集體的聲音,通過共同的佛教信仰和造經活動等宗教生活,增加本行業的凝聚力,加強本行業的競爭力。

總的來看,房山石經題記所載幽州城市工商業者以行爲單位組織的佛教團體社邑進行的造經活動,反映了唐代中期以後,在城市經濟發展的時代背景下,在唐政府支持和地方官吏崇法護教的根本保證下,該地區工商業群體自發組織的佛教信仰活動情況。需要特別指出的是,商業手工業的發展,市場的興盛,坊市制度的打破,是中唐後城市發展的普遍趨勢。因而商業手工業行會的普遍存在,以行會爲單位的宗教信仰團體及宗教生活的興盛,並不限於幽州。如龍門石窟中,有三處窟龕明確記載由北市商行出資營造:在古陽洞南半山腰中有一小窟,窟楣刊有「北市綵帛行淨土堂」八個大字,並有僧玄景等題名。除淨土堂外,還有奉先寺與火燒洞之間的「北市絲行像龕」(天授二年,691),古陽洞外北側的「北市香行社」龕(永昌元年,689)。〔註132〕只是由於房山石經及其題記的存在,使我們對幽州地區城市商業手工業行會的共同宗教生活,瞭解得更詳細而已。

綜上所述,唐代社會崇佛之風的盛行,從物質層面上說,不僅爲工商行業部門注入新的生機和活力,也爲城市居民提供更多的就業謀生之路;從精神層面上說,使得以追求利潤爲最大目的的工商業者像其他民眾一樣有機會接受佛教思想的感染,這對他們的職業行爲和道德起到了一定的規範和約束作用,對他們的價值觀進行正確的引導。另外,由於共同的宗教信仰,或許也由於外部競爭的壓力和行業內部自身生存發展,幽州地區的行業之間、部門之間自發組織佛教團體的社邑共修功德,共同發願求得佛祖的護祐。上述種種情況構成了工商行業者豐富多彩的宗教信仰生活。

〔註132〕參見日‧曾布川寬《龍門石窟における唐代造像の研究》,《東方學報》第60冊,1988年3月。轉引自常青《龍門石窟「北市綵帛行淨土堂」》,載於《龍門石窟研究論文集》,1993年版,頁271。

附錄：

《房山石經題記》所見行業性社邑上經情況一覽表〔註133〕

門類	編號	社邑名稱	上經年月日	上經姓名及人數	材料出處
一、紡織服飾	1	小綵行（社）	天寶元年（742）四月八日		83－2
	2	（小）綵行社	天寶二年（743）四月八日	社官鄁文璟，齋頭徐崇福等	83－3
	3	小綵行社	〔？天寶二年（743）〕	社官馮大娘等	83－4
	4	小綵行社	天寶二年（743）四月八日	社官馮大娘等廿人（每年造經二條）	83－5
	5	小綵行石經（邑）	〔？天寶二年（743）〕		84－1
	6	絹行社	天寶二年（743）四月八日	社官游自勖一十三人等（每年造經三條）	83－10
	7	絹行社	天寶六載（747）四月八日	社官游金應、郭令忠、李大師等	87－9
	8	絹行邑	天寶七載（748）四月八日	社官游金應合邑人等	88－7
	9	大絹行社	〔？天寶九載（750）四月八日〕	社官游金應合邑人等	92－4
	10	大絹行社	〔？天寶九載（750）〕	邑人	92－5
	11	范陽郡市大絹行邑	天寶十載（751）四月八日	社官游金應合邑人等	93－7
	12	大絹行（邑）	〔？天寶十一載（752）〕		95－11
	13	范陽郡大絹行邑	天寶十一載（752）四月八日	社官游金應合社人等	95－12
	14	大絹行（邑）	天寶十一載（752）四月八日		95－17

〔註133〕此表在唐耕耦先生「行業性社邑上經情況表」的基礎上修改而成，參見氏著《房山石經題記中的唐代社邑》，《文獻》1989年第1期。

門類	編號	社邑名稱	上經年月日	上經姓名及人數	材料出處
一、紡織服飾	15	范陽郡絹行邑	天寶十二載（753）四月八日	平正游金應合邑人等	98－3
	16	范陽郡絹行邑	天寶十二載（753）四月八日	平正游金應合邑人等	98－12
	17	范陽郡絹行邑	天寶十二載（753）四月八日	平正游金應合邑人等	98－14
	18	范陽郡（絹行邑）	天寶十三載（754）四月八日	平正游金應合邑人等	100－6
	19	范陽（郡絹行邑）	天寶十三載（754）四月八日	平正游金應合邑人等社人張國欽	100－7
	20	范陽郡（絹行邑）	天寶十三載（754）四月八日	平正游金應合邑人等	101－5
	21	范陽郡絹行邑	〔？天寶十四載（755）四月八日〕	邑人張國欽等	103－10
	22	大綵帛行社、□□綿行□讚絹行	天寶四（載）（745）	社官游金應吳守信等	84－14
	23	范陽郡布絹行社	〔？天寶三載（744）〕		84－2
	24	絲綢綵帛行社	〔？天寶四載（745）〕	社官游金應等	84－16
	25	絲絹綵帛行社	〔？天寶四載（745）〕	社官游金應等	85－2
	26	絲綿綵帛行經呂（邑）	〔？天寶五載（746）〕		85－16
	27	絲綿綵帛絹行經（邑）	〔？天寶五載（746）〕	李昌俊	86－1
	28	范陽郡絲綿（綵）帛絹行等社	〔？天寶五載（746）〕	社官游金應李崇賓、劉諫銓、□□難陀等	86－5
	29	綵帛行（社）	〔？天寶六載（747）〕	王元封等十二人（以女性爲主）	87－5
	30	布行（社）	天寶六載（747）四月八日	布行人等	87－8
	31	新絹行社	天寶六載（747）四月八日	社官權思貞、王曜暉等	87－9

門類	編號	社邑名稱	上經年月日	上經姓名及人數	材料出處
一、紡織服飾	32	（小）絹行社	天寶七載（748）四月八日	社官權思貞合邑人等	89－3
	33	范陽郡小絹行邑	天寶八載（749）四月八日	社官權思貞、錄事孫光逸等七人	90－15
	34	范陽郡小絹行社	天寶十載（750）四月八日	社官權（權）思貞合邑人等	93－11
	35	范陽郡樸頭行社	〔？天寶七載（748）〕	社官趙沖等	90－8
	36	范陽郡樸頭行社	〔？天寶八載（749）〕	社官趙沖等	90－13
	37	范陽郡樸頭行社	〔？天寶九載（750）〕四月八日	社官趙沖等	91－15
	38	樸頭行（社）	〔？天寶十載（751）〕		92－9
	39	范陽郡樸頭行邑	〔？天寶十一載（752）〕	社官趙沖子、游子騫合邑人等	94－1
	40	范陽郡樸頭行邑	〔？天寶十一載（752）〕		95－6
	41	（范陽郡）樸頭行邑	〔？天寶十一載（752）〕		96－6
	42	（范陽郡）樸頭行邑	〔？天寶十二載（753）〕	游子騫、李子路合邑	98－7
	43	范陽郡絹行邑	〔？天寶十四載（755）四月八日〕	邑人張國欽等	103－15
	44	范陽郡絹行邑	〔？天寶十四載（755）四月八日〕	邑人張國欽等	103－18
	45	范陽郡綵帛行（社）	天寶十四載（755）四月八日	社人劉正仙等	102－5
	46	（絲綿行社）	〔？大曆八年（773）〕	經主倪懷悟、寶藏、劉諫銓、無名藏等十一人	108－12
	47	絲綿行社	〔？大曆九年（774）〕	婁希祥、劉銓、賀蘭三界等廿三人	109－12

門類	編號	社邑名稱	上經年月日	上經姓名及人數	材料出處
一、紡織服飾	48	（絲綿行社）	〔？大曆十三年（778）〕	劉六娘、賀蘭三界、倪愔、寶藏等卅三人	111－3
	49	絲綿行（社）	大曆十三年（778）四月八日	劉鈴（銓）合邑一十二人等	111－8
	50	絲綿行造經（邑）	〔？大曆十四年（779）〕	倪愔、劉諫銓、賀蘭三〔界〕等六十人	111－18
	51	涿州（綵）曾（繒或帛）行邑	建中五年（784）四月八日	平正蘭壁、錄事魏庭光等卅三人等	117－7
	52	幽州絲綿行（社）	〔？貞元三年（787）〕	經主賀婆等	120－2
	53	涿州襆頭行邑	貞元七年（791）四月八日	邑人孫榮、李日新、楊環等十九人	125－3
	54	涿州襆頭行邑	貞元八年（792）四月八日	經主孫榮、陽環、李日新等十九人	129－19
	55	涿州襆頭行邑	〔？貞元十年（794）〕	陽環、李日新、孫榮等十人	134－8
	56	涿州靴行邑	貞元七年（791）四月八日	任國興等一十四人	127－3
二、生活飲食	1	涿郡白米行社	天寶二載（743）四月八日	社官部文璟、羅敬遵、吳庭芝等五十人	83－8
	2	白米行社	〔？天寶三載（744）〕		84－4
	3	白米行社	天寶四載（745）四月八日	社官吳庭芝、錄事牛福等	85－3
	4	白米行社	？天寶四載（745）	孫周祥等	85－4
	5	白米行社	〔？天寶五載（746）〕		85－15
	6	白米行社	〔？天寶五載（746）〕		86－8
	7	□郡梗米行社	〔？天寶五載（746）〕	社官何弘禮等	86－6

門類	編號	社邑名稱	上經年月日	上經姓名及人數	材料出處
二、生活飲食	8	米行	〔？天寶五載（746）〕	何弘禮等	86－9
	9	（白米行邑）	天寶七載（748）四月八日	錄事（牛）福子六十人等	89－4
	10	白米行邑	天寶七載（748）四月八日	社官吳庭芝、錄事牛福子合邑人等	89－8
	11	范陽郡白米行石經社	〔？天寶八載（749）〕	社官吳庭芝、錄事胡乾運合邑等	90－19
	12	范陽郡大米行社	天寶十載（751）四月八日	社官吳庭芝合邑人等	93－5
	13	范陽郡白米行社	天寶十一載（752）四月八日	牛福等合社人	95－16
	14	范陽郡白米行邑	〔？天寶十二載（753）〕四月八日	錄事張庭林合邑人	97－18
	15	范陽郡白米行石經邑	〔？天寶十三載（754）四月八日〕		100－10
	16	范陽郡五熟行石經邑	〔？天寶十三載（754）〕	邑主何令賓、史崇誨等十九人	101－12
	17	范陽郡白米行	〔？天寶十四載（755）〕	王六娘	102－9
	18	范陽郡白米行社	〔？天寶十四載（755）〕	吳庭（芝）等	102－14
	19	范陽郡市白米行社	〔？天寶十四載（755）〕	吳庭芝等	103－8
	20	范陽郡軍南門白米行廿四人社	〔？天寶十四載（755）〕	許燕客等	102－17
	21	涿州范陽縣米行社	元和十四年（819）四月八日	張希倩等	160－2
	22	范陽郡肉行社	〔？天寶五載（746）〕	社官路龍候師、劉師子、衛奴子等九人	85－17
	23	范陽郡肉行（社）	〔？天寶九載（750）〕	（社）官衛（奴子）合邑等	91－17
	24	范陽郡屠行邑	〔天寶十載（751）〕	社官衛奴子合邑人等	93－8

門類	編號	社邑名稱	上經年月日	上經姓名及人數	材料出處
二、生　活　飲　食	25	屠行邑	天寶十一載（752）四月八日	社官安令瑰、社錄柳庭賓合社人	95－13
	26	屠行邑	天寶十二載（753）四月八日	平正安令瑰合邑人等	97－15
	27	范陽郡屠行邑	〔？天寶十三載（754）〕	社官趙如琳、劉師子妻、盧大娘等	101－1
	28	涿州市肉行石經邑	建中（二）年（781）四月八日	鋪人平正李光俊、劉金玉等卅三人	113－1
	29	涿州果子行社	〔？建中三年（782）〕	社官張庭玉、平正趙希俊等五十二人	118－10
	30	果子行社	貞元元年（785）四月八日	焦玉祥等五十二人	118－10
	31	涿州椒筍行石經邑	貞元元年（785）四月八日	平正丁景暉、錄事魏（庭光）、陶光嗣等卅四人	118－3
	32	涿州（椒筍行）邑	貞元二年（786）四月八日	平正丁景暉、陶（光）嗣等卅三人	119－11
	33	樓南長店邑	天寶四載（745）四月八日	社官王思明等廿一人	84－19
	34	樓南長店邑	天寶七載（748）四月八日	社官王思明、錄事李道祥合邑人等	89－2
	35	范陽郡樓南頭長店邑	〔？天寶十載（751）〕	社官王思明合邑人等	93－9
	36	范陽郡宴設樓（長店邑）	〔？天寶十載（751）〕		93－10
	37	宴設樓南長店邑	天寶十一載（752）四月八日	邑人王思明等	95－7
	38	幽州石經邑油行	貞元八年（792）四月八日	李承福、僧恒端、僧法忍等十七人	129－3
	39	（幽州石經邑油行）	貞元九年（793）	李永福等廿八人	131－6
	40	幽州油行石經社	貞元十年（794）四月八日	邑人李永福合邑廿七人等	133－16

門類	編號	社邑名稱	上經年月日	上經姓名及人數	材料出處
二、生活飲食	41	幽州（油行）石經邑	貞元十三年（797）四月八日	社官李承福、錄事高榮門、盧庭芬、道士周藏眞等合邑人卅三人	139－8
	42	幽州油行邑	貞元十四年（798）四月八日	社長李（承）福、盧（庭）芬、僧法忍等廿五人	143－9
	43	幽州油行（邑）	貞元十五年（799）四月八日	社官李承福、盧庭芬合邑廿七人等	146－6
	44	幽州油行石經社	貞元十七年（801）四月八日	社人李承福、盧庭芬、道士周藏眞等十三人	149－10
三、日用百貨	1	生鐵行社	天寶四載（745）	社官吳承昭等廿人	84－8
	2	郡市炭行邑	〔？天寶四載（745）〕		85－1
	3	范陽郡生鐵行社	天寶五載（746）	社官吳（承昭等）	85－5
	4	涿州磨行邑	貞元七年（791）四月八日	平正霍戲、谷莫（英）才、李仙朝等十九人	125－18
	5	涿州磨行（邑）	貞元八年（792）四月八日	經主霍愚、谷英才、李仙朝等	130－3
	6	涿州磨行邑	貞元九年（793）四月八日	合邑一十七人等	130－7
	7	涿州磨行維摩邑	貞元十三年（797）四月八日	錄事谷英才等廿八人	138－12
	8	涿州磨行維摩邑	貞元十四年（798）四月八日	錄事谷英才、亡父李仙朝等廿六人	144－2
	9	涿州范陽縣（磨行）維摩邑	貞元十五年（799）四月八日	錄事谷英才、邑主僧道翼卅人等	148－9
	10	幽州磨行（石經）邑	貞元七年（791）四月八日	邑人王懷章、盧庭芬等廿九人	127－11
	11	涿州市雜貨行邑	貞元五年（789）四月八日	邑人陶光嗣、錄事魏庭光等廿七人	122－7
	12	涿州市雜貨行邑	貞元六年（790）四月八日	邑人陶光嗣、錄事魏庭光等卅二人	124－3

門類	編號	社邑名稱	上經年月日	上經姓名及人數	材料出處
三、日用百貨	13	涿州雜貨行邑	貞元七年（791）四月八日	邑人陶光嗣、平正魏庭光、錄事韓堪等卅四人	126－18
	14	涿州石經邑雜貨行	貞元八年（792）四月八日	陶光嗣、平正魏庭光、錄事韓士堪等卅三人	128－2
	15	（涿州郡雜貨行邑）	貞元〔九〕年（793）四月八日	陶光嗣、平正魏庭光、錄事韓湛（堪）等	132－2
	16	涿州市新（雜）貨行石經邑	貞元十年（794）四月八日	陶光嗣、平正魏庭光、錄事韓湛等	132－8
	17	雜貨行邑	貞元十一年（795）四月八日	社官魏光、錄事韓堪、陶光嗣等卅多人	134－16
四、其它	1	幽州石經邑	建中三年（782）四月八日	社官盧庭（暉）、錄事李開（閏）國等卅七人	114－1
	2	幽州邑	建中四年（783）四月八日	平正盧庭暉、錄事（李）閏國合邑五十四人等	116－13
	3	幽州社邑	〔？建中（五）年（784）〕	平正盧庭暉、錄事李閏國五十四人等	117－3
	4	幽州石經邑	貞元元年（785）四月八日	盧（庭）暉合邑六十六人等	118－14
	5	石經邑	貞元三年（787）四月八日	邑官盧庭暉、錄事李潤國合邑人等	120－3
	6	幽州造石經邑	貞元〔？五年（789）四月〕八日	社官盧庭暉、（錄事閏）國合邑八十六人等	121－18
	7	幽州石經邑	貞元六年（790）四月八日	邑官盧（庭）暉、錄（事）李閏國合邑人等	123－18
	8	幽州石經邑	貞元六年（790）四月八日	平正盧庭暉、錄事李閏國合邑人等	129－11

門類	編號	社邑名稱	上經年月日	上經姓名及人數	材料出處
四、其 它	9	幽州造石經邑	貞元七年（791）四月八日	平正（盧庭暉）、錄事季（李）閏國合邑九十人	126－16
	10	幽州石經邑	貞元九年（793）四月八日	平正盧庭暉、錄事李閏（閏）國合邑一百一十人	131－7
	11	幽州石經邑	貞元十年（794）四月八日	社官盧庭暉、錄事李閏（國）合邑一百廿五人	133－13
	12	幽州市諸行石經邑	貞元十一年（795）四月八日	社官盧庭暉、錄事李閏國合邑一百一十七人	135－3
	13	幽州石經邑	貞元十二年（796）四月八日	合邑九十二人等	136－17
	14	幽州石經邑	貞元十三年（797）四月八日	社官李閏國、錄事武莫賢八十三人等	138－15
	15	范陽郡（雜行社）石經邑	〔？天寶十三載（754）〕	社官張崇賓、錄事崔詮廿人等，王什二娘等	101－2
	16	范陽郡雜行邑	〔？天寶十三載（754）〕	社官陳仙、錄事劉仙、張賓等廿三人	101－7
	17	雜行社	〔？天寶十四載（755）〕	張崇賓廿一人等，王什二娘等	101－17
	18	涿州范陽縣市雜行邑	貞元五年（789）四月八日	劉進朝、孔懷江等卅二人	122－10
	19	涿郡諸行市邑	建中三年（782）四月八日	平正蘭（壁）、韓堪、陶光嗣等三十人	114－10
	20	□□行社	〔？天寶二年（743）〕		84－5
	21	范陽□行社	〔？天寶六載（747）〕	趙坦妻等	86－11
	22	市行（邑）	〔？天寶六載（747）〕	李崇、張庭、傅周等十九人	86－2

門類	編號	社邑名稱	上經年月日	上經姓名及人數	材料出處
四、其它	23	范陽郡□□□□□寶行邑	天寶十載（751）二月八日	合邑人	93－18
	24	石經邑	貞元五年（789）四月八日	合邑廿五人等	122－6

說明：1、本表收入的主要是以行業名稱命名的行業性社邑。《題記》中有些上經單位
　　　　是以行政區命名的地區性和跨地區社邑，儘管工商業者也佔有很大比重，
　　　　但鄉村居民爲數也不少，我們無法區別開來，故我們對這部分上經單位不
　　　　統計在內。

　　　2、83－2 指《房山石經題記彙編》83 頁 2 行，表格中此格式均同此。

第三節　軍隊將士與佛教的關係

　　有關唐代軍隊方面的研究，今人成果較爲豐富，研究內容主要集中在軍
事制度、軍事思想理論等方面〔註134〕。而對佛教信仰主體的研究，大多集中
在社會性別、特權階層、下層民眾群體的研究〔註135〕，卻極少從軍隊將士的
角度進行探討。本節嘗試運用墓誌碑刻、筆記小說、僧人傳記等資料，結合
正史的相關記載，就唐代將士的佛教信仰這個極少引起關注的問題進行探討。

一、將帥與佛教

　　與其他朝代一樣，唐代在京城、州縣治所及邊疆屯戍都部署了大量的軍
隊。軍隊是國家的武裝力量，軍隊有備於戰爭，有戰爭就有殺戮，就有人員、

〔註134〕陳寅恪《隋唐制度淵源略論稿》「六、兵制」，三聯書店 2001 年版；谷霽光《府
　　　　兵制度考釋》，上海人民出版社 1962 年版；唐長孺《魏晉南北朝隋唐史三論》
　　　　第三編「論唐代的變化」第三章「軍事制度的變化」，武漢大學出版社 1993
　　　　年版；張國剛《唐代政治制度研究論集》，臺灣文津出版社 1994 年版；孫繼
　　　　民《敦煌吐魯番文書所出唐代軍事文書初探》，中國社會科學出版社 2000 年
　　　　版。
〔註135〕主要代表作有：李斌城《論唐代士大夫與佛教》，《魏晉隋唐史論集》2，中國
　　　　社會科學出版社 1983 年版。郭紹林《唐代士大夫與佛教》，河南大學出版社
　　　　1987 年版。嚴耀中《墓誌祭文中的唐代婦女佛教信仰》，鄧小南主編《唐宋
　　　　女性與社會》，上海辭書出版社 2003 年版。王濤《唐宋之際城市民眾的佛教
　　　　信仰》，《山西師範大學學報》，2007 年第 1 期。

戰馬等生靈的傷亡。而佛教關愛生命，以慈悲爲懷，以「不殺生」爲諸戒之第一。按理說，佛教主張尊重生命、反對殺生的慈悲立場應與軍隊的性質和作用極爲衝突和矛盾，但這並不意味著唐代軍隊中的將士無緣於宗教信仰和宗教生活。隨著中晚唐時期佛教傳播的普遍，佛教世俗化進程加快，佛教信仰滲透到唐代社會的各個階層。在這樣的社會環境下，軍中將士之接觸佛教、信仰佛教也不足爲奇。有關史料提供了有力的佐證。

據《唐代墓誌彙編》麟德 027《唐故王府君墓誌銘》載：

公諱君，字昭仁，琅耶臨沂人也。……年登弱冠，占募從征。大隋仁壽元年（601），以公勇若賁育，氣壯秦成，授公幽州先賢府車騎將軍。既統戎營，攝麾就職，大業年中，先鋒遼左。處軍中，冬無服裘，夏無操扇，對敵身爲士先，敗軍恒蔽於後，以心勇於物，飛矢遇公於右股，自此迄今，絕於宦矣。既而築室伊洛，蒔蔬灌畦，蘊教法門，持心釋道，志縱形逸，足可自樂也。〔註136〕

誌主王府君的軍旅生涯主要集中在隋代，因戰傷「絕宦」而「築室伊洛」時已是隋末唐初，因此他「蘊教法門」「持心釋道」當在初唐。

同書萬歲通天 001《周故上柱國牛君墓誌銘》：

君諱高，字靳舉，……但以年甫齠齔，隋運道銷，志學未登，群雄逐鹿，負戈擊羽，勇擊叄韓，投募從征，翦俘獻捷，蒙授上柱國。是以皈心叄寶，恒念大乘，爐炷名香，陸齋不絕。致使琬琰鮮華，埋輝於瓦礫。〔註137〕

材料中的誌主牛靳舉在鞏固唐帝國政權、維護唐朝與朝鮮三國的朝貢關係中立下了汗馬功勞，退伍後皈依佛門，以吃齋念佛安度餘生。

同書貞元 080《唐故元從定難功臣劉府君墓誌銘》：

府君諱昇朝，字昇朝，……前後三朝元從功臣，特承寵渥。及夫年過從心，功成身退，持齋念佛，修未來因，忽嬰疢疾，藥餌不救，以貞元十二年（796）六月十二日，終於輔興里私第，春秋七十二。〔註138〕

誌主劉昇朝，曾經歷重大戰事，被封爲定難功臣，金紫光祿大夫，左金吾衛

〔註136〕《唐代墓誌彙編》麟德 027，頁 414。
〔註137〕《唐代墓誌彙編》萬歲通天 001，頁 889。
〔註138〕《唐代墓誌彙編》貞元 080，頁 1893～1894。

大將軍兼侍殿中監，上柱國，彭城縣開國侯，以三朝元從功臣，備受寵渥。
年老後退居家中，以吃齋念佛爲生活重心。

另一個典型例子是唐末討伐黃巢起義的大將劉巨容長子劉汾。史載，他
連年得不到朝廷的徵辟還朝，遂在鎮守的江西饒信二州開荒闢田建寺院，請
禪僧入寺住持。據《全唐文》卷 793《大赦庵記》載：

> 廣明元年（880）十一月，（黃）巢陷京師，車駕幸蜀。中和
> 元年（881）三月，汾轉京城四面行營招討使。巢遣其將尚讓、王
> 播帥眾五萬寇鳳翔，汾與都統鄭畋、唐宏英等勒兵待之，大破其
> 眾於龍尾陂，斬首二萬級，伏尸數百里。……四年六月，巢圍陳
> 州。汾會李克用至，遂去趨汴。克用追及中牟，大破之，讓率眾
> 降。汾與李師悅率尚讓追勤餘眾，至虎狼谷。巢甥林吉斬巢兄弟
> 妻子首獻以降，由是巢禍既滅。汾再戰再克，十無一失。蒙詔鎮
> 守饒、信二州，連年不得回朝。汾遂寓居廣信路弋陽縣歸仁鄉四
> 十六都新陂里。夙夕感激，視干戈則思闢，居村落則思畎。光啓
> 二年（886），佃得荒間山田一段，約計八百餘畝，名曰南山。……
> 又且連年奉詔征討，百戰百克，未能一歸故土。於祖宗之德，並
> 無寸報，久違春秋二祭。文德元年（888），汾謹將前山田地施捨，
> 創立禪寺一所，名曰南山寺。召到屬郡鄱陽北隅妙果寺禪僧至明、
> 至公等五人，入寺住持。勤於開耕，守奉祖宗春秋二祭，及禮三
> 寶慈尊，兼得利生益死。〔註139〕

該記是劉汾本人所作。關於劉汾的生平，兩《唐書》中沒有記載，因此這篇
題記就成爲瞭解他的重要材料。題記中詳細記載了他前半生征戰南北、討伐
黃巢起義軍的軍旅生涯。後蒙詔鎮守江西饒信二州，並在此地開荒建寺，至
終沒有離開回朝過。至於開田建寺的緣起，從文中內容看似乎是由於「連年
奉詔征討，百戰百克，未能一歸故土。於祖宗之德，並無寸報，久違春秋二
祭」才將田地施捨創立禪寺，以「守奉祖宗春秋二祭」。其實結合其父劉巨容
的本傳，我們獲知事出有因。據《新唐書》卷 186《劉巨容傳》載：「始，揚
州人申屠生能化黃金，高駢客之，爲呂用之所譖，亡奔襄、漢，駢遣吏捕得，
生見巨容自言其術，巨容留不遣。田令孜之弟遁襄州，巨容出金誇之。及在
蜀，匿生，使術不得傳，令孜恨之。龍紀元年（889），殺巨容，夷其宗，生

〔註139〕（清）董誥《全唐文》，中華書局 1983 年版，頁 8314～8315。

並死。」是劉巨容得罪了把持朝廷政權的大宦官田令孜，才使遠在饒信二州的劉汾「連年不得回朝」。在回朝無望的情況下，劉汾意識到將會在此了卻餘生，遂於 888 年開荒闢田、建寺請僧。889 年，即在劉汾於江西建寺請僧的次年，劉巨容被田令孜誣告謀反而遭滅族橫禍，遠離朝廷的劉汾幸免於難。由此可見，題記中他自稱欲報祖宗之德是一部分原因，更主要原因則在於其父得罪朝中弄權宦官致使他久不得調，於是開田建寺修功德。

上述將帥都曾征戰疆場，為保國、護駕、平定戰亂立下赫赫戰功。他們在年老體衰或戰傷等情況下罷武功、休戰事，身退疆場。他們都在退役後開賦居家，以佛教為精神寄託，營齋建寺、吃齋念佛，悅情佛門，以頤養天年。此外，軍中還有一些有崇佛活動的現役將帥，由於有較充裕的財力，因而有能力建寺、造塔、刻經、供僧，進行修造功德活動。

中唐名將田神功在平定安史之亂時立有戰功，後又參與平定淮西節度使李希烈的叛亂，以「忠樸幹勇」著稱。他雖在戰場上英勇善戰，但居家時「性純孝，居常不離左右。閱讀書史，或時疾病，公輒累月不茹葷，家中禮懺不絕。仍造崇夏、宏聖二寺，以祈福祐。」〔註140〕唐代宗大曆七年（772）田神功病癒，宋州人士及文武將吏等為之設八關齋會。這是宋州人借祝賀病癒之機酬謝田對該地的救恤之恩，由此可見，宋州官吏選取這種形式實際是迎合了田對佛教的信奉。

二、士卒與佛教

唐代與其它朝代一樣，在京城、州縣治所及邊疆屯戍都部署了大量的軍隊。隨著中晚唐時期佛教傳播的普遍，佛教世俗化進程加快，佛教信仰滲透到唐代社會的各個階層。在這種社會環境下，軍中士卒接觸佛教並有信奉活動，就毫不足怪了。

軍中士卒受條件所限，只能在平時操練時讀經書、念誦佛名，以紓解枯燥的兵役之苦。在唐代筆記小說中有史料反映了這種情況。

《酉陽雜俎續集》卷 7《金剛經鳩異》：

> 韋南康鎮蜀時，有左營伍伯於西山行營與同火卒學念《金剛經》。〔註141〕

〔註140〕《全唐文》，頁 3425。
〔註141〕《唐五代筆記小說大觀》，上海古籍出版社 2000 年版，頁 768。

這是普通的士兵念誦《金剛經》。這位「左營伍伯」和同火卒學念《金剛經》
是從軍營開始的。

《太平廣記》卷107《王忠幹》引《酉陽雜俎》：

> 唐大和三年（829），李同捷阻兵滄景，帝命李祐統齊德軍討之。
> 初圍德州城，城堅不拔。望日又攻之，自卯至未，傷十八九，竟不
> 能拔。時有齊州衙內八將官健兒王忠幹，博野縣人，長念《金剛經》，
> 積二十餘年，日數不闕。其日，忠幹上飛梯，將及堞，身中箭如蝟，
> 爲檑木擊落。同火卒曳出羊馬城外，置之水濠裏岸。祐以暮夜，命
> 抽軍，其時城上矢下如雨，同火忙，忘取忠幹尸。忠幹既死，如夢，
> 至荒野，遇大河，欲渡無因，仰天哭。忽聞人語聲，忠幹見一人，
> 長丈餘，疑其神人，因求指營路。其人云：「爾莫怕，我令爾可得渡
> 此河。」忠幹拜之，纔頭低未舉，神人把腰，擲之空中，久方著地。
> 忽如夢覺，聞賊城上交二更。初不記過水，亦不知瘡，攬手捫面，
> 血塗眉睫，方知傷損。乃舉身強行，百餘步卻倒，復見向人持刀叱
> 曰：「起起！」忠幹驚懼，走一里餘，坐歇，方聞本軍喝號聲，遂及
> 本營。訪同火卒，方知其身死水濠岸裡，即是夢中所過河也。〔註142〕

王忠幹爲齊州衙內八將官健兒，他念誦《金剛經》已歷二十餘年，也就是說
他入伍以前即有此信仰，在軍隊裏仍然堅持不懈，後在圍城戰爭中受重傷，
被神人救助脫離危險，被認爲是常年誦經積累功德所致。

又《太平廣記》卷107《董進朝》引《報應記》：

> 董進朝，唐元和中入軍，時宿直城東樓上。一夕月明，忽見四
> 人著黃從東來，聚立城下，說己姓名，狀若追捕。因相語曰：「董進
> 朝常持《金剛經》，以一分功德祝庇冥司，我輩蒙惠，如何殺之？須
> 枉命相待。若此人他去，我等無所賴矣。」其一人云：「董進朝對門
> 有一人，同年同姓，壽限相垺，可以代矣。」因忽不見，進朝驚異
> 之。及明，聞對門哭聲，問其故，死者父母云：「子昨宵暴卒。」進
> 朝感泣說之，因爲殯葬，供養其母。後出家，法名慧通，住興元寺。
> 〔註143〕

史料中董進朝爲宿城衛士，已被列入陰曹地府的死亡簿中，被陰間小鬼追捕，

〔註142〕《太平廣記》卷107《王忠幹》引《酉陽雜俎》，頁722。
〔註143〕《太平廣記》卷107《董進朝》引《報應記》，頁726。

但他平日常持《金剛經》，「以一分功德祝庇冥司」，得以逃過此劫，並因之出家爲僧。

這幾則故事都是軍中士卒在平日常誦《金剛經》，在臨危之際，得冥冥之力相助，最後脫離危險。故事雖然旨在宣揚誦持《金剛經》有解現時之難、能起死回生的功效，但客觀上反映了中晚唐時期，在地方州縣治所駐紮的軍隊中，有不少士兵課誦《金剛經》。

此外，還有軍中士卒借事佛之名，逃避現實苦役。《太平廣記》卷238《李延召》引《玉堂閒話》：

> 王蜀將王宗儔帥南梁日，聚糧屯師，日興工役，鑿山刊木，略不暫停。運粟泛舟，軍人告倦。岷峨之人，酷好釋氏。軍中皆右執凶器，左秉佛書。誦習之聲，混於刁斗。時有健卒李延召，繼年役于三泉黑水以來，採斫材木，力竭形枯，不任其事，遂設詐陳狀云：「近者得見諸佛如來，乘輿跨象，出入巖崖之中，飛昇松栢之上。如是之報甚頻。某雖在戎門，早歸釋教，以其課誦至誠，是有如此感應。今乞蠲兵籍，截足事佛。俾將來希證無上之果。」宗儔判曰：「雖居兵籍，心在佛門。修心於行伍之間，達理於幻泡之外。歸心而依佛氏，截足以事空王。壯哉貔貅，何太猛利！大願難阻，眞誠可嘉。准狀付本軍，除落名氏。仍差虞候，監截一足訖，送眞元寺收管灑掃。」延召比欲矯妄免其役。及臨斷足時，則怖懼益切。於是遷延十餘日，哀號宛轉，避其鋒釯。宗儔聞之，大笑而不罪焉。[註144]

四川岷峨之地，軍士「右執凶器，左秉佛書」，軍隊所在之處竟是一片「誦習（佛教）之聲」。王蜀健卒李延召因不堪忍受兵役之苦，遂託佛教顯靈設詐，祈求脫離兵籍，並願意「截足事佛」。當將領王宗儔准其脫軍籍，截足事佛並送寺灑掃時，他哀號恐懼，遷延不從。這反映了王蜀士兵不堪忍受苦役的折磨，假佛教爲庇護來逃避眼前的苦難。

還有一種不容忽視的情況是，士卒的宗教熱情受社會崇佛之風的影響而被激發和感染。《太平廣記》卷 289《雙聖燈》引《辯疑志》載，唐禁軍六軍散將安太清，曾於高宗總章二年（669）在長安城南四十里的靈母谷惠炬寺靈應臺的塔上，建一軀觀世音菩薩鐵像。據稱：

〔註144〕《太平廣記》卷238《李延召》引《玉堂閒話》，頁 1837。

> 長安城南四十里，有靈母谷，呼爲炭谷。入谷五里，有惠炬寺。
> 寺西南渡澗，水緣崖側，一十八里至峰，謂之靈應臺。臺上置塔，
> 塔中觀世音菩薩鐵像。像是六軍散將安太清置造。眾傳觀世音菩薩
> 曾見身於此臺。又説塔鐵像常見身光。長安市人流俗之輩，爭往禮
> 謁……大曆十四年（779），四月八日夜，大眾合聲禮念，西南近臺，
> 見雙聖燈。又有一六軍健卒，遂自撲，叫喚觀世音菩薩，步步趨聖
> 燈向前，忽然被虎拽去。其見者乃是虎目光也。〔註145〕

這一軀觀世音菩薩鐵像，出現諸多靈異，並引來長安市民競趨拜謁。京師六軍的一名健卒，他爲了趨拜那原本是老虎目光的「雙聖燈」，犧牲了自己的性命。

三、將士信佛特點

綜合上述情況，軍中將士崇信佛教主要有如下兩個特點：

1、實用性：旨在尋求心理慰藉。如田神功，原爲唐朝節度使史思明的部將。安史之亂後隨同叛將南德信、劉從諫圍攻睢陽（今河南商丘），後率軍歸順朝廷。肅宗朝劉展於揚州起兵叛唐，田神功奉命率軍至揚州，「大掠百姓商人資產，郡內比屋發掘略徧，商胡波斯被殺者數千人。」〔註146〕他在戰場殺人盈城，但在家中「或時疾病，輒累月不茹熏，家中禮懺不絕」，並造寺供僧等修功德事。這兩種相悖行爲，正反映他的崇佛旨在尋求解脫，保持心理平衡。這種情況同樣體現在劉總身上。劉總分析如前，此不贅述。

而軍中下層士兵和退伍將士之信奉佛教，則在於精神寄託。軍中士兵大都拋妻子離父母，長期行軍作戰，精神空虛無所寄託，征戰危險心理緊張，只好通過信仰佛教來排遣。隨著中晚唐時期佛教的世俗化和中國化，佛教徒結合儒家倫理以通俗易懂的故事教化世俗民眾，佛教經典的廣泛抄寫和傳播也爲需求者提供了方便，這種情況對於軍士當然也不例外，有的入伍以前即信奉佛教。此外，還有一個原因，就是受軍隊將帥的影響。如德宗時期劍南西川節度使韋皋素有奉佛之舉〔註147〕，「每三月就寺設三百菩薩大齋」〔註

〔註145〕《太平廣記》卷289《雙聖燈》引《辯疑志》，頁2299。

〔註146〕《舊唐書》卷124《田神功傳》，頁3533。

〔註147〕據《宋高僧傳》卷19《西域亡名傳》載：「南康在任二十一年，末塗甚崇釋氏，恒持數珠誦佛名。所養鸚鵡，教令念經。及死，焚之，有舍利焉。皋又歸心南宗禪道，學心法於淨眾寺神會禪師。在蜀，富貴僭差，重賦歛，時議非之，然合梵僧懸記焉。」頁481。

148〕，因此在他鎮蜀時，軍士中有不少念誦《金剛經》，便不足為奇了。除軍中服役士卒外，軍旅將帥戎馬倥傯一生，解甲後受朝廷供奉，閒賦在家時吃齋念佛，以此為精神寄託。

　　還有一種是借佛教解脫現世之苦，如上舉蜀地士兵李延召，他不堪忍受兵役之苦，借捨身財以奉佛祖之名，來脫離兵役之苦。另方面從「軍中皆右執兇器，左秉佛書。誦習之聲，混於刁斗」和蜀將王宗儔不加罪於李延召來看，也說明了當地將士篤信佛教的風氣。

　　2、盲從性：受當時社會習尚的影響，軍中有些士卒的佛教信仰帶有盲目性、狂熱性。上述事例中，六軍健卒同長安城其它居民一樣在四月八日佛誕節到靈母谷敬拜觀音菩薩，在趨向放光處時，才發現是老虎的目光，因而喪命。又如前面提到的迎佛骨活動中軍卒殘身供佛，這既是當時社會習尚使然，同時也與現場狂熱氣氛的感染有關。

　　當然，我們不排除個別將士出於真正的信仰目的。據《續高僧傳》卷 20《智嚴傳》載：

> 釋智嚴，丹陽曲阿人，姓華氏。……及弱冠，雄威武略，智勇過人。大業季年，豺狼競逐，大將軍黃國公張鎮州，揵其聲節，屈掌軍戎，奏策為虎賁中郎將。雖身任軍帥，而慈弘在慮。每於弓首掛漉囊，所往之處，漉水養蟲，以為常事。……武德四年（621），從鎮州南定淮海，時年四十。審榮官之若雲，遂棄入舒州皖公山，從寶月禪師，披緇入道。黃公眷戀追徵，答曰：以身訊道，誓至薩雲。願特捨恕，無相撓擾。既山藪幽隱蘭若而居。……昔同軍戎有睦州刺史嚴撰、衢州刺史張綽、麗州刺史閭丘胤、威州刺史李詢，聞嚴出家在山修道，乃尋之。既曠山崖竦峻，鳥獸鳴叫。謂嚴曰：「郎將癲邪？何為住此？」答曰：「我癲欲醒，君癲正發。何由可救？汝若不癲，何為追逐聲已，規度榮位，至於清爽，都不商量。一旦死至，荒忙何計。此而不悟，非癲如何？唯佛不癡，自除階漸。」貞觀十七年（643），還歸建業，依山結草，性度果決，不以形骸為累。出處隨機請法，僧眾百有餘人。所在施化，多以現事責，覈竟之心周通。故俗聞者毛豎零淚。〔註149〕

〔註148〕《宋高僧傳》卷 15《鑒源傳》，頁 366。
〔註149〕《續高僧傳》卷 20《智嚴傳》，頁 602。

從曾爲軍帥的釋智岩與他與昔日戰友的對答中，可以發現他對佛教義理的深悟和理解，已遠遠超出一般信徒的修行。這從他在軍旅爲帥時就已有流露，「慈弘在慮」、「每於弓首掛漉囊，所往之處，漉水養蟲，以爲常事」，言行中反映了他素有信向。他看淡塵世，眞正是從精神上尋求佛教眞諦。

綜上所述，唐代軍隊將士奉佛，除極個別將士能夠對佛教的義理教義等思想內涵深刻領悟外，大多是淺嘗輒止，僅停留在一般性瞭解和認識的階段。他們奉佛更主要的目的在於尋求心理安慰、精神寄託和解決現世之苦，一些士卒受當時崇佛的社會風尚和狂熱氣氛感染而做出荒誕之舉，這些行爲反映了軍人奉佛具有實用性和盲從性特點。這主要與他們出身行伍、戎馬倥偬的軍旅生活使他們少有時間研習經典教義有關。另外，佛教到中晚唐以後，已完成世俗化和本土化，使軍隊將帥有更多機會接觸佛教，佛教修善止惡、修功德獲福報的信仰力量多少會對他們的心理產生一定的約束力。

第四節　出家人與世俗家庭的關係

有關唐代出家人與世俗家庭的關係，已有學者作過相關方面的研究，但仍有未盡之意，故在已有研究成果〔註150〕基礎上，以墓誌碑刻資料爲主，再作進一步的探討。

〔註150〕郝春文《唐後期五代宋初敦煌地區的僧尼生活》（中國社會科學出版社 1998年版）書中第二章第一節「住在寺外的僧尼——散眾」通過對與家人親屬生活在一起的住家僧尼的考察，說明敦煌地區的僧尼與世俗家庭有著密切的關係。楊梅《唐代尼僧與世俗家庭的關係》（《首都師大學報》2004 年第 5 期）從三個方面論述了唐代尼僧與世俗家庭的關係：一是參與家族事務管理（如持家、處理喪葬事宜等）；二是不住寺院而住在本家；三是死後按俗法歸葬祖塋。這旨在說明中古中國佛教的中國化和世俗化傾向。文章側重點是對唐代女尼與世俗家庭關係的探討。李曉敏《隋唐時期的出家人與家庭》（《河南社會科學》2005 年第 2 期）從爲親人祈福、參與家庭佛事活動、對親情的眷戀三個方面說明隋唐時期的出家人與世俗家庭的密切關係。文章稍顯簡略和單薄，很有繼續深入研究的必要。黃清發《唐代僧尼的出家方式與世俗化傾向》（《南通師範學報》2002 年第 3 期）利用唐代墓誌資料從僧尼與家族保持密切關係、出家後仍盡忠孝之道、死後採取俗世葬法三個方面反映了唐代僧尼的世俗化傾向。此外，還有石小英《八至十世紀敦煌尼僧與世俗家庭的關係》（《世界宗教研究》2009 年第 1 期）、劉琴麗《墓誌所見唐代比丘尼與家人關係》（《華夏考古》2010 年第 2 期）、張梅雅《同行解脫之道：南北朝至唐朝比丘尼與家族之關係》（《文獻》2012 年第 3 期）等。

釋道世在論及佛教三寶之「僧寶」時云：「夫論僧寶者，謂禁戒守眞，威儀出俗。圖方外以發心，棄世間而立法。官榮無以動其意，親屬莫能累其想。弘道以報四恩，育德以資三有。高越人天，重逾金玉，稱爲僧也。」〔註151〕本文所謂出家人，即指持出家威儀相貌，棄捨俗境，受持禁戒；如法乞求，清淨自活之人，這裡既包括佛教的出家四眾（比丘、比丘尼、沙彌、沙彌尼），也包括道教的道士、女冠。這有別於在家修道的居士，也不同於在寺觀中未行剃染而服種種淨業作務的淨人。世俗家庭，對於未婚男女，指由自己的父母和兄弟姊妹所組成的家庭；對於已婚男女，則包括夫妻雙方的本生家、夫妻雙方共同組建的家庭和婚生子女家庭。

出家，就是放棄家庭生活，專門修沙門之淨行。曾經建立家庭的，就要離棄；未建立家庭的，則不得再建。但在唐代，出家人除了在寺觀裏遵守宗教日常規則及做宗教活動、在寺觀外遊方化宣、爲世俗社會做宗教法事外，他們並未與世俗家庭完全脫離關係。資料表明，許多出家人與世俗家庭仍保持著密切的聯繫，本論題主要運用僧人傳記及墓誌資料試對之加以申述。

一、對亡親之孝

根據內律規定，出家人離俗棄家，斷絕塵緣，與世俗家庭的關係也隨之了斷，自然談不上在父母面前盡兒女之孝，但這並不意味著出家人不遵孝道、不守孝行。釋道世在《法苑珠林》中專門開設忠孝篇和不孝篇，博引經論述說佛教孝親的意義及不孝順父母的人必墮地獄的種種果報。佛典中也不乏宣揚勸化僧徒孝道的言論，如《佛說父母恩重難報經》云：「左肩持父，右肩持母，經歷千年，便利背上，猶不能報父母之恩。」《增一阿含經》云：「孝順供養父母，功德果報，與一生補處菩薩功德一等。」〔註152〕可見，佛門弟子也不排除孝敬雙親。

從佛教立場而言，佛門中的孝分爲兩種：一是世間之孝，指供給父母衣食、善事父母寢側、歸寧探省等的甘旨奉養。如武則天時期的西域高僧實叉難陀，「長安四年（704），又以母氏衰老，思歸慰覲，表書再上，方俞，敕御史霍嗣光送至于闐。」〔註153〕中唐高僧大光「俗姓唐氏，生於邑之安吉也。……

〔註151〕《法苑珠林校注》卷19，頁611。
〔註152〕《法苑珠林校注》卷50，頁1509。
〔註153〕《宋高僧傳》卷2《實叉難陀傳》，頁32。

及逐出家，而尋登戒，西遊京邑，朝見肅宗……因賜名大光。……後以偏感有親在吳，未答慈力，表乞歸省養，詔旨未允。遂生有妄之疾，策蹇強力，將投於淵。驢伏不前，群鳥拂頂，心既曉覺，疾亦隨療。乃以經頂荷行道，忽有詔許還。」〔註154〕僧大光受肅宗欽重駐錫京師，難忘慈母劬勞，在「詔旨未允」情況下，以經頂行道，拳拳孝子之心連生靈也因之而動容，最終皇帝詔許其歸省。唐末五代高僧道丕「長安貴冑里人也。唐之宗室，……時穀麥勇貴，每斗萬錢。丕巡村乞食，自專胎息，唯供母食。母問還食未？丕對曰：『向外齋了。』恐傷母意，至孝如此。」〔註155〕僧道丕在「穀麥勇貴，每斗萬錢」的困難時期，乞食化齋唯供母食。由上述例子可見，佛子這種孝行無異於世俗子女之孝。二是出世間之孝，指以佛法濟度父母。佛家認爲，世間之孝，止於一世，爲孝之小者；出世間之孝，如恒河沙劫，無時而盡，是爲大孝，這種大孝強調精神救渡與成佛得道乃孝道之根本，廣義而言，包含了救渡父母與對死去父母的追薦供養。佛子自言「祿利之養，止於親爾。冥報之利，不其遠邪？珪組之榮，止於家爾。濟拔之益，不其廣邪？」〔註156〕因此，在資料中，我們看得更多的是出家人在父母等長輩氣絕後爲之喪亡營葬、追福供養以濟拔、超度亡靈。因僧傳及墓誌資料中相關記載頗多，在此僅舉典型數例加以分析。

（一）奔喪營葬

1、《太原王夫人墓誌銘》：

> 夫人姓王，字玉兒，太原晉陽人也。……夫人挺生望族……從夫徙宦，寓居茲邑。……春秋五十有九，遘疾無痊，奄從風燭。以大唐貞觀十年（636）歲次景申十月丁巳朔廿一日戊寅，終於時邑里私第，即以其年十一月丁亥朔，四日庚寅，窆於千金鄉邙山之南故倉東北一里。孝子沙門惠政、行威等居喪逾禮，毀將滅性。〔註157〕

沙門慧政在母親去世時同其它世俗兄弟一樣返鄉居喪禮。

〔註154〕《宋高僧傳》卷24《大光傳》，頁622。
〔註155〕《宋高僧傳》卷17《道丕傳》，頁432。
〔註156〕《宋高僧傳》卷11《齊安傳》，頁261。
〔註157〕周紹良主編《唐代墓誌彙編》（以下簡稱《彙編》）貞觀053，上海古籍出版社1992年版，頁43。

2、《故劉府君墓誌銘》：

> 君諱政，字弘矩，瀛州河間人也。……以大業十三年（617）七月十五日卒於化隆縣之官邸，春秋五十有七。夫人董氏，隴西逖道人也。家傳孝友，母儀斯著，以貞觀六年（632）九月十八日終於陽城縣潁曲里之山第，春秋六十有六。粵以大唐貞觀十六年（642）歲次壬寅十一月癸丑朔，廿日壬申，合葬於洛陽縣北芒山王羽村之北一里。長子志寂，早預桑門，凝心實諦，思陶器之靡日，願折骨之何由。式啓黃壚，勒茲玄石，庶芳猷與天壤相畢，懿範配日月俱懸。爰命幽人，乃為銘曰。〔註158〕

僧為父母合葬並請人書寫墓誌銘。

3、《大慈恩寺三藏法師傳》卷9：

> 法師少離京洛，因茲扈從，暫得還鄉，遊覽舊塵，問訪親故，淪喪將盡。唯有姊一人，適瀛州張氏，遣迎相見悲喜。問姊父母墳隴所在，躬自掃謁。為歲久荒頹，乃更詳勝地，欲具棺槨而改葬。雖有此心，未敢專志。法師乃進表請曰：「沙門玄奘言：玄奘不天，夙種荼蓼。兼復時逢隋亂，殯掩倉卒。日月不居，已經四十餘載，墳壟頹毀，殆將湮滅。追惟平昔，情不自寧。謹與老姊一人，收捧遺柩，去彼狹陋，改葬西原，用答昊天，微申罔極。昨日蒙敕放玄奘出三兩日檢校。但玄奘更無兄弟，惟老姊一人。卜遠有期，用此月二十一日安厝。今觀葬事尚寥落未辦，所賜三兩日恐不周帀。望乞天恩聽玄奘葬事了還。又婆羅門上客今相隨逐，過為率略，恐將嗤笑。不任纏迫憂悄之至。謹附表以聞。伏乞天覆雲迴，曲憐孤請。」帝覽表，允其所請。仍敕所司，其法師營葬所須，並宜公給。……時洛下道俗赴者萬餘人。〔註159〕

《法師傳》中記載了玄奘法師因獻身佛法卻無暇回鄉為父母奔喪，在借侍駕東都之機，為父母改葬塋地以表孝心之事。此表即是法師為改葬父母遺柩而向高宗上奏的。顯慶二年（657），唐高宗至洛陽，敕玄奘陪從，繼續譯經。玄奘乘回洛陽之便，就近回鄉與姊張氏相見。在看到父母墳塋因年歲久遠而

〔註158〕《彙編》貞觀088，頁64。
〔註159〕《大慈恩寺三藏法師傳》卷9，頁204～206；《續高僧傳》卷4《玄奘傳》，頁457。

荒蕪不堪時，法師感慨少小離鄉，因求法精進而無法盡人子之孝，便上表高宗請求延長幾日爲父母改葬。

4、《唐故清漳令劉君墓誌》：

> 君諱珍，字金寶，……士多襲封，因家於癭陶黃堆焉。君屬隋皇失統，避地棲居，流離此縣，爲元氏人也。……恩幸百年，授清漳令。於乾封元年（666）六月日遘疾，卒於家，春秋八十有二。夫人蘇氏，……於垂拱元年（685）五月日遇疾，奄於家館，春秋九十有六。嗚呼哀哉！君第四子僧智緒、嗣孫懷度兄弟等，……恨魂靈之異居，慨精魄之各處，於垂拱三年（687）十一月十二日創建華堂，奉遷神柩於元氏城東十里公孫侯故塋之南六百步。合葬平原，禮也。〔註160〕

誌主第四子出家爲僧，但仍與世俗家族成員一起合葬亡父母。

5、《唐故宋氏之墓誌銘》：

> 夫人諱尼子，字尼子，廣平人也。……月上高樓，豈唯愁思，於是歸依八解，憑假四緣，願託津梁，追崇福祐。所生子玄嗣遣度爲大周東寺僧。……以天授二年（691）閏五月廿一日卒於利仁坊之私第，春秋六十四。……以大周長壽二年（693）二月十二日葬于洛陽之北邙，去夫塋五十步，志也。……子承福、僧玄嗣等，或休微至性，或法顯因心，臨厚夜而長號，瞻彼蒼而永訴。〔註161〕

宋氏是居家禮佛的佛教信徒，她在未能實現出家的願望時，於是遣子實現自己未了心願；亡後出家兒子僧玄嗣參加了母親的葬禮。

6、《唐南陽居士韓君墓誌銘》：

> 君諱神，字文英，南陽人也。……聞詩禮得愛敬之節，讀老莊曉齊一之旨，尋內典悟生滅之義。迺息意常務，專心空門。般若玄關，即能盡了；涅槃奧義，靡所不通。非夫宿植利根，孰能成茲善業？……以景龍三年（709）十月十四日終於私第。……有子中大雲寺僧道生，道實生知，孝惟天與，永誦報恩之偈，思題旌德之銘。
> 〔註162〕

〔註160〕周紹良等主編《唐代墓誌彙編續集》（以下簡稱《續集》）垂拱 016，上海古籍出版社 2001 年版，頁 290。
〔註161〕《彙編》長壽 011，頁 839。
〔註162〕《彙編》景龍 035，頁 1106。

誌主韓神聞詩禮、讀老莊、誦內典，三教兼習，銘文中更強調他對佛教的修養之高，可推知，其子出家爲僧不能不受其影響。逝世後出家子參加喪禮以報慈恩。

7、《唐故處士王君之碣》：

> 君諱慶，字襃，上黨黎城人也。……自喬爲并州，道成羽化，代家焉。末葉以官自太原徙。……享年八十有五，皇唐開元二祀（714）十有二月，卒於栢谷里之第。……夫人張氏……春秋七十有九，五年冬十月卒，越八年（720）上章貞于仲辜月在庚戌十有一日庚申合葬於濁漳之陽禮也。……有子四：慎知、慎微、崇嗣、慎貞。慎貞仕釋爲沙門，徇道專眞，遺形自喪，崇空而不失其孝，割愛而不忘其哀。……并府北崇福寺沙門邈文并書兼題牓。太原常思恩鑴。〔註163〕

幼子慎貞雖已出家爲僧，但「崇空而不失其孝，割愛而不忘其哀」，與其它子一樣參與辦理亡父母的合葬事宜。墓誌即沙門撰文、書寫並題牓。

8、《唐故康府君墓誌》：

> 君諱戚，字賓，衛人也。……以其開元十年（722）季秋末遘疾，卅日終於鄭州滎陽私第，春秋六十。夫人韓氏，……以太極元年（712）三月六日終於滎陽私第，以開元十一年（723）癸亥二月十三日己酉，夫妻合葬，附於先祖父塋定鼎門正北廿五里河南北山禮也。孤子庭玉，內懷忠孝，……故勒爲銘記。兄弟六人，各從存天，第四兄惠觀沙門，內勰釋教，忠於事君，道俗志成，襲壽陽縣開國公。兄友弟恭，哀哀痛於陟岵。〔註164〕

沙門惠觀與世俗兄弟一起爲亡父母殯葬。

9、《大唐濟度寺故大德比丘尼惠源和上神空誌銘》：

> 大師諱惠源，俗姓蕭氏，南蘭陵人也。曾門梁孝明皇帝；大父諱瑀，皇中書令、尚書左右僕射、司空、宋國公；父諱鉞，給事中、利州刺史。……年廿二，詔度爲濟度寺尼，如始願也。……初大師纔至九歲，遘先大夫之酷；廿有七，執先夫人之憂；皆泣血茹哀，

〔註163〕《彙編》開元105，頁1226。
〔註164〕《彙編》開元164，頁1270。

> 絕漿柴毀，古之孝子，烏足道哉。每秋天露下，衰林風早，棘心欒欒，若在喪紀，不忘孝也。亦能上規伯仲，旁訓弟姪，邕邕閨門，俾其勿壞，則天倫之性，過人數級。〔註165〕

女尼惠源爲蕭梁皇門之後，出家後母親過世，但她仍感念母恩，「泣血茹哀，絕漿柴毀」。而且以儒家規範「上規伯仲，旁訓弟姪」，是這個世俗家庭的實際當家人。

10、《唐故李公墓誌銘》：

> 公諱津，字文仲，趙郡贊皇人，……□大曆四年（769），季弟江遷櫬來□□□□月廿七日窆於東京洛陽縣清風鄉之北茫原□□□之族也。初，公之卒會公弟深尉臨安，公之女子尼子眞□從，故公之柩殯於臨□復□辛汾水令，還殯臨安，而深□□氏先歸，營求□卜。尼子法然流涕曰：古不遷葬者，□□之義；今戈戟未戢，鄉□且遷，或慮非常之虞，必從□古之道。若吾涉江登陸，盡□以西，是旅幽魂而孤丘墓也。吾懷衣落髮，業己出家，請備□除□□□□薛氏不奪，言於所親。……君子曰：尼子純孝也，愛其父施及於江。〔註166〕

雖然誌文一些內容因字體泐損較重無法辨認，但我們還是從中得知，女尼在父親客死他鄉時，仍堅持以傳統世俗的殯葬禮俗，將其父遺體遷葬於故鄉，並受到時人的讚譽。

11、《史公誌銘》：

> 府君諱光，字重明，其先渤海郡人也。遠祖因宦於絳，子孫遂而家焉。今則爲絳人。……以貞元八年（792）九月十九日寢疾終於私第，享年七十有六。……愛子恒微，幼歸眞宗，早晤玄理，受二百五十之具誡，總三千六萬之威儀，且弘業隨朝□古寺也。寶刹山立，仁祠洞開，佛事至大，待人弘闡，恒微常清，淨辨事實。領都綱，又居上府，今即爲佛寺之奧主也。三綱備□，一德日彰。雖鳩摩、道安，今古同流也。尊夫人樂安孫氏，……不幸以元和二年（807）十二月遘疾終於私第，受年□□載。恒微泣血茹痛，銜哀柴毀，感慈親之永訣，瞻養堂以號慕。痛□□之崩陷，□泉扃而殯

〔註165〕《彙編》開元459，頁1473。
〔註166〕《彙編》大曆018，頁1771。

絕。以元和三年（808）正月廿七日卜吉兆於良鄉縣（下泖）之原，
禮也。〔註167〕

該墓誌大力書寫誌主之出家子在佛教界之地位及影響，這說明其子在當時是
位高德隆之僧。可見，出家人在宗教界有地位和影響，也會給自己的世俗家
庭帶來極大光榮和榮耀。其子僧恒微感念慈親，哀毀至極，按世俗葬禮為亡
父母操辦合葬事宜。

上述材料中，都有出家為僧尼的子女在父母過世時為報答劬勞之恩，為
父母營葬或居喪盡孝。其中亡親生前有信向的有材料 5 和 6，分別為尼子宋氏
和南陽韓君，二人均為居士。宋氏居家虔誠禮佛，或許為補償自己未能跨越
世俗之界的缺憾而遣度其子出家為僧。韓君三教兼修，尤對佛教較為精到，
一子出家亦當受其一定的影響。材料 9 誌文中雖不載誌主惠源女尼亡母的宗
教信仰，但因其有悠久的家族信佛背景〔註168〕，我們推測其母生前當不排斥
佛教。其餘材料中的亡親均不見生前有宗教信向的記載。

上述出家為僧尼的子女中，玄奘法師為佛界高標，受到僧俗兩界的欽重，
但在還鄉訪親時仍到父母墳隴「躬自掃謁」，並上表請求延期和供給，以備體
面營葬，這一為表達佛子孝心，二為免遭客僧嗤笑。忠君孝親是治國之根本，
在客僧面前得體營葬對國家也是一種體面，因此得到高宗的敕許。材料 11 誌
主雖是亡父史公，但誌文更多篇幅著墨於出家子恒微，僧恒微為寺主，誌文
稱其可與高僧鳩摩羅什、道安相媲美，雖為溢美之詞，但也反映了他在佛教
界享有較高的地位和聲望。其餘為佛門普通僧眾，也同樣具有高僧大德的孝
行和世俗子女的哀思。

〔註167〕《續集》元和 009，頁 807。

〔註168〕蕭氏家族以信奉佛教最為典型。蕭瑀的高祖梁武帝為佞佛之君，他本人是太
宗時期名聞於時的崇佛之臣，據本傳載：「好釋氏，常修梵行，每與沙門難及
苦空，必詣微旨。」（《舊唐書》卷 63 本傳，頁 2398）蕭瑀之兄太府卿蕭璟，
一生誦讀《法華經》一萬多遍，雇人抄寫一千多部。蕭瑀本人撰疏，總集十
有餘家，常自敷弘。蕭瑀專心釋氏，謹修梵行。（《冊府元龜‧總錄部‧崇釋
教》）蕭瑀共有七個女兒，其中有三個出家為尼：濟度寺法樂法師為蕭瑀之長
女（《彙編》永隆 009）；濟度寺法願法師為蕭瑀之第三女（《彙編》龍朔 077）
濟度寺法燈法師為蕭瑀之第五女（《彙編》永隆 010）。此外，僧慧銓是蕭瑀
之兄子；僧智證是蕭瑀之兄太府卿蕭璟之子。釋道宣稱蕭氏「以家世信奉，
偏弘《法華》，同族尊卑咸所成誦。故蕭氏法華，㿻素稱富」。「自釋化東傳，
流味彌遠，承受讀誦世罕伊人，蕭氏一門，可為天下模楷矣。」（《續高僧傳》
卷 28《慧銓傳》，頁 689）

同其他世俗子女一樣，出家的子女在父母亡後都對父母亡故表達不盡的悲傷。誌文不吝筆墨地做了詳述，如「毀將滅性」、「臨厚夜而長號，瞻彼蒼而永訴」、「泣血茹哀，絕漿柴毀」、「感慈親之永訣，瞻養堂以號慕。痛□□之崩陷，□泉扃而殞絕。」無法掩飾的悲痛，並不因平日修煉「喜怒俱遣」、「清淨之心」而有絲毫減弱。時人對他們的舉止也給予肯定，如材料 3 玄奘法師改葬亡父母「時洛下道俗赴者萬餘人」，材料 9 對惠源和上的孝行稱「古之孝子，烏足道哉」，材料 10 對李公女尼的評價，特引時人之論「君子曰：尼子純孝也，愛其父施及於江」。可見，對於亡親之孝在僧俗兩界都得到一致的讚譽和認同。

（二）追福供養

追福供養是孝順子孫們彌補「子欲養而親不待」的遺憾和表達孝思的重要方式。追福供養最爲普通的方式是造像、建塔、起墳、立碑等，唐人留下大量的造像記、塔記、碑刻資料，爲我們研究當時人的思想活動提供了寶貴的信息。由於這方面已取得大量研究成果〔註169〕，故在此僅舉數例略作探論。

1、《故大優婆塞孫佰悅灰身塔銘》：

> 優婆塞姓孫，字佰悅，相州堯城人也。世衣纓，苗裔無墜。身居薄宦，情達苦空，每厭塵勞，心希彼岸，雖處居家，不願三界，見有妻子，常忻梵行。悅去隋朝身故，未經大殯。悅有出家女尼，字智覺，住聖道寺，念父生育之恩，又憶出家解脫之路，不重俗家遷窆，意慕大聖泥洹。今以大唐貞觀廿年（646）十月十五日起塔於寶山之谷，冀居婆塞之類，同沾釋氏之流。今故勒石，當使劫盡年終，表心無墜。善哉善哉！乃爲銘曰：哲人厭世，不貴俗榮，苦空非有，隨緣受生。身世磨滅，未簡雄英，高墳曠壟，唯矚荒荊。且乖俗類，同彼如行，俱知不善，唯願明明。〔註170〕

〔註169〕利用造像記探討民眾群體的精神世界，研究成果主要集中在魏晉南北朝時期，如（日）佐藤智水《北朝造像銘考》，載於《日本中青年學者論中國史·六朝隋唐卷》，上海古籍出版社，1995 年版；劉淑芬《五至六世紀華北鄉村的佛教信仰》，《史語所集刊》1993 年第 63 本第 3 分；盧建榮《從造像記論五六世紀北朝鄉民社會意識》，《歷史學報》1995 年第 23 期；侯旭東《五六世紀北方民眾的佛教信仰：以造像記爲中心的考察》，中國社會科學出版社，1998 年版。對於唐代的研究，見李曉敏《造像記：隋唐民眾佛教信仰初探》，《鄭州大學學報》2007 年第 1 期。

〔註170〕《彙編》貞觀 128，頁 89。

誌主孫佰悅是位居士，在隋朝時身故，未經大殯。三十年後由出家女尼「不重俗家遷厇，意慕大聖尼洹」，起塔於寶山之谷，「冀居婆塞之類，同沾釋氏之流」。出家女不僅以佛教徒的方式滿足亡父「心希彼岸」、「常忻梵行」的心願，也以此方式表達了自己的敬孝之心。

2、《故清信女佛弟子范優婆夷灰身塔》：

> 大唐貞觀廿□年四月八日有出家女爲慈母敬造。〔註171〕

3、《故大張優婆夷灰身塔》：

> 故大張優婆夷灰身塔。大唐顯慶三年（658）正月四日，有出家女善□比丘尼爲慈母敬造。〔註172〕

材料 2 和 3 兩位誌主爲女居士；出家的女兒爲慈母造塔追念。正月四日是隋代三階教始祖信行法師的忌日，在唐代直至玄宗開元年間仍有許多信徒於該日施捨財物以示紀念（詳見本書第二章第二節無遮大會）。材料 3 出家女尼於此日爲亡母敬造灰身塔，不知是否爲三階教徒，有待於進一步考證。

4、《大唐故管府君之墓誌》：

> 公諱均，城陽人也。乾封元年（666）正月十二日遘疾，薨於私第，春秋六十有九。以調露元年（679）十月十四日，息弘福寺僧嗣泰收骨起塔於終南山鴟鳴埠禪師林左。〔註173〕

終南山鴟鳴埠爲三階教徒和信徒的塔葬和墓地。據劉淑芬先生的研究〔註174〕，在終南山的俗人墓塔中，有不少家族的塔葬和墓地，充分顯示出其家族皆爲三階教信徒，而城陽管氏家族就是其中之一。城陽管氏家族中，除了文中誌主管均外，還有管眞〔註175〕、管俊〔註176〕，他們分別在唐高宗顯慶四年（659）和乾封元年（666）去世，都先舉行林葬，而後在高宗調露元年（679）十月十四日，由管均出家的兒子、弘福寺僧嗣泰爲他們三人收拾餘骨，建了三個墓塔。由此可知，誌主管均是個三階教信徒。

〔註171〕《續集》貞觀 070，頁 49。

〔註172〕《彙編》顯慶 061，頁 269。

〔註173〕《彙編》調露 011，頁 659。

〔註174〕劉淑芬《林葬──中古佛教露屍葬研究之一（三）》，《大陸雜誌》第 96 卷第 3 期。

〔註175〕《彙編》調露 013，《大□□□□都督上柱國□□郡開國公孫管眞墓誌》，頁 659。

〔註176〕《彙編》調露 014，《大唐故營州都督上柱國□□漁陽郡開國公孫管俊墓誌》，頁 661。

5、《大周故居士息尚君之銘》：

> 惟君諱眞，字仁爽，清河郡人，呂望之後也。春秋七十有七，
> 奄從風化。去調露元年（679）八月十九日逝於鄠縣修德之里，即以
> 其月廿五日遷柩於終南山雲居寺屍陁林，捨身血肉，又收骸骨。今
> 於禪林所起磚墳焉。表生從善友之心，殞不離勝緣之境，建崇銘記，
> 希傳不朽。長安三年（703）歲次癸卯庚申戌辰日外孫弘福寺僧定持
> 建。〔註177〕

誌主息眞爲居士。他死後遺體施給林中鳥獸蟲蟻，再收拾餘骨起墳安置。這是中國中古時期的露屍葬，僅限於隋代以後三階教創始人信行禪師及其信徒所實施的林葬。可見，居士息眞也是個三階教信徒。值得注意的是，誌主的外孫弘福寺僧定持爲外祖父建造磚墳。

6、《元識闍黎廬墓碑》：

> 夫孝者，法象乎天地，感通乎鬼神。故愛敬之中，又有眞報；
> 哀戚之外，更追冥福。元識禪師其人也，厥姓桑氏，其先長樂人，
> 漢尚書洪之後也。……禪師智周萬物，而理證本無；願度四生，而
> 見滅諸有。以爲空不離色，體念子之慈；業不忘緣，起思親之孝。
> 乃於萬山北陌榮陽東原，葬先考文林府君、先妣太原王氏，負土成
> 墳，結廬其域。置義井，取施無求報；鑄洪鐘，取聞而悟道；修古
> 寺，造尊容，取觀相生信。〔註178〕

置義井、鑄洪鐘、修古寺、造尊容都是佛家修功德的方式。禪師負土成墳，結廬而居，爲亡父母追冥福。

7、《大唐故法現大禪師碑銘》：

> 禪師諱法現，弋陽人。本名法顯，避中宗廟諱，於是改焉。即
> 雙峰忍禪師門人也。俗姓宣氏，出自周宣王，盛於元魏代。……經
> 一十八年，母何氏壽八十有六，既耆而艾，無疾而終。師廬於墳所，
> 遂經二載，形體臞瘠，僅能識者。……師以開元八年（720）六月初
> 於本寺精舍結跏趺坐……春秋七十有八。〔註179〕

法師爲慈母造墳，守墓二載，一如世俗孝子守孝之方式。

〔註177〕《彙編》長安038，頁1018。
〔註178〕張說《元識闍黎廬墓碑》，《全唐文》卷228，頁2302。
〔註179〕李适之《大唐蘄州龍興寺故法現大禪師碑銘》，《全唐文》卷304，頁3092。

8、《故姚府君之碣》：

> 君諱政□，以開元五年（717）四月廿四日卒於斯第。唯開元廿
> 七年（739）歲次己卯四月壬戌朔廿四日乙酉，男都大敬寺僧沙門瓊
> 瑤，爲過亡考建，並鐫像一軀。〔註180〕

碣爲圓頂的石碑，沙門瓊瑤在慈父過世的二十餘年後爲其建造，並鐫像一
軀。

9、《釋定蘭傳》：

> 釋定蘭，姓楊氏，成都人也。……而父母早亡，無資可以追往，
> 每遇諱辰，蘭悲哭咽絕。輒裸露入青城山，縱蚊蚋虻蠅噆咋膚體，
> 且云：捨內財也，用答劬勞。……次則刺血寫經，後則鍊臂，至於
> 拔耳剜目，餧飼鷙鳥猛獸。……（大中）六年（852）二月中，又願
> 焚然肩膊。〔註181〕

佛家布施財物分爲外財和內財，身外之物爲外財，身內之物爲內財。內財是
頭目、皮骨、牙髮、唇舌、手足、腦髓等身體上的東西。捨外財易，捨內財
難。定蘭無外財爲亡父母追福，採用布施行爲的最高層次，即以身體施與眾
生。以捨己身膚體，任蚊、蚋、虻、蠅咬噬，報答父母劬勞。此乃難行而能
行，難捨而卻能捨。

10、《釋藏奐傳》：

> 釋藏奐，俗姓朱氏，蘇州華亭人也。……丱歲出家，禮道曠禪師。
> 及弱冠，詣嵩嶽受具。母每思念涕泣，因一目不視，迨其歸省，即日
> 而明。母喪哀毀，廬墓間頗有徵祥，孝感如是，由此顯名。〔註182〕

中晚唐時期高僧藏奐，母喪期間爲母建廬守墓。

11、《釋道丕傳》：

> 釋道丕，長安貴冑里人也。唐之宗室，……年二十歲，母曰：「汝
> 父霍山亡沒，戰場之地，骨曝霜露。汝能收取歸瘞，不亦孝乎？」
> 遂辭老親往霍邑，立草庵，鳩工集聚白骨，晝夜誦經，呪之曰：「古
> 人精誠所感，滴血認骨。我今志爲孝子，豈無靈驗者乎？倘群骨中
> 有動轉者，即我父之遺骸也。」如是一心注想，目未輕捨，數日間，

〔註180〕《彙編》開元488，頁1492。
〔註181〕《宋高僧傳》卷23《唐成都府福感寺定蘭傳》，頁587。
〔註182〕《宋高僧傳》卷12《唐明州棲心寺藏奐傳》，頁276。

> 果有枯髏從骨聚中躍出，競驚丕前，搖曳良久。丕即擗踊抱持，如
> 復生在，齎歸華陰。是夜其母夢夫歸舍，明辰骨至，其孝感聲譽日
> 高。〔註183〕

唐末五代高僧道丕通過晝夜誦經方式認出亡父曝於野的遺骨。

就上引材料而言，亡親的身份有明確記載爲佛教居士的共四位，分別爲材料1、2、3、5；據誌文斷定爲職業信徒的一位，材料4誌主管均爲三階教信徒；其餘四位的思想信仰不明確。這五位亡親屬於在家出家的佛教信徒，他們平時在家吃齋念佛、虔誠禮佛，所營造的宗教氛圍，無疑會影響兒女子孫們的思想世界。受長輩的言傳身教、潛移默化的影響，子嗣們耳濡目染於這種環境，較其它家庭更容易接受宗教思想文化。反之亦然，父母等長輩以前不信教，受出家子嗣的影響而產生了宗教信仰。材料4墓主管均，他的城陽管氏家族都是虔誠的三階教信徒或教徒，其中管均一子出家爲弘福寺僧，此子僧爲管均等三人收拾餘骨，建立三個墓塔，安葬於三階教徒信徒的墓葬群終南山信行禪師林旁。這充分說明了出家人與世俗家庭的相互影響。其餘六位誌主中有四位雖然不見有宗教言行，但其子嗣仍然以宗教方式表達對亡親的感恩與追念。我們認爲，子女等出家的晚輩以宗教方式表達對亡親的孝敬，這既是晚輩們按照宗教徒固有的對親人表達哀悼的方式，同時也說明死去的親人應對此方式持贊同和肯定態度的，如材料1居士孫佰悅生前「心希彼岸」、「常忻梵行」，材料5爲誌主居士息眞起磚墳「表生從善友之心，殯不離勝緣之境」。否則，晚輩們不會用一種亡親生前反對或否定的方式去安慰地下亡靈。這也是出家人與世俗家庭關係密切的一個重要表現。另外，除材料5誌主息居士由出家的外孫爲其收骨造墳安置外，其餘均是子女以宗教的形式爲亡父母追冥福。材料11道丕誦經認父遺骨，事涉虛妄，但道丕「志爲孝子」，認遺骨後「其孝感聲譽日高」，可見出家人自己有恪守盡孝道的志願，社會上對他們亦有盡孝的要求。

子嗣們盡孝報恩的方式各有不同，按照佛教的方式大致可分爲三種：一是造塔起墳、建碣撰文，這主要針對自己亡親施行的具體而微的孝，如材料1～7。二是結廬守墓、置義井、鑄洪鐘、修古寺、造尊容，這種致孝方式可說是佛家融合了中國傳統的守孝禮俗。結廬守墓是指服喪者往往於既葬之後，在冢側築茅舍小屋，用土塊或草作枕頭，生活起居與死者無二，以示哀傷守

〔註183〕《宋高僧傳》卷17《周洛京福先寺道丕傳》，頁432。

墓。這種習俗起源於先秦，東漢已盛行，〔註184〕到唐代既是世俗子女行孝方式〔註185〕，也被出家僧人所接納，如材料6元識闍黎對亡父母「負土成墳，結廬其域」，材料7法現禪師「廬於墳所，遂經二載，形體臞瘠，僅能識者」，材料10僧藏奐「廬墓」和材料11僧道丕「立草庵」，他們都通過特定的居處方式來表達「空不離色，體念子之慈；業不忘緣，起思親之孝」的哀戚之情。置井、鑄鐘、修寺、造容等是佛教徒廣種福田，推己及人，施與世間一切有情之物的廣義之孝。三是捨內財，如材料9僧定蘭，無外財可施，以身軀裸露於外，任蟲蚊咬噬。相繼又刺血寫經、煉臂、拔耳剜目施與鳥獸、焚燒臂膊。此舉後世看來雖然甚為驚悚，但就唐代而言，煉行捨身的風氣非常盛行。佛家所說的「捨身」是指捨棄身體或生命的行為，又稱作燒身、遺身、亡身，其方式包括然身、煉指等對身體的毀壞。在佛家看來，這並非無意義的殘害身軀，而是作為供養諸佛，或布施身肉與眾生之用，如《大智度論》將「捨身」喻為最上乘布施〔註186〕；《諸經要集》說菩薩修行秉持無量悲心，即使被割截身體亦能忍受，所以普施自己的身肉、手足等給所需的眾生是菩薩行道之一，也是佛教行孝的最高形式〔註187〕。

　　出家子孫對亡親行孝既不拘泥於形式，也無時間限制，但有些出家人更願意在特殊的日期裏為亡親祈福營齋。這些特殊的日期包括佛教的節日、亡親的諱辰日等等，如材料2出家女尼在四月八日佛誕日，為已故的居士慈母敬造灰身塔；材料8沙門瓊瑤為已過世二十餘年的慈父建造石碣，時間恰定於其父的忌日；材料5誌主息真居士於調露元年（679）八月十九日（己酉丁

〔註184〕李夢生譯注《左傳譯注》卷33「襄公十七年」：「齊晏桓子卒。晏嬰粗縗斬，苴絰、帶、杖，菅屨，食鬻，居倚廬，寢苫，枕草。」（上海古籍出版社2004年版，頁736）（北魏）酈道元《水經注》卷25《泗水》載：「今泗水南有夫子冢……即子貢廬墓處也。」（四部叢刊本，頁338）。（南朝宋）范曄《後漢書》卷83《逸民傳‧戴良》：「母卒，兄伯鸞居廬啜粥，非禮不行。」（中華書局1965年版，頁2773）又《後漢書》卷39《趙孝傳附王琳傳》：「年十餘歲喪父母。因遭大亂，百姓奔逃，唯琳兄弟獨守塚廬，號泣不絕。」（頁1300）又《後漢書》卷52《崔寔傳》：「父卒，隱居墓側。服竟，三公並辟，皆不就。」（頁1725）

〔註185〕《舊唐書》卷189上《歐陽詢傳附歐陽通傳》：「年凶未葬，四年居廬不釋服，家人冬月密以氈絮置所眠席下，通覺，大怒，遽令徹之。」（頁4947）《新唐書》卷112《韓思彥傳》：「張僧徹者，廬墓三十年。」（頁4164）

〔註186〕（後秦）鳩摩羅什譯《大智度論》卷4，《大正藏》第25冊，頁85。

〔註187〕（唐）道世《諸經要集》卷10，《大正藏》第54冊，頁96。

卯日，次日爲戊辰日）去世，外孫弘福寺僧定持是在庚申戊辰日，即諱辰日的次日爲他建造了磚墳；材料 9 僧定蘭，每遇亡父母的諱辰日，他便捨膚體於蟲蚊等生物。

反佛的人以離家出家不能爲父母盡孝守孝爲理由，認爲佛徒違背了儒家的孝道，但從諸多出家人爲亡親修墓、建塔、造尊容、捨內財等行動上來說，這些行爲和做法也是在盡孝，不過是用佛家的形式在祭奠。佛教的行孝方法是，父母親在世時，除了像儒家一般用世俗物質的行孝方式之外，應該要善巧方便，勸父母親來佛信佛、持齋念佛，求生西方極樂世界，這是生前的孝。在他們離開世間後，要替他們修積功德、至誠迴向，使他們永遠跳出三界，了脫生死，這便是父母親離開世間後的行孝方法。這是一種大孝，本質上與儒家主張的「父母在，不遠遊」要在父母身邊侍候，讓父母享受天倫之樂、享盡天年，然後養老送終的思想和行爲是一致的，不過表現的形式不同罷了。

綜上所見，一些出家人雖已出俗離家，但仍用宗教的種種方式表達對亡親的哀悼和思念，仍與世俗家庭存在著密切聯繫。

二、手足之情

出家人離俗出家後，並未與世俗家庭斷絕關係，他們除了在父母等長輩亡故後奔喪營葬、營齋追薦爲之孝養外，在感情上仍與兄弟姊妹有割不斷的手足之情，這同樣表現在喪葬文化上。

《太平廣記・僧道傑》載：「相州滏陽縣人信都元方，少有操尙，尤好釋典。年二十九，至顯慶五年（660）春正月死。死後月餘，其兄法觀寺僧道傑，思悼不已，乃將一巫者至家，遣求元方與語。」〔註188〕僧道傑思念亡弟心切，請巫人爲之作巫術顯靈。類似情況還有文宗大和時期的僧契宗爲其兄驅除附身的狐媚，恢復了正常的神志。〔註189〕拋開小說中離奇的成分，我們會發現兄弟間的手足之情未因俗界內外而受影響。活躍於高宗時期的神僧萬回，「其兄戍遼陽，久絕音問，或傳其死，其家爲作齋。萬回忽卷餅茹，大言曰：『兄在，我將饋之。』出門如飛，馬馳不及。及暮而還，得其兄書，緘封猶濕。」〔註190〕雖旨在說明萬回的神異，但從中我們不難看出兄弟手足之情深。《唐故

〔註188〕《太平廣記》卷 388《僧道傑》引《冥報拾遺》，頁 3096。
〔註189〕《酉陽雜俎續集》卷 2《支諾皋中》，頁 208。
〔註190〕《酉陽雜俎前集》卷 3《貝編》，頁 39。

楊府君墓誌銘》：「君諱隨，華陰潼鄉人也。……長慶元年（821）九月七日，終於江陵千箱坊私第。……義弟甄逢，自江陵護喪歸潼鄉先塋。以長慶三年（823）正月十七日葬。第僧知璋主喪事。」〔註191〕誌主楊隨亡後，由其出家的胞弟僧知璋為他主辦了喪事。《唐故李府君墓誌銘》：「公諱涗，字涗，隴西人也。……以元和十二年（817）閏五月廿四日，終於河南府洛陽縣履順坊之私第。……公有出家姊法號廣昭，雖少脫纏累，息心無生，迷悟兩亡，色空一指，而天受慈孝，麻踴號裂，生人之極。」〔註192〕誌主李涗在亡故後，其出家姊廣昭不僅歸家參加他的喪禮，還為之披麻戴孝，悲慟欲絕。世俗親人也參加出家親人的喪葬，如前所述女尼法願歿後，葬事由其姊弟辦理，「粵以龍朔三年（663）八月廿六日，捨壽於濟度寺之別院，春秋六十三。姊弟永懷，沉痛不忍，依承遺約，乃以其年十月十七日營空於少陵原之側」〔註193〕。德宗朝官崔損，「性極謹慎。每奏對，不敢有所發揚。兩省清要，皆歷踐之，在位無稱於人。身居宰相，母野殯，不言展墓，不議遷祔。姊為尼，沒於近寺，終喪不臨。士君子罪之，過為恭遜，不止於容身，而卒用此中上意。竊大位者八年，上知物議不叶，然憐而厚之。」〔註194〕崔損為德宗朝官，自建中以來，宰相罕有在位久者，而他因齷齪謹慎、過於恭遜，以取悅於皇帝，故而竊相位八年，為時人所譏。朝廷為官，既要忠君、又要孝親，崔損因未安葬好其母、姊死不臨喪而受到朝廷其它官員的抨擊。由此可見，出家人亡後，其世俗家庭的親人亦應臨喪，否則就是背離人情。

三、出家居家、歿後歸鄉

出家人與世俗家庭的密切關係還表現在，有些人出家後仍常常回世俗家庭居住，有的甚至從不居寺觀而在世俗家里居住，成為出家在家的出家人。

據《太平廣記·僧韜光》載：

> 青龍寺僧和眾、韜光，相與友善。韜光富平人，將歸，謂和眾
> 曰：吾三數月不離家，師若行，必訪我。和眾許之。逾兩月餘，和

〔註191〕《唐故楊府君墓誌銘》，吳鋼等主編《全唐文補遺：千唐誌齋新藏專輯》（簡稱《補遺》），三秦出版社2006年版，頁338。
〔註192〕《唐故李府君墓誌銘》，《續集》元和072，頁852。
〔註193〕《大唐濟度寺大比丘尼墓誌銘並序》，《彙編》龍朔077，頁386～387。
〔註194〕《太平廣記》卷260《崔損》引《譚賓錄》，頁2033。

> 眾往中都，道出富平，因尋韜光。……父引入，於韜光常所居房舍
> 之。〔註195〕

韜光雖出家爲僧，但還經常回世俗家里居住，並且家中專門爲他留有常住的住室，如文中說其父引僧和眾於韜光經常住的房中。由此可知，僧韜光不止是偶而回家看看，從「三數月不離家」看，他所住時間也不是短暫逗留，而是頻繁地、長時期地居住家中。此雖爲小說，但所反映的實際情況從如下幾例即可爲證。據《唐故張府君夫人樊氏墓誌銘》載：

> 公諱說，隴右天水人也。……以貞元十年（794）八月廿日終於
> 洛陽永泰里之私第，春秋六十九。夫人樊氏，……以貞元廿年（804）
> 四月十日終於家第，享年五十。……有女五人，長女出家，寧刹寺大
> 德，法號義性；戒律貞明，操行高潔，弟妹幼稚，主家而嚴。〔註196〕

女尼爲家中長女，由於父母雙亡、弟妹幼稚，遂擔當起家長的責任，歸俗家照顧弟妹。在家中，她既能嚴守佛門戒律，以身心的篤行爲主，「信」、「戒」並行，又能在主持家務時「主家而嚴」。類似的例子還有前面提到的玄宗時期女尼惠源，其年廿二出家，在俗家父母雙亡後，她「亦能上規伯仲，旁訓弟侄，邕邕閨門，俾其勿壞，則天倫之性，過人數級。」〔註197〕女尼惠源也因父母雙亡，成爲俗家事實上的家長。

上述出家人既有住在世俗家庭裏也有住在寺院裏的情況，總體上說還是以住寺院爲主。以下所述三位出家人卻不住寺觀，是眞正意義上的「出家不離家」的出家人。《唐故法界寺比丘尼正性墓誌銘》：

> 闍梨裴族，釋號正性，河東聞喜人。……貞元六年（790）八月
> 十日，現滅於櫟陽縣修善鄉之別墅，稟春秋之年四十有八，受菩提
> 之夏二十有三。以其年十月八日遷神於城南神禾原□郎中之塋，從
> 俗禮也。闍梨初隸上都法界寺，嘗云清淨者心，心常解脫，故生不
> 居伽藍之地；嚴飾者相，相本無形，故歿不建茶毗之塔。從始願也。
> 〔註198〕

女尼正性認爲，自己無需居伽藍，在家就能修成無疑的信心、無垢的淨心和不雜煩惱的清淨之心，並能使自己身心脫離束縛而得自在，「故生不居伽藍之

〔註195〕《太平廣記》卷330《僧韜光》引《紀聞》，頁2623。
〔註196〕《唐故張府君夫人樊氏墓誌銘》，《彙編》永貞003，頁1942。
〔註197〕《大唐濟度寺故大德比丘尼惠源和上神空誌銘》，《彙編》開元459，頁1473。
〔註198〕《彙編》貞元029，頁1858。

地」。死後也不按照佛教徒方式建荼毗之塔，而是按世俗喪葬禮制葬於祖塋。
又《支氏女鍊師墓》：

> 師姊第卅二，法號志堅，小字新娘子。……稚齒抱幽憂之疾，
> 九歲奉浮圖之教，潔行晨夕，不居伽藍。或骨肉間有疴恙災咎，南
> 北支離，未嘗不繫月長齋，赴日持念，孝悌之至，通於神明。年十
> 八，鍾汝南太君艱疾，居喪之禮，至性過人，……訓勉諸弟，唯恐
> 不立。……中塗佛難，易服玄門。……咸通二年（861）九月十二日
> 沒於富州之公舍，（俗家弟富州刺史支訥）……以三年（862）十月
> 八日葬于河南府河南縣平樂鄉杜翟村陪大塋西北原禮也。〔註199〕

志堅自幼奉浮圖教，母親死後，居喪過禮，又「訓勉諸弟」，一如上面談到的
義性、惠源，而且她雖已出家但不住伽藍，而住本家。每遇家中手足有疴恙
災咎，就吃長齋、念佛經爲之祈禱禳災，爲家人在精神上解除病痛之苦。亡
後由世俗親人葬於先祖塋地。又《唐茅山燕洞宮大洞鍊師彭城劉氏墓誌銘》：

> 鍊師道名致柔，臨淮郡人也，不知其氏族所興。……中年於茅
> 山燕洞宮傳上清法籙。悅詩書之義理，造次不渝；寶老氏之慈儉，
> 珍華不禦。言行無玷，淑慎其身，四十一年於茲矣。……以己巳歲
> （849）八月二十一日終於海南旅舍，享年六十有二。嗚呼哀哉！有
> 子三人，有女二人，聰敏早成，零落過半。中子前尚書比部郎渾，
> 獨侍板輿，常居我後。自母委頓，夙夜焦勞，衣不解帶，言發流涕……
> 以某年某月某日返葬於洛陽榆林近二男一女之墓。〔註200〕

此誌文是李德裕爲其出家爲道士的妻子劉致柔而作。李德裕是武宗朝有作爲
的宰相。宣宗登位後，李德裕備受排擠，被貶官發配到蠻荒的崖州。妻雖已
出家，但仍受到株連，隨同並往貶所。誌文稱，中子李渾在母患病期間，「夙
夜焦勞，衣不解帶，言發流涕」，據此我們認爲，劉氏當爲出家居家的道士。

　　有出家住家的出家人，還有出家人死於家裏或死後不依宗教徒方式埋
葬，而依俗禮返葬俗家墓地，被稱爲「生歸於佛，歿歸於鄉」。如前文中我們
提到的女尼正性，「生不居伽藍之地，歿不建荼毗之塔」；李德裕妻劉氏亡後
沒有按道家入殮安葬，而是被返葬於洛陽，與其已亡的子女安葬在一起。又
如《唐法雲寺尼辯惠禪師銘》：

〔註199〕《彙編》咸通020，頁2393。
〔註200〕《彙編》大中071，頁2303。

> 禪師釋名辯惠，字嚴淨，俗姓房氏，清河人也。……十八受半
> 戒，廿受具戒。……以天寶十三載（754）十二月廿二日，於延康里
> 第趺坐正念，……超然乘化。……親族銜哀，攀號不及；道俗奔走，
> 榮慕交深。〔註201〕

寺尼受戒出家居寺院，但不在寺院而是在世俗家中死去。《唐故沙門僧蔣氏子墓誌》：

> 唐樂安人蔣氏子，家字曰稚子，生四歲，疹美在手，因合而不
> 掬。其顧復者痛之，乃命依釋氏大悲之毗，將福其虧體。……又十
> 八年遇疾，歿於江陵白馬寺，且窆焉，乃元和十一年（816）十月三
> 日也。其家君諱郕，是時貳官陝服。明年秋，始以其櫬歸於邙阜，
> 未至而司馬亦棄養於家，惟仲兄顗，用九月廿九日行終天蓋祔之禮，
> 遂以釋子窆於兆內。〔註202〕

蔣氏子皈依佛門是爲了救治身病；數年後因病歿於寺院，被家人歸葬於祖塋。《唐故鳳光寺俊禪和上之墓銘》：

> 和上諱常俊，俗姓張氏，清河人也。……卅歲出家，年齡七十，
> 僧夏卅。奄自會昌元年（841）五月十五日示疾歿世，以其月廿六日
> 遷柩於常州無錫縣太平鄉卞村東一里官河西八十步張宗祖墓中，卜
> 其宅兆庚首而安厝之，禮也。〔註203〕

張和上離世後，被遷柩於祖塋。

值得注意的是，於唐文、武二宗朝來唐求法的日本僧人圓仁，在他的巡禮行記中也提到，在中原北方發現許多住在俗家的僧人，如開成五年（840）三月，圓仁一行行止於萊州，該縣龍興寺的僧人，「寺家無飯，各自求食」；又行達青州北海縣，其觀法寺「佛殿僧房破落，佛像露坐。寺中十二來僧盡在俗家」〔註204〕。從行記材料中的記載來看，僧人各自住俗家的原因主要在於寺院的貧困，以致於無力繼續供應僧人飯食，須到俗家求食求住。

圓仁反映的是中晚唐時期，中原北方地區的寺僧情況。對於中晚唐時期出現的住家情況，我們應與前面區別對待。這主要是因爲：一是唐中後期，

〔註201〕《續集》天寶103，頁657。
〔註202〕《彙編》元和109，頁2026。
〔註203〕《彙編》會昌002，頁2211。
〔註204〕《入唐求法巡禮行記校注》，頁239～240。

時局動蕩，戰亂紛仍，國家為解軍需之燃，在僧團內推行賣牒制度〔註205〕，因而出現大批出家人。這些出家人無需經過繁文縟節的宗教儀式，只需交上規定的金額，就能滿足出家的目的。由於激增的僧尼道冠，使寺觀無法容納爆滿的成員，所以出家人也不像從前那樣，由政府指定隸屬於某一寺觀，而是可以隨意住家或遊方或寄居暫住於某寺觀，因而出現僧尼住家的情況，並被民間接受或官方默認。二是社會動蕩不安，也令寺觀無法正常運轉，尤其在遇上災荒等自然災害時，許多寺觀甚至香火斷滅，無力供食，僧道們多四散求食。因而一些僧道住家也多少會緩解寺觀的壓力。三是因戰亂紛仍，國家的賦稅、兵役和徭役繁重，致使一些世俗人無法繼續存活。為解決生計困難，他們以出家為名來躲避亂世。這些納錢得度的僧道，普遍出自於下層民眾，我們不排除他們因宗教信仰而出家入道，但多數是因時局不安，為生活所迫。他們只是獲得個名分，未有教徒之實。因而，本文所討論的是正式出家隸名為某寺觀的出家人出家後住於世俗家庭的情況，而非上所述特殊時期的住家出家人。

我們還應看到，中原地區住家僧尼與唐後期的敦煌地區僧人不「出家」、不住寺已成為一種社會風氣的情況不同。敦煌位於西北一隅，有其特殊的地理環境和宗教氛圍，與中原地區有不同的情況。據郝春文先生的研究，敦煌地區住在寺外的僧人並不算少，其「同活」或「共活」的方式多種多樣。不少僧人在寺內根本就沒有住處，到夏安居時，寺院才臨時「支給」他們房舍。而有的僧尼在寺中雖有「空閒房舍」，卻又「身在（寺）外」。〔註206〕這種情況與上述所論出家住家的僧尼是不同的。

唐代出家人與世俗家庭的關係主要表現在：在父母年老體衰時，誦經做法，為父母祛病延年，獲得長壽。如開元時期名儒褚無量，其胞弟出家為僧，法號元覽。元覽雖已出俗，但「歸觀鄉國，太夫人年迫期頤。法師昆季，晨昏之地，說法而已。」〔註207〕在患病時，為家中成員持齋念經，為病人轉移病痛的精神折磨，給家庭以極大的心理慰藉，如支氏女煉師志堅；在喪葬中，他們既盡了晚輩之孝養，也以宗教形式為亡親超度亡靈，使亡親能夠死後解

〔註205〕肅宗帝在靈武，以軍需不足，宰相裴冕請鬻僧道度牒，謂之香水錢。賣牒始此。（《佛祖統紀》卷40，頁375）

〔註206〕郝春文《唐後期五代宋初敦煌地區僧尼的社會生活》，中國社會科學出版社1998年版，頁89。

〔註207〕徐安貞《唐元覽法師碑》，《全唐文》卷305，頁3098。

脫三界，或往生善趣，或超登淨域。住家的出家人，尤其在父母雙亡、弟妹幼稚時，既要肩負起旁訓弟侄，主持家務之事，又要嚴守戒規，修煉得道。同樣，世俗家庭也給了出家人家庭的親情和世間的關愛，雙方相互依存，互受影響。

出家人與世俗家庭不僅存在生死病葬等生活上的相互關照，在家庭發生重大變故時相互之間仍是同榮辱、共命運，如《史公誌銘》的誌主史光，他的出家子僧恒微是某寺院寺主。該誌文大力書寫此在宗教界的地位及事迹，可見，出家人在宗教界有地位和影響，也會給世俗家庭帶來極大的榮耀。反之亦然，如果世俗家庭遭受不幸，出家人也難逃惡運，如李德裕之妻劉氏，在李遭貶官後，劉氏隨同李一起被發配至崖州貶所。

總之，上述職業教徒，作爲唐代城市居民的一個群體，他們的宗教生活並不都是青燈孤影、吃齋念經的枯燥乏味生活，而是帶上了濃厚的世俗人情味。他們在與世俗家庭的往來中，既有血緣的親情關愛，也在生死病葬等方面給世俗家庭帶來宗教關懷，這是一種不能求之於俗世的精神安慰。他們希望通過行善積德、持守淨戒、修習禪定、開發智慧，能夠使亡親死後往生淨域，使在世親人明心見性、證得聖果，在未來究竟了脫生死，永離苦海。同時他們也宣傳了教法，影響了家庭其它成員的精神生活，與其它家庭比較，出家人的世俗家庭成員更容易親近宗教，如蘭陵蕭氏〔註 208〕、城陽管氏〔註209〕、雍州藍田梁氏〔註 210〕等都是家族信仰，因此說，出家人對其家庭成員的精神世界有重要的影響。美國學者太史文通過對佛教盂蘭盆節的探討來研究中國中世紀（書中主要指唐代）的信仰與社會，他曾論及僧人在家庭中的地位所指出的：「在中國，佛僧鮮有完全置身於社會之外的，他們只是外在於

〔註 208〕蕭氏家族以信奉佛教最爲典型，在蕭氏的家族中，共有近 20 個出家。蕭氏「以家世信奉，偏弘《法華》，同族尊卑咸所成誦。故蕭氏法華，包素稱富」。蕭瑀之兄太府卿蕭璟，一生誦讀《法華經》一萬多遍，雇人抄寫一千多部。蕭瑀本人撰疏，總集十有餘家，常自敷弘。蕭瑀專心釋氏，謹修梵行。（《冊府元龜・總錄部・崇釋教》）蕭瑀共有七個女兒，其中有三個出家爲尼的，分別爲法樂、法願、法燈；一個孫女惠源。她們都在濟度寺出家爲尼。道宣曾感歎道：「蕭氏一門，可爲天下模楷矣。」（《續高僧傳》卷 28《慧銓傳》，頁 690）
〔註 209〕城陽管氏家族皆爲三階教徒，如文中提到的管均、管眞、管俊及管均出家子弘福寺僧嗣泰，終南山豆人墓塔中有他們的家族墓地。
〔註 210〕據劉淑芬研究，雍州藍田梁氏家族三階教信仰前後綿延，至少歷時一百年之久。詳參劉淑芬《林葬──中古佛教露屍葬研究之一（三）》，《大陸雜誌》第96 卷第 3 期。

家庭這個特定的社會群體。鬼節中我們看到僧人完全處於社會之中，其棄世乃為社會與宗教性的關鍵目的服務。佛教僧尼制度常被視為是一反社會的制度。傳統中國抨擊佛教者視之居於由家庭及國家構成的社會領域之外，而許多近代學者採用韋伯的方法與態度，稱之為『出世的（other worldly）』。根據這種看法，抽象地視僧人為『一理想化且與世隔絕的人物』但是置於具體背景中思考，棄世並不意味著落入一社會真空中。相反，它標誌著『從生活的一種狀況轉變到另一種』〔註211〕。僧人沒有離開社會，只是離開了社會的一部分，甚至此時他仍通過交換循環與家庭相連。在節日的儀式圈中，僧人在推進生計與解脫上扮演了一個不可或缺的角色；他主動地在中國家庭宗教的核心佔有一席之地。」〔註212〕這個分析正確地指出了僧人在出家後不僅與家庭保持密切的聯繫，還在家庭宗教生活中居有重要地位和作用。

〔註211〕杜特《印度的佛僧與寺院：其歷史及對印度文化的貢獻》，頁45。轉引自《幽靈的節日》，頁190。

〔註212〕《幽靈的節日：中國中世紀的信仰與生活》，頁189～190。

第四章　唐代城市居民生命歷程中的
　　　　　宗教關懷

　　生老病死是一般人都必然經歷的過程。在唐代，佛道二教的發展不僅影響了唐代各階層城居民眾的生活，而且對個體成員的生命歷程也產生了重要影響。

第一節　俗人生育病老中的宗教影響

　　宗教對俗人生命中的每個階段都產生了重要影響，本節以生育、病老為切入點，具體而微地進行分析。

一、生育

　　在中國古代，生兒育女是受到高度重視的人倫大事，所謂「不孝有三，無後為大」。由於古代醫療技術落後和衛生條件有限，女性婚後久不孕育的情況時有存在，因而除了訪醫求藥醫治身體疾病外，向各種神靈祈求禱告也成為古人求子的重要途徑。

　　求子於神靈的習俗古已有之，到唐代，佛道的盛傳更增強了求子男女的希望。唐初蜀郡高僧靈睿，「其母以二月八日道觀設齋，因乞有子。還家夢見在松林下坐有七寶缽於樹顛飛來入口，便覺有孕。」[註1] 傳中雖以靈睿神異的出生說明他胎生的慧根，但是蜀郡古以道風為習，二月八日為佛祖誕日，

<hr>

〔註 1〕《續高僧傳》卷 15《靈睿傳》，頁 539。

初唐時期佛道二教在巴蜀地區鬥爭非常激烈，其母竟然在佛教節日裏到道觀祈禱降子，足見奉佛求子在當地被視為當然，而道教似乎沒有這樣的功能。另據咸通年間的一方墓誌《唐故太原王夫人墓誌》載：

> 夫人姓王氏，字太真，太原郡人也。……夫人性孝敬，依歸佛，喜潔淨。……夫人來歸余室，周　年矣。或曰：嗣事甚嚴，宜有冢子，於是祈拜佛前，志求嫡續。精懇既堅，果遂至願。以咸通三年（862）十一月十六日初夜娩一男孩。夫人喜色盈溢，及二更，不育。夫人方在蓐中，而傷惜之情，不覺涕下。三更，夫人無疾，冥然而終於河中府官舍。奈何報應方諧而反是喪己。彼蒼者天，殲我良偶。施善之道，在於何哉！〔註2〕

誌主王氏篤信佛教，自嫁入夫家數年未懷子嗣，遂拜佛求子，後果懷孕產子，被認為是「精懇既堅，果遂至願」。當子夭婦喪後，其夫又悲痛地感慨「奈何報應方諧而反是喪己」。

除求孕外，宗教甚至影響了古人的胎教。由於孕婦生子關係到家族種群的質量，因而懷孕期間的胎教早在先秦就已有之〔註3〕。在唐代，佛教的盛傳使居家禮佛的女性漸增，一些女性在懷孕期間齋戒寫經、施捨做佛事，希望佛祖保祐生育健康聰明的孩子，如天寶年間的《大唐故鄭夫人墓誌銘》稱：

> 夫人姓鄭氏，其先滎陽開封人也。……夫人高晤玄微，深窮旨頤，常希潛運之力，用孚胎教之功。每占熊有期，設弧及月，輒嚴室齋戒，手寫真經，竭力罄財，無非佛事。故得身相畢具，災害不生，鞠之育之，以至成長。雖古之矜莊坐立，諷誦詩書，方斯神功，萬不如一。〔註4〕

鄭氏是居家禮佛的女性，她認為通過吃齋寫經、好善樂施定能使佛祖保祐母子平安，因此在懷孕期間仍然堅持禮佛，做功德。她不僅自己在懷胎、生產期間平安順利，「災害不生」，而且所生子女也健康成長。這種「胎教之功」被認為是「雖古之矜莊坐立，諷誦詩書，方斯神功，萬不如一」。另據《太平廣記》卷103《陳惠妻》引《報應記》載，唐代陵州仁壽尉陳惠妻王氏，未嫁

〔註2〕 《續集》咸通011，頁1041。

〔註3〕 《史記》卷4《周本紀》注引《列女傳》記載，周文王母太任懷文王時「目不視惡色，耳不聽淫聲，口不出敖言」，從色、聲、言三方面的禁忌注意到孕婦行為對胎兒的影響。（中華書局1959年版，頁115）

〔註4〕 《大唐故鄭夫人墓誌銘》，《續集》天寶108，頁661。

時其表兄褚敬向她求婚，王氏父母不許，褚敬詛咒「我作鬼，必相致」。嫁陳惠後，王氏夢見表兄遂有孕。懷孕十七個月而不生產，王氏於是晝夜不歇持念《金剛經》，鬼胎遂銷迹。〔註5〕小說旨在宣揚佛法之力廣大無邊，勸誡人們要常念佛經。雖荒誕不經，但從選擇懷胎生產的題材中我們看到，在現實中，由於醫療條件較差，使孕婦保健條件極其有限，因而懷胎生產時刻存在很大的風險。正是基於對此事恐懼和擔憂的現實情況，唐人轉而求助於佛教，通過發心念經以確保孕婦及胎兒的健康。正是基於佛教的這種功能，唐代還有將產婦送至寺院或精舍裏生產的情況。如生於德宗貞元二年（786）的隴西李氏，據其墓誌銘載：

> 夫人諱眞，號洞景，隴西姑臧人也。……夫人即福昌府君之第九女。……夫人食貧樂道，以禪誦自安。攻苦移鄰，教誨諸子。後盧君六稔，開成四年（839）……歿於東都正俗里第，春秋五十四。……乃爲之銘：……貞元二年（786）建丙寅生福昌之精舍。八歲丁福昌府君憂，終喪不食葷。〔註6〕

誌主李氏生於其父李福昌的精舍，由此我們推斷，李福昌爲居家修行的居士。女性在當時佛教信仰中占極大比例，因而李福昌的禮佛言行必會影響其婦，懷孕期間用佛教方式施以胎教也不會很少。基於信仰，更是由於其對母子平安的擔憂和恐懼，爲尋求精神安慰也爲祈求佛的護祐，他將產婦置於禮佛的精舍裏待產。其女李氏在八歲遭父喪後「終喪不食葷」，嫁入盧門後「食貧樂道，以禪誦自安」。李氏從出生地到成長的環境，無時不受佛教思想的感染和影響，想必在子女教育上她也會施以佛教思想的教育。由李氏的整個生命里程來看，由生到歿，佛教信向始終貫穿於李氏的家庭生活當中，這些與她在懷所受胎教和出生地選擇在佛教精舍不無關係，當然，這些應該是在她長大以後通過家長、親鄰的反覆追述而得到記憶強化從而對其宗教信仰發生導向作用的。中唐思想家、文學家李翱在赴任的途中曾遭遇妻子臨產而寄居寺院生產的情況。元和三年（808）十月，李翱受嶺南尙書公楊於陵之命，四年（809）正月己丑（十二日），在洛陽與妻子上船於漕渠，赴嶺南節度使任所（治廣州）任幕職。在行至浙江衢州的途中，妻臨產，李翱向當地開元寺敘述緣由，請

〔註5〕　《太平廣記》卷103《陳惠妻》引《報應記》，頁698。
〔註6〕　《唐故儒林郎守太府寺主簿盧府君夫人隴西李氏（眞）墓誌銘並序》，《全唐文補遺：千唐誌齋新藏專輯》，頁364。

求暫住。其所撰《來南錄》曰：「（元和四年閏二月，809）辛丑（二十五日）至衢州，以妻疾止行，居開元佛寺臨江亭。後三月丁未朔（初一日），翺在衢州，甲子（十八日），女某生。四月丙子朔（初一日），翺在衢州。……丙戌（十一日）去衢州。……（六月）癸未至廣州。」〔註7〕李翺從元和四年正月己丑日攜妻孥出發，到六月癸未日抵達廣州，水程八千里，費時近六個月。旅途中大多投宿於旅館，只有行至衢州，因爲妻子生產而寄寓了寺院。從女兒出生到妻子產後調養，從閏二月二十五日到四月十一日的46天裏，李翺一家都居住在衢州的開元寺。對於寺院而言，開元寺爲唐中宗神龍年間敕建，作爲衢州諸寺院中最高之位，「不會僅僅爲了營利的目的而把寺中的一亭貸給旅人，這完全是出於同情而臨時借給李翺的」〔註8〕。對於李翺來說，濟世療疾的慈善救助功能應是他首選佛寺生產的最主要原因了。

爲慶祝新生命的誕生，也藉此寄託對下一代的期望，家人往往在嬰兒出生後的三日、滿月、百日、周歲等特殊的日子裏舉行慶典活動。這些活動也同樣滲透著佛教的影響。高僧玄奘求法歸來後，受到太宗和高宗的欽重。他本人除了勤於著述、弘法傳教以報禮遇之恩外，還不忘在世俗禮節上表慶賀。高宗顯慶元年（656）冬十月，時值則天皇后在孕，皇后本敬禮佛教，待產時更希望法師用佛法來護祐母子平安。法師表稱「聖體必安和無苦，然所懷者是男，平安之後願聽出家」。〔註9〕皇后產下男嬰，即以後的中宗皇帝。敕令報法師，法師又上表進賀，並加法號爲「佛光王」。從佛光王生下後，玄奘先後在三日、滿月、周歲的特殊日子三次上表祝賀並進法服。〔註10〕由此可見，中宗崇佛儘管有其政治及所生活的複雜的宮廷內外環境有關〔註11〕，但是他在出生前後已受佛法薰染，這不能不對其以後產生重要影響。皇家請高僧以佛法之力慶祝和護祐新生，在士庶民眾中同樣也有此舉。德宗時期劍南節度使太尉兼中書令南康郡王韋皋誕生一月後，其家爲慶祝召群僧齋食。〔註12〕高宗顯慶年中，長安城西路側店上有家新婦產一男嬰，滿月日，該家請親族

〔註7〕 《李文公文集》卷18，《四庫全書・集部・別集類》。
〔註8〕 （日）那波利貞《唐代寺院對俗人開放爲簡便投宿處》，選自劉俊文主編《日本學者研究中國史論著選譯》第七卷，中華書局1993年版，頁313～314。
〔註9〕 《大慈恩寺三藏法師傳》卷9，頁196。
〔註10〕 《大慈恩寺三藏法師傳》卷9，分別見頁199、201、210。
〔註11〕 孫剛英《長安與荊州之間：唐中宗與佛教》，榮新江主編《唐代宗教信仰與社會》，上海辭書出版社2003年版。
〔註12〕 《太平廣記》卷96《韋皋》引《宣室志》，頁641。

慶祝。〔註13〕齋僧一爲慶祝，二爲借助佛僧念經求得身體健康和仕途順暢，三也說明了該家是禮敬佛法的。韋皋作劍南節度使十一年，持珠念佛名，求禪道學心法，〔註14〕這當與自出生就受佛法感染有關。

二、病老

　　唐人在患病時也會求助於佛道，希望早愈。唐人墓誌資料中有如下記載：《唐故景氏墓誌銘》（貞元 011）：

> 夫人姓景氏，丹楊人也。……自夫人之歸于我也，屢遭歲歉，頻遇國艱，或家乏斗儲，或財無尺布。夫人乃躬自紡績，率下耕種，不愛難得之貨，不受苟得之財。雖定性未入於空門，而雅操自偕於一貫。賢而不壽，命也如何！厥初寢疾，逮乎一紀，靡神不禱，靡醫不求。道可延生，乃登壇齋請；釋可拔苦，必罄家捨施。……以貞元三年（787）六月十一日，終於時邑里之私第，享年五十有五。〔註15〕

又《楊氏夫人墓誌》（開成 021）：

> 唐開元四年（716）八月十七日，妻楊氏遷厝於南園之西地。……救恤家族，祇奉夫門，一心煩勞，百計資辦。於是生疾，醫術百端，釋教敬恭，希冀保護。〔註16〕

又《唐故清河張氏夫人墓誌銘》（乾符 009）：

> 夫人姓張氏，清河人也。……何期天壽不脩而天不能展其算，神道不鑒而神不能福其善。洎乾符四年（877）二月寢疾，飲食失節，動靜多艱。公憂軫刃心，征諸良藥。而又廣祈方士，朗設佛像，焚燎香火，不缺晝夜。飯僧薦神，而不有應。〔註17〕

上述三位誌主患病期間，家人爲其求神問醫，行道教齋請，作佛家捐施，「希冀護祐」。三方誌文分別稱「道可延生，乃登壇齋請；釋可拔苦，必罄家捨施」，「醫術百端，釋教敬恭」，「廣祈方士，朗設佛像，焚燎香火，不缺晝夜。飯

〔註13〕　《法苑珠林校注》卷 73，頁 2178。
〔註14〕　《宋高僧傳》卷 19《西域亡名傳》，頁 481。
〔註15〕　《大唐河南府汜水縣丞邢偓夫人景氏墓誌銘並序》，《彙編》貞元 011，頁 1844。
〔註16〕　《前大理評事薛元常妻弘農楊氏墓誌》，《續集》開成 021，頁 938。
〔註17〕　《唐故清河張氏夫人墓誌銘並序》，《續集》乾符 009，頁 1124。

僧薦神，而不有應」。可見，無論是神仙方術，還是外來胡神、民間巫術，只要靈驗，都可以拿來嘗試。

當拜佛求道、齋戒施財也不奏效時，病人遂出家遁入空門，尋求直接救助。《太平廣記》卷 312 引《唐闕史》記載了京城長安新昌坊民爲治病而入佛門，病因而治癒的故事：

> 青龍寺西廊近北，有繪釋氏部族曰毗沙門天王者，精彩如動，祈請輻湊。有居新昌里者，因時疫，百骸綿弱，不能勝衣，醫巫莫能療。一日，自言欲從釋氏，因肩置繪壁之下。厚施主僧，服食於寺廡。逾旬，夢有人如天王之狀，持筯類緶，以食病者。復促迫之。咀嚼堅韌，力食袁丈，遽覺綿骨木強。又明日能步，又明日能馳，逾月以力聞。先是禁軍懸六鈞弓於門，曰：「能引起半者，倍糧以賜，至滿者又倍之。」民應募，隨引而滿，於是服厚祿以終身。〔註18〕

據今人研究，鎮守北方的護法神毗沙門天王是中晚唐世俗佛教信仰者崇拜的主要神祇之一。據傳，此天王曾幫助高祖和太宗起兵建國、天寶年間爲國家解救安西圍城之難，這一神奇力量爲當時社會所廣泛崇信。〔註19〕青龍寺廊繪毗沙門天王，京城士庶「祈請輻輳」，由此我們推測，此故事當發生於中晚唐時期。如故事中的新昌坊民「百骸綿弱，不能勝衣，醫巫莫能療」。爲醫治疾病，他出家入青龍寺爲僧。後不僅力氣恢復如初，且愈發強勁，能拉滿禁軍懸掛的六鈞弓，並厚祿終身。故事雖然荒誕，但反映了中晚唐時期京城坊民在患病時到城內寺院膜拜神祇以求醫治的實情。小說中反映的現實在唐人墓誌銘文中得到了證實。如《唐代墓誌彙編》元和 109 載：

> 唐樂安人蔣氏子家字曰稚子，生四歲，疹美在手，因合而不掬。其顧復者痛之，乃命依釋氏大悲之芘，將福其虧體。既長矣，亦能道詩書文字，與梵學參進。又十八年遇疾，歿於江陵府白馬寺，且窆焉，乃元和十一年（816）十月三日也。〔註20〕

誌主蔣氏子年幼時患手疾，家人希望能「依釋氏大悲之芘，將福其虧體」。皈依佛門後，能「道詩書文字，與梵學參進」，手疾是否獲治姑且不論，佛教信

〔註18〕《太平廣記》卷 312《新昌坊民》引《唐闕史》，頁 2469～2470。

〔註19〕黃正建主編《中晚唐社會與政治研究》，中國社會科學出版社 2006 年版，頁 608～609。

〔註20〕《唐故沙彌僧蔣氏子墓誌》，《彙編》元和 109，頁 2026。

仰畢竟使患者和家人的心理獲得安慰。當然，爲治病而出家爲僧並非都能令人所願，如德宗、憲宗時期的朝官權德輿之孫，據《權氏殤子墓誌銘並序》稱：

> 殤子祔先祖之域，其世官代業，不復備書。大父德輿，山南西道節度使、扶風郡公……殤子叢，內外大父曾祖之慶澤，……大父嘗以爲此子似我，眾孫中特異之。……一日得瘡痏，侵淫潰發，百術不能治，遂落髮歸桑門，僧號法延，以爲清淨之教，足以蠲六疾。玄理難扣，終不獲助，以元和十二年（817）六月廿四日夭于興元大父理所，享年九歲。〔註21〕

誌主殤子是權德輿之寵孫，他出家不是基於信仰，而是因身患潰瘡，「百術不能治」，遂落髮爲僧。但清淨之教也「終不獲助」，最終還是夭折。

上述情況主要是有條件醫治而無法治癒的病人的被迫選擇，還有一些患病卻無條件醫治和老弱無所依的城民或坊民，這也是佛教最爲關注的對象。據《像法決疑經》所說：

> 我於處處經中說布施，欲令出家在家人修慈悲心，布施貧窮、孤老乃至餓狗，我諸弟子不解我意，專施敬田不施悲田，敬田者即是佛法僧寶，悲田者貧窮孤老乃至蟻子。此二種田，悲田最勝。〔註22〕

基於這種慈善救濟的思想，寺院專門設立病坊，爲貧病老孤等弱者提供便利條件，使他們在這裡可以得到相應的照顧和治療。如活躍於高宗、武則天時期的陝州洪昉禪師，他曾在自己創建的龍光寺建立一所病坊，「常養病者數百人」，「遠近道俗，歸者如雲」，洪昉「常行乞以給之」。〔註23〕這也是佛教的社會慈善救濟事業的體現〔註24〕。

〔註21〕《彙編》元和102，頁2020。
〔註22〕《像法決疑經》卷1，《大正藏》第85冊，頁1336。
〔註23〕《太平廣記》卷95《洪昉禪師》引《紀聞》，頁633～634。
〔註24〕關於佛教的慈善事業，學者已研究非常深入，主要成果有：何茲全《中古時代之中國佛教寺院》，《中國經濟》1934、2（9）；全漢昇《中古佛教寺院的慈善事業》，《食貨》1935、1（4）；張弓《漢唐佛寺文化史》（下），中國社會科學出版社1997年版；張國剛《〈佛說諸德福田經〉與中古佛教的慈善事業》（《史學集刊》2003年第2期）；葛承雍《唐代乞丐與病坊探討》，《人文雜誌》1992（6）；李林《中國佛教史上的福田事業》，《法音》2005年第12期。日本學者有道端良秀《中國佛教社會事業之一問題：養病坊》，《印度學佛教學研究》，

唐代的悲田養病坊就是根據國家一向倡導的「矜孤恤窮，敬老養病」〔註25〕和佛教的福田思想〔註26〕，由國家設置在寺院內、委託僧人辦理的社會慈善機構。悲田養病坊並不是唐代的新創，早在南朝時期，齊梁皇室就設立了類似的救濟機構，只是設在都城建康，到唐代才成爲全國性的救濟機構。悲田養病坊的主要職能是把貧窮患病無力求醫瀕死者、勞而無所養者、貧窮流落街頭者、幼失所親而孤苦者等等社會弱勢群體集中起來，施以安養。總起來說，是對社會貧弱病老幼孤等弱勢群體的安養。

綜上所見，唐人的生育老病中處處體現了佛道教文化尤其是佛教文化的影響。唐代悲田養病坊的設置，即是基於儒家「矜孤恤窮，敬老養病」和佛教福田思想的結合而爲社會上貧老病弱者的合理安置，這也是佛教參與公共慈善救濟事業的重要體現。

第二節　俗人喪葬中的宗教影響

中國古代的喪葬習俗，自產生之日起，就與宗教緊密聯繫在一起。根據考古資料和典籍考證，距今二、三萬年前古人安葬死者遺體時，已有靈魂及死後生活的觀念，即具有了宗教意識。加之中國古來就極爲重視喪祭，把它與冠婚同視爲大禮，還認爲它是孝的重要表現方式，「事死如事生，事亡如事存，孝之至也」〔註27〕；反之，「喪祭之禮廢，則骨肉之恩薄，而背死忘先者眾」〔註 28〕。因此，喪葬習俗發展到唐代，它必然會隨著各種宗教的傳播而不斷地演化和改進。那麼，在唐代，喪葬文化受到宗教的哪些影響呢？鑒於此問題前人研究不夠深入，有必要做進一步地探討，故本篇主要運用墓誌資

1970、18（2）；善峰憲雄《唐朝朝代的悲田養病坊》，《龍谷大學論集》1969年版。
〔註25〕《唐會要》卷 49《病坊》，頁 1010。
〔註26〕佛教福田思想的重要經典根據是西晉沙門法立、法矩功譯的《佛說諸德福田經》。在這部經中，佛祖釋迦牟尼號召「廣施七法」。所謂七法就是：「一者興立佛圖僧房堂閣；二者果園浴池，樹木清涼；三者常施醫藥療救眾病；四者作堅牢船濟度人民；五者安設橋梁過渡羸弱；六者近道作井渴乏得飲；七者造作圊廁，施便利處。」與《佛說諸德福田經》相比，《大智度論》在中國的影響似乎更爲廣泛深遠。《大智度論》把福田分爲二種：一、以受恭敬之佛法僧爲對象的「敬田」；二、以受憐憫之貧、病者爲對象的「悲田」。
〔註27〕阮元校刻《十三經注疏·禮記注疏》卷 52，中華書局 1980 年版，頁 67～68。
〔註28〕《漢書》卷 22《禮樂志》，中華書局 1962 年版，頁 1028。

料（包括《唐代墓誌彙編》、《唐代墓誌彙編續集》、《全唐文》、《全唐文補遺：千唐誌齋新藏專輯》）中的相關史料，在有關研究成果〔註29〕的基礎上，以喪葬禮制的主要過程爲序，對墓葬中唐代俗人喪葬禮制中所受的宗教影響試做探討。

一、彌留之際

在墓誌資料中，經常出現「大漸」一詞，大漸，即病危。〔註30〕資料表明，唐代有不少病人在臨終之際，出現與宗教信仰有關的感覺（或幻覺），或與信仰相關的宗教行爲。表現形式有如下數種：

1、加佛教的稱號

宣宗大中年間劍南西川節度判官盧緘妻崔氏生前篤信佛氏，臨終之際自加法號，誌文寫道：

〔註29〕嚴耀中《墓誌祭文中的唐代婦女佛教信仰》（《唐宋女性與社會》，上海辭書出版社 2003 年版）：文章探討了唐代婦女宗教信仰的原因、所體現不同教派的信仰內容及在喪葬禮制中受佛教影響的情況；李斌城（黃正建主編《中晚唐社會與政治》第五章第三節「道家思想和道教神仙在喪葬的表現」，中國社會科學出版社 2006 年版）通過對唐代墓誌碑銘資料的研究，認爲道家思想和道教神仙對唐人喪葬產生了很大影響，但與中唐以前相比，中晚唐時期的印迹越來越淡化了。段塔麗《從夫妻合葬習俗看唐代喪葬禮俗文化中的性別等級差異》（《陝西師大學報》2005 年第 3 期）：文章主要運用墓誌碑銘資料，從夫妻合葬習俗中反映並分析了唐代男女性別等級差異的情況及原因；丁雙雙、魏子任《論唐宋時期喪葬中的佛事消費習俗》（《河北學刊》2003 年第 6 期）：唐宋時期的佛事消費習俗受到了當時社會政治、經濟、文化諸因素的影響。反過來，該習俗又對社會產生了一定的反作用。文章重點在於論述喪葬中的佛事對當時經濟消費和思想觀念的影響；陳忠凱《唐人的生活習俗：合葬與歸葬》（《文博》1995 年第 4 期）：文章說明了當時的合葬與歸葬的情況，史料較爲豐富。如果再做進一步的論證分析，文章會更有說服力。此外，臺灣學者劉淑芬針對墓誌中的喪葬儀式問題，結合佛教教義教規，在中古佛教葬式上做了一系列深入的研究，爲我們提供了豐富有價值的史料，並得出了很有啓發的結論。論文共有三篇：《林葬——中古佛教靈屍葬研究之一》、《石室瘞窟——中古佛教露屍葬研究之二》和《唐代俗人的塔葬》。前兩篇分別發表在《大陸雜誌》第 96 卷第 1 期和第 98 卷第 2 期上，最後一篇目前在大陸無法查找到。

〔註30〕《尚書今古文注疏》卷 25《顧命》：「王曰：嗚呼！疾大漸，惟幾，病日臻。」疏：「漸者，《列子·力命篇》云：『季梁得疾，七日大漸。』殷敬順《釋文》云：『漸，劇也。』案：劇即勮字。（清）孫星衍撰，陳抗、盛冬鈴點校，中華書局 1986 年版，頁 483。

> 亡室夫人，其先受封清河，官婚門範，爲中夏甲姓，圖謀搢紳，
> 共詳之矣。……夫人習禮言詩，尤專論語，崇奉釋教，深味佛經，
> 誦讀講磨，咸得要妙。洞知聲律，不學而能，筆札雅琴，皆所盡善。
> 其識密意周，條理通貫者如此。……絾於夫人既沒之二十日，方授
> 相國巨鹿魏公蜀川奏署之命。又二十有二日當三月既望之二日也，
> 乃與其二子家人護夫人之喪東歸洛邑，即其年夏四月戊辰廿有七日
> 甲午，權窆于河南府河南縣平樂鄉杜翟原，便也。更俟吉歲，歸祔
> 先塋。……夫人歸誠慈氏，託志空門，將終加號曰上乘，庶幽明之
> 有憑，其護佑也。〔註31〕

這位長期生活於城市的誌主崔氏，爲山東高門清河崔氏之後，受過良好的教育。除了研習儒家傳統詩書外，還信奉釋教，精解佛經，臨終加號爲「上乘」。如所周知，佛教中大乘又稱上乘，《法華經譬喻品》曰：「愍念安樂無量眾生利益天人度脫一切，是名大乘。」可見，佛教信徒的修行和品戒須達到一定程度才可能上昇到大乘的境界。崔氏在彌留之際自加法號大乘，反映了她希望自己在死後的陰間裏能受到保祐，所謂「幽明之有憑，其護祐也」。

2、感應到僧來迎接到佛國彼岸

由於長期浸染於佛教環境，加上意念上的追求和神往，使有些在家信徒在臨終之際產生幻覺，彷彿僧人親自迎接，要帶他到佛國的彼岸，從而平靜安然地死去。天寶年間的《唐故清河郡房光庭墓誌序》寫道：

> 長者姓房諱光庭，往祖任太原，因生冀地，後遊京國，便以居
> 焉。但自恭剋貞心，人倫以之奇傑；溫純養志，儒釋委於英靈。奈
> 何行年六十有一，示染微疾，於（天寶十載，751）二月廿七日忽命
> 圉屬云：僧來迎我，香花引前，語嘿如常。其夜子時終歿，……遂
> 卜地於黃河南邙山北，三月十七日遷殯焉。……乃爲頌曰：皎皎志
> 人，雍雍信士，悟幻歸誠，懷貞蘊義。〔註32〕

誌主房光庭定居京師，生前是居家禮佛的居士，「儒釋委於英靈」，「悟幻歸誠，懷貞蘊義」，因而臨終之際出現僧引彼國的幻覺，如同高僧大德圓寂時的情況。

3、自念或請僧念經、沐浴而終

《大唐故朝散大夫茹府君墓誌》：

〔註31〕《唐盧氏故崔夫人墓銘並序》，《彙編》大中128，頁2350。
〔註32〕《彙編》天寶174，頁1652。

> 君諱守福，京兆人也。……君幼而聰敏，內崇正覺，行六波羅
> 蜜，遵不二法門，性之自然，薰羶不咀於口；天之所授，經戒克銘
> 於心。……粵以開元十一年（723）……卒於長安休祥里第，享年三
> 百三甲子四旬有二日矣。……君初遘疾之時，呼集家人，告以死日，
> 子女環泣，小大咸驚。……於是自為沐浴，衣以新衣，乃請諸名僧
> 造盧念誦，君端坐寢牀，精爽不亂，言話如故，誠囑無遺。……奄
> 然而逝，趺坐不動，左右無撓。〔註33〕

茹府君生前研習經典、恪守戒律；臨終沐浴淨身、請名僧造盧念誦，精神始
終怡然不亂；氣絕時「趺坐不動，左右無撓」，毫無痛苦之狀。

又《唐故渤海郡君駱氏墓誌銘》：

> 唐元和丁亥二祀（807），夫人渤海郡君駱氏以其年正月廿一日
> 寢疾，終於萬年縣興寧里之私第，享年六十有三。……頃染疾患，
> 綿歷歲時，口誦真經，志歸禪寂，豈謂福善無應，寢疾有終。〔註34〕

誌文中雖未見駱氏生前有信佛言行，但臨終「口誦真經，志歸禪寂」。

又《唐故李公別室張氏墓誌銘》：

> 姓張氏，號留客，出余外氏家也。……余雖官，貧且債，故衣
> 飯常歉。……（咸通）九年（868）秋，余赴調上國，是歲黜于天官，
> 因不克返，斯人與幼稚等寓居洛北，值歲饑疫死，家無免者。斯人
> 獨棲心釋氏，用道以安，故骨肉獲相保焉。……初，厥疾漸篤，乃
> 自取衣裝首飾等，施以寫經鑄佛，一無留者。洎彌留之際，又命酒
> 召骨肉環酌引滿，怡怡然神思無撓，吾知其前路不落寂矣。〔註35〕

誌主張氏之夫雖貴為官，但「貧且債」，本人又為別居婦，經濟上不會很寬裕，
文中也未載其平時禮佛行為，只在患病期間將衣著首飾施以寫經鑄佛。彌留
之際，酌酒引滿，神思不索。

墓誌中，道教信仰者的數量遠較佛教信仰的少，但咸通年間的《唐故東
海徐氏墓誌銘》反映信道者情況卻很典型：

> 唐咸通十一年（870）……有東海徐氏號玉堂，終於東都康俗里
> 之私第。徐氏得性東海，因襲家五陵，遂生神州。……而又棲心於
> 澹泊之教，盞佩道籙，道諱瑤質。自遘疾之初，及彌留之際，嘗輒

〔註33〕《彙編》開元172，頁1275。
〔註34〕《續集》元和004，頁802。
〔註35〕《彙編》咸通102，頁2457。

呻吟而念道。〔註36〕

徐氏常年在家修煉道法，不僅有道家法號，還在平時修行時身佩道家符籙。患病期間，仍堅持修行，臨終時口念道經，直至壽終。

4、捨俗入道

《沙彌尼清眞塔銘》中，塔主的身份雖爲尼姑，但由於她幾乎所有的信仰活動都是在未脫俗時進行的，所以我們仍然把她視爲在家信徒中。請看塔銘：

> 勤策尼者，扶風馬公左武衛中候順之季女，大招福寺郯法師之
> 猶子子也。……仁賢溫克，尤重釋門。父母違而嫁之，遂適隴西李
> 氏，宿衛榮之貴妻。自入夫門，便爲孝婦，雖居俗禮，常樂眞乘。
> 每持金剛經，無間於日，迫十許稔。不意染綿篿之疾，藥物不救，
> 委臥匡床，由是（下泐）心捨俗從道，契宿（下殘）〔註37〕

誌主馬氏自幼好佛，父母違背其志而嫁入李門。婚後除了居禮爲婦、做好俗間事外，仍不忘念經奉佛，十餘年不曾間斷。在臨終時，家人終於滿足其夙願（契宿），得以成爲正式佛門弟子。她雖然入門時間較短，但在死後仍被以建塔安葬。塔銘由大安國寺沙門撰書，其身份立爲沙彌尼，未用在俗時的馬姓，這是對她始終不渝地信奉佛教的一種承認和褒揚。

5、布施修功德

墓誌中我們看到，有些誌主不僅在生前虔誠供佛，臨終時還大發慈悲，既有財施，更有放還家僮爲良人，恢復其人身自由的「放生」，即佛教裏認爲最有功德的修行方式。當認爲自己已功德圓滿，便安心死去。《大唐故毛處士夫人賈氏墓誌銘》：

> 毛氏夫人姓賈氏，諱三勝，字正念，雍州咸陽人。……處士府
> 君，中年遘疾，未幾潛暉。夫人弔影嫠庭，撫孤鰥室，遂乃擯絕塵
> 俗，虔歸淨土，最凡寫大乘經五百餘卷，造金銅及素像一千餘軀，
> 菜食長齋，禮懺忘倦。而篋蛇遄駭，藤鼠易危，諸佛來迎，忽睹白
> 蓮之應；高梯已至，更聞青建之談。以景雲二年（711）閏六月九日
> 終於洛陽立行里之私第……夫人臨終設齋，延諸大德，三日行道，
> 並放家僮四人。手足柔軟，紅蓮比色，湯沐備具，縞服近身；瞬倏

〔註36〕《彙編》咸通082，頁2442。
〔註37〕《續集》殘誌004，頁1173。

之間，溘然長謝。處士府君……墳兆雖同，儀形各異，非周文之合
葬，祈釋教之往生。〔註38〕

誌主賈氏在中年喪夫後皈依佛門，生平寫經五百餘卷、造金銅素像共計一千
餘軀，並豢養家僮，其抄經數和造像數之多非殷實之家不能承受。由此可知，
禮佛已成爲她日常的行爲，佛教即是她後半生的主要精神支柱。她在臨終之
際做最後的布施，設齋延請大德三日行道、放家僮四人，自己沐浴淨身、素
服披身。生前的樂善好施使她身心得到了滿足，故臨終時通體柔潤，神情安
然。

　　又《大唐故河南元氏權殯墓誌》：

夫人諱婉，字婉，河南元氏。……（府君）開元七年（719）
即世，葬於河清縣親仁鄉原，禮也。夫人自安厝畢，喪制終，曰：
有無上道，吾將栖焉。開元十七年（729），詣天竺寺崇昭法師受菩
薩戒，持金剛經，轉涅槃經，於大昭和上通戒，得禪定旨。又於壽
覺寺主惠猷禪師受具足戒，於弘正惠幹禪師皆通經焉。戒珠光明，
心地清淨。忽爾言說，若見端兆（當爲瑞兆），顧謂左右，廣修功
德，乃捨財寶，放家僮，轉大藏經，發最上願。雖福之無等，而生
也有涯，以天寶五載（746）正月三日殞於洛陽里第，春秋六十七。
〔註39〕

誌主元氏在喪夫服喪期滿後虔心向佛。她遊歷寺院訪諸大德、求通法要、轉
持經典，雖未脫俗名、沒有法號、不住尼寺，但她先後受菩薩戒和具足戒，
由此可推知，她應是受正式剃度的出家住家的女尼。儘管始終未離開俗家，
但她臨終捨財、轉經、放家僮，廣修功德，這些修功建德都體現出她受佛法
洗禮後的寬容慈悲及面對死亡所表現的平和心態。

　　佛家言：功者福利之功能，此功能爲善行之德，故曰德。又，德者得也，
修功有所得，故曰功德。在家信徒主要是財施，其中以金銀財物、飲食衣服等
惠施眾生，謂之外在施；以自己的體力、腦力施捨於人，如助人挑水擔柴、參
加公益勞動等，稱爲內在施。布施的行爲完全出於憐憫心、同情心和慈悲心，
而不帶有眼前的功利目的，具有利他的性質。上述這兩位誌主在生前都不吝外
財，將己財和慈悲心施與一切有生之物，爲早歸西方淨土和來世求得好的果報。

〔註38〕《續集》景雲005，頁445。
〔註39〕《續集》天寶028，頁600。

6、右脅臥或趺坐而亡

《大唐故張君夫人王墓誌銘》：

> 夫人諱智，字梵行，太原人也。……加以檀誠久運，慈行鳳彰，
> 識金貝之開因，曉珠胎之禁戒。脩多秘藏，經目不忘，祇夜深宗，
> □心自覺。入則首楞觀想，出乃法吼隨機，道合緇門，□同梵旅。
> ……咸亨二年（671）七月十一日右脅而臥，奄即泥洹。〔註40〕

又《唐故隴西郡董君之志》：

> 夫人南陽郡君張氏……蓮華照水，豈方清淨之心；薤露晞陽，
> 將生極樂之界。以開元廿三載（735）二月四日趺坐歸眞于同谷郡之
> 別業，春秋七十二。〔註41〕

又《有唐薛氏故夫人實信優婆夷未曾有功德塔銘》：

> 優婆夷諱未曾有，俗姓盧氏，范陽人。……專業禪門，用滋介
> 祉，觀不空而捨妄，寢無染以得心。雖承教之日淺，而見實之理
> 深。……開元廿六年（738）正月己卯，右脅而臥，告終於城南別
> 業。……先是未疾之辰，密有遺囑，令卜宅之所，要近吾師，曠然
> 遠望，以慰平昔。……其殊致豐裁，猶略而不舉，故銘宰堵波，用
> 彰其徽烈。必後成正覺，當示獻珠之奇；如未轉女身，且爲散花之
> 侶。〔註42〕

據臺灣學者劉淑芬研究認爲，在佛教發展的早期，部派佛教對女性有相當的
歧視，認爲女子身有「五礙」，無法成佛。初期大乘佛教中的一切有部提出「轉
身論」，也就是說女性努力修行之後，便能轉成男子身，再經由男身成佛。中
古時代的女性多深受轉身論的影響，認爲自己是穢形，希望經由誦經禮佛，
懺悔修行，而得以脫離女身。〔註43〕而此銘文中的女居士未曾有即爲此例，
其銘文內容，說明了她希望能夠改變女身，達到成佛的期望，若是來世不能
變成男子成佛的話，希望至少能夠成爲散花的天女。

《大唐故始平郡馮夫人墓誌銘》：

> 始平郡馮夫人，常好西方之業，坐觀幻化之身，雖不染衣，志

〔註40〕《彙編》咸亨039，頁537。
〔註41〕《彙編》天寶102，頁1602。
〔註42〕《彙編》開元468，頁1479。
〔註43〕參劉淑芬《佛教與中古的女性》，《慈悲清靜：佛教與中古社會生活》，三民書
　　　　局，中華民國九十年（2001年）。

求佛性，忽抱斯疾，不□藥餌，春秋亦六十四也。天寶九載（750）⋯⋯

右脅壘足，如來之加莆。〔註44〕

又前引開元年間朝散大夫茹府君墓誌銘中，誌主茹守福臨終時「奄然而逝，趺坐不動」。

上述這五位誌主（包括一名優婆夷）都是在世時捨財善施、精進修行的居家禮佛的居士，他們在臨終時採用佛祖圓寂的模式，安然平和而亡，其中有三位右脅壘足、兩位趺坐歸眞於西方淨土。在佛教裏，右脅而臥是世尊入滅之相，又作右脅臥、右脅師子臥、師子臥、獅子臥。即右脅向下，兩足相迭，以右手爲枕，左手伸直，輕放身上之臥法，爲比丘之正規臥法。印度以來，佛教徒一般皆採用此一臥法，而禁止左脅臥（淫欲相）、仰身臥（屬阿修羅之業）、伏臥（屬餓鬼之業）等臥法。〔註45〕《佛說無常經》附「臨終方訣」，令病人右脅而臥，合掌至心面向西方，爲宣說淨土因緣、莊嚴及十六觀等，令病者心樂生淨土，復敎諦觀佛身相好，稱念阿彌陀佛名號。趺坐是置足背於胜上，謂之趺坐。有全跏趺坐，半跏趺坐之別。婆娑論曰：「結跏趺坐，是相圓滿。」因此，這五位誌主生前虔心禮佛，歿時不忘彷佛祖圓寂的圓滿相，爲自己所遵奉的信仰劃上圓滿的句號。

上述這些誌主的共同特點是，除河南元氏屬於出家居家的女尼外，他們生前都是居家禮佛修道的居士。由於生前精進修行，深昧佛道要旨，故臨終之際表現出諸如加佛教的稱號、感應到僧來迎接到佛國彼岸、自念或請僧念經、沐浴淨身、捨俗入道、布施修功德、右斜臥或趺坐而亡的宗教行爲或感覺（或幻覺）。可見，他們生前的宗教影響伴隨他們至生命結束。

二、俗人終於寺觀

在墓誌資料中，有一些世俗居民選擇在寺觀裏作爲臨終的歸宿，我們認爲，寺觀在喪葬禮制中當發揮了一定的功用。

（一）終於寺觀的情況

在唐代墓誌中，記載了一些不是卒於自家，而是終於寺觀的誌主。死於寺觀的誌主情況不一，茲舉例分析如下：

〔註44〕　《彙編》天寶181，頁1658。
〔註45〕　《中阿含・長老上尊睡眠經》卷20，《長阿含・遊行經》卷3，頁1616。

1、《唐故韋公墓誌銘》：

> 公名璬，字璬，京兆□寧人也；……累遷鴻臚寺丞，加朝散大
> 夫，尋除太子洗馬。遘疾數月，殆莫能興，以韋庶人微親□□見累，
> 以唐元載六月廿一日遇害於布政坊西街。……夫人河東柳氏，……
> 韋公喪亡，年未廿，誓志難奪，守養遺孤，撤去鮮華，歸依釋氏，
> 長誦金經波若，兼持維摩、法華。……春秋卅七，以開元十八載（730）
> 十二月廿日嬰疾，終於陸渾縣勤戒寺之西院。以天寶七載（748）十
> 一月十六日與韋公招魂合祔於河南府洛陽縣平陰鄉呂村之原，禮
> 也。〔註46〕

誌主韋璬，史書不載。據誌文稱，他爲京兆人，是中宗廢皇后韋氏之系。韋
皇后被廢後，他因是韋庶人微親而受牽連，在患病之際也未免於難，遇害於
長安布政坊，屍骸未見。妻子河東柳氏，年不滿二十遭喪夫之痛。她在獨擔
撫育遺孤之餘，志歸佛門，以念經拜佛爲情感依託。730年因病亡於陸渾縣勤
戒寺的西院，748年夫婦被招魂合葬於河南洛陽縣。

2、《唐故范陽盧氏誌銘》：

> 夫人范陽盧氏，北祖大房。……夫人奉教空門，信崇釋理，虔
> 誠經像，悲此幻影，豈是先知其壽不永？享年卅五，大和五年（831）
> 五月廿二日，歿於泗州（今江蘇境內）開元寺。……良人（盧氏胞
> 弟）護柩，歸此故鄉，仰德悲酸，感義悽傷，用其年八月十四日，
> 歸厝於洛陽縣平陰里禮也。〔註47〕

盧氏出身范陽著姓，生前虔誠禮佛，亡於佛寺，兩個多月後由胞弟護柩返鄉
入葬。

3、《唐故京兆韋氏墓誌銘》：

> 妻京兆韋氏者，……六歲喪恃，七歲無怙，鞠養於諸父。嘗自
> 傷早孤，悉心禪悅，首不飾而衣以褐，自齠年而及笄歲。叔父以其
> 秀質蕙性可嬪於有德，乃奪其誠心，是歸於我。……天寶四載（745）
> 乙酉秋七月丁巳朔九日乙丑，粵自京國言之季弟之新安，稟命不融，
> 卒於餘杭之開元觀，春秋廿八。明年龍集丙戌十有一月七日甲申，
> 歸瘞於河南北山之中麓，禮也。……祿未榮而壽不成，殞越途旅，

〔註46〕《續集》天寶045，頁612。
〔註47〕《彙編》大和042，頁2125。

> 其傷孔艱矣！天實何哉！殲我淑友。……生若浮兮死若休，予獨儼
> 然而為客，百歲之後，同歸是宅。〔註48〕

郭妻韋氏，因年幼父母雙亡而歸心宗教，成人後叔父奪其志嫁為郭妻。745年
七月途中亡於餘杭的開元觀，746年十一月歸葬於河南北山中麓。誌文稱韋氏
「悉心禪悅」。按禪悅本是佛教用語，謂入於禪定，使心神怡悅；「禪悅」也
可能是「蟬蛻」之誤，而蟬蛻比喻脫胎換骨，多指修道成真或羽化仙去〔註49〕。
據之，韋氏亡於旅途中的道教宮觀，只有兩種可能：其一，韋氏生前信佛，
在旅途中不幸患病，家人不得已將她就近移入開元觀，在此結束生命；其二，
韋氏生前本信仰道教，在她臨終之際，親人為尊重她生前信仰，將其移入途
中道觀。實際情況如何，誌文中未作更多交代，姑作以上推測。一年多後，
韋氏被遷葬先塋。

4、《唐太常協律郎裴公故妻賀蘭氏墓誌銘》：

> 夫人賀蘭氏。曾祖虔，隋上柱國；祖靜，皇朝左千牛；父玄哲，
> 潞州司士；並宏翰深識，布聲於代。……乃嬪我裴公，宜其鏘鏘和
> 鳴，晏晏偕老。……洎大漸，移寢於濟法寺之方丈，蓋攘衰也。粵
> 翌日，奄臻其凶，春秋卅有四，即開元四年（716）十二月十日。至
> 十九日，遷殯於鴟鳴塠，實陪信行禪師之塔禮也。夫坦化妙域，歸
> 真香塋，衡之冥果，則已無量。〔註50〕

賀蘭氏出身高門，後嫁入河東望族的裴氏。生平雖未見其有宗教言行，但她
死於寺院也並非無故。誌文說遷殯於信行禪師塔側，是出於陪葬禪師之意。
信行為隋朝三階教創始人，他的墓塔在長安終南山梗梓谷鴟鳴丘一帶。在他
的墓塔周圍，有一批追奉他的信徒也安葬在此。根據劉淑芬的研究，在六世

〔註48〕 《彙編》天寶098，頁1599。
〔註49〕 《維摩詰經‧方便品第二》：「雖服寶飾，而以相好嚴身；雖復飲食，而以禪
悅為味。」（中國社會科學出版社1994年版，頁113～114）徐陵《東陽雙林
寺傅大士碑》：「非服名香，但資禪悅。」（《全陳文》卷11，嚴可均輯《全上
古三代秦漢三國六朝文》，中華書局1958年版，頁3464）而「蟬蛻」比喻潔
身高蹈，不同流合污。《史記》卷84《屈原賈生列傳》：「自疏濯淖污泥之中，
蟬蛻於濁穢，以浮游塵埃之外。」更多情況下是比喻脫胎換骨，修道成真。《淮
南子》卷7《精神訓》：「生不足以掛志，死不足以幽神，屈伸俛仰，抱命而婉
轉。禍福利害，千變萬紾，孰足以患心！若此人者，抱素守精，蟬蛻蛇解，
遊於太清，輕舉獨住，忽然入冥。鳳凰不能與之儷，而況斥鷃乎！」何寧《淮
南子集釋》本，中華書局1998年版，頁537。
〔註50〕 《彙編》開元044，頁1184。

紀末三階教出現後，許多三階教僧人採行林葬，又由於三階教教、俗不分，對男女信徒也一視同仁，更有追陪祖師的風氣，因此終南山、寶山等三階教的聖地，就出現了僧俗塔墓群。她還指出，裴氏家族與三階教的關係非常密切，該家族的兩名婦女就陪葬在信行塔側，太常協律郎裴公妻賀蘭氏就是其中一位。開元時期，濟法寺是三階教僧人駐錫的寺院。賀蘭氏病危時，移寢於濟法寺；及她去世後，陪葬於信行塔側。〔註51〕由此我們斷定，她生前是個虔誠的三階信徒。

5、《唐故崔氏墓誌銘》：

> 夫人諱緼，字□，博陵安平人也。……年廿二，歸扶風寶氏，……頃屬時難流離，遷徙江介，……寶公嘗檄崇仁尉，不再周而罷。夫人連丁二尊憂，泣血終喪，免而猶瘠；又喪二子，積憂傷神，加之以癘氣薄而爲疾疹，醫藥不之能救，以寶應二年（763）四月三日終於洪州妙脱寺之尼舍，春秋卅有九。……無男，有女一人，年方種孺，攀援而泣，周晝夜無常聲。其時中原寇猾未平，權殯於豐城縣。大曆四年（769），國難方弭，寶公宦未及，介弟南昌縣丞粧奉以還洛，時歲次己酉（769）十月乙未朔廿日甲寅，改窆于北邙陶村之北原依於父母之塋權也。〔註52〕

崔氏是在時局板蕩、遭父母亡、連喪二子，又遭癘氣而爲疾疹，醫藥不治的情況下，選擇了洪州的尼舍作爲告終之所。死後從尼寺移到豐城縣，暫時安葬於此。六年後由其弟遷葬於河南北邙的父母塋旁。

6、《唐故韋氏墓誌銘》：

> 夫人韋氏，京兆杜陵人也。……年十有八，歸於李氏。因屬喪見，匪由媒聘，悲夫！華而不實，□□見荅。年廿三，終於江陵□氏□□精舍，時大曆八年（773）二月之一日。……李公以夫人能卑讓以睦九族，□貞故以具四德，乃載其柩。沿江□淮，□□浮洛，以大曆九年（774）十有二月之二日□東都洛陽縣清風里之北原禮也。〔註53〕

〔註51〕詳參臺灣學者劉淑芬《林葬：中古佛教露屍葬研究之一（三）》，《大陸雜誌》第96卷第3期。
〔註52〕《彙編》大曆014，頁1769。
〔註53〕《彙編》大曆039，頁1785。

7、《唐故隴西李氏墓誌銘》：

> 夫人姓李氏，隴西狄道人也。……故年廿□，方歸于杜氏，敬
> 事君子，夙夜匪懈。府君諱佚，京兆杜陵人也。……以□王罪□，
> 故□跡荊蠻。及寰宇再清，乃謀調集，授連州桂陽縣主簿。嗚呼！
> 苗而不秀，童卒斯官，有女一人乎可繼世。夫人雖絕三從，而無貳
> 志，撫育孤女而依乎少弟。以大曆八年（773）二月十六日終于江
> 陵縣天皇之精舍，春秋卅有六。弟慇，以夫人無子，遠遷其柩，□
> 于洛陽，友于之情，亦無愧矣。以大曆九年（774）十有二月七日，
> 權窆於東都洛陽縣清風里之□原。以年月未良，不及合祔，禮也。

〔註54〕

這兩方墓誌從誌主的籍貫、婚宦、卒地、死亡的時間、遷葬時間及遷葬地都
有相同或相關聯之處。韋氏是京兆杜陵人，嫁於李公；李氏為隴西狄道人，
嫁於京兆杜陵的杜公。兩篇誌文都沒提及誌主死亡的原因，但兩位女性都於
773 年同一個月亡於江陵縣的精舍〔註55〕，又在近兩年後的同一個月被一同遷
葬於同一墓地。材料 6 中也沒有介紹李公的籍貫，但是結合材料 7 中「夫人
雖絕三從，而無貳志，撫育孤女而依乎少弟」，我們推測韋氏的丈夫李公也是
隴西狄道人，而且極有可能是資料 7 的誌主李氏的兄弟，那麼，李公和李氏
就是姐弟關係，李氏即為韋氏的姑姐，兩位女性在同一事件中遭遇變故或不
幸。

8、《大周京兆杜氏墓誌銘》：

> 夫人諱□字□，京兆杜陵人。……長子崇約，前始州黃安縣丞，
> 常州司法參軍事。……粵以永昌元年（689）秋九月遘疾於常州之廨
> 宇，尋又移寓於天興寺之別院，廿一日終於其所，春秋七十有二。……
> 即以大周天授二年（691）正月十八日合祔於柳府君之舊塋，禮也。

〔註56〕

〔註54〕　《彙編》大曆040，頁1785。
〔註55〕　精舍：亦稱「精廬」，指學舍、書齋。出現於漢代，為當時儒家聚集生徒私家
　　　　　講學的場所。東漢以後，佛教徒亦把自己傳經授徒的場所稱為「精舍」，因此
　　　　　又稱僧人、道士修煉居住之所為精舍。但儒家士人不願與之同名為伍，遂在
　　　　　唐代始將「精舍」改為「書院」。文中出現的精舍大抵為僧道教徒修行、居住
　　　　　之所。
〔註56〕　陳長安主編《隋唐五代墓誌彙編·洛陽卷》第 6 冊，天津古籍出版社 1991 年

9、《唐故滎陽鄭氏墓誌銘》：

> 夫人諱絢，字絢，姓鄭氏，滎陽開封人也。……以貞元二年
> （786），遘疾終于澠池縣之佛寺，享年六十五。財力不足，未克歸
> 窆，遂權厝于縣之北原。〔註57〕

10、《唐故茂陵秦夫人墓誌銘》：

> 夫人京兆茂陵人也。……以貞元九年（793）三月十四日，遘疾
> 棄孝養於江陵府公安縣啓聖觀，春秋五十有五，時權厝於其邑安遠
> 寺之前崗。以長慶三年（823）八月廿一日，啓舊殯歸葬於河南府洛
> 陽縣平陰鄉陶村之原，先府君塋封之內。〔註58〕

11、《唐太原郡君郭氏墓誌銘》：

> 夫人諱儀，字少容，太原介休人也。……清河張滂之妻。……
> 屬夫氏（張公，衛尉卿）性直，邪不悅聞，廿年間，三度黜削，皆
> 奉執公□，不容於朝，再謫炎荒，一居小牧，隨而便發，不憚險□。
> □處閩甌，綿歷星歲，屬地多溫濕，疾染膏肓，土無醫和，□有□
> □，識言具度，得□□□，（郭氏）貞元十四年（798）十一月廿六
> 日遘疾，薨於汀州（今福建境內）開元寺別院，享年冊□。以貞元
> 十□□□□□□啓擧，歸葬於東周洛陽舊鄉邙山有墓其□□定，
> 實亦合儀。〔註59〕

12、《先太夫人河東縣太君歸祔誌》：

> 先夫人姓盧氏，諱某，世家涿郡，壽止六十有八，元和元年歲
> 次丙戌（806）五月十五日，棄代於永州零陵（今湖南境內）佛寺。
> 明年某月日，安祔於京兆萬年棲鳳原先侍御史府君之墓。〔註60〕

13、《唐故樂安縣君孫氏墓誌銘》：

> 夫人姓孫氏字娩，其先樂安人也。……既及笄歲，歸我祖長史
> 公。……長史公先時娶河東裴氏夫人，夫人有子二人，長曰，位至
> 台州刺史。……至貞元六歲（790），長史公遘疾薨于位，夫人奉畫

　　版，頁188。
〔註57〕《補遺》頁326。
〔註58〕《補遺》頁339。
〔註59〕《續集》貞元047，頁767。
〔註60〕柳宗元《先太夫人河東縣太君歸祔誌》，《全唐文》卷590，頁5968。

哭，訓遺孤。洎喪服外除，遵三從之義，榮高堂者，復廿載。至元和三年（808），孤孫泰等，遭家不造，斬焉在縗絰之中。夫人晝夜銜哀，才逾半歲，以明年（809）六月十二日遘疾，終於台州（今浙江境內）龍興佛寺，享齡五十七。……孤孫泰等以五年（810）八月十六日奉夫人靈座歸窆於洛陽清風鄉先塋禮也。夫人出一女，適天水權公信。〔註 61〕

材料 8～13 的六位誌主均爲女性，基本是因病終於寺觀（材料 12 中雖未提及，但從誌主的年齡及所處環境可推測出是因病而亡，詳見下文）；都遠在他鄉；除材料 9 因財力不足，歸葬遙遙無期，暫葬異地，材料 11 因誌文字體泐損嚴重無法辨認外，其餘四位都分別於亡後的一年、三十年、一年內、一年有餘被返鄉歸葬祖塋。

14、《唐故韋執中第三女靈誌文》：

在室小妹三娘，質性仁淑，孝敏天成……頃因疾患，遂至沈痾。……何言綿歷累年，竟不瘳減。昨元和七年（812）七月九日，因隨從叔父赴任泉州，行至衢州（今浙江境內）龍丘縣，疾候轉加。良藥名醫，卒無徵效，豈不命耶！至其年十月廿九日，終於龍丘縣六度寺，春秋十七。其時且權厝于寺南園之地。……遂令遷舉三娘靈櫬，以還鄉國。爲其未有所歸，今則以元和十一年（816）二月廿四日，安厝於河南府洛陽縣平陰鄉王才村北邙原，附于大塋，禮也。冀其魂靈，不失覆蔭。〔註 62〕

韋三娘患病多年，812 年在隨父赴任泉州的途中，病情加重，醫藥無效，不得已終於衢州龍丘縣六度寺，暫葬於該寺南園。生前未嫁，故亡後四年內於 816 年遷葬於洛陽縣北邙原的祖塋。

15、《唐故張府君墓誌銘》：

君諱守珍，字珍，其先范陽人，因仕居東周，今即河南人也。……遂貶愛州（今越南境內）軍安尉，非其罪也。是時廣府都督王公晃，尚德能賢，以公充推勾判官。……爰奉恩詔，改遷郴州（今湖南境內）義章尉。……雖官階黃綬，則不曳不婁；位設仙庭，而不洒不掃。……開元廿七年（739）……終於廣州南海縣（今廣東境內）安

〔註 61〕《彙編》元和 039，頁 1977。
〔註 62〕《補遺》頁 323。

定里大雲寺。……以開元廿九年（741）……返葬于東京邙山之陽，不忘本也。〔註63〕

16、《唐故范府君墓誌銘》：

公諱仙嶠，燉煌人也。……解褐授范陽郡良鄉縣尉，調補上黨郡銅鞮縣丞，選授新安郡婺源縣令，……不聞涉洹之歌，遽遘漳濱之疾，哀哉茲地，已申旌旐之悲；搖搖彼邦，仍望絃歌之化。以天寶七載（748）七月廿日終於宣城郡寧國縣安樂寺，春秋六十有四。……雖歷官兩任，而家乏升儲，及寢疾之時，屬屬空之際，寡妻令子，泣血徒深，不遂扶持，權殯彼郡。……以天寶九載（750）八月四日，殯於北邙原先塋禮也。〔註64〕

17、《唐故河南劉公墓誌銘》：

有唐台州錄事參軍劉公，建中三年（782）寢疾終于揚州法雲之精舍，春秋若干。權窆南郭之近郊，迨今卌年矣。夫人趙郡李氏，後公逾紀，歿於東周，卜宅於龍門，亦廿年矣。公之子婿、蘄州刺史周君巢，痛公無嗣，不克喪，命公之外孫於廣陵啓護，合祔於東周趙郡夫人龍門之舊塋，從周道也。……墓誌云曰：公諱倫，字某，其先河南人也。……天寶末，胡虜犯順，南遷江左，寓居於會稽。……再命台州糾曹掾。強應所知，雅非其好。未滿歲，拂衣罷去。……郵使旁午促令上道，時朝廷虛臺閣延待。道不我行，中途遘癘而歿。

〔註65〕

上述三位誌主都是在赴往新職時不幸病亡於途中。范公也在亡後二年內被遷葬先塋，而劉公卻足足等了四十年。

18、《唐故范府君墓誌銘》：

公諱弈，字少迴，南陽人也。……尋任桂州臨桂令，秩滿守本官充安南從事。以貞元十一年（795）五月三日，終於交州龍興精舍，享年五十有七。……公之繼室夫人舅氏通州刺史河間張懃，悼姻族之零落，歎嗣子之未歸，乃惻於懷，遠令啓護。粵以永貞元年（805）歲次乙酉十一月丙寅朔一日，與李夫人同祔于河南府洛陽縣平陰鄉

〔註63〕《彙編》開元521，頁1513。
〔註64〕《彙編》天寶161，頁1644。
〔註65〕《補遺》頁333。

之北原禮也。〔註66〕

19、《唐故清河崔府君墓誌》：

貞元十四年（798）秋九月辛酉，河南府河南縣主簿崔公卒于東
都福先之佛寺。明年秋八月甲申，葬于洛陽縣平陰鄉陶村先塋之東
南一百八十步，前夫人榮陽鄭氏祔焉，禮也。公諱程，字孝武，清
河東武城人也。……署河南縣主簿，……歷官三政而亡……今葬近
先塋，平生之願也。〔註67〕

20、《唐故韋府君墓誌文》：

府君諱署，字公致，其先京兆杜陵人也。……以長慶元年（821）
八月十三日暴降氣疾，奄背於揚州法雲寺之官舍，享年七十有
四。……孤子式己……內無強近之親，外無投寄之友，慮微命之不
存，闕終天之大禮，嗚呼蒼天！以其年八月廿七日……奉寧神於揚
州江陽縣嘉□□鄉五乍村之前，從權擇祀。〔註68〕

上述三位誌主都是在外鄉任職時亡於當地寺院。范公在安南任職時，在交州
龍興精舍亡故，臨終時移入寺院。十年後才由繼夫人之舅氏遷回祖籍合葬；
崔公卒於官任上，一年後與前夫人合葬於先塋；韋公因突患暴病而亡於法雲
寺官舍。由誌文我們知道，國家還在寺院裏專門為官員設有官舍，韋署即在
寺院的官舍裏死去。死後在寺院裏停棺半月，寺院僧人為之辦理喪葬後事，
並書寫誌文。因不具備遷葬的條件，權且葬於喪亡地。

21、《唐故朱府君墓誌銘》：

公諱崇慶，字紹隆，吳郡錢唐人也。……轉婺州刺史，以公正
忤詔使，左貶虔州刺史。直道不容，無瑕棄讟，天聰遠察，枉滯見
明，加銀青光祿大夫湖州刺史。……豈期彼蒼不弔，妖鵩延災，寢
疾彌留，藥禱無降，以開元十三年（725）八月三日薨于汴州龍興寺
之淨宇，享年六十有六。其年九月十七日，殯於河南縣河陰鄉邙山
之原，近舊塋也。〔註69〕

誌主朱崇慶，錢唐人，最後官職為湖州刺史。於 725 年八月三日於汴州龍興

〔註66〕《彙編》永貞005，頁1944。
〔註67〕《彙編》貞元096，頁1906。
〔註68〕《彙編》長慶004，頁2060。
〔註69〕《彙編》開元220，頁1308。

寺之淨宇，同年九月十七日葬於舊塋。

22、《唐故清河崔府君墓誌銘》：

> 君諱逸甫，字延明，清河東武城人也。……解褐岐州岐陽縣主簿，轉左□□衛兵曹參軍、御史臺主簿、河南府倉曹參軍，……以開元四年（716）歲次景辰十二月癸卯朔廿八日庚午，終於東都聖眞觀之□思院，春秋冊有六。……粵其年閏十二月癸酉朔十三日乙酉，宅兆於河南府河南縣梓澤鄉納義里原，禮也。〔註70〕

23、《唐故李府君墓誌銘》：

> 公諱鼎，字鼎，其先隴西成紀人也。……授韓城尉，後爲延陵丞、江都丞、河東尉、平遙令、臨晉令。……寶曆二年（826）正月一日寢疾，終於臨晉縣通達之精舍，享年六十有七。……以大和元年（827）九月一日祔葬於洛陽縣清風鄉郭村先塋禮也。〔註71〕

這兩則材料的誌主都亡於非時非地。崔、李二公均任職異地，崔公亡日爲臘月二十八日，李公正值正月一日。

24、《唐故程府君墓誌銘》：

> 有唐興元元年（784）歲次甲子夏四月辛丑朔九日己酉，前殿中侍御史程君避地濟源，寓居壽覺精舍，遇疾而卒，享年六十。公名昌胤，字昌胤，東平東阿人也。……嗣夫人京兆王氏……以建中三年（782）八月廿九日，先公卒于洛陽，葬于近地。或以途路未通，或以歲時未便，皆不獲合祔。獨以此月卅日，還祔于北邙河南府河南縣河陰鄉纏陽里之舊塋，禮也。〔註72〕

25、《唐故袁府君墓誌銘》：

> 府君諱亮，字公素，其先汝南人也。……補尉於東周河南，……解綬復去，遠身而遊，出蒼梧而臨紫塞。暨此，亦一星終矣。遘癘何許，良圖眇然，弊裘折劍，竟我先棄。烏呼！以貞元甲申歲（804）秋八月二日，告終于上黨開元之精舍，享年六十有四。……遂以貞元廿年（804）十二月廿日，遷祔於龍門原之先塋，禮也。〔註73〕

〔註70〕《續集》開元015，頁462。
〔註71〕《彙編》大和005，頁2097。
〔註72〕《補遺》頁265。
〔註73〕《補遺》頁304。

上述兩位誌主均爲男性，都在病亡寺院的當年（程公在當月，袁公停留四月有餘）遷葬祖塋。程公因故避地濟源，在寄居寺院時患病亡故；袁公解官遠遊，途中患病，被迫移入開元精舍並在此死去。

26、《唐故長樂賈府君墓誌銘》：

> 維咸通十四年（873）夏五月六日，前河南府戶曹參軍賈公遘疾終于上都長安縣豐樂里癈開業寺，享年五十一。其年八月廿八日，窆于萬年縣安寧鄉姜尹村，從權也。……又調爲河南府戶曹參軍。時洛川大饑，公府無俸，棄而西歸，二年而卒。……力困路遠，未克祔于大塋，終俟他年，將蕆其志。〔註74〕

賈公爲長樂（今福建省境內）人，曾任職河南府戶曹參軍，離任西去長安，兩年後因病卒於長安縣已廢棄的開業寺。開業寺原爲隋朝的仙都宮，高祖爲尼明照廢宮置證果寺，太宗時廢寺改立高祖別廟，高宗時改爲開業寺。〔註75〕德宗時開業寺遭大火吞蝕〔註76〕，致使寺院受損慘重。之後雖有藩將田季安表示出資助修的提議〔註77〕，但未受朝廷所允。此後未見有朝廷或官宦豪貴對開業寺有大規模的修繕之舉，故此寺很快被廢棄。但是從這則史料中我們發現，開業寺作爲佛教的活動中心或許已經廢棄，然而卻提供了終喪待葬的社會慈善功能。

27、《唐故王氏墓誌銘》：

> 我伯妣太原郡君諱承法，太原人也。……及伯父薨衡州也，陟□無子儲之斗粟，旅櫬何依，夫人涕淚瀾干，容質荒毀，左提右挈，還歸故□。比竟喪事，隣里稱爲孝婦。嗚呼！開元八年（720），夫人遘疾，雖具藥物，有加無瘳。其年五月己巳朔五日壬辰，終於陽翟縣師利之伽藍也，春秋六十有四。權殯於潁水北涯。以廿七年（739）歲次己卯十月庚申朔廿六日乙酉，歸祔於洛陽縣邙山之北崗，衡州府君之故塋禮也。繼子漸，慚仲容之爲姪，痛伯道之無兒……。〔註78〕

〔註74〕　《彙編》咸通105，頁2459。
〔註75〕　《唐會要》卷48《議釋教下》「寺」條，頁989。
〔註76〕　《舊唐書》卷37《五行志》，頁1367。
〔註77〕　《舊唐書》卷159《崔群傳》，頁4188。
〔註78〕　《彙編》開元502，頁1501。

28、《唐故蕭府君墓誌銘》：

公諱謙，字思仁，蘭陵人也。……以開元十二年（724）七月十四日寢疾而終，春秋七十有四。權殯於大梁城東。……夫人彭城劉氏……以廿二年（734）七月八日終於東都弘道觀，享年六十有六。即以廿三年（735）歲在乙亥九月癸丑朔八日庚申與別駕府君合祔於河南縣平樂鄉北邙之平原舊塋禮也。〔註79〕

29、《唐故張府君墓誌銘》：

公諱翃，字逸翰，安定人也。……除郴州刺史。……大曆十三年（778）九月廿九日，薨於公館，享年七十。……夫人滎陽鄭綜靈之中女。……十四年（779）七月十九日，終于荊州精舍，享年五十七。……以建中元年（780）二月十四日合祔於北邙焦固原先塋。〔註80〕

30、《唐故鄉貢裴秀才墓誌》：

余一子曰咸，字邇思，系本於周，分封非子之邑，因以受氏，代爲河東望族。……年二十七，開成元年（836）二月十一日，歿於河南府洛陽縣德懋里之佛寺。其年四月三日葬於偃師縣亳邑鄉北原，從先塋昭穆之序，禮也。〔註81〕

材料27～30的四位亡於寺觀的誌主中，一位男性裴秀才，其餘三位爲女性；蕭夫人劉氏亡於道觀，其餘三位卒於寺院；都在亡後的二十年、一年、半年、一月有餘被遷葬祖塋；何因待亡於寺觀，誌文資料未提供應有信息，故不作進一步分析。

31、《唐故韋府君墓誌》：

皇朝梁州都督君諱令儀，生宣州司法參軍諱鑾，司法府君生左司郎中、蘇州刺史諱應物，郎中府君娶河南元氏而生公。公諱慶復，字茂孫。……順宗皇帝元年召天下士，今上（指唐憲宗）元年（806）試於會府，時文當上心者十八人，公在其間，詔授京兆府渭南縣主簿。二年，今兵部尚書、江夏公李墉鎮鳳翔。四年，移鎮於太原。二年□□公爲裏行御史，掌其文詞。四年（809），奏公以本官加緋，

〔註79〕《彙編》開元420，頁1447。
〔註80〕《彙編》建中001，頁1820。
〔註81〕《續集》開成002，頁925。

參其節度。其年，江夏公罷鎮歸，公亦歸。道得疾，至渭南靈巖寺
而病。以七月十九日終寺之僧舍，春秋三十四。以其年十一月二十
一日，祔於京兆府萬年縣鳳棲鄉少陵原蘇州府君之墓之後。〔註82〕
誌主韋慶復為中唐著名詩人韋應物之子，受尚文辭詩賦家風之薰陶，以「書
詞尤異」被受集賢殿校書郎，又因文章稱帝心而被詔授京兆府渭南縣主簿，
後為兵部尚書李墉掌文詞。在隨李從太原罷鎮返京的途中患病，途經曾任職
之地渭南縣並滯留於該地靈巖寺，不久病亡於僧舍。四個月後被歸葬祖塋京
兆萬年縣。

（二）終於寺觀的原因

　　上述情況，除去 4 位誌主（材料 3、10、22、28）死於道觀外，其餘 27
位全部在寺院裏了卻生命，由此我們可以看出，佛教勢力在唐代遠較道教為
強盛。另外，終於寺觀的誌主中，女性共 17 位，占總數的 54.8％；男性共 14
位，占總數的 45.2％。可見，較男性而言，女性更容易受宗教思想的影響，
這是因為唐代女性信仰宗教的原因有多種：有的自幼受家庭信奉的影響而信
教；有的因家庭變故，如自幼雙親早亡、中年喪夫或喪子，希望通過誦經念
佛來求得心靈的慰藉和精神解脫；有的身染重病，盼望佛祖能為自己除病消
災；有的為求福祐親、追福報恩；還有的深受社會崇佛慕道風氣的薰染而信
仰。〔註83〕以上情況導致了女性成為宗教信仰力量的中堅。

　　據上統計我們發現，誌主生前有宗教言行墓誌又直書的共有 3 例（材料 1、
2、3），墓誌未明言但有影射的情況僅 1 例（材料 4），既無宗教信仰誌文又無
暗示的達 27 例（材料 5～30）。而且，上述誌主的死亡年代除了 1 例（材料 8）
在武則天時期外，其餘都是在玄宗皇帝以後。由此，我們會產生如下疑問：

　　第一，為什麼到了玄宗以後世俗居民喪終於寺觀的情況才逐漸增多？原
因就是學者們普遍認同的觀點，即到玄宗以後特別是中晚唐時期，佛教廣泛
滲透到民眾生活中，佛教日益世俗化和本土化了。從墓誌中我們發現，到玄

〔註82〕墓誌錄文見《韋應物一家四方墓誌錄文》，文匯報 2007 年 11 月 4 日第 8 版「學
　　　　林」，參同版馬驥《新發現的唐韋應物夫婦及子韋應復夫婦墓誌簡考》。
〔註83〕焦傑《從唐墓誌看唐代婦女與佛教的關係》（《陝西師範大學學報》2000 年第
　　　　1 期）；吳敏霞在《從唐墓誌看唐代女性佛教信仰及其特點》（《佛學研究》，2002
　　　　年）；蘇士梅在《從墓誌看佛教對唐代婦女生活的影響》（《史學月刊》2003
　　　　年第 5 期）以上三位學者較全面系統地總結了唐代女性易受宗教影響的原因。

宗以後，佛教的職業信徒和普通信仰者的數量明顯增多，據嚴耀中〔註 84〕統計，《彙編》中所出現含有在家信徒婦女材料的墓誌共有 172 方，其中開元以後的共 119 方，占總數的 69.2%；《續集》中所出現含有在家信徒婦女材料的墓誌共有 63 方，其中開元以後的共 42 方，占總數的 66.7%。從數據中我們不難發現，作爲佛教信徒中堅力量的女性到中唐以後，數量有明顯增多，這正說明信眾群體在不斷擴大。至於佛教在民眾日常生活中的世俗化，已有學者作過研究〔註 85〕，此不多言。而到了玄宗以後世俗居民在臨終之際選擇在寺觀裏待亡的情況逐漸增加，這正是到中唐以後佛教走向世俗化在喪葬文化上的體現。

　　第二，這些誌主爲什麼把寺觀當作他們的最終歸宿？

　　我們知道，寺觀是片環境清靜、沒有受五濁垢染的淨土，病人臨終在此可以安心、養身、淨化靈魂，往生極樂淨土。材料 4 的誌主賀蘭氏誌文說得很清楚，「夫坦化妙域，歸眞香埊，衡之冥果，則已無量」。此外，這還便於僧道爲亡人做誦經禮懺、設壇作齋、煉度超薦、安葬入殮等法事活動，材料 20 的誌主韋公，亡於法雲寺精舍的半個月後，寺僧爲其主持了喪葬儀式，寺院沙門至廣還爲其書寫墓誌銘。對亡人的親屬來說，他們一是希望通過做法事使亡人在陰間繼續獲得陽間親人的蔭庇，材料 14 的誌主韋三娘的誌文中說「冀其魂靈，不失覆蔭」；二是藉以表達對亡人的至親感情，寄託對亡人的無限懷戀與哀思之情，如材料 3 丈夫郭密之爲亡妻撰寫的誌文飽含摯情，「天實何哉！殲我淑友。……生若浮兮死若休，予獨儼然而爲客，百歲之後，同歸是宅。」因此選擇在寺院裏終結一生是亡人通往西方極樂世界的最佳通道。

　　第三，死於寺觀的誌主，爲什麼銘文中大多數不記載他們生前的宗教言

〔註84〕嚴耀中《墓誌祭文中的唐代婦女佛教信仰》（《唐宋女性與社會》，上海辭書出版社 2003 年版）。

〔註85〕王濤《唐宋之際城市民眾的佛教信仰》（《山西師大學報》2007 年第 1 期）從佛經的實用化、佛教神明的普及化、佛僧神異功能的日常化及民眾日常生活中濃重的佛教色彩等方面來反映佛教對民眾生活的巨大影響，說明佛教已經完全意義上的中國化了。楊寶玉《中晚唐時期的世俗佛教信仰》（選自黃正建主編《中晚唐社會與政治研究》，中國社會科學出版社 2006 年版）在論述中晚唐後佛教世俗化進程中，對世俗佛教的作用作出這樣的評價：學理佛教與世俗佛教優勢強弱的轉換發生於中晚唐時期。自中晚唐起，世俗佛教漸成佛教的主流，使學理佛教在佛教史上的光芒相對暗淡了許多，同時，此後世俗佛教對中國社會的影響更遠遠超過了學理佛教。這充分肯定了中晚唐時期的世俗佛教在中古時期的地位和作用。

行，是他們不信教？還是另有原因？

　　眾所周知，墓誌銘是用來記敘死者的生平和家世，它既可以請人代寫，也可以由亡人家屬自撰，無疑撰者身份會對墓誌銘文的內容產生很大影響。相對來說，撰者在尊重死者生前事迹事實的基礎上，無論在取材、體例，還是語言、文風上都有很大的選擇度，這往往會帶上主觀的好惡愛憎的感情色彩。因此，誌主死後的「蓋棺定論」很大程度上取決於撰者之手。在這一前提下，客觀存在的情況主要有兩種：

　　其一，誌主生前有信仰，但撰者不書。對於生前只是在逢年過節到寺院裏燒香拜佛、磕頭祈禱的普通信徒，他們平時雖然也敬信佛法，但較誌主生平其它重要的良言卓行，它還不足以構成典型代表載於碑銘。對於那些信奉程度較深的在家出家職業信徒，大概是因爲受時局、周圍環境或家人親屬世俗觀念等的影響，其宗教信仰又不好秉筆直書，故只能隱沒實情。儘管現存史料不足以讓我們去深入探討，但是我們還是可以提出這樣一個推測。

　　其二，誌主生前是否信教我們無法確定，但由於死於非地、非時這個特殊的原因，故而寺院作爲寓居亡人的最終歸宿是最明智的選擇。非地指亡人的籍貫、祖籍之外的居住地；非時指中國傳統的節慶日，如春節、中秋節等。

　　死於非地的情況有如下幾類：

　　第一類是患病或突遭變故而亡於異地的女性。儒家禮教根據「內外有別」、「男尊女卑」的原則，對女性的一生在道德、行爲、修養等方面進行規範要求，提出了「三從」、「四德」。其中「三從」是指「未嫁從父、既嫁從夫、夫死從子」，墓誌中的絕大多數女性都是在隨父、隨夫、隨子等任官親屬寓居外地時遭遇了不幸或病喪。材料 14 韋三娘爲在室女，根據誌文我們推測，她因長年患病不見好轉，到了婚嫁年齡仍未有所歸。在病未愈痊時隨父赴任泉州任職，行至衢州時病情惡化，病入膏肓，家人才被迫送她到龍丘縣六度寺以盡終歲。

　　材料 11 誌主郭氏是隨夫到貶官地。丈夫張滂因秉性耿直，曾在二十年間三度被貶黜，最後被貶到蠻荒的閩甌邊地。郭氏隨夫遷徙，在「屬地多溫濕」的汀州，「疾染膏肓，土無醫和」，遂亡於開元寺院。

　　材料 8 杜氏在夫亡後隨子寓居於常州官舍，病重之際移入天興寺待亡。一年有餘被合葬於夫君舊塋「洛州北芒之原」〔註86〕。材料 12 柳宗元母盧氏是隨同被貶官的兒子一起到貶所。柳宗元於順宗皇帝在位時，協同王叔文等人，推

〔註86〕《大唐故處士河東柳君墓誌銘》，《彙編》垂拱 008，頁 733。

行一系列改革措施，由是遭到宦官、藩鎮、保守官僚等勢力的反對。憲宗即位後，王叔文集團遭到迫害，柳宗元於永貞元年（805）十一月被加貶為永州司馬，由墓誌資料看，母盧氏也隨之一起到達永州。蓋因兒子仕途受挫，境況不順，對柳母打擊很大，致使她染病上身。故柳母於到後的次年，即元和元年（806）五月因病終於永州零陵佛寺。材料 13 誌主孫氏是隨任官的繼子居於職官地。孫氏是長史公的繼室，生有一女，女已嫁為人婦。長史公先夫人裴氏留下二子，長子為台州刺史。誌文稱，長史公病亡後，孫氏「洎喪服外除，遵三從之義，榮高堂者，復廿載」。在丈夫去世、自己又未生子的情況下，孫氏仍遵從儒家的「三從」，跟從繼子播遷到台州，並病終於該地寺院。

材料 6 和 7 的兩位誌主韋氏和李氏，疑似兩人為姑嫂關係，前面已有推斷，此不多言。材料 6 韋氏的資料簡略，我們不作分析。材料 7 李氏因丈夫杜公被貶官而隨之寓居荊蠻，丈夫在被升任連州桂陽縣主簿時不幸亡故。李氏在喪夫、無子的情況下，「雖絕三從，而無貳志，撫育孤女而依乎少弟」。至於在隨胞弟李公寓居荊州期間發生了什麼變故而導致兩位女性一同喪亡於江陵精舍，誌文沒有詳載。

第二類是亡於職任上的男性：一是在異鄉的職任上。材料 18、20 兩位誌主都是在任官員，范公是河南南陽人，充任安南從事。韋公是京兆杜陵人，誌文雖未記載其仕途情況，但從他因患暴病而亡於法雲寺官舍中，我們可以斷定，他應在揚州任職。材料 24 誌主程公避地濟源，寓居壽覺寺院時因病而亡，個中原因我們不得而知。

二是在赴任的途中：材料 15 誌主張公因故被貶邊遠蠻地愛州，經賢人薦舉才被恩詔升遷至郴州。但他卻卒於廣州，從地理位置上看，廣州正是愛州通往郴州的必由之路。據此我們推斷，張公當在赴任的途中遭遇不幸而在當地的寺院裏死去。張公亡後二年被返葬祖塋。

材料 16 誌主范仙嶠，在仕途中共被授予三個官職，先是范陽郡良鄉縣尉，後調補為上黨郡銅鞮（今山西境內）縣丞，最後被選授為新安郡婺源（今江西境內）縣令。但誌文為何稱「歷官兩任」？且死於非居住地非官職地的宣城郡（今安徽境內）？查《唐代交通圖考》〔註 87〕我們發現，宣城郡恰是上黨郡到新安郡的必由之路。誌文又稱，「遽邁漳濱之疾（痼疾）」、「搖搖彼邦，仍望絃歌（出任官令）之化」，即在赴往新安郡婺源縣令的途中，痼疾加重，

〔註87〕《中國歷史地圖集》，中華地圖學社出版 1975 版，頁 56～57，頁 63～64。

被迫移入該地寺院，而婺源縣的民眾正翹首以待新縣令的上任。由上我們推測，范公在赴新官任的途中，因痼疾惡化，無法到達目的地，被迫移入寺中，便在宣城郡寧國縣的安樂寺病逝。范公生前雖然歷官兩任，死時仍然家境貧窮，以致於寡妻令子沒有充足的財力來經營返鄉的喪葬，只能暫葬於異地宣城郡，直到兩年後才將其遷葬於河南北邙山的先塋。

材料 17 誌主劉公因安史戰亂南遷江左會稽，被任命爲台州糾曹掾，不滿一年辭官後又應召爲朝廷臺閣。從台州去往京師長安需要借助水運即江蘇段的大運河，資料顯示，劉公正是沿著運河北上赴任。在途經揚州時，因病無法前行，被迫泊於揚州並在法雲寺亡故。因無子，四十年後才由其外孫遷回本鄉與夫人李氏合葬。

三是在返鄉的路上：材料 21 的誌主朱公，最後官職是湖州刺史，但死於汴州的龍興寺。據郁賢皓考證，湖州刺史在朱崇慶之後，被另一官員於開元九年（721）出任。〔註88〕也就是說，朱崇慶於開元八年（720）或九年（721）已經離任。那麼，他離任後何時到了汴州？資料沒有提供信息。我們認爲，可能存在兩種情況，一是離任後他一直居住在汴州，並在龍興寺死去；二是他離任後仍居於湖州或回籍貫地錢唐，患病後從居住地返回祖籍，途經汴州時病情加重，無法前行，家人被迫停喪於當地寺院。在寺院待喪一月有餘，就返回祖籍並葬於舊塋。從實際情況看，我們更傾向於後一種。材料 31 誌主韋慶復在從太原離職返鄉的途中不幸患病，被迫停滯於途中曾任官之地的寺院裏，醫治無效亡於寺院之僧舍。

第三類是離任後：材料 25、26 兩位誌主都在離開官任後死於異鄉。袁公是解任遠遊，中途喪亡；而賈公因旱災，官府無俸而西歸長安。至於是離職待命還是卸任後暫居長安，爲何終於已經廢棄的開業寺，因材料不足，我們難以定論。

上述幾類情況，都是誌主處於旅居在外這個特殊的條件下，忽遭喪亡這樣的重大變故，在遠離他鄉、歸程無望不得已的情況下，待亡於寺觀是他們最好的選擇。

另一種情況是死於非時。唐人有個習俗，「此宅鄰家有喪，俗云：妨殺入宅，當損人物。今將家口於側近親故家避之，明日即歸。」〔註89〕即在遇到

〔註88〕郁賢皓《唐刺史考全編》（第三冊），安徽大學出版社 2000 年版，頁 1940。
〔註89〕《太平廣記》卷 363《韋滂》引《原化記》，頁 2882。

鄰居有喪葬時，爲避免惡煞侵入自家而舉家外出躲避，待次日再回。或者「俗每人死謁巫，即言其殺出日，必有妨害，死家多出避之。」〔註90〕有人死了都要拜問巫師，巫師說出死煞出現的時日，怕有妨害舉動，死人家大多出去躲避。可見，無論周圍鄰人還是喪人家裏都非常避諱陰氣惡煞，以防有害於生人。即便在平日裏都要防範，如遇到大的年節等喜慶日，更要避凶禳災。而材料23的誌主李公，正是在寶曆二年正月一日這個非常之日過世。正月一日當是各家都在喜慶過年之際，李公因職身居外地，如死於寓所，勢必影響周圍歡慶氣氛，故病終臨晉縣通達之精舍不失爲明智之舉。這一是在唐人眼中，喪人是件很晦氣的事，它不僅給家人親屬帶來不幸，有時還會影響周圍的人，故喪家在喪期內很自覺識趣地盡可能避開與外人接觸，以免給別人帶來麻煩和不吉利，如材料4誌主賀蘭氏的誌文直言「移寢於濟法寺之方丈，蓋攘衰也」，攘衰，就是攘除惡氣和災禍。二是由於寺院是個清幽之地，人在彌留之際，能安養身心、平和靜處，安樂地死去即「善終」，也是對旅居在外游子的一種心理慰藉，如材料21身居異鄉的朱公，其誌文中直呼龍興寺爲「淨宇」。同樣，材料22誌主崔公亡於臘月二十八日，雖然適逢該年閏臘月，但從舊俗來看，年關佳日遭遇大喪，總是要有所避諱。加上又身處異鄉，只能待亡於寺觀。

第四，寺觀爲什麼願意接納這些臨終之人？我們認爲，這主要應與宗教的宗旨和宗教的自身發展有關。

佛教主張以慈悲爲懷，佛陀在世時曾宣說種種離苦得樂的妙法：「貧窮者教以大施，病瘦者給予醫藥，無護者爲作護者，無所歸者爲受其歸，無救者爲作救者。」佛教徒本著佛陀此一慈悲濟世的本懷，在人間推動實踐各項慈善事業。道教的善書也倡導以仁愛惻隱之心利物濟人的慈善行爲。它勸導富有者要「矜孤恤寡，敬老懷幼」，「救人之難，濟人之急」，「措衣食周道路之飢寒，施棺槨免屍骸之暴露」，施醫施藥、戒殺放生等，以此積累功德，獲致善報。

從宗教自身的發展來說，教徒們是爲了弘法傳教，以便擴大宗教的影響。寺院不但是僧人修行用功的道場，而且是接引宗教信徒舉行各種法事活動的場所。佛教徒們在以悲願、力行、和合的理念、以佛教的表達方式從事對社會服務的同時，直接使世俗人受到佛教的洗禮和薰陶，無形中向世人宣傳了佛法，這比單純講法說教更有效果。因而眾多佛教徒以寺院爲中心，四眾弟

〔註90〕《太平廣記》卷330《僧儀光》引《紀聞》，頁2624。

子內修外護，使佛法常新，代代相承。

　　當然，世俗居民因儒家傳統喪葬習俗的影響根深蒂固，在思想上不會開放到都進寺觀裏終結生命（上述分析表明，絕大多數誌主都是因旅居在外這一客觀情況，才不得已選擇入寺觀而終），寺院也不可能滿足全社會成員的需求，這雙面因素的互相制約，決定了進入寺觀待亡的俗人也不會多到成為寺觀的沉重包袱，如本文從七千餘方〔註91〕唐人墓誌中也僅僅整理出 30 位亡於寺觀的俗人。當然，能寫得起墓誌銘的人也不是一般的俗人，而是在當時有一定的社會身份、地位和財力之人，從上述材料中我們也看到，這些誌主的家庭背景、婚姻狀況及自身教養都表明了他們絕非是普通民眾，而是唐代的士庶官宦階層。

　　從誌文中我們發現，諸上誌主雖然都選擇在寺觀裏結束生命，但是在入殮下葬時，他們都無一例外地按照傳統世俗的喪葬習俗，或歸葬於先塋，或權厝於異鄉。權葬於他鄉的原因大致有三種：一是因時局動蕩不定，而家無男、女且弱，不可能返葬，如材料 5 誌文說「無男，有女一人，年方稚孺，攀援而泣，罔晝夜無常聲。其時中原寇猾未平，權殯於豐城郡」；二是因路途不通，歲時不便，無法歸葬舊塋，材料 24「以途路未通，歲時未便，皆不獲合祔」；三是因財力不足，又無親友協助，無法獨自承擔遠途遷葬的高昂費用，材料 9「財力不足，未克歸窆，遂權厝於縣之北原」，材料 16「屬屬空之際，寡妻令子，泣血徒深，不遂扶持，權殯彼郡」；材料 20「內無強近之親，外無投寄之友，慮微命之不存，闕終天之大禮，嗚呼蒼天」，材料 26「力困路遠，未克祔於大塋，終俟他年，將葳其志」。但是一旦時機成熟，他們的親屬子嗣就會竭盡全力遷葬歸祔故鄉祖塋，所謂「桑以養生，梓以送死」也。

　　我們還發現，許多親屬子嗣為遷葬之事準備了短則幾月，長則幾年、十幾年，甚至數十年之久。究其原因，是經濟條件和路程遠近直接影響了遷葬祖塋的時間，是制約遷葬事宜的主要因素，因為在當時交通工具極不發達的情況下，亡人家眷只有財力充足，才能負擔得起長途跋涉的各種費用。如材料 24 和 21 的誌主都是在亡後短短的一個月前後就返葬祖籍，主要在於路途

〔註91〕據姚平的統計：《彙編》收有墓誌 3543 篇，《續集》收 1575 篇，《全唐文》集墓誌祭文 925 篇。其中，《全唐文》中有極一小部分墓誌與《彙編》和《續集》重複。參見姚平《唐代婦女的生命歷程》（上海古籍出版社 2004 年版）。另外，《補遺》中共有 1191 篇，總計 7234 篇。

近便；而材料 17 的劉公和材料 10 的鄭氏則分別等了四十年和三十年之久，原因固然很多，但經濟有限和路途遙遠無疑是解決這一問題的關鍵。

（三）結論

通過對墓誌資料的研究，我們看到，佛道二教在喪葬文化上對唐代城市世俗居民的影響主要表現在：有一部分世俗居民，無論是否有宗教信仰、是否有宗教體驗和經歷，在臨終之際都有在寺觀裏死亡的情況。這 31 位誌主中，除了 4 位在道觀裏外，其餘 27 位全部在寺院裏亡故，說明了在唐代佛教遠比道教的發展規模大；這些誌主中，女性占總數的 54.8%，男性占 45.2%，這是女性較男性更易受宗教影響的表現。

上述誌主亡於寺觀的情況各有不同，大致分爲：有宗教言行的 3 例（材料 1、2、3），無宗教言行但誌文暗示受宗教影響的 1 例（材料 4），這 4 位誌主除材料 4 賀蘭氏爲攘除災禍而移入本地寺院外，其餘 3 位均亡於外地寺觀。既無宗教言行又無宗教影響的 27 例（材料 5～30），這 27 位待亡於寺觀的誌主情況爲：除去因患病或突遭變故而亡於異地的女性外（材料 6、7、12、13、14），其餘（除材料 30 裴秀才無官位）大都是因宦遊而亡於外的男性，包括亡於異鄉的職任上（材料 18、20、22、23）；亡於赴任的途中（材料 16、17）；亡於還鄉的路上（材料 21、31）；離任後寓居異地而亡（材料 24、25、26）。這些誌主的共同境遇是：他們都是有一定的社會身份、地位和財力之人，是唐代士庶官宦階層；他們絕大多數都遠離家鄉、旅居在外，在突患暴疾、久疾入膏肓、突發變故，無望返鄉的情況下，他們只有就近移入寺觀結束生命，是在非常時期、非常地點的不得已選擇。當然，由於傳統喪葬習俗的影響根深蒂固，不會有很多世俗居民願意做這樣的選擇，如七千餘方的墓誌中，才僅有 31 位這樣的誌主。選擇待亡於寺觀的人數極其有限，加之宗教的宗旨和自身發展的需要，使得寺觀也願意接納他們。

上述誌主亡後，除了客觀條件不允許（材料 9、20、26）外，其餘的都由親人根據條件，在相隔幾月、幾年、十幾年甚至幾十年後相繼歸葬祖塋，這是儒家思想葉落歸根、魂歸故里傳統的表現。因此，我們認爲，當這些誌主在特定時空下，限於現實條件而被迫選擇寺觀作爲人生結束之地、停喪待殯之所時，作爲宗教中心的寺觀，就在某種意義上兼具當今醫院和殯儀館的某些功能，具有社會慈善意義。材料 26 誌主河南府戶曹參軍賈公，則「邁疾終

於上都長安縣豐樂里廢開業寺」，這個已廢的開業寺，想必其宗教功能已然喪失，但它過去作為附帶的慈善功能，卻非但沒有喪失，或許更加強化和專門化了，更正確地說，這個過去的宗教中心，其宗教功能仍保留於、仍體現在提供終喪的慈善功能之中。

三、喪葬觀及葬法

（一）喪葬觀

出世之人對待死亡的態度與世俗不同。道教崇尚自然，欲與天地同化，希望長生不老，或羽化成仙。佛教宣揚「輪迴轉世」。「輪迴」說以為，人死是必然的，但神魂不滅。人死後不滅的靈魂，將在天、人、畜生、餓鬼、地獄中輪迴，「隨復受形」，而來生命運則是由「善惡報應」所決定，「此生行善，來生受報」，「此生作惡，來生必受殃」。因此，佛教信徒更注重現世的「功德」積累，希望今世的行善積德、持守戒律、修習禪定，既能夠在死後通往淨土，永脫苦海，又能在來世受到好的果報。而現世的厚葬，徒具形式，生前死後於人與己都無益處。可見，佛教和道教在喪葬上都不重厚葬，主張薄葬。

在唐代，受佛教和道教思想的影響，一些在家信徒臨終遺令薄葬。主要有如下數例：
《唐故清河崔府君妻杜氏墓誌銘》：
> 夫人姓杜氏，諱德，京兆杜陵人也。……貞順極婦道之美，慈訓備母儀之德，博涉禮經，尤精釋典。……以唐開元六年（718）十二月十五日甲戌遘疾，薨於河南府永豐里第，春秋七十五，遺令葬唯瓦木，一皆遵奉。〔註92〕

《唐故河南源公墓誌銘》：
> 公諱杲，字玄明，河南洛陽人也。……天冊中，國家有事于嵩嶽，會王云畢，賞命有數，加朝散大夫，轉冀州武強、并州樂平、洛州王屋三縣令。……以開元十年（722）二月九日寢疾，薨於東都崇讓里第，春秋八十。……束髮從宦，將五十年，潔白自居，常以不貪為寶。加以晤茲生滅，早契薰脩，每受持金剛波若經，計所誦二萬一千餘遍。悲夫！福善之應，何其爽歟？當疾亟而神識不撓，

〔註92〕《彙編》開元159，頁1266。

遺令薄葬，啓手啓足，怡然待終。〔註93〕

《唐故盧君夫人墓誌銘》：

> 夫人諱晉，字行昭，趙郡平棘人。……夫人少明惠柔順，居
> 家以仁孝稱，既筓之後，繼室歸于我先府君。……府君先有兩子
> 曰微明、藏用，夫人自誕一子曰若虛，而撫養偏露，逾於己生。……
> 開元八年（720），從微明宰浚儀（唐置汴州，以濬儀爲治所，地
> 在今河南開封市），崇信釋典，深悟泡幻，常口誦金剛般若經。其
> 明年又隨若虛述職覃懷（今河南武陟縣），至十三年（725）秋七
> 月，寢疾大漸，遺令曰：夫逝者聖賢不免，精氣無所不之，安以
> 形骸爲累，不須裀葬，全吾平生戒行焉。時服充斂送終，唯須儉
> 省。祠祭不得用肉。以其月廿九日夜奄垂棄背於武德丞廨宇，春
> 秋七十三。〔註94〕

《唐故吳郡張氏墓誌銘》：

> 先妣夫人即府君親舅之女，得姓曰張，望出吳郡，……年卅八，
> 府君傾背，……而嘗留遺命曰：吾年過歲制，病在膏肓，餘氣幸存，
> 思有誡約。況吾心崇釋教，深達若（苦）空，人之死生，豈殊蟬蛻。
> 汝當節去哀情，無令害己，儉薄營葬，勿遺妨生。……大中十一年
> （857）七月七日，終于洛陽城私第，享年六十六。〔註95〕

上述四位誌主生前均爲居家禮佛的居士，盧府君繼室「崇信釋典，深悟泡幻」，口常頌《金剛經》，源公生前持《金剛經》共頌「二萬一千餘遍」，張氏也「深達若（苦）空」，可見，他們浸染佛教經典之深。受佛教信仰的影響，他們臨終前都遺令薄葬，如源公遺言時「神識不撓」、「怡然待終」，杜氏遺令「葬唯瓦木」，盧府君之繼室「時服充斂送終，唯須儉省」，張氏「儉薄營葬，勿遺妨生」。他們這樣做的原因是「平生戒行」所使然。顯然，盛行於唐代的佛道二教，在喪葬觀念上對中國傳統的喪葬文化產生了重要影響。

（二）葬法

在葬法上，唐代在家信徒尤其女性信徒由於受宗教信仰的影響，很多人反對傳統的夫妻合葬法。

〔註93〕《彙編》開元146，頁1257。
〔註94〕《彙編》開元221，頁1309。
〔註95〕《彙編》大中136，頁2357。

　　據劉淑芬先生在對中古露屍葬〔註96〕的研究中得出，在實施露屍葬的俗人信徒中，以婦女居多數。這些婦女都是孀婦，她們遺囑不願與其夫婿合葬，其主要原因有：一是受佛教的影響，特別是佛教中的修行方法的影響。佛教是一種禁欲的宗教，佛教徒在修行時須注意保持身、語、意方面的清淨，而保持身方面的清淨，主要是要禁斷情慾。在唐代墓誌資料中，有些居家信佛的孀婦，因夫婿先亡，長久以來過著寡居的「清淨」生活，因此遺言死後不願祔葬夫塋。二是佛教對婦女的看法。在佛教發展的早期，部派佛教認為女性不能成佛，但如果努力修行轉身成男子，再由男子便可成佛。受「轉身論」影響，有的女性不與夫合葬。〔註97〕因此，墓誌中出現許多女性不與夫婿合葬的情況。

　　反對傳統夫婦合葬法的信徒臨終遺言常用的一句話是「合葬非古」。實際上，這裡的「古」指的是周公之前的遠古時代。《禮記・檀弓上》曰：「合葬非古也，自周公以來，未之有改也。」孔疏：「合葬之禮非古昔之法，從周公以來始有合葬，至今未改。」〔註98〕在理論上為不合葬找到合法的依據，是為了說服家人親屬不應有所顧慮，在其死後務必遵從遺言。這也從另一方面說明了傳統喪葬習俗的影響之深，要從根本上改變會有很大的阻力。

　　除了不用傳統的合祔葬外，信徒中還有些主張依照佛教徒安葬方式處置遺體的。佛教徒的葬法大致分為五種：土葬、火葬、水葬、岩葬、林葬，其中後三者在印度通稱為露屍葬。下面分別敘述之。

　　土葬是將死者埋葬於土中，或起墳或建塔。這種葬法在墓誌裏採用得最為普遍。下舉較典型的數例說明。

《唐故宋氏之墓誌銘》：

> 夫人諱尼子，字尼子，廣平人也。……於是歸依八解，憑假四緣，顧託津梁，追崇福祐。……以天授二年（691）閏五月廿一日卒於利仁坊之私第，春秋六十四。臨終之際，謂諸子曰：吾心依釋教，

〔註96〕所謂露屍葬，是指沒有棺槨，而將死者的遺體直接暴置於野外，或沈之於水中，讓鳥獸蟲魚食用。參見劉淑芬《林葬：中古佛教靈屍葬研究之一》，《大陸雜誌》第 96 卷第 1 期。

〔註97〕有關中古女信徒受佛教影響不與夫婿合葬的情況，劉淑芬做了詳細分析，參見《石室瘞窟：中古佛教露屍葬研究之二》，選自《大陸雜誌》第 98 卷第 2 期。

〔註98〕《十三經注疏》之《禮記注疏》，頁 67～68。

情遠俗塵，雖匪出家，恒希入道。汝爲孝子，思吾理言。昔帝女賢妃，尚不從於蒼野；王孫達士，猶靡隔於黃壚。歸骸反眞，合葬非古，與道而化，同穴何爲？棺周於身，衣足以斂，不奪其志，死亦無憂。以大周長壽二年（693）二月十二日葬于洛陽之北邙，去夫塋五十步，志也。〔註99〕

《大周故仵氏墓誌銘》：

夫人諱□其先楚國人也。……以久視元年（700）臘月廿三日遘疾，終于來庭縣綏福里，春秋七十有三。嗚呼哀哉！重惟靈和受氣，廉順凝姿，將開淨土之因，兼奉祇園之律。情超俗境，思入禪津，以爲合葬非古，事乖衣薪之業；弘道在人，思矯封防之典。平居之時，願疏別壙，遷化之際，固留遺命。〔註100〕

《唐故趙氏墓誌銘》：

夫人諱璧，字仲琰，南陽宛人也。……自喪所天，鞠育孤孺，屏絕人事，歸依法門，受持金剛、波若、涅般、法華、維摩等西部尊經，晝夜讀誦不輟。……粵以長安二年（702）十一月二日寢疾，終於河南府河南縣洛城鄉靈臺里第，春秋七十有六。以府君傾逝年深，又持戒行，遺囑不令合葬墳隴，還歸舊塋。道濟尊奉先言，不敢違失，即以大唐開元十五年（727）二月三十日窆於河南府河南縣平樂鄉邙山之原禮也。〔註101〕

《唐故李君夫人墓誌銘》：

唐大曆十二年（777）十二月十五日，故亳州眞源縣令李君夫人終於東周履信里私第，春秋六十有四。……夫人姓雲，河南人也。……及春秋漸深，苦空白覺。淨除雜染，精進四依。心入佛乘，意開禪惠。蹔居塵世，五濁之難實超；不去俗衣，三界之緣已割。深於禪者，無不嘉焉。初，夫人之將終也，命其子琦曰：吾聞合祔非古，不可從也。吾早履空門，懷歸淨土，身歿之後，俯精舍以塔吾。使旦暮得聞鐘梵之音，死有歸矣。〔註102〕

〔註99〕《彙編》長壽011，頁839。
〔註100〕《彙編》大足006，頁988。
〔註101〕《彙編》開元252，頁1330。
〔註102〕《補遺》，頁260。

以上四位佛教信徒都臨終遺言不合祔葬，宋氏「歸骸反眞」、「與道而化」；仟氏認爲「合葬非古，事乖衣薪之業；弘道在人，思矯封防之典」，因而臨終堅持己見並固命家人遵照執行；趙氏家人因其生前修持戒行而「尊奉先言，不敢違失」；李氏「早履空門，懷歸淨土」，因而遺言家人造塔建經舍，以便於她歿後「且暮得聞鍾梵之音」，使自己死有所歸。此外，還有前引盧府君繼室，遺令「精氣無所不之，安以形骸爲累，不須祔葬，全吾平生戒行焉」。下文將要引用的《唐故蘇氏墓誌銘》亦稱誌主「遺命不令祔葬」。

　　火葬在佛教裏又稱荼毗，指焚燒遺體，埋其遺骨。這種「荼毗火葬法」在唐代僧人中採用很普遍，但在俗人中極爲罕見。在墓誌中，僅見有一位女性信徒臨終遺言，希望按照佛教徒的方式實行火葬，《唐故蘇氏墓誌銘》載稱：

> 夫人始自閨闈，以淑愼稱，及笄，奉命歸於王氏……會昌四年
> （844）八月七日寢疾，終于河南縣杜翟里之別墅，享齡七十九。嗚
> 呼！奠無息嗣，哭唯諸姪，遺命不令祔葬，敕家臣曰：吾奉清淨教，
> 欲斷諸業障。吾歿之後，必爐吾身。且甥姪之情，何心忍視，不從
> 亂命，無葬禮經。〔註103〕

誌主蘇氏遺命不合祔，而要求火葬，其甥侄於心不忍，「不從亂命，無葬禮經」，未遵照執行。這說明在當時世俗人中，這種葬法仍很難受到時人的接受和採用。正如日本學者礪波護指出的那樣，直到唐末五代時期，一般中國人舉行火葬的紀錄才逐漸出現流行的徵兆。〔註104〕

　　水葬一是將屍體投入河中，讓魚蝦啖食，二是將火葬後的骨灰撒入水裏。其葬法主要是「先實行土葬，等血肉銷盡，再火化餘骨，以骨灰分撒於水、陸，藉以達到露屍葬普及一切有情、水陸空行的生物的目的。」〔註105〕這種葬法在唐代俗人墓誌中也極爲罕見，僅見元和年間由大聖善寺沙門文皎述並

〔註103〕《彙編》會昌033，頁2234。

〔註104〕日本學者礪波護認爲：「從南北朝後期到唐朝中期，佛教大大滲透到中國社會的各個方面，爲人民廣泛接受。但是，其送葬儀禮的火葬，宮中固不待言，在貴族和庶民中間也完全沒有實行，這是值得注意的。……在唐朝，相當多的僧侶實行火葬。但是，一般中國人舉行火葬的記錄，只能追溯到黃巢之亂（875～884）以後的唐朝末年，到十世紀的五代時期，才逐漸出現流行的徵兆。」礪波護著、韓昇譯《隋唐佛教文化》，上海古籍出版社2004年版，頁84。

〔註105〕劉淑芬《石室瘞窟：中古佛教露屍葬研究之二》，選自《大陸雜誌》第98卷第2期。

書的《唐故邊氏夫人墓記》：

> 夫人姓邊氏，晉陵人也。……夫人頃罹腰腳之疾，又失所天，哀
> 瘵相攻，彌留大漸，遂命諸子曰：災眚所縈，因於瘵蠱，時人以生死
> 同於衾穴，厚葬固於尸骨。吾早遇善緣，了知世幻，權於府君墓側，
> 別置一墳，他時須為焚身，灰燼分於水陸，此是願也。以元和七年（812）
> 八月一日奄終洛陽縣毓財里之私第，春秋六十九，卜其年其月廿八日
> 祔葬於當縣平陰鄉積閏村何氏之墓次，遵理命也。〔註106〕

誌主邊氏早奉釋氏，彌留之際命諸子先在夫婿墓側建一墳墓，以後再焚身將
灰燼撒向水陸。其家人尊重了她的選擇，並請沙門為之作墓記。

岩葬是露屍葬的一種，是將遺體直接放置在石室或石窟之內，因此，有
學者稱之為「石室瘞窟」。這一葬法見諸文獻或墓誌的有稱為「龕」、「石龕」、
「石窟」、「石室」等。此外，這種葬法由於是在山崖石壁或平陵處，或是利
用天然地形，開鑿創建埋葬屍體的空間，因而關中一帶方言也稱之為「空」，
〔註107〕考古學者稱為「瘞窟」〔註108〕。較為典型的例子有三例：

《大唐故董夫人墓誌銘》：

> 夫人姓董氏，隴西焞煌人。……屬穹蒼不憖，早喪所天。……
> 夫人晚節，志尚幽玄，棲心淨境，凝神釋教。冀皇天輔德，積善有
> 徵；何圖構疾，方從大漸。臨當屬纊，爰有貴言：吾沒之後，不須
> 棺葬，致諸巖穴，互望原野。有子明達，死諫未從。徒瀝血以陳誠，
> 愬蒼旻而莫及。雖奉遵顧命，而心府失圖。顯慶六年（655）二月十
> 八日卒於雍州之萬年勝業里，春秋八十有七。還以其年……葬於京
> 兆長安之城南馬頭空，禮也。〔註109〕

《大周故長孫氏墓誌銘》：

> 夫人長孫氏，河南郡人也。……夫人宿植得本，深悟法門，捨
> 離蓋纏，超出愛網，以為合葬非古，何必同墳，乃遺令於洛州合宮

〔註106〕《彙編》元和054，頁1987。

〔註107〕參見劉淑芬《林葬：中古佛教靈屍葬研究之一》，《大陸雜誌》第96卷第1
期。

〔註108〕張乃翥《龍門石窟唐代瘞窟的新發現及其文化意義的探討》，《考古》1991年
第2期；李文生、楊超傑《龍門石窟佛教瘞龕形制的新發現──析龍門石窟
之瘞穴》，《文物》1995年第9期。

〔註109〕《續集》顯慶050，頁114。

縣界龍門山寺側爲空以安神埏。子昕等孝窮地義，禮極天經，思切風枝，哀纏霜露。從命則情所未忍，違教則心用荒然。乃詢訪通人，敬遵遺訓，遂以長安三年（703），梯山鑿道，架險穿空，構石崇其基，斲絮陳其隙，與天地而長固，等靈光而歸然。〔註110〕

《唐故河東郡君柳墓誌銘》：

夫人諱□，字□，河東人也。……無孟母之男，有黃公之女，悲夫！……春秋七十有六，開元六年（718）四月廿三日終於洛陽縣尊賢里之私第。夫人悟法不常，曉身方幼，苟靈而有識，則萬里非艱；且幽而靡覺，則一丘爲阻。何必順同穴之信，從皎日之言。心無攸住，是非兩失，斯則大道，何詩禮之□束乎？乃遺命鑿龕龍門而葬，從釋教也。……以其年八月廿九日自殯遷葬於龍門西山之巖龕，順親命禮也。〔註111〕

這三位誌主的岩龕主要在長安的城南馬頭一帶和洛陽的龍門山寺周圍鑿龕而建。據劉淑芬先生研究，馬頭是長安附近的石室瘞窟三個集中地區之一，在洛陽則主要集中在龍門山周圍。〔註112〕不過採用石室瘞窟葬於這兩地的主要是出家的僧人，也就是說，這兩地是僧人的集中岩葬地。而上述三位誌主卻是在家信徒，她們遺言歿後葬於出家人的岩葬地，這不僅反映了她們將靈魂寄託於往生佛國的美好願望，也反映了她們生前對佛教的虔誠歸向，以至於歿後既要做效僧人葬法安葬，又要葬於僧人葬區，儼然已是出家人。三位誌主在彌留之際都向親人提出了歿後鑿穴岩葬的要求。她們的親人雖然最終都遵從誌主的遺願，但心理各有不同反應。董氏之子「死諫未從，徒瀝血以陳誠」，「雖奉遵顧命，而心府失圖」；孫氏之子「從命則情所未忍，違教則心用荒然」，不得已向通達學識之人請教，才「敬遵遺訓」；只有河東柳氏的誌文裏沒有留下其家人態度的記載，只是最後說「順親命」而已。可見，這種葬法確實有違情理，也難以讓世俗人接受，因而這三位誌主也是唐代俗人墓誌資料中罕見的幾例。

林葬又稱野葬，即棄置屍體於林野，施與鳥獸啖食。唯見武則天長安年間由外孫弘福寺僧定持所建《大周故居士蘆州巢縣令息尚君之銘》：

〔註110〕《彙編》長安054，頁1029。
〔註111〕《彙編》開元073，頁1204～1205。
〔註112〕劉淑芬《石室瘞窟：中古佛教露屍葬研究之二》。

惟君諱眞，字仁爽，清河郡人，呂望之後也。春秋七十有七，
奄從風化。去調露元年（679）八月十九日逝於鄠縣修德之里，即以
其月廿五日遷柩於終南山雲居寺屍陁林，捨身血肉，又收骸骨。今
於禪師林所起磚墳焉。表生從善友之心，殯不離勝緣之境，建崇銘
記，希傳不朽。〔註113〕

居士息眞歿後由其出家的外孫施以林葬，以表其「生從善友之心，殯不離勝
緣之境。

　　對上述違背傳統方式的葬法，誌主的親人眷屬是如何對待和反映的呢？
除個別情況如前引誌主蘇氏的甥侄不遵從遺令，按照傳統世俗的葬法安葬
外，誌主的家人在大多情況下都是尊重並滿足了死者的遺願，但是思想和感
情上需要一個接受的過程，這在墓誌銘中有明顯地反映。如董夫人子明達從
最初的「死諫未從」，到後來「奉遵顧命」，長孫氏之子昕等「從命則情所未
忍，違教則心用荒然」，晚輩的尷尬、彷徨、無奈之情難以掩飾。傳統世俗的
阻力是之大，可以想見。

四、作福追薦

　　生死兩界的隔離，產生了生者為表達對亡親的盡孝和寄託哀思而舉行的
定期追福祭奠活動。儒家慎終追遠的傳統孝道觀念使我國自先秦以來就形成
一套繁複的祭奠禮俗。佛教思想觀念滲透於社會各個方面後，傳統上的祭奠
活動也受到極大影響。到唐代，佛教的盛行使世俗人以寫經造像、修建塔廟
等方式為亡親追福修功德活動蔚然成風。墓誌中留下了大量的唐人以佛教方
式為亡親盡孝和表達哀思的資料。茲擇其典型者如下。

　　1、《故清信女大申優婆夷灰身塔記》：

　　　　大唐貞觀十八年（644）五月廿七日終，至十九年（645）二月
八日有三女為慈母敬造。〔註114〕

　　2、《故清信女佛弟子范優婆夷灰身塔》：

　　　　大唐貞觀廿□年四月八日有出家女為慈母敬造。〔註115〕

〔註113〕《彙編》長安038，頁1018。
〔註114〕《彙編》貞觀106，頁75。
〔註115〕《續集》貞觀070，頁49。

3、《故清信佛子玉灰身塔》：

　　故清信佛子玉，永徽二年（651）七月終，至六年（655）正月
廿六日，□此名山。男女等□□爲母造灰身塔，刊石□記。〔註116〕

4、《故清信士呂小師灰身塔》：

　　大唐顯慶三年（658）四月八日妻戴敬造。〔註117〕

5、《大唐故越國太妃燕氏墓誌銘》：

　　太妃諱□□，字□□，涿郡平昌人也。……太夫人即隋太尉、
觀王楊雄之第三女也。……太妃以中宮在感，燧火旋周，乃赴東都，
將申哀唸。途中感疾，奄臻大禍，……以咸亨二年（671）七月廿七
日薨於鄭州之傳舍，春秋六十有三。……舊制：諸王太妃，自率常
禮。言發中旨，特於別次舉哀。凶事所須，隨由官給，務從優厚。
仍令工部尚書楊昉監護，率更令張文收爲副，賜東園秘器，陪葬昭
陵。贈物七百段，米粟七百石，儀仗送至墓所往還，特給鼓吹。仍
令京官四品一人攝鴻臚卿監護，五品一人爲副，馳驛賵襚，典策隆
重。東都寺觀，恩敕咸爲設齋。宋州僧尼，行道三日，度二七良人。
中宮爲造繡像二鋪，廣崇淨業，兼製銘文，詞旨絕妙。青編錦字，
事超故實。三昧二乘，傍追勝果。〔註118〕

6、《大唐故安府君之墓誌銘》：

　　君諱孝臣，太原郡人也。……何忽終于敦厚里之私第，春秋卅
有六。……以開元廿二年（734）歲次三月八日，魂歸四大，氣散春
風，荒郊之野，永世長居。用其年四月九日，殯於河南縣平洛鄉邙
山之原母大塋內安措禮也。夫子之德，其銘曰：……惟靈生母塋內，
敬造尊勝石幢，高二丈五尺。又就墓所寫花嚴經一部。願靈承塵沾
影，往生淨土。〔註119〕

7、《唐故太原王夫人墓誌》：

　　夫人姓王氏，字太真，太原郡人也。……夫人性孝敬，依歸佛，
喜潔淨。……夫人來歸余室，周□年矣。或曰：嗣事甚嚴，宜有冢

〔註116〕《續集》永徽031，頁72。
〔註117〕《彙編》顯慶072，頁274。
〔註118〕《續集》咸亨012，頁192。
〔註119〕《彙編》開元401，頁1433。

子，於是祈拜佛前，志求嫡續。精懇既堅，果遂至願。以咸通三年（862）十一月十六日初夜娩一男孩。夫人喜色盈溢，及二更，不育。夫人方在蓐中，而傷惜之情，不覺涕下。三更，夫人無疾，冥然而終于河中府官舍。奈何報應方諧而反是喪己。彼蒼者天，殲我良偶。施善之道，在於何哉！……被禍之初，余修齋終卅九日，及廣造功德，冀此虔懇，助彼善緣。今於兆中皆取夫人平昔服玩之物樣製，致于其內，神道固當喜用之。〔註120〕

8、《唐故博陵崔府君墓誌銘》：

有唐乾符乙未歲（875）五月十四日，蔚州司馬博陵崔公無恙告終於河南府河南縣嘉善里之私第，春秋五十有六。……嘗以先考協律府君、先妣隴西夫人不及祿養，未報劬勞，於龍門山廣化寺構毗盧遮那塔一，刻柟雕楄，曲盡其妙，至於寫經圖像，無不精勤，而又安於儉薄，急於賙施，始終盡瘁，以至歸全……〔註121〕

9、《亡室姑臧李氏墓誌銘》：

亡室姓李氏，諱道因，其先隴西成紀人。……洎丁艱疚，毀瘠加等，……欲報罔極，誓閱藏經，永日中齋，寒暑無替。性簡素雅澹，薄於浮榮，深味禪悅，視珠鈿繡續與贊蒿衣弊不殊焉。……以乾符三年丙申（876）遘疾經時，秋七月九日終於上都靖安里第。

〔註122〕

10、《唐故王府君墓誌銘》：

府君諱文進，字文進，其先太原人也。……以光啟二年（886）二月廿四日終于私第。夫人張李程李四氏，相次而歿。再娶郭氏夫人，……自遭君禍，勤修奠祀，蓬首疚心，畫像轉經，以薦魂路，晝號夜泣，□□傷哉！〔註123〕

從上引材料來看，爲亡者追福的主要有子女爲亡父母、夫婦一方爲已亡一方、國家爲皇室重要成員等。《父母恩重難報經》曰：「能爲父母受持讀誦書寫父母恩重大乘摩訶般若波羅蜜經，所有五逆重罪，悉得消滅永盡。」造經幢、

〔註120〕《續集》咸通011，頁1041。
〔註121〕《彙編》乾符006，頁2474。
〔註122〕《彙編》乾符020，頁2487。
〔註123〕《彙編》光啟003，頁2518。

抄經卷、建塔圖像，既可以爲亡父母修功德造福，又可以表達兒女們對父母無盡的緬懷和思念之情。而那些因種種原因未能盡奉養之孝的兒女還可藉此彌補父母昔日的養育之恩，也爲自己不安的內心尋求解脫。這在墓誌資料中最爲多見。其次是夫婦一方爲另一方祭奠，如材料 7 誌主王氏死於難產，其夫爲其修七七齋超度亡靈，並將生前所好服玩之物樣制一併置於墓內，認爲這樣既可以爲亡妻減輕在陰間的苦罪，又可以供亡妻在陰間享用，使其享受同生世一樣的生活。此外，也有國家爲亡故的皇室成員招僧尼做法事，如材料 5 誌主太妃亡後享有極高的哀榮，皇帝特別爲之舉哀，京城高官監護、喪葬用品由朝廷配給，贈糧布等。更重要的是朝廷專門爲之延請宋州的僧尼爲之行道三日，敕度十四個良人，中宮爲之造繡像二鋪。既有儒家傳統的喪葬禮節，又有造像轉經、爲死者超度亡靈的佛教儀式。這種例子較爲少見。從墓誌資料中，我們還發現，建塔造像爲亡者追福的形式多選擇在特殊的日期，尤其佛教的二月八日、四月八日佛誕節、佛成道日等。這種情況在《房山石經題記彙編》中也可以爲證。《題記》中保存了大量的關於唐代幽州地區官民們爲已亡故的父母、夫或妻、兄弟等親人上經追福，他們多在亡親祭日、節俗等特殊的時間上經。由於材料豐富集中，留待筆者日後做深入探討。

佛經稱，人在剛喪亡時有一個中陰時期，即人死後尚未投胎之前，有一個由微細物質形成的化生身來維持生命，此化生身即是中陰身。此中陰身在最初的四十九天中，每七天一生死，經過七番生死，等待業緣的安排，而去投生。亡者在罪福未定時，如果家人眷屬在七七日內，誦經禮懺、營齋追薦、放生消障、塑畫佛像、捐資建寺修廟等爲其修福，亡人就能永離苦海，往生極樂世界。《地藏菩薩本願經·利益存亡品》說，人命終後七七日之間，亡者如癡如聾，或在諸司辯論審定業果，未測之間，千愁萬苦，念念之間希望骨肉眷屬爲之造福救拔。此時，若能更爲身故之後，七七日內，廣造眾善，能使是諸眾生永離惡趣，得生人天，受勝妙樂，現在眷屬利益無量。《優婆塞戒經》卷四說，若亡者墮於餓鬼道，需要親屬爲其作福（追福）布施，奉勸人們爲餓鬼勤作福德：若以衣食、房舍、臥具、資生所須，施於沙門、婆羅門等貧窮乞士，爲其咒願令其得福，以是施願因緣力故，墮餓鬼者得大勢力，隨施隨得。

上述佛家思想隨著佛教在中土的廣泛傳播，尤其到中晚唐佛教逐漸完成世俗化和中國化的過程，已日益滲透到上自皇室下達士庶民眾的觀念中，並在實踐中得到推廣和應用。司馬光曾說：「世俗信浮屠誑誘，於始死及七七日、百日、

期年、再期、除喪飯僧，設道場，或作水陸大會，寫經造像，修建塔廟，云爲此者，減彌天罪惡，必生天堂，受種種快樂；不爲者，必入地獄，鉎燒舂磨，受無邊波吒之苦。」[註124] 雖然反映的是宋代社會當時受佛教思想影響下的喪葬習俗，但這一習俗的逐漸演變過程無不滲透著唐代喪葬文化的影響。

綜合本章所論，唐代城市居民從生育到病老、到喪葬，在生命的每個階段中，無不滲透著宗教的影響。尤其在喪葬禮制方面，如在生命垂危之際出現了與宗教信仰有關的感覺（或幻覺）或與信仰相關的宗教行爲，如加佛教的稱號、感應到僧來迎接到佛國彼岸、自念或請僧念經沐浴淨身而終、捨俗入道、布施修功德、右斜臥或趺坐而亡等，這些行爲都與他們生前居家禮佛修道的精進修行有關。尤其值得注意的是，墓誌資料中，有少數唐代世俗居民，無論是否有宗教信仰，在臨終之際都有在寺觀裏死亡的情況。我們分析認爲，作爲宗教中心的寺觀，在某種意義上兼具當今醫院和殯儀館的某些功能，具有社會慈善意義。此外，在喪葬觀和葬法上、在生者爲亡親舉行的追福祭奠活動中，宗教文化的影響也時時體現在其中。

附錄：唐代俗人終於寺觀情況一覽表

姓名／出處	卒年／年歲	卒地類型／地點	原因及信仰等	備　註
1、河東柳氏／《續集》天寶045；612頁	開元十八年（730）；37歲	陸渾縣勤戒寺西院；	夫亡後歸佛門	天寶七年（748）與夫韋公招魂合葬
2、范陽盧氏／《彙編》大和042；2125頁	大和五年（831）；35歲	泗州開元寺	奉教空門，信崇釋理	兩個月後由胞弟護柩返鄉入葬
3、京兆韋氏／《彙編》天寶098；1599頁	天寶四年（745）；28歲	餘杭開元觀；自京國與弟至新安，患病。	早孤，悉心禪悅	殯越途旅；一年多後歸葬。
4、賀蘭氏／《彙編》開元044；1184頁	開元四年（716）；44歲	長安濟法寺		陪葬三階教祖師信行塔側
5、博陵崔氏／《彙編》大曆014；1769頁	寶應二年（763）；39歲	洪州妙脫寺		大曆四年（769）由介弟改窆於父母之塋

[註124] 司馬光《司馬氏書儀》，中華書局1985年版。

姓名／出處	卒年／年歲	卒地類型／地點	原因及信仰等	備　註
6、京兆韋氏／《彙編》大曆039；1785頁	大曆八年（773）；23歲	江陵□氏□□精舍		大曆九年（774）夫李公載柩歸鄉
7、隴西李氏／《彙編》大曆040，1785頁	大曆八年（773）36歲	江陵縣天皇之精舍		大曆九年（774）歸鄉安葬
8、京兆杜氏／	永昌元年（689）；72歲	常州天興寺之別院	隨長子寓居常州	天授二年（691）歸舊塋與夫合葬
9、滎陽鄭氏／《補遺》，326頁	貞元二年（786）；65歲	澠池縣之佛寺		財力不足，未克歸窆
10、茂陵秦氏／《補遺》，339頁	貞元九年（793）；55歲	江陵公安縣啓聖觀		長慶三年（823）歸葬先塋
11、太原郭氏／《續集》貞元047；767頁	貞元十四年（798）；40餘歲	汀州開元寺別院		貞元十□歸葬
12、河東縣君盧氏／《全唐文》卷590；5968頁	元和元年（806）；68歲	永州零陵佛寺	隨子柳宗元至貶所	元和二年（807）返葬京兆舊塋
13、樂安縣君孫氏／《彙編》元和039；1977頁	元和四年（809）；57歲	台州龍興寺	隨繼子寓居台州	元和五年（810）遷葬先塋
14、韋三娘／《補遺》，323頁	元和七年（812）；17歲	衢州龍興縣六度寺	隨父赴任，中途疾候轉加	元和十一年（816）遷葬祖塋
15、范陽張公／《彙編》開元521，1513頁	開元二十七年（739）	廣州南海縣大雲寺		開元二十九年（741）返葬邙山
16、敦煌范仙嶠／《彙編》天寶161；1644頁	天寶七載（748）；64歲	宣城寧國縣安樂寺		天寶九載（750）殯於北邙先塋

姓名／出處	卒年／年歲	卒地類型／地點	原因及信仰等	備　註
17、河南劉倫／《補遺》，333 頁	建中三年（782）	揚州法雲寺之精舍	中途遘癘而歿	卒後 40 餘年由其外孫於廣陵啓柩遷葬舊塋
18、南陽范弈／《彙編》永貞 005，1944 頁	貞元十一年（795）；57 歲	交州龍興精舍		永貞元年（805）繼夫人舅氏啓柩歸鄉
19、清河崔程／《彙編》貞元 096；1906 頁	貞元十四年（798）	東都福先寺之佛寺		貞元十五年（799）
20、京兆韋署／《彙編》長慶 004；2060 頁	長慶元年（821）；74 歲	揚州法雲寺之官舍		權葬於揚州
21、錢唐朱崇慶／《彙編》開元 220；1308 頁	開元十三年（725）；66 歲	汴州龍興寺之淨宇		一個月後被遷回邙山舊塋
22、清河崔逸甫／《續集》開元 015；462 頁	開元四年（716）；46 歲	東都聖眞觀之□思院		一個月後安葬
23、隴西李鼎／《彙編》大和 005；2097 頁	寶曆二年（826）正月一日；67 歲	臨晉縣通達之精舍		大和元年（827）遷葬先塋
24、東平程昌胤／《補遺》；265 頁	興元元年（784）；60 歲	濟源壽覺精舍		當月遷回舊塋
25、汝南袁亮／《補遺》；304 頁	貞元二十年（804）；64 歲	上黨開元之精舍		當年遷葬先塋
26、長樂賈公／《彙編》咸通 105；2459 頁	咸通十四年（873）；51 歲	長安縣廢開業寺		力困路遠，無法歸葬

姓名／出處	卒年／年歲	卒地類型／地點	原因及信仰等	備　註
27、太原王氏／《彙編》開元 502；1501 頁	開元八年（720）；64 歲	陽翟縣師利之伽藍		開元二十七年（739）歸葬舊塋
28、彭城劉氏／《彙編》開元 420；1447 頁	開元二十二年（734）；66 歲	東都弘道觀		開元二十三年（735）與夫合葬先塋
29、滎陽鄭氏／《彙編》建中 001，1820 頁	大曆十四年（779）；57 歲	荊州精舍		建中元年（780）歸葬舊塋
30、秀才裴咸／《續集》開成 002；925 頁	開成元年（836）；27 歲	洛陽縣之佛寺		一月有餘葬於偃師先塋
31、韋慶復／《文匯報》2007 年 11 月 4 日	元和四年（809）	渭南靈巖寺之僧舍	離任返鄉的途中患病，停於曾任官之地的寺院	四個月後返葬祖塋

第五章　唐代城市居民宗教生活的地方特色

　　唐代雖實行統一政令，但由於疆域遼闊，距統治重心遠近不同而執行政策力度不一和各個城區的實際差異較大等原因，因而不同地區城市居民的宗教活動也各具特點。據此，本文擬以帝國所在的長安洛陽兩京地區、西南巴蜀地區、東南沿海的揚州地區，以及中唐後河北三鎮所在的幽州地區，作爲個案研究對象（幽州已置於第六章第四節「幽州地區工商業行會的宗教信仰活動」中），探討在國家統一宗教政策下，不同地區間的城市居民獨具特色的的宗教活動情況。

第一節　長安、洛陽兩京地區城市居民的宗教生活

　　本節略述長安、洛陽兩京地區不同階層城市居民對佛道二教的信奉情況以及西來宗教在本區的信奉情況。

一、佛道二教在本區的信奉情況

　　長安、洛陽自秦漢以來曾爲多個王朝的統治中心，長久以來的歷史積澱，已形成濃厚的帝都色彩，突出的特點是皇親國戚的聚居地、作爲皇帝制度附屬品的嬪妃、宦官等群體的聚居地，因中央機構所在成爲官僚及準官僚（應舉待選者等）的聚居地，外國居民、少數民族及外來宗教信仰者的聚居地。佛道二教在唐代的發展也使長安、洛陽城成爲高僧大德的輻輳之地，國家重大宗教活動的舉行地，因而也成爲全國宗教活動的中心。生活在帝都中的皇

室宗親、嬪妃宮女、宦官內侍、達官豪貴等特定人群，以及首善之地的城市居民等，他們的宗教生活是怎樣的？在多種宗教交集的特定情形下，首都居民與其它城市居民的宗教生活相比有何特點？這是本文所關注的問題。

（一）帝王的宗教生活

在唐代，除去武宗滅佛外，諸帝王大都對各種宗教採取優容態度，都使其在允許的範圍內獲得發展，只是在不同時期各有輕重而已。唐前期，高祖沙汰佛道二教，到太宗時「道先佛後」，武則天時特別崇奉佛教，睿宗崇信道教，玄宗也極端崇道。唐後期諸帝，除武宗滅佛崇道外，其他帝王對二教態度較平允。在基調大致一致的宗教政策下，帝王對不同宗教（主要是佛教和道教）又各有偏好，這表現在他們的宗教活動上。

唐高祖於武德七年（624）十月親自到終南山樓觀臺，拜謁老子祠，以示尊敬。〔註1〕樓觀臺位於終南山北麓，是道教「仙都」，相傳周朝大夫尹喜在此觀天象、老子在此著《道德經》五千言，並在樓南高崗上築臺授經。唐高祖認老子爲始祖，道教被認爲是老子所創立，遂極爲尊崇並扶持道教。太宗皇帝，據《佛祖歷代通載》卷11載：貞觀十六年（642），太宗幸弘福寺爲穆太后追福，自製疏稱皇帝菩薩戒弟子，並施絹二百匹。〔註2〕太宗晚年禮遇高僧玄奘，支持玄奘翻譯佛經，並常詔入宮講經。同時，他還不忘把《道德經》譯成梵文，欲將之介紹到西域各國去，惜這一工作未能如願。〔註3〕唐高宗最初也不信道教神仙之說，因體質較弱而留意養生，遂頻繁接觸方士道徒，求仙訪藥。他先後令婆羅門僧盧迦阿逸多、劉道合等百餘名道徒方士爲他燒煉金丹，顯然未達到治癒的目的。弘道元年（683）底，高宗病情加重，「上苦頭重，不能視」，「氣逆不能乘馬」，〔註4〕很快病逝。武則天崇奉佛教，龍門石窟中規模宏偉的奉先寺於唐高宗龍朔二年（662）之前開鑿，至上元二年（675）完工，歷時十三年之久。奉先寺的本尊爲盧舍那，盧舍那係報身佛，也是華嚴宗的教主。奉先寺是唐高宗創建的，咸亨三年（672）皇后武則天曾助脂粉錢二萬貫，並親率群臣參加盧舍那佛的「開光儀式」。〔註5〕武則天施

〔註1〕《資治通鑑》卷191「高祖武德七年」條，頁5994。
〔註2〕《佛祖歷代通載》卷11，頁571。
〔註3〕《續高僧傳》卷4《玄奘傳》，頁455。
〔註4〕《資治通鑑》卷203「高宗弘道元年」條，頁6415～6416。
〔註5〕《金石萃編》卷73《奉先寺像龕記》，頁7。

捨鉅額脂粉錢，表達了對佛教的虔誠和熱衷。〔註6〕高僧神秀受其禮遇，召入京師，「肩輿上殿，親加跪禮，內道場豐其供施，時時問道」。〔註7〕唐中宗承續武則天崇佛遺風，在景龍二年（708）送佛骨回寺入塔時，中宗「下髮入塔」。時稱「大和尚」的高僧道岸，中宗「遣使徵召，前後數介」，「因請如來法味，屈爲菩薩戒師，親率六宮，圍繞供養」。〔註8〕唐睿宗崇道，景雲年間，西城、昌隆二公主入道，睿宗於京師建造金仙、玉眞兩觀，時「燒瓦運木，載土塡坑，道路流言，皆云計用錢百餘萬貫」〔註9〕、「用功巨億」〔註10〕，引起朝臣的激烈爭議。唐玄宗奉道，開元十八年（730）玄宗敕修興唐觀時，用興慶宮通乾殿的材料蓋天尊殿，拆大明宮的乘雲閣建造觀內的門屋樓，拆大明宮的白蓮花殿建觀內的精思堂，老君殿則是拆了甘泉殿修建的。〔註11〕此外，他也不抑制佛教的發展，如天寶五載（746），唐玄宗詔僧不空入宮，授金剛「灌頂法」。〔註12〕天寶十載（751），他以先帝忌日，「命女工綉釋迦牟尼佛像，親題綉額，稽首祈福」〔註13〕。唐肅宗請不空入宮，「建道場護摩法，爲帝受轉輪王位，七寶灌頂」〔註14〕。灌頂是密法的修持者所行儀式。肅宗「常使僧數百人爲道場於內，晨夜誦佛」〔註15〕，在上元二年（761）天成地平節，於麟德殿置內道場，「以宮人爲佛菩薩，武士爲金剛神王，召大臣膜拜圍繞」〔註16〕。代宗「常於禁中飯僧百餘人，有寇至則

〔註6〕在高宗顯慶末年，高宗與武則天同幸并州的開化寺大佛像，「禮敬瞻覩，嗟歎希奇，大捨珍寶財物衣服。并諸妃嬪內宮之人，並各捐捨，并敕州官長史竇軌等，令速莊嚴，備飾聖容，並開拓龕前地，務令寬廣。還京之日，至龍朔二年秋七月，內官出袈裟兩領，遣中使馳送二寺大像。其童子寺像披袈裟日，從旦至暮，放五色光，流照崖巖，洞燭山川。又入南龕小佛赫奕堂殿。道俗瞻覩，數千萬眾。城中貴賤覩此而遷善者，十室而七八焉。」（《法苑珠林》卷14，頁486）在當地造成極大的影響，致使「城中貴賤覩此而遷善者，十室而七八焉。」可見，帝后行止的影響力之大。
〔註7〕《宋高僧傳》卷8《神秀傳》，頁177。
〔註8〕《宋高僧傳》卷14《道岸傳》，頁337。
〔註9〕《舊唐書》卷101《辛替否傳》，頁3160。
〔註10〕《舊唐書》卷101《韋湊傳》，頁3145。
〔註11〕《唐會要》卷50《觀》，頁1027。
〔註12〕《宋高僧傳》卷1《不空傳》，頁8。
〔註13〕《冊府元龜》卷51《帝王部‧崇釋氏一》，頁575。
〔註14〕《宋高僧傳》卷1《不空傳》，頁9。
〔註15〕《資治通鑑》卷224「肅宗至德二載」條，頁7024。
〔註16〕《資治通鑑》卷222「上元二年九月」條，頁7115。

令僧講《仁王經》以禳之，寇去則厚加賞賜。」〔註17〕德宗建中、貞元之際，朝廷內亂與邊患交織，德宗遂重開一度廢罷的內道場，召集僧侶入內做法事，以期佛祖的護祐。《舊唐書》卷18《武宗本紀》說：「帝在藩時，頗好道術修攝之事」。他即位不久，便「召道士趙歸眞等八十一人入禁中，於三殿修金籙道場，帝幸三殿，於九天壇親受法籙。」會昌四年（844）三月，又「以道士趙歸眞爲左右街道門教授先生。時帝志學神仙，師道眞」。〔註18〕唐懿宗「於禁中設講席，自唱經，手錄梵夾」〔註19〕，「常飯萬僧禁中，自爲贊唄」〔註20〕。廣明二年（881），唐僖宗避黃巢義軍逃亡成都，遣專使「肩輿召（僧知玄）赴行在，帝接談論，頗解上心」〔註21〕。另據《太平廣記》卷499《王氏子》引《中朝故事》載：

> 京輦自黃巢退後，修葺殘毀之處。時定州王氏有一兒，俗號王酒胡，居於上都，巨富，納錢三十萬貫，助修朱雀門。僖宗詔令重修安國寺畢，親降車輦，以設大齋，乃扣新鐘十撞，捨錢一萬貫，命諸大臣，各取意而擊。上曰：有能捨一千貫文者，即打一槌。齋罷，王酒胡半醉入來，遽上鐘樓，連打一百下，便于西市運錢十萬入寺。〔註22〕

材料表明了唐僖宗通過重修安國寺、臨幸扣鐘對佛教的大力支持。不僅如此，他還口諭：打一槌，施捨一千貫文。而居於長安的巨富王酒胡，毫不猶豫的連擊一百下，直接從西市宅中運錢十萬貫歸入安國寺。材料中雖沒有透露諸大臣的行爲表現，但按常理，應出現臣僚們效法王酒胡紛紛慷慨解囊的場面。城中普通民眾定會爲此場面所感染，而湧起對佛教的狂熱和癡迷。儘管上引《太平廣記》「王氏子」條的初衷是在於渲染王酒胡的巨富，但僖宗以這樣獨特的行爲方式來支持佛教，的確起到了意料不到的效果。

〔註17〕《資治通鑑》卷224「代宗大曆二年」條，頁7196。
〔註18〕《舊唐書》卷18《武宗本紀》，頁585，600。
〔註19〕《資治通鑑》卷250，「咸通三年四月」條，頁8097。
〔註20〕《新唐書》卷181《李蔚》，頁5354。
〔註21〕《宋高僧傳》卷6《知玄傳》，頁131。
〔註22〕《太平廣記》卷499《王氏子》引《中朝故事》，頁4095。其實，扣鐘捨錢並非唐僖宗的獨創，早在玄宗時期，受玄宗優寵的大宦官高力士就曾有此舉。據史載：「保壽寺本高力士宅。天寶九載（750），捨爲寺。初鑄鐘成，力士設齋慶之，舉朝畢至。一擊百千。有規其意，連擊二十杵。」（《太平廣記》卷213《保壽寺》，頁1629；《釋氏稽古略》卷3，頁825。）

此外，中宗〔註23〕、睿宗〔註24〕、代宗〔註25〕等諸帝都曾受過菩薩戒，玄宗〔註26〕、肅宗〔註27〕請高僧不空灌頂。前文已述，太宗、高宗、武則天、中宗、肅宗、德宗、憲宗、懿宗、僖宗諸帝都有過迎送佛骨或開塔示人、供奉祭祀，或入京供奉的活動。

上述帝王宗教活動中，有許多是在內道場舉行的。內道場是帝王在宮中設置的專門進行宗教活動的重要場所，皇室主要在這裡舉行譯經、受戒、念誦、齋會及接待高僧等活動。〔註28〕與其他佛寺一樣，內道場有佛經、佛像及僧人。所不同的是，內道場的僧人主要是從京城左右兩街大寺或地方知名寺院中選出的高僧大德。皇帝詔高僧高道進行三教論議、佛骨迎至京城供奉等活動都在此舉行。

由上所見，念經、請僧翻經及講經說法、施捨財物、受菩薩戒及灌頂、臨幸寺觀、供養高僧等一系列活動，無論大規模的宗教慶典活動，還是日常的宗教行為，都是唐帝王在京城舉行的宗教活動內容，由此我們看到帝王參與宗教活動的規模和範圍。

（二）公主的宗教生活

皇帝之女貴為公主，身份尊崇，就物質條件和地位身份而言不同於其他女性，然而在宗教信仰上，與同時代其他女性一樣，她們也有居家吃齋念佛、寫經畫像等崇佛慕道的行為，甚至有些還捨俗入道。只是在寺觀裏她們仍然伴有奢華的物質條件和享有世俗的崇高地位，這是與一般出家女性的不同之處。太宗之女孟姜公主，據其墓誌銘載：

> 公主諱□字孟姜。高祖神堯皇帝之孫，太宗文武聖皇帝之女，
> 今上（高宗）之第十一姊，母曰韋貴妃。……朕（太宗）聞王羲之
> 女字孟姜，頗工書藝，慕之為字，庶可齊蹤。因字曰孟姜，大加恩

〔註23〕《宋高僧傳》卷8《道亮傳》，頁183；同書卷14《道岸傳》，頁337。

〔註24〕《宋高僧傳》卷14《崇業傳》，頁342。

〔註25〕《宋高僧傳》卷5《良賁傳》，頁99。

〔註26〕《宋高僧傳》卷1《不空傳》，頁8

〔註27〕《宋高僧傳》卷1《不空傳》，頁9。

〔註28〕關於內道場問題，張弓在《唐代的內道場與內道場僧團》（《世界宗教研究》1993年第3期）中作了初步探討。在此基礎上，龔國強《隋唐長安城佛寺研究》第二章第三節「唐長安城皇城和禁內中的佛教設置」中對內道場的起源提前至東漢，並對內唐代內道場的發展始末進行了深入探討。

> 賞。……麟德之歲，紀國大妃韋氏薨，公主又號踴過哀，損瘠踰
> 禮，……自後年別手寫報恩經一部，自畫佛像一鋪，每登忌日，輒
> 斷葷辛；……以永淳元年（682）……薨於幽州公館，春秋五十有
> 九。……處貴能約，居榮以素，研幾釋典，遊刃玄門……所撰文筆
> 及手寫諸經，又畫佛像等，並流行於代，可謂九旋如德，千載女師
> 者乎？即以其年……陪葬於昭陵之左，禮也。〔註29〕

公主李孟姜是太宗的女兒，她生前「研幾釋典，遊刃玄門」，可知她對佛道二教非止信奉，亦有研究，但從誌文內容中看出，她更熱衷於佛教，在母韋氏亡後自寫報恩經，自畫佛像，每到忌日則自斷葷辛，自覺遵循佛教戒律。

當然，像孟姜這樣虔誠信佛的情況在公主中畢竟是少數。唐代敬奉道教，公主入道蔚然成風，從《新唐書》卷83《諸帝公主傳》可以發現，李唐帝室對於道教的崇奉，確是影響公主、宮人入道的關鍵。據粗略統計，在唐代二百多位公主中，共有近二十位入道，竟無一人為尼。「出家入道與捨家為尼，在唐代乃是具有不同意義的，公主以李姓而選擇老君始祖派下的宗教，而道教所特具的探求不死的特質，也讓入道者另有一種終極關懷，所以諸公主選擇入道，也使女冠生活成為時髦，形成特殊的時代風尚。」〔註30〕入道的公主主要有：高宗女太平公主、睿宗女金仙、玉真二公主，玄宗女萬安、永穆、新昌、楚國、咸宜公主，代宗女華陽公主，德宗女文安公主、順宗女潯陽、平恩、邵陽三公主，憲宗女永嘉、永安公主，穆宗女義昌、安康公主等。〔註31〕這些公主入道後的宗教生活，不同於普通入道女性的苦修清冷，她們的修道生活，無異於在俗的富貴生活。可以說，如太宗女孟姜在家亦能嚴守戒律的公主畢竟不多，唐代出家入道的公主大多是有出家之名，無修道之實。學者李豐懋根據史料總結認為，唐代公主入道各種動機，包括慕道、追福、延命及夫死捨家，與避世藉口等。無論怎樣的動機，均具有道教文化上的特殊意義，而與佛教的出家修行並不相同。

公主捨家入道，陪侍公主入道的宮中侍者也不在少數，因此有數量相當的女冠，就需要有數量可觀的宮觀。長安、洛陽兩京為公主們的主要活動區，因此入道之後所立的宮觀也集中於此。有關兩京宮觀，據《唐會要》、《唐兩

〔註29〕《大唐故臨川郡長公主墓誌銘並序》，《彙編》永淳025，頁703。
〔註30〕李豐懋《憂與遊：六朝隋唐仙道文學》，中華書局2010年版，頁170。
〔註31〕據王壽南《隋唐史》（臺北：三民書局，1986年，頁711）有增補。

京城坊考》所載，共計約有五十餘所，占當時全國總數的十分之一。〔註 32〕
公主們所住持的宮觀，一些是公主或權貴捨宅所建，但更多的是朝廷所立。
國家斥鉅資爲帝王之女興建，其地氣和規模不言而喻。以金仙、玉眞兩觀而
論，其地處輔興、頒政兩坊，逼近國家樞密要地——太極宮和皇城。從宮觀
規模和耗費看，「觀始興，詔（史）崇玄護作，日萬人」〔註 33〕；「兩觀之
地皆百姓之宅，卒然迫逼，令其轉徙，扶老攜幼，投竄無所，發剔椽瓦，呼
嗟道路」〔註 34〕；「燒瓦運木，載土塡坑，道路流言，皆云計用錢百餘萬貫」
〔註 35〕。

　　由於特殊的出身和地位，公主們的出家入道，與眞正出俗離世的修行女
道迥然有別。唐朝公主這種亦俗亦仙的宗教生活，在之前的魏晉南北朝，之
後的宋代都是罕見其迹的。

（三）宮女及其他歌伎戲子等人的宗教生活

　　帝王廣蓄佳麗充盈後宮，歷代皆然，唐代亦不例外。宮女眾多，得見龍
顏者庶幾，因而積久生怨。有的皇帝在統御期內，出於不同情況的考慮而選
擇適當時機釋放宮人。如有的爲了顯示其德政、不好聲色，有的則純粹爲了
節省宮廷費用，或者害怕後宮積怨太深，遭到災難「天譴」，〔註 36〕或爲了感
召和氣，彌消因和氣受損而萌生的種種災異〔註 37〕等等。而那些未被釋放或
釋放後無家可歸的宮女除終老宮庭之外，常被送到寺觀安置，高祖、太宗、
高宗、玄宗、肅宗及後諸帝都有下詔。如肅宗時曾下《放宮人詔》：「宜放內
人三千，各任其嫁，其年老及疾患，如無近親收養，散配諸寺安置。待有去
處，一任東西。」〔註 38〕文宗開成三年（838），送宮人四百八十到兩街寺觀
安置。〔註 39〕《唐語林》卷 7 云：長安政平坊安國觀中，「女冠多上陽宮人」。
寺觀的清冷寂寞與宮中相比有過之而無不及，故被宮人視爲畏途。唐詩中有

〔註 32〕　《唐六典》記載了開元年間全國道觀總數 1137 所，其中女冠 550 所，頁 125；
　　　　　《新唐書‧百官志》所載同時期道觀總數爲 1687 所，女官 988 所，頁 1252。
〔註 33〕　《新唐書》卷 83《諸帝公主》，頁 3657。
〔註 34〕　（唐）魏知古《諫造金仙玉眞觀疏》，《全唐文》卷 237，頁 2397。
〔註 35〕　《舊唐書》卷 101《辛替否傳》，頁 3160。
〔註 36〕　高世瑜《唐代婦女》，三秦出版社 1988 年版，頁 29。
〔註 37〕　鄭華達《唐代宮人釋放問題初探》，《中華文史論叢》第 53 輯，1994 年。
〔註 38〕　唐肅宗《放宮人詔》，《全唐文》卷 42，頁 467。
〔註 39〕　《舊唐書》卷 17 上《文宗本紀》，頁 574。

多首以入道的宮女幽怨哀傷爲主題而作，較有代表性的有張逢遠《送宮人入道》：「捨寵求仙畏色衰，辭天素面立階墀。金丹擬駐千年貌，玉指休勻八字眉。師主與收珠翠後，君王看戴角冠時。從來宮女皆相妒，聞向瑤臺盡淚垂。」〔註40〕描述了宮女希望通過求仙訪道來永葆美顏，以獲得並永久獲得皇帝寵幸的願望。當色衰愛弛，遣送她們眞正離宮入道時，才是她們痛苦煎熬的開始。詩歌寫盡宮女被迫入道的辛酸和無奈，從另一方面也說明了宮女在道觀裏清燈孤影、吃齋念經的艱苦和枯燥的宗教生活。

此外，還有一部分以特殊技能被超拔選送入宮中以供皇帝閒暇娛樂之人，如歌伎戲子等人。這些人的命運大多因時運和皇帝好惡而轉移，很難卜測，如斗雞神童賈昌就因有高超的鬥雞本領而受到玄宗優待。然時逢安史之亂，玄宗皇帝自身難保，播遷西蜀，輾轉回京後被以太上皇供奉，自然賈昌之流厄運難逃。據《太平廣記》卷485《東城老父傳》載：

> （賈）昌變姓名，依於佛舍，除地擊鐘，施力於佛。洎太上皇歸興慶宮，肅宗受命於別殿。昌還舊里，居室爲兵掠，……遂長逝，息長安佛寺，學大師佛旨。大曆元年（766），依資聖寺大德僧運平住東市海池，立陀羅尼石幢，書能紀姓名，讀釋氏經，亦能了其深義至道。以善心化市井人，建僧房佛舍，植美草甘木。晝把土擁根，汲水灌竹，夜正觀於禪室。建中三年（782），僧運平人壽盡，服禮畢，奉舍利塔於長安東門外鎮國寺東偏。手植松柏百株，構小舍，居於塔下，朝夕焚香灑掃，事師如生。順宗在東宮，捨錢三十萬，爲昌立大師影堂及齋舍。又立外屋，居游民，取備給。〔註41〕

賈昌最終的歸宿是皈依佛門。值得注意的是，在這非常時期，賈昌居於佛寺，不只是自己修行爲善、灑掃事師，還「以善心化市井人」，在一定程度上起到了安定民心、穩定小範圍局勢的作用。因爲時值胡人叛亂，國勢不穩，京都長安首當其衝，受害最深的是城中普通市民百姓。他們身處盛唐帝國的氣象中，轉眼間卻魂飛煙滅，化爲烏有，這最容易引起他們的內心波動。這種戰爭的衝擊力，使他們惶惶不可終日，這直接影響到社會的生產和生活。而賈昌以佛法傳遞善心、以行動化導民眾，雖個人勢力單薄，但一傳十、十傳百，

〔註40〕張蕭逢《送宮人入道》，《文苑英華》卷229，頁1155；《全唐詩》卷491作「張蕭遠」，頁1239。該詩也見於卷196韋應物的名下。
〔註41〕《太平廣記》卷485《東城老父傳》，頁3992。

從坊到市、從個人到群體，受善之人傳遞不逮，善心和善行就不會休止，人們騷動不安的心就容易穩定。故不可小覷這股小勢力，在動亂時期這種精神很容易鼓舞迷茫困頓的民眾，畢竟普通市民百姓才是城市社會的主體，穩定了他們的局勢，也就保證了整個城市的安定。

（四）普通民眾

長安、洛陽城及周圍地區分佈了大小規格不等的寺觀。以長安城爲例，據有學者統計，唐代長安城的寺觀共有 159 所，其中隋代舊寺觀保留未廢的有 76 座，其餘 83 座均爲唐代創立的。唐代這些新創的寺觀中，有的是皇帝在藩時的舊邸、有的是達官貴人自願以宅爲寺觀、有的是爲帝后太子公主等追福祈福而立，還有的是爲公主棄俗出家而立。這些寺觀因建時的功德和緣起不同於一般寺觀，因而不僅規格和級別高，其佔地面積也相當可觀，如據宋敏求《長安志》卷 7 載靖善坊的大興善寺，「寺殿崇廣，爲京城之最」，其規模「盡一坊之地」。除此而外，城中還存在著一般寺觀和大量的無額佛堂蘭若等祭拜場所，據日僧圓仁在會昌四年（844）七月求法長安時所見：「長安城裏坊內佛堂三百餘所，佛像、經樓莊校如法，盡是名工所作。一個佛堂院敵外州大寺。」〔註42〕長安城內一個普通無額的小佛堂院就能抵得上地方州縣治所的大寺，可以想見，寺觀在當時所佔的面積之大和所容納的信眾數量之巨。城中寺觀主要集中分佈在外郭城的北面大部，也就是居民集中、熱鬧繁華的地方。〔註43〕寺觀的數量和分佈特點，爲長安城的宗教信仰者提供了便利之機。目前我們尚未發現有關長安城居民眾在如上所述的皇家寺觀和國家寺觀中進行宗教活動的歷史記載，但在唐人筆記小說中記載了級別稍遜的長安城郊惠炬寺中，長安市民禮佛活動的詳細情況。故事雖多屬虛構，然其中所涉及之地理環境及主要內容則應出於客觀現實。《太平廣記》卷 289「雙聖燈」條引《辯疑志》：

> 長安城南四十里，有靈母谷，呼爲炭谷。入谷五里，有惠炬寺。
> 寺西南渡澗，水緣崖側，一十八里至峰，謂之靈應臺。臺上置塔，
> 塔中觀世音菩薩鐵像。像是六軍散將安太清置造。眾傳觀世音菩薩
> 曾見身於此臺。又說塔鐵像常見身光。長安市人流俗之輩，爭往禮

〔註42〕《入唐求法巡禮行記校注》卷 4，頁 446。
〔註43〕參見曹爾琴《唐長安的寺觀及其有關的文化》，《中國古都研究》，浙江人民出版社 1985 年版，頁 145～147。

謁，去者皆背負米麪油醬之屬。臺下並側近蘭若四十餘所，僧及行
童，衣服飲食有餘。每至大齋日送供，士女僅至千人，少不減數百，
同宿於臺上，至於禮念，求見光。〔註44〕

此故事詳實描述了長安城市居民到城郊禮敬觀音菩薩像的宗教活動場面。值
得注意的是，在長安城郊靈母谷附近，除惠炬寺外，以它爲中心分佈了 40 餘
所無額小寺，這些寺院中「僧及行童」的衣服飲食，均是京城居民供送，大
齋日供送的「士女」竟達上千人之眾。寺西南山峰上的觀音菩薩鐵像是六軍
散將安太清所敬造。安太清爲太宗第七子蔣王惲的內人，高宗總章年間他「上
爲皇帝皇后、殿下諸王、過現師僧、七代父母、法界含靈」敬造阿彌陀像一
鋪，〔註45〕從其身份和發願文來看，他在惠炬寺附近所造的這鋪鐵觀音菩薩
像影響極大，禮佛者從城中「士女」到普通居民，即所謂「流俗之輩」，還包
括六軍將士，「爭往觀謁」，數以千以百計。其參與階層的範圍之廣、人數之
眾，可推知當時場面之壯觀。一座一般寺院擁有如此多狂熱的信眾，當與位
於都城城郊的地理位置、禮佛者多有社會上層的示範效應所致。可以想見，
位於長安城內及其周圍城郊的其他寺觀，特別是如上所舉的帝后及王宮貴戚
捨宅捨宮爲寺、專供高僧大德翻經著述立說等皇家佛寺和國家大寺中，京城
信眾禮佛活動的情況當更加隆重了。

二、西來宗教在本區的信奉情況

西來宗教是指對源自古羅馬、大食、波斯等中亞和西亞諸地的景教、伊
斯蘭教、祆教和摩尼教的總稱。〔註46〕

在唐代，由於國力的強盛，統治者懷著「治安中國，而四夷自服」〔註47〕
的自信心，實行開明的對外開放政策，不僅保護來華外國人的正當利益，而
且還採取一些鼓勵外國人在華定居的政策，從而爲他們在中國的僑居生活提
供了便利舒適的條件。因此，在唐代的長安和洛陽城內，居住著許多來自不
同國家和民族的移民和僑民。這些留寓兩京的邊疆少數族和外國人主要來自
西域、西亞、中亞、東亞等國家和地區，包括突厥人、回鶻人、吐火羅人、

〔註44〕《太平廣記》卷 289《雙聖燈》引《辯疑志》，頁 2299。
〔註45〕（清）陸心源《唐文續拾》卷 11《安太清造像記》，《全唐文》頁 11291。
〔註46〕參見梁鴻飛、趙躍飛主編《中國隋唐五代宗教史》，人民出版社 1994 年版，
　　　　頁 168。
〔註47〕《資治通鑒》卷 193，「唐太宗貞觀三年」條，頁 6067。

粟特人，大食人、波斯人、天竺人、日本人、高句麗人等。他們不僅帶來本國本地區的生活習俗，更重要的還帶來了他們的宗教文化。除上述談到的早已傳入中國的佛教依舊發展外，還有西方傳來的景教、摩尼教、祆教和伊斯蘭教，這些西來宗教隨著大批在華定居的外國人而逐漸盛傳，在長安、洛陽兩京地區尤爲顯著。西來宗教基本上是來華的外國人對母地宗教信仰的尊奉，唐人信奉極少〔註48〕，故通過對僑居兩京的外國人的宗教信仰考察，我們可以瞭解西來宗教在兩京地區的信奉情況。

（一）摩尼教

摩尼教，中國舊譯明教、明尊教、二尊教、末尼教、牟尼教等，是公元三世紀中葉由波斯人摩尼創立。他吸收了瑣羅亞斯德教、佛教、基督教等教義理論而形成自己的信仰體系。其思想核心是「二宗三際」，所謂二宗即光明與黑暗，三際即光明亡國和黑暗亡國分離的初際、二者相互混戰的中際和二者秩序重置的後際，即過去、現在、未來。

關於摩尼教傳入唐代的時間，儘管眾說紛紜〔註49〕，但武則天延載元年（694）「波斯國人拂多誕持《二宗經》僞教來朝」〔註50〕已被大多數學者認爲是正式傳入的確切時間。〔註51〕摩尼教在中原傳播不過四十年，由於佛教密僧的唆使〔註52〕，在開元二十年（732）玄宗下令禁斷，敕曰：「未（末）摩尼法本是邪見，妄稱佛教，誑惑黎元，宜嚴加禁斷。」不過仍容許入華胡人繼續信奉，「以其西胡等既是鄉法，當身自行，不須科罪者。」〔註53〕直到

〔註48〕《太平廣記》卷107《吳可久》引《報應記》：「吳可久，越人，唐元和十五年（819）居長安，奉摩尼教。妻王氏，亦從之。」（頁727）此乃中原漢人信仰夷教的顯例，類似的記載在文獻史乘中不多見。

〔註49〕伯希和、沙畹著，馮承鈞譯《摩尼教流行中國考》；陳垣《摩尼教入中國考》，收入《陳垣學術論文集》第一集，中華書局1980年；林悟殊《摩尼教及其東漸》，臺北：淑馨出版社1997年版。

〔註50〕《佛祖統紀》卷39，頁370。

〔註51〕或許，林悟殊先生的說法與事實更爲接近：延載元年拂多誕來朝只是標誌著摩尼教在中國得到官方承認，開始公開傳播而已；在此之前，摩尼教已在民間流傳多時了。要給摩尼教入華時間劃一根準確的年代是困難的。但我們覺得，中國內地可能在四世紀初便已感受到摩尼教的信息。參閱林悟殊《摩尼教及其東漸》。

〔註52〕王媛媛《唐開元二十年禁斷摩尼教原因辨析》，《中華文史論叢》2008年第2期。

〔註53〕《通典》卷40《職官二十二》，「視流內」條，頁1103。

安史之亂後，摩尼教才憑藉對唐廷有功的回鶻力量而得以繼續傳教。當時的回鶻牟羽可汗在洛陽接受摩尼法師的教化，改奉摩尼教。由於唐廷和回鶻的特殊關係，移居長安的回鶻人很多，於是在代宗大曆三年（768）唐政府正式允許信奉摩尼教的回鶻可以建寺傳教，統稱大雲光明寺，後又在荊、揚、洪、越諸州各立大雲光明寺，憲宗元和二年（807）又在洛陽、太原等地置摩尼寺三所。但由於摩尼教借助回鶻的力量在中國流傳，故回鶻與唐廷的關係直接影響到摩尼教在中國的發展情況。文宗時期，唐廷和回鶻關係已經惡化，到武宗會昌三年（843），唐政府便將長安、洛陽、太原三所摩尼寺莊宅錢物全部點檢沒收，京城女摩尼 72 人都死，存者發配各地，死者大半。

以上是摩尼教在唐代的發展始末。由於教種小，屬於三夷教之一種，教徒信眾寡，在整個唐代社會的影響力自然有限；又受制於主流宗教如佛教的排斥，以及執政者在政策上的禁斷，因而正史所載有關摩尼教的史料極其匱乏。上述關於摩尼教建寺情況只是作爲國家政策層面的記載，有些摩尼師活動的記載也是因爲與國家政治、軍事等大事有關而被載入史冊。至於摩尼教的傳教情況及長安、洛陽等地城市民眾所受影響及信徒的宗教生活，則無從發見。幸頼敦煌吐魯番文獻的發現和唐代墓誌碑刻的不斷出土，爲研究摩尼教提供了有價值史料。關於利用敦煌吐魯番文獻資料研究摩尼教問題，已有諸多學者進行了深入研究，〔註 54〕此不贅述。這裡僅就唐代墓誌資料提供的相關訊息試做補充。在墓誌中，至少有 3 例出自長安和洛陽城疑似摩尼教信徒的資料，摘錄如下：

1、《唐故邢州任縣主簿王君夫人宋氏之墓誌銘並序》：

> 夫人諱尼子，字尼子，廣平人也。……撫視前樓，啓唯愁思，於是歸依八解，憑假四緣，願託津梁，追崇福祐。所生子玄嗣遣度爲大周東寺僧。掌內明珠，遂作摩尼之寶；庭中美玉，即是菩提之樹。……以天授二年閏五月廿一日卒於利仁坊之私第，春秋六十四。臨終之際，謂諸子曰：吾心依釋教，情遠俗塵，雖匪出家，恒希入

〔註 54〕主要研究成果有：耿世民《新疆文史論集》，中央民族大學出版社 2001 年版；楊富學《關於回鶻摩尼教史的幾個問題》，《世界宗教研究》2007 年第 1 期；氏著《回鶻之佛教》，新疆人民出版社 1998 年版；王媛媛《新出漢文〈下部贊〉殘片與高昌回鶻的漢人摩尼教團》，《西域研究》2005 年第 2 期；氏著《從波斯到中國：摩尼教在中亞和中國的傳播》，中華書局 2012 年版；許蔚《吐魯番出土編號 81TB65：1 摩尼教殘卷插圖之臆說》，《敦煌研究》2011 年第 2 期。

道。汝爲孝子，思吾理言。〔註55〕

2、《唐故上柱國處士段君墓誌銘並序》：

閑居隘巷，富仁寵義，方步□□，好游道門，志願必矣。乃識
天命，禮識乾心，日誦陀羅尼廿一遍，不融禀命，遽逝將終，春秋
六十有□，大唐天寶六載十二月十七日時終於東京洛陽縣豐財里私
第也。□終時有異香氣，生蓮花國，住菩薩道，自金仙所談，匪塵
情之有。□魂魄雖靈座安厝，至七載（748）正月二日，權窆於河南
縣平樂鄉北邙山之禮也。〔註56〕

3、《唐故翟長史墓誌之銘》：

太夫人含飴白首，就養高堂。祈福所宗，尤奉金仙教。嘗持靜
名書，精究玄理。慧劍一揮，塵縛迎刃。輕財若土，重義如山。食
不異盤，架衣無主。名聞當世，行出古人。……以咸通六年（865）
正月廿四日終於金城里之私第，享年六十有一。〔註57〕

材料1中，宋氏是高、武時期人，天授二年（691）卒於洛陽私第。從其字、
號及臨終遺誡，可知她生前是虔誠的佛教徒，這是毋庸置疑的。令人困惑的
是「遣度其子玄嗣爲大周東寺僧」一事。誌文用「所生子」、「掌內明珠」來
強調和突出宋氏對其子的悠悠慈母之情，然仍「遣度」他出家爲僧，這鮮明
地突出了宋氏信佛的虔誠。隨後誌文又說其子玄嗣「遂作摩尼之寶」，從上下
文可推知，在此處「摩尼之寶」就是「僧」，這就是學者已指出的摩尼教深受
佛教影響的痕迹。關於佛教影響摩尼教的顯例還可以舉出一些，如在摩尼教
文獻中明顯有「功德」、「金剛」、「如來」、「佛性」、「南無佛、南無法、南無
僧」等，甚至摩尼教教徒在稱其教主摩尼爲「摩尼佛」，〔註58〕等等。儘管佛
教在譯經等方面也吸收了摩尼教的因素，並帶有十足的摩尼教烙印，然而，
在佛教史上尚未見有將佛僧稱呼爲摩尼的說法。因此，是否可以認爲，宋氏
子即大周東寺僧是一個摩尼教徒呢？如果這個推論不錯的話，那麼，從宋氏

〔註55〕《彙編》長壽011，頁840。
〔註56〕《彙編》天寶117，頁1614。
〔註57〕《續集》咸通027，頁1055。
〔註58〕林悟殊《唐代摩尼教與中亞摩尼教團》、《敦煌本〈摩尼光佛教法儀略〉的產
生》、《〈摩尼光佛教法儀略〉的三聖同一論》，收入其論著《摩尼教及其東漸》，
頁64～75、168～176、183～190；《〈回鶻〉佛教與摩尼教互相滲透》，楊富學
《回鶻之佛教》第一章第五節，新疆人民出版社1998年版，頁58～65。

卒於武周天授二年（691）的時間可以斷定，摩尼教傳入唐朝的時間應早於延載元年（693），也即摩尼教傳入最遲在武則天天授年間。這似乎也驗證了林悟殊先生提出的「延載元年拂多誕來朝只是標誌著摩尼教在中國得到官方承認，開始公開傳播而已；在此之前，摩尼教已在民間流傳多時了」觀點。當然，這只是一個推測，是否準確尚待更進一步的史料印證。

材料 2、3 分別是玄宗天寶年間的洛陽段處士和懿宗咸通年間的長安翟長史夫人。這兩則誌文都提到了「金仙」，其中材料 3 中直接記載翟夫人所奉的是「金仙教」。賀梓城先生認爲：翟夫人信奉的金仙教在當時有一定的影響，但該教名不見於史書，其所讀「靜名書」又不知是何經典。按唐代摩尼教徒平居相與，重義無私，似乎與此教有關，翟慶全之母或爲一摩尼教徒。〔註 59〕至於這兩方誌文所反映的是否都爲「金仙教」？「金仙教」與摩尼教是什麼關係？限於史料，此處只能存疑，提出此問題希冀方家的指教。

（二）祆教

祆教〔註60〕在公元前六世紀由波斯人瑣羅亞斯德所創，在中國史籍中又稱爲火祆教、拜火教、波斯教等，傳統上認爲是對源於波斯的瑣羅亞斯德教的稱呼，但近來學者們提出，傳入中國的祆教與波斯的瑣羅亞斯德教並不相同。

祆教初傳中國是在六世紀初北魏時期，隋唐時期開始流傳。隋朝時政府就已設職官對祆教徒進行管理，「雍州薩保，爲視從七品。……諸州胡二百戶已上薩保，爲視正九品。」〔註61〕薩保是對移居內地的中亞僑民所設的官員，隋時長安、洛陽都有薩保。

〔註 59〕 賀梓城《唐長安城歷史與唐人生活習俗——唐代墓誌札記之二》，《文博》1984年第 2 期。

〔註 60〕 對祆教做過系統研究的首推陳垣先生，其開創性著作《火祆教入中國考》（收入吳澤主編《陳垣史學論著選》，上海人民出版社 1981 年版）依據文獻資料，全面系統地考察了火祆教的起源、名稱由來、傳入中國的時間及在華傳播的興衰歷史。相繼者主要有：林悟殊《波斯拜火教與古代中國》（臺灣新文豐出版公司 1995 年版）依據西方資料，結合中國古籍紀錄，介紹了該教的研究史，該教的經典文獻、教義特點及禮儀習俗等，並在前人研究的基礎上，就該教在古代西域及中國內地傳播的諸問題，提出了作者的獨見。張小貴《中古華化祆教考述》（文物出版社 2010 年版）主要從祆教源流、唐宋時期在華祆祠分佈、祆神偶像化現象以及祆教祭祀儀式、婚俗、葬俗等幾個方面探討了來自中亞的祆教在中古中國的傳播和發展變異。

〔註 61〕 《隋書》卷 28《百官志下》，頁 790。

到唐代，長安城中已有五坊設有祆祠，即布政坊、醴泉坊、普寧坊、靖恭坊和崇化坊。在洛陽城的會節坊、立德坊和南市西坊也有祆祠。隨著祆教的流傳及活動範圍擴大，唐政府加強了管理，專門設置了管理監控西域移民的機構「薩寶府」及相應的官員「祆正」、「祆祝」〔註62〕。而且唐政府明令禁止漢人信奉祆教，「兩京及磧西諸州火祆，歲再祀，而禁民祈祭。」〔註63〕從目前所發現的反映祆教的碑誌來看，隋唐時期的祆教徒也主要是來自外來民族，在中原腹地主要集中在長安、洛陽兩京地區，如洛陽邙山出土的貞觀二十一年（647）《大唐故洛陽康大農墓銘》，記載這一祆教世家的相關情況：「君諱婆，字季大，博陵人也。本康國之裔也。……父和，隋定州薩寶，又遷奉御。……」〔註64〕洛陽出土的咸亨四年（673）《唐故處士康君墓誌》：「君諱元敬，字留師，相州安陽人也。……父仵相，齊九州摩訶大薩寶，尋改授龍驤將軍……」〔註65〕「摩訶薩寶」即對擔任祆教神職人員的稱謂。1981年龍門東山北麓出土粟特首領安菩薩墓誌：「君諱菩薩，字薩，其先安國大首領。……曾祖諱缽達干，祖諱係利。君……以麟德元年（664）十一月七日卒於長安金城坊之私第，春秋六十有四。……夫人何氏，……以長安四年（704）正月廿日寢疾，卒於惠和坊之私第，春秋八十有三。以其年二月一日殯於洛城南敬善寺東，去伊水二里山麓，禮也。孤子金藏，痛貫深慈，膝下難舍。……粵以景龍三年（709）九月十四日，於長安龍首原南啓發先靈，以其年十月廿六日於洛州大葬，禮也。嗣子遊騎將軍胡子、金剛等，罔極難追，屺岵興戀」〔註66〕從安菩薩祖孫幾代名諱的遞演，可以看到中古東來粟特家族日益受到內地佛教文化影響的痕迹，顯示了在唐代東都洛陽地區兩種異質文化的滲透過程。另外，我們發現，安菩薩卒於長安城坊裏，而夫人何氏卻卒於洛陽坊裏，最後由子嗣從長安啓先靈遷於洛陽，夫婦同葬一地。由此可見，長安、洛陽兩城是入華胡人頻繁活動的區域，也是他們卒後的安葬之地〔註67〕。

〔註62〕《通典》卷40《職官二十二》，「視流內」條，頁1103。
〔註63〕《新唐書》卷46《百官一》，頁1195。
〔註64〕洛陽市文物工作隊編《洛陽出土歷代墓誌輯繩》，中國社會科學出版社1991年版，頁126。
〔註65〕《洛陽出土歷代墓誌輯繩》，頁330。
〔註66〕《大唐定遠將軍安君誌》，《彙編》景龍033，頁1104。
〔註67〕有關外國人在長安的墓地分佈情況，請參程義《關中地區唐代墓葬研究》，文物出版社2012年版。

　　唐代祆教的基本信徒雖然仍以胡人為主，但在漢人中間也有傳播。《太平廣記》卷419《柳毅傳》引《異聞集》曾有一個記載柳毅欲見龍王洞庭君的情況：「毅謂夫曰：『洞庭君安在哉？』曰：『吾君方幸玄珠閣，與太陽道士講《大經》，少選當畢。』毅曰：『何謂《大經》？』夫曰：『吾君龍也。龍以水為神，舉一滴可包陵谷。道士乃人也，人以火為神聖，發一燈可燎阿房。然而靈用不同，玄化各異。太陽道士精於人理，吾君邀以聽。』」〔註68〕文中所說的《大經》即瑣羅亞斯德教經典《阿維斯陀》〔註69〕。既然祆教題材已寫入唐代小說，可知祆教在唐代漢人間已有流傳，但漢人信徒則極為少見。

（三）景教

　　景教又稱波斯經教、大秦教等，是基督教聶斯脫利派在唐代中國的稱呼。〔註70〕景教產生於公元五世紀，五、六世紀之際，已經開始在洛陽傳教。楊衒之《洛陽伽藍記》卷四永明寺記當時洛陽佛教之盛，「時佛法經像盛於洛陽，異國沙門，咸來輻輳」，來自外國的僧侶，「百國沙門，三千餘人，西域遠者，乃至大秦國」。至於在唐代正式傳入的時間，目前公認的是 17 世紀在西安出土的《大秦景教流行中國碑》中所記的貞觀九年（635）。此碑為基督教入唐提供了極為詳實的資料，也是研究基督教在華傳播史的珍貴文物。碑文的內容分為序言和頌詞，序文簡略地說明了景教的基本信仰，敘述了景教自唐太宗傳入中國後受到太宗以下諸皇帝的優待扶持，凡一百五十年間的發展過程。頌詞則是用韻文再次概括地講述了序文的內容。

　　儘管如此，景教史料仍然闕如難覓，故素被認為「渺漠朦朧、難為裁制」。史家學者只能根據歷史文物提供的有限信息，對景教入華時間、發展情況、在唐代的影響及其衰亡等基本概況進行研究。隨著地下文物的不斷出土發掘，有關景教的研究已有了進一步深入，現已發展到對某景教家庭、家族，甚至某地（主要指長安、洛陽兩地）景教徒信眾群體的研究。近年已有學者利用出土的墓誌資料對寓居長安、洛陽兩京的景教家庭進行深入探討，如榮新江根據波斯人李素及其妻卑失氏《大唐故李府君墓誌銘》和《李素夫人卑

〔註68〕《太平廣記》卷419《柳毅傳》引《異聞集》，頁3411。
〔註69〕黃心川《瑣羅亞斯德教簡介》，《世界宗教史料》1984年第4期。
〔註70〕景教在中國傳播的相關研究主要有：羅香林《唐元二代之景教》，香港：中國學社1966年版；朱謙之《中國景教》，人民出版社1993年版；林悟殊《唐代景教再研究》，中國社會科學出版社2003年版。

失氏墓誌》〔註71〕這兩方墓誌，探討了一個波斯家族在唐朝特別是玄宗天寶時期以後的生活、仕宦情況。尤值得注意的是，作者根據李素諸子的名字中都有一個「景」字，結合相關景教資料，推測出這個家族固有的景教信仰。〔註72〕葛承雍通過對一方粟特入唐質子米繼芬墓誌的解讀，爲我們展現了一個唐長安城中信奉景教的粟特人家庭祖孫三代在唐朝仕宦、宗教信仰的情況，也是一篇粟特家庭景教信仰的個案研究。〔註73〕近年，又有令史學界振奮的考古發現，2006 年 5 月，河南洛陽隋唐故城出土了一件珍貴的唐代景教石刻《大秦景教宣元至本經》，學者稱是「繼明天啓五年（1625）陝西出土《大秦景教流行中國碑》及近代敦煌石窟、吐魯番古城遺址等地出土景教經典寫卷以來，國內又一景教文物的重大發現。」〔註74〕據研究，經主「安國安氏」一家與其它神職人員均爲西域粟特人，經文顯示了這個景教僧團倣效佛教制度，用輩分和傳法世系的法號和頭銜來顯示他們在教內的地位。至於該教團在洛陽所舉行的宗教活動，該經幢也有詳細記載。而經主倣效當地佛教信徒的傳統樹此幢石，以「經幢」方式爲所親追薦於墓所，正折射出唐代東都洛陽地區各種異質文化相互借鑒、滲透的史實。目前學者對該經幢的研究已取得一系列成果，並且相關研究仍在繼續。〔註75〕

（四）伊斯蘭教

　　伊斯蘭教創立於公元 7 世紀，由阿拉伯人穆罕默德所創。學術界對伊斯蘭教何時傳入中國觀點不一，分歧較大，研究者從不同的角度申述了自己的觀點。雖然尚未得出統一意見，但現在學界一般採用陳垣先生提出的「唐永徽二年說」〔註76〕，其依據是《舊唐書・西戎傳》的記載，「大食國，本在波

〔註71〕《彙編》下，頁 2039～2040，頁 2072～2073。
〔註72〕榮新江《一個入仕唐朝的波斯景教家族》，《伊朗學在中國論文集》第 2 集，北京大學出版社 1998 年版，頁 82～90。
〔註73〕葛承雍《唐代長安：一個粟特家庭的景教信仰》，《歷史研究》2001 年第 3 期。
〔註74〕張乃翥《跋河南洛陽新出土的一件唐代景教石刻》，《西域研究》2007 年第 1 期。
〔註75〕對該經幢推進研究者有羅炤《洛陽新出土〈大秦景教宣元至本經及幢記〉石幢的幾個問題》，《文物》2007 年第 6 期；林悟殊、殷小平在《中華文史論叢》（2008 年第 1、2 期，2009 年第 1、2 期）發表一系列成果四篇《經幢版〈大秦景教宣元至本經〉考釋——唐代洛陽景教經幢研究》；葛承雍《西安、洛陽唐兩京出土景教時刻比較研究》，《文史哲》2009 年第 2 期。
〔註76〕陳垣《回回教入中國史略》（收入吳澤主編《陳垣史學論著選》）。

斯之西……永徽二年，始遣使朝貢。其王姓大食氏，名噉密莫末膩，自云有國已三十四年，歷三主矣。」〔註77〕此處「大食國」即指阿拉伯帝國；噉密莫末膩，即阿拉伯第三任哈里發奧斯曼。最近，華南理工大學物理系教授劉有延先生對此問題又推進了一步，他不僅主張「貞觀說」，而且還明確提出在伊斯蘭教入華時間在「貞觀二年」。他對伊斯蘭教入華隋開皇說的產生和流衍進行了梳理和探討後，指出：元至正十年泉州吳鑒撰《重立清淨寺碑記》是我國最早和最準確的伊斯蘭教文獻，它同時是「隋開皇入華說」的源頭。它關於隋開皇七年斡葛思入華的記述，在消除回漢兩曆的積年誤算後，實質上是貞觀二年入華。〔註78〕論文溯源探流，條分縷析，論證極有說服力，預計其觀點將會爲學界廣泛接受和採納。

　　唐代的伊斯蘭教徒主要是阿拉伯、波斯和其它國家的外國商人，另外也有一些這些國家的穆斯林士兵和使節。據《舊唐書》和《冊府元龜》記載，從永徽二年（651）至貞元十四年（798）年間，大食遣使來唐有史籍記載的就多達 39 次，〔註79〕可見唐王朝與西亞諸國的交往是相當頻繁的。大食、波斯等人來華，多以商賈爲目的。從陸路沿「絲綢之路」來到中國的使者商人，大多居留長安，長期不歸。《資治通鑒》卷 232 載：「自天寶以來，安西、北庭奏事及西域使人在長安者，歸路既絕，人馬皆仰給於鴻臚，……胡客留長安久者，或四十餘年，皆有妻子，買田宅，舉質取利，安居不欲歸，命檢括胡客有田宅者停其給。凡得四千人。」〔註80〕

　　中唐以前，來華蕃客多取西北陸路，所以中原地帶聚居較多。中唐以後，西北地段戰爭頻仍，交通受阻，南邊海路轉而興盛起來，東南沿海的商舶集散之地，如廣州、揚州、泉州等，蕃客數量逐年增多。至文宗時，南方蕃客已增至數萬之衆。這些蕃客聚居比較集中，因宗教生活和世俗習俗的需要，他們出資修建清眞寺。相傳，長安、廣州等地都有清眞寺。唐政府除專設機構管理蕃客外，還任命年高德劭的穆斯林爲「蕃長」，讓其主持宗教禮拜，處理穆斯林間的民事糾紛。唐宣宗大中五年（851）阿拉伯商人蘇萊曼在其遊記中記述了當時廣州蕃坊的情況：

〔註77〕《舊唐書》卷 198《西戎傳》，頁 5315。
〔註78〕劉有延《伊斯蘭教入華隋開皇說溯源及其正確評價》，《回族研究》2013 年第3 期。
〔註79〕參閱張星烺《中西交通史料彙編》第二冊，中華書局 1977 年版，頁 148～154。
〔註80〕《資治通鑒》卷 232「德宗貞元三年」條，頁 7492。

中國商埠爲阿拉伯人麇集者曰康府，其處有伊斯蘭掌教一人，教堂一所。……各地伊斯蘭教商賈多居康府，中國皇帝因任命伊斯蘭教判官一人，依伊斯蘭教風俗，治理穆斯林。判官每星期必有數日專爲穆斯林共同祈禱，朗讀先聖戒訓。終講時，輒與祈禱者共爲伊斯蘭教蘇丹祝福。判官爲人正直，聽訟公平。一切皆依《古蘭經》、聖訓及伊斯蘭教習慣行事。故伊拉克商人來此方者，皆頌聲載道也。〔註81〕

由於資料所限，目前我們仍無法進一步探究長安、洛陽地區穆斯林及信徒的信仰生活細節。

綜上所述，由於唐統治者以海納百川之胸懷，吸納了各種外來宗教，因此在兩京長安、洛陽地區，並行流傳著佛教、道教、景教、祆教、摩尼教和伊斯蘭教。其中，佛道二教由於發展歷史悠久，故到唐代在統治者的扶持和推崇下很快走向興盛，並與儒家思想始終佔據唐朝統治思想的主導。兩京地區是唐廷的統治重心，其城市社會居民對二教的信奉明顯受到帝制色彩的影響，如上所舉，上自帝后嬪妃、宮女宦官、豪族顯貴，下至市井平民，在很多情況下表現出不同於其它地區的特點。

較佛道二教而言，景教、祆教、摩尼教和伊斯蘭教等西來宗教的教徒幾乎都是西域、西亞、中亞等國的外國人，漢人極少有信奉。除伊斯蘭教的活動範圍超出長安、洛陽地區，很多集中在廣州、泉州、揚州等東南沿海一帶外，其它西來宗教更多集中在長安、洛陽地區。西來宗教由於根基淺、勢單力薄，極易受唐廷政策影響，表現出驟起驟落的局面。到晚唐，在武宗滅佛的過程中，它們受到極大打擊，並很快走向衰落。

第二節　巴蜀地區的佛道之爭〔註82〕

巴蜀的名稱起源於川東的巴山和川西的蜀山，人們習慣上將川西稱巴，

〔註81〕蘇萊曼《中印遊記》，轉引自張星烺《中西交通史料彙編》第二冊，頁201。

〔註82〕日本學者吉川忠夫《唐代巴蜀における佛教と道教》一文，據稱此文從四川巴蜀地區佛教與道教的競爭來透視整個唐帝國的宗教現象。此文選題與本書關於巴蜀地區的佛道相爭研究有極其相似的視角，遺憾的是，筆者雖知有此文，卻迄今未能獲讀。氏著《唐代巴蜀における佛教と道教》（選自吉川忠夫編《唐代の宗教》，朋友書店2000年版。）轉引自葛兆光《重新清理唐代宗教的歷史：讀吉川忠夫編〈唐代の宗教〉》，載於《屈服史及其他：六朝隋唐道教的思想史研究》，三聯書店2003年版，頁185。

川東稱蜀。〔註83〕巴蜀地區的仙道巫鬼信仰由來已久,這從眾所周知的廣漢三星堆遺址的考古發現也可得到證明。加之巴蜀地區是一個少數民族聚居區,當地民眾多崇信鬼巫。《後漢書》卷86《南蠻西南夷列傳》稱巴郡蠻族等少數族「俱事鬼神」〔註84〕。《晉書》卷120《李特傳》稱「漢末張魯居漢中,以鬼道教百姓,賨人敬信巫覡,多往奉之」〔註85〕。《隋書》卷29《地理志》稱「漢中之人……好祀鬼神,尤多忌諱,家人有死,輒離其故宅。崇重道教,猶有張魯之風焉」,而巴蜀「其風俗大抵與漢中不別」〔註86〕。可知巴蜀之所以成爲道教重鎮,與其地域環境、宗教傳統及民族風習密切相關。

既然巴蜀有如此悠久的道教文化傳統,那麼外來的佛教何以能夠入住這片道教勝地?佛教初傳巴蜀過程中與道教的競爭是可以想見的,但本文對南北朝隋時期的佛道關係僅稍作追溯,而將重點放在唐代巴蜀地區的佛道關係及其演變上,力爭在前人研究上有所推進〔註87〕。

一、南北朝隋時期

南北朝隋時期,巴蜀地區的佛道之爭即現端倪,並有愈演愈烈的趨勢。當時佛道之爭多表現爲爭奪信徒、較量法術、醫術等方面。如釋植相,俗姓郝,梓州潼涪人,梁時任巴西的郡吏。後見梁高祖及王公均崇信三寶,便同妻子一併剪髮出家,「以生在邊鄙,玄(言?)頗涉俗。雖遭輕誚,亡懷在道,都不忤意。又因行路寄宿道館,道士有素聞相名,恐化徒屬,拒不延之。其夜,群虎遶院相吼。道士等通夕不安。及明追之,從受菩薩戒焉。」〔註88〕

〔註83〕 參蒙默、劉琳、唐光沛《四川古代史稿》,四川人民出版社1988年版,頁9。

〔註84〕 《後漢書》,中華書局1965年版,頁2840。

〔註85〕 《晉書》,中華書局1974年版,頁3022。

〔註86〕 《隋書》卷29《地理志》,頁829~830。

〔註87〕 關於巴蜀地區有關道教、佛教的研究成果頗爲豐富,最具代表性的當屬卿希泰先生,其文《道教在巴蜀初探(上、下)》(《社會科學研究》2004年第5、6期。)深入探討了該地與道教的產生和發展的密切聯繫,堪稱經典之作。日本學者吉川忠夫《唐代巴蜀的佛教和道教》(選自吉川忠夫編《唐代的總結》)選擇了從四川地區的宗教活動來透視整個唐帝國的宗教現象。龍顯昭主編《巴蜀佛教碑文集成·前言》(龍顯昭主編,《巴蜀佛教碑文集成》,巴蜀書社2004年版。)則論述了佛教在巴蜀的發展史,但著重討論了佛教在唐宋時期巴蜀地區興盛的原因及表現。此外還有胡昌健《佛教傳入巴渝地區的時間和路線》(《四川文物》2004年第3期。)等學者也對佛道二教在巴蜀地區的發展作了深入探討,且已得出很多有意義的結論。

〔註88〕 《續高僧傳》卷25《釋植相傳》,頁645。

從道士拒絕留宿釋植相、恐被佛教所化的焦慮心理中，不難看出僧徒在招引信徒上的優勢，這種優勢當然與當朝皇帝蕭衍的佞佛有關。這所道館的道士果然被植相感化，投歸佛門。南北朝後期的釋童進，俗姓李，綿州人。他出家後唯念佛法於心中，不受戒律的束縛，嗜好飲酒。侯景之亂後，蜀地為北周所佔，周武帝東征時，下敕瀘州營造毒藥，「藥著人畜肉穿便死」，而童進「取一杓飲之，言謔自若，都不為患。道士等聞皆來看。進又舉一杓以勸之，皆遠走避」〔註89〕。童進以特異的防毒功能，使道士在法力、法術的較量中又佔了下風。隋代的釋法進，常住益州綿竹縣響應山玉女寺。開皇中，蜀王楊秀臨益州，其妃患心腹，楊秀請數位道士為妃子治病，都無良效。最後為法進所治癒，表明僧人在醫術上更勝道士一籌〔註90〕。

　　活躍於隋唐之際的高僧玄續，俗姓桑，蜀郡人。梓州東曹掾蕭平仲，是梁文皇帝之後，玄續曾去拜訪他，

> 平仲尚之，從容曰：「仰承高懷，蔑略諸貴等。今蒙禮顧，深愧
> 非人。」續曰：「諸貴驕蹇，須以驕蹇對之。明公汎愛，故以汎愛相
> 答。」……（玄續）嘗為寶園寺製碑銘，中有彈老莊曰：「老稱聖者
> 莊號哲人，持螢比日用岳方塵。」屬有祭江道士憑善英，過寺禮拜，
> 見而惡之。謂續曰：「文章各談其美，苦相誹毀，未識所懷。若不除
> 改，我是敕使當即奏聞。」續曰：「文之體勢，非爾所知。若稱敕使
> 欲相威懾者，我寺內年別差人當莊，此是敕許，亦是敕使。卿欲奏
> 我，我當莊人亦能奏卿。」〔註91〕

蕭平仲既然是南朝梁宗室，在信仰上自當是虔誠的佛教信徒，因而受到玄續的禮顧。對佛教信徒，玄續以禮相待，對道教徒卻大加攻擊。他在為寶園寺寫碑銘時，不忘借機譏諷老莊，道士見了不甘示弱，以自己是敕使相威脅。而玄續乃以其人之道還治其人之身，也以是敕使、敕許加以反駁。蕭平仲卒於大業九年（613）〔註92〕，此事發生在隋朝，當時佛教受到隋文帝的大力扶植，故僧徒在與道士的抗爭中更佔優勢。又《續高僧傳・釋慧滿傳》載：「昔周趙王治蜀，有道士造老君像而以菩薩俠侍。僧以事聞，王乃判曰：菩薩已

〔註89〕《續高僧傳》卷25《童進傳》，頁659。
〔註90〕《續高僧傳》卷18《法進傳》，頁576。
〔註91〕《續高僧傳》卷13《玄續傳》，頁531。
〔註92〕陳子良《隋新城郡東曹掾蕭平仲誄（並序）》，《全唐文》卷134，頁1352。

成不可壞，天尊宜進一階官乃迎於寺中，改同佛相。」〔註93〕道士造老君像，以菩薩爲陪襯，顯然是貶低對方擡高自己。但趙王的判決卻明顯在貶道，他說菩薩既已建成，就不能被破壞，所以只好將老君像改同佛相，再加一階官才有資格迎於佛寺。二教地位不言自明。

　　總之，在南北朝隋時期的巴蜀地區，佛道之爭也是存在的，其間佛教似乎並不占弱勢。

二、唐前期（玄宗以前）

　　到了唐代，巴蜀地區的佛道之爭並沒有停止。按二教關係發展的特點，大致可分爲唐前期、玄宗時代、中晚唐時期三個階段。

　　隋唐之際，戰亂的影響在北方尙未完全消除，而巴蜀地區偏於西南一隅，相對安定，加上巴山蜀水的自然風景，成了教徒們青睞的宗教場所。唐太宗時期著名的高僧玄奘及其兄長捷法師就曾避亂駐錫巴蜀：

> 初，煬帝於東都建四道場，召天下名僧居焉。其徵來者，皆一藝之士，是故法將如林，景、脫、基、暹爲其稱首。末年國亂，供料停絕，多遊綿、蜀，知法之衆又盛於彼。法師乃啓兄曰：此無法事，不可虛度，願遊蜀受業焉。兄從之。……時天下饑亂，唯蜀中豐靜，故四方僧投之者衆，講座之下常數百人。〔註94〕

上引表明當時蜀中相對安定，吸引了中原的許多大德高僧薈萃成都，以至「四方僧投之者衆」，「知法之衆」甚於洛京，「講座之下」僧徒雲集，這自然促進了本地區的佛法弘宣，同時也使佛道二教的爭奪更爲激烈。

　　當時巴蜀佛道之爭的一個重要途徑和手段是感化親人，教化鄉里，贏得信衆支持和爭取信徒。益州綿竹高僧惠寬，貞觀中人，父名瑋，曾是五經博士和道教的「三洞先生」，崇敬道法，不信佛教。綿、梓、益三州的俗衆每年都送租米於瑋，求其施法保得一年的安吉，因此他家的車馬「擁門如市」。在這種家庭氛圍的薰陶感染下，惠寬理應崇道，但據《續高僧傳·惠寬傳》，他與生俱來就對佛教有極大的偏好。後出家遊方，「年三十還綿竹教化四遠，聞名見形並捨邪歸正。其俗信道，父母皆（棄）道歸佛，捨宅爲寺，于今見在。綿竹諸村皆爲立寺，堂殿院宇百有餘所，修營至今。年常大齋道俗咸會。正月令節，成都寺

〔註93〕《續高僧傳》卷22《慧滿傳》，頁618。
〔註94〕《大唐大慈恩寺三藏法師傳》卷1，頁7～8。

七十縣，競迎供待。……什邡縣陳家捨邪信佛，以竹園爲寺。寬指授分齋，爾許可爲僧院。」〔註95〕當惠寬遷化後，「官人道士咸來慟哭」，「葬後縣內道俗，七歲已上著服泣臨，如是三年。爾後至今凡設會家，皆設兩座，一擬聖僧，一擬寬也。」〔註96〕他的教化不僅感染了父母，還影響了鄰縣什邡的陳氏，使之棄道從佛，捨宅園爲寺。類似的例子還有釋靈睿，俗姓陳，「本惟穎川，流寓蜀部，益昌之陳鄉人也。祖宗信於李氏，其母以二月八日道觀設齋，因乞有子。……八歲二親將至道士所，令誦《步虛詞》，便面孔血出，遂不得誦。」後歸家入田，遇智勝法師，自願隨師出家奉佛。後靈睿於蜀地周流轉唱傳化不絕，遷化後，「刺史以下躬手付香供養其屍，道俗相送歸東度山，設大會八千人。……然其潔清童稚，過中不飲，葷辛莫履，具盡報云。」〔註97〕

　　巴蜀民眾自古受道風浸染，佛僧即便窮盡畢生精力也難以逐個教化當地民眾，扭轉崇信道教的習俗。因此，或施法示眾或結社奉佛成爲佛教徒在地方上爭取和教化信眾的最佳選擇，也是傚果最直接、最明顯的方法。《續高僧傳·寶瓊傳》：

> 　　釋寶瓊，馬氏，益州綿竹人，小年出家。清貞儉素，讀誦大品，兩日一遍，爲常途業。歷遊邑洛（落），無他方術，但勸信向，尊敬佛法。晚移州治，住福壽寺。率勵坊郭，邑義爲先，每結一邑，必三十人，合誦大品，人別一卷，月營齋集，各依次誦。如此義邑乃盈千計，四遠聞者皆來造欵。瓊乘機授化，望風靡服。

釋寶瓊卒於貞觀九年（635），他生平主要活動當在隋唐之際。又據《舊唐書》卷41《地理四》載，什邡縣在北朝後周時曾改爲方寧縣，武德三年（620）始回改什邡縣。他晚年移居益州治所成都的福壽寺〔註98〕。因此我們可以斷定，寶瓊晚年的弘法活動主要集中在唐初的成都城。寶瓊的傳法主要分爲兩個階段，在早期，他主要通過遊方化徒，勸人信佛。到晚年移居成都福壽寺，是他一生中最重要最有成效的傳法時期。在這個時期，他的傳法方式發生了根本轉變，由最初的「無他方術」，但以勸誦大品弘法傳教，到後來通過宗教結社發展信徒。他先是在成都市內坊郭以三十信徒爲單位結成邑義，每月營齋

〔註95〕《續高僧傳》卷20《惠寬傳》，頁601。
〔註96〕《續高僧傳》卷20《惠寬傳》，頁601。
〔註97〕《續高僧傳》卷15《靈睿傳》，頁540。
〔註98〕參見《漢唐佛寺文化史》，頁129。

集會，主要活動是合誦大品，人各一卷，依次輪番誦讀。這樣的邑義在成都數以千計，則至少有三萬居民被納入到佛教義社中，「四遠聞者皆來造款」，其人數亦復不少。在如此濃重的宗教氛圍裏，憑藉佛教組織的力量和佛事活動的效應，寶瓊「乘機授化」，自然事半功倍，使民眾「望風靡服」。在這樣一種聲勢下，道教方面即使阻撓，也力不從心。但寶瓊家鄉及其周圍鄰縣什邡等縣，道佛力量的對比卻別是一種情形，上引《寶瓊傳》稱：

> 本邑（綿竹）連比什邡諸縣，並是道民，尤不奉佛。僧有投寄，無容施者，致使老幼之徒於沙門像不識者眾。瓊雖桑梓，習俗難改，徒有開悟，莫之能受。李氏諸族正作道會，邀瓊赴之。來既後至，不禮而坐。僉謂不禮天尊，非法也。瓊曰：邪正道殊，所事各異，天尚不禮，何況老君？眾議紜紜，頗相淩侮。瓊曰：吾禮非所禮，恐貽辱也。遂禮一拜，道像並座動搖不安。又禮一拜，連座返倒，摧殘在地。道民相視謂是風鼓，競來周正。瓊曰：斯吾所爲，勿妄怨也。初未之信，既安又禮，如前崩倒。合眾驚懼，舉掌禮瓊。一時迴信，從受戒法，傍縣道黨，相將歡訝，咸復奉法。時既創開釋化，皆授菩薩戒焉。縣令高遠者，素有誠敬，承風敷導，更於州寺召僧弘講，合境傾味，自此而繁。以貞觀八年，終於所住。〔註99〕

綿竹及什邡等諸縣都是道教信徒，「尤不奉佛」，以至僧人「投寄」也不被容許，縣民老幼中很多人連佛像也不認識。在道風浸染、民俗難移的環境中，道教徒更是頻做道會，宣傳道法。寶瓊即使「徒有開悟」，也「莫之能授」。但是在一次道教法會上，寶瓊借被邀之際，通過施法術扭轉了被動的局面。本來「無他方術」的寶瓊，爲了能在道教獨盛的什邡等鄰縣推廣佛教，竟然施行神秘的「法術」，使道教天尊像無風自倒。他的「法術」是否別有機關，《高僧傳》的記錄是否確爲實錄，姑置勿論，但由此可見，佛僧爲了爭奪信眾，不惜施行各種非常手段，終於使什邡諸縣民眾，「一時回信，從受戒法」，旁縣道徒，也「咸復奉法」。參據上引《惠寬傳》，綿竹、什邡一帶本來是道教的天下，但經過惠寬、寶瓊等佛僧的努力傳法，佛教逐漸取得了優勢。

三、玄宗時代

玄宗即位後大力推行崇道政策，使道教獲得長足發展，從而進入唐代道

〔註99〕《續高僧傳》卷28《寶瓊傳》，頁688。

教的全盛時期。當時巴蜀地區的佛道關係顯然也要受到時局的影響。

　　據《宋高僧傳·處寂傳》載：蜀僧處寂，曾受到武則天的禮遇，後乞歸山。玄宗開元初，新任太守王曄，本是道士，「終於釋子苞藏禍心。上任處分，令境內應是沙門追集。唯寂久不下山，或勸寂往參，免爲屬階。寂謂弟子曰：汝雖出家，猶未識業，吾之未死，王曄其如吾何？迨乎王公上官三日，緇徒畢至。或曰：唯處寂蔑視藩侯，弗來致賀。曄微怒也，屈諸僧，升廳坐已，將啓怒端，問寂違拒之由，慍色悖興，僧皆股慄。曄俄然仆地，左右扶掖歸宅，至廳事後屏樹，如被摑頰之聲，禺中氣絕。自此人謂爲妄欲加諸道人，一至於此。」〔註100〕高僧處寂雖然通過施行「法術」，打擊了原爲道教徒的蜀郡太守王曄的囂張氣焰，但從王曄上任伊始就利用職權壓制佛教徒，從「王公上官三日、緇徒畢至」以及僧徒面見官員的緊張和恐懼來看，不難推測當時佛教在蜀郡的處境是十分被動和艱難的，表明時局正在向著有利於道教的方向發展。開元年間，發生在青城山上的道教常道觀和佛教飛赴寺爲爭奪地盤而引起的「訴訟」案，即是很好的歷史見證。

　　青城山「一名赤城山，一名青城都，一名天國山，亦爲第五大洞寶仙九室之天。」〔註101〕據史書記載，東漢末年，道教創始人張道陵曾由鶴鳴山來青城山上設壇傳教，修建宮觀，從此青城山成爲早期道教的發源地之一，被譽爲道教的第五洞天。晉代時，山上始建道觀，以後歷代道人增修之，青城山遂發展成爲道教名山。常道觀，乃古黃帝祠址，隋大業（605～617）年間建，原名延慶觀，唐代改稱常道觀。飛赴寺，始建於何時，已無從可考，但從「（香闍梨者）以梁初至益州青城山飛赴寺」〔註102〕，可知，它至遲應建於南朝蕭梁（512～557）之前，則飛赴寺的存在應早於常道觀。然而在唐代，青城山中的常道觀卻爲青城山外的飛赴寺所佔。事情發生的具體緣由、確切時點，今已不得其詳，只知在玄宗時，寺、觀之間的爭訟上達天聽，以至於玄宗皇帝親下敕書加以仲裁，事見開元中所立《青城山常道觀敕并表》碑：

　　　　敕益州長史張敬忠：……蜀州清城，先有常道觀，其觀所置，
　　原在山中，聞有飛赴寺僧，奪以爲寺。州既在卿節度，檢校勿令相
　　侵，觀還道家，寺依山外舊所，使道佛兩所，各有區分。今使內品

〔註100〕《宋高僧傳》卷20《唐資州山北蘭若處寂傳》，頁507。
〔註101〕（唐）杜光庭《青城山記》，《全唐文》卷932，頁9710。
〔註102〕《續高僧傳》卷25《香闍梨傳》，頁657。

官毛懷景、道士王仙卿，往蜀川等州，故此遣書，指不多及。

敕

十一日

開元十二年，歲次甲子，閏十二月十一日下：十三年正月一日至益州，二日至蜀州。專檢校移寺官、節度使判官、彭州司倉參軍楊璹、蜀州刺史平嗣先、清城縣令沈從簡。

碑陰

劍南道節度使　常道觀主甘遺榮書

蜀州青城山常道觀　王虔穆　上行琮

右內品官毛懷景、道士王仙卿等使至，伏奉閏十二月十一日墨敕：……臣差判官宣義郎、彭州司倉參軍楊璹往清城山，準敕處置。其飛赴寺佛事及僧徒等，以今月九日并移于山外舊所安置訖。又得常道觀三綱甘遺容等狀稱：奉敕移飛赴寺依山外舊所，觀還道家，今蒙使司對州縣官及僧等，準敕勒還觀訖，更無相侵者。其山先緣寺界所有竹木等，寺既出居山外，觀今置在山中，務使區分，不令侵競。臣已牒所管州縣，亦許觀家收領訖。謹附采藥使內品官毛懷景奏狀以聞，謹奏。

開元十三年正月十七日，左散騎常侍、益州大都督府長史、劍南道節度大使、攝御史中丞、本道采訪經略大使、上柱國張敬忠上表〔註103〕

這封敕書是開元十二年閏十二月十一日所下，十三年正月一日到達益州，二日到達蜀州，九日即已按照敕令要求，將飛赴寺「移於山外舊所安置訖，觀還道家」。京師長安離巴蜀遠隔千里，且時逢新年之際，在當時蜀道號稱「難於上青天」的交通條件下，短短二十天內敕書即到達目的地，使者在七天內就將飛赴寺移出，將常道觀遷回。由此可見，這封敕令在下達、執行過程中是多麼地迅速、有效。從當事人來看，既然是對糾紛的調解，當有雙方當事人參加，但碑文中只記載了執行命令的朝中官員、京師道士、地方州縣官員和道教一方當事人的代表，卻始終不見佛教徒出場。劍南節度使爲了迅速有

〔註103〕《青城山常道觀敕並表》，龍顯昭、黃海德主編《巴蜀道教碑文集成》，四川大學出版社 1997 年版，頁 23。

效地執行敕令，臨時設置了「專檢校移寺官」（由節度使判官、彭州司倉參軍楊璹充任），與所在州、縣一把手（蜀州刺史平嗣先、清城縣令沈從簡）一起，配合朝廷特使，專門處理此案。在常道觀遷回之後，劍南節度使又根據常道觀三綱甘遺榮的狀表，將山中原屬飛赴寺界的所有竹木等，「牒所管州縣，亦許觀家收領訖」。閱讀上述敕文，朝廷支持道教的傾向是明顯的，常道觀在整個事件的處理中佔有絕對優勢也是明顯的。總之，玄宗一紙敕書，常道觀很快就奪回了被飛赴寺所佔的地盤。但從整個事件的起因及處理過程來看，道觀最初是處於被損害的弱勢地位，過錯在於寺家。玄宗的敕令也在於恢復道觀被占以前的狀況，要求寺、觀各復舊所，並要求以後「使道佛兩所，各有區分」，並未對佛教採取壓制措施。敕書一下，也沒有再見到僧寺、道觀的糾紛和訴訟。因而，就資料所反映的情況來看，其處理結果仍是公允的，儘管由皇帝和當地政府出面，無疑使當地的佛道之爭受到世俗政權的左右。

　　不過事情還沒有就此結束。上引《青城山常道觀敕並表》碑的右側，刻載有太常少卿專知禮儀集賢院修撰韋韜和中大夫行內給事張奉及「並親奉聖旨」，與「檢校內供奉精勤道士、東明觀主王仙卿」，於開元十八年到青城丈人靈山「修齋設醮、并奉龍璧」之事。王仙卿即為此前主持處理青城常道觀、飛赴寺爭訟案的欽差特使。我們再來看另一通立於開元二十二年（732）的《青城山丈人祠廟碑》：

> 夫丈人山者，本青城山，周回二千七百里，高五千一百丈，即
> 道家第五寶仙九室之天矣。黃帝拜為五岳丈人，因以為稱。……奉
> 開元十八年閏六月十八日敕，于青城丈人山置祠室。又奉今年八月
> 二十一日敕，青城丈人山宜令所管州縣揀本山幽靜處興立祠廟。其
> 圖分付道士，將往建立。……又奉八月二十五日敕，青城丈人廟準
> 五岳真君廟例，抽德行道士五人焚香供養。〔註104〕

可知開元十八年，玄宗皇帝先後三次下敕，命在青城丈人山立祠廟，建制標準、祭祀等級一準五嶽真君廟，祠廟的建立由道士具體主持，焚香供養等祭祀活動亦「抽德行道士五人」主持，而奉旨前來「修齋設醮」、投奉龍璧的使者中，也包括此前來青城山處理寺觀爭訟的京城著名道士王仙卿。這一舉措無疑進一步增強了青城山道教的勢力，從而改變了巴蜀地區佛道間的力量對比。

　　玄宗雖然極尊道教，但他並不抑制佛教，而且還採取一些相應措施促進

〔註104〕　（唐）徐太亨《青城山丈人祠廟碑》，《巴蜀道教碑文集成》，頁25～26。

佛教的發展。這就爲佛道二教在鬥爭中走向融合創造了機遇。保存至今的四川資陽安嶽縣道教摩崖造像雕刻群，提供了這方面的珍貴信息。

位於玄妙縣西北約二十公里黃桷鄉玄妙村集聖山山腰的玄妙觀，觀前有一呈蘑菇狀的平頂巨石，高 6 米，周長 43 米，石壁上鑿有大小石龕 79 個，共鐫刻有神像 1293 尊，絕大部分爲盛唐時之石刻精品。其中，第 6 號龕爲唐代天寶七載（748）撰刻的《啓大唐御立集聖山玄妙觀勝境碑》，碑文記述了從「大唐開元六年」（718）鑿龕刻像至「大唐天寶七載丙子八月己亥朔二日功畢」的整個過程。據碑文記載，刻造的神像有「天眞」、「王宮」、「救苦天尊」、「飛天神王」等。第 11 號「老君龕」是玄妙觀最大的一龕，也是唐代四川道教石窟中最大的老君造像龕。內龕正壁上雕刻主像老君，趺坐於蓮臺之上，其左右各有脅侍、女眞、護法神將等數十尊。第 12 號龕爲橫長方形龕，龕內鐫刻有四位天尊神像，此即《勝境碑》中所記述的「張、李、羅、王名天之尊」。該處的造像之中，還有十多龕佛、道合龕造像，有的龕中間爲釋迦牟尼佛和太上老君的坐像，兩側站立有佛教的菩薩和道教的金仙、眞人，有的正中爲道教老君像，旁邊爲佛教的菩薩站像。〔註 105〕從造像時間上看，從玄宗開元年間一直持續到天寶時期，前後歷時達三十年之久。從造像布局來看，老君居然和佛祖同居一龕，並趺坐於蓮花臺，陪侍像既有菩薩、金剛，又有金仙、眞人。佛道合作無礙、不分主次，儼然已成一家。這爲唐代佛、道互相聯合、滲透、借鑒，提供了實證。

三、中晚唐時期

前承玄宗時代道佛融合的趨勢，佛道二教的關係在中晚唐時期發生了顯著變化，相互的矛盾和鬥爭明顯減弱，走向融合、彼此滲透的傾向日益明顯。朝廷間的佛道論衡不再具有實質性的宗教對抗意義，而演變爲一種禮節性的斯文酬答，慶典的色彩更加濃厚。〔註 106〕巴蜀地區的佛道關係也概莫能外，《全唐文》收有德宗朝比部尙書郭雄所撰、立於蒲江縣《忠孝寺碑銘》：

> 忠孝，行之本也；儒釋，教之宗也；信順勤於行本，修證立其
>
> 教宗，精一也。故太子賓客贈太子太保范陽盧公正已，頃節制此道，

〔註 105〕參見黃海德《中國西部古代道教石刻造像研究》，載於《世界宗教研究》1994
　　　　年第 1 期，頁 95。

〔註 106〕參葛兆光《中國思想史》第二卷，復旦大學出版社 2000 年版，頁 249～250。

陳請奏置佛寺。乾元元年三月十三日，詔下而錫其名。……太保先
君河南府士曹參軍贈太子詹事，履冰任蒲江縣尉，太保生於蒲江。
太保自省郎守通川，由通川累劍南節度。……寺居縣東二十里，……
緇黃高士契來遊，……昔文翁以經籍興儒，張天師以階籙興道，太
保以忠孝興佛。備茲三教，語無異源。如仰冥鴻，誰為甲乙！儒之
濟理，旁兼老釋，孝之飾躬，動循愛敬。……銘曰：道筌眾妙，儒
敘彝倫，各專一教。釋廣三身，此生不住，彼劫憑因，……精識緇
黃，高情華皓。……〔註107〕

忠孝寺為肅宗乾元元年劍南節度使盧正已建於邛州蒲江縣，寺名取自於儒家
所倡導的忠孝二字，寺院處於方便「緇黃高士契來遊」之勝地；碑文撰者郭
雄，對「以忠孝興佛」的盧正已推崇備至，將他與文翁和張天師相提並論；
銘文內容概述了三教的各自功用，指出「備茲三教，語無異源」，可見，在作
者心目中，三教並無軒輊，都有裨治化，這明顯反映出唐代儒佛道三教並行
不悖的情形。

　　另一通碑文是代宗大曆中，朝請郎行成都府廣都縣丞李去泰所撰的《三
教道場文》：

　　　　四維無涯，玄黃混其體；精氣相射，陰陽孕乎中。寒暑推移，
日月所以交會；道德敷暢，仁義所以表儀。即有金人流化，開悟方
便之門；寶籙內宗，沖融自然之理。法本無別，道亦強名，隨化所
生，同歸妙用，故知二儀生一，萬象起三，殊途而歸，體本無異。
至哉廣運，玄之又玄，方丈之間，示我三教。
　　　　……

　　　　西方大聖，為法現身。不生不滅，無我無人。甘露灑雨，水月
淨塵，心澄智海，道引迷津。湛然不動，永絕諸因。混元難測，杳
杳冥冥，恍惚有物，想象無形，九天辯位，四方居星，中含仙道，
下育人靈。法傳不死，空余老經。廣學成海，煥文麗天。光揚十哲，
軌範三千。獲麟悲鳳，贊易窮玄。首唱忠孝，迹重仁賢。其道不朽，
今古稱先。〔註108〕

碑文主要讚頌資州刺史叱幹干公參與平息唐永泰元年（765）至大曆元年（766）

〔註107〕《全唐文》卷511，頁5194。
〔註108〕《巴蜀道教碑文集成》，頁33。

蜀中之亂的功業，以及在大曆二年十月創建三教道場的德績，碑文著重闡述三教調和、佛道合流的義理。無論是從次序排列，還是敘述內容、行文語調，從碑文中實在分不出三教的先後主次、孰重孰輕，而是如碑文所說，三教「殊途而歸，體本無異」。雖從上引《忠孝寺碑銘》中的「儒之濟理，旁兼老釋」，從《三教道場文》中從對縣丞政績評價的儒教標準以及「首唱忠孝，迹重仁賢，其道不朽，今古稱先」的表述，儒家似乎在思想領域中仍具有引領作用，但從三教竟共祀於一場，佛、道、儒三教的融合即可見一斑。

　　巴蜀地區是道教的發源地之一，道教文化在當地民眾的思想意識中根深蒂固。佛教作爲一種外來文化傳入後，在該地自會受到強大的阻擊。本文的初步研究表明，巴蜀地區的佛道相爭自南北朝時期即見端倪，至唐代前期愈演愈烈，雙方施展各種手段，激烈地爭奪信徒，以擴大本教影響，當時佛教似乎佔有明顯的優勢。玄宗朝大力推崇道教卻並不抑制佛教發展，佛教雖佔有明顯優勢，道教卻得到朝廷的更多支持。佛道二教在玄宗時就呈現出相互融合、彼此滲透的趨勢，到了中晚唐時期，最終形成三教「殊途而歸、體本無異」的和諧共存局面。在具有悠久道教文化傳統的巴蜀地區，唐代佛道關係的發展演變頗具代表性和典型性，是我國中古時代佛道乃至三教關係發展歷史的縮影。

第三節　揚州地區城市居民的宗教生活

　　在唐代，尤其唐代中後期，揚州以其經濟繁榮、商貿發達而爲時人譽爲「揚一益二」。事實上，揚州城市社會的宗教活動，也是值得研究的，惜今人關注的不夠，有必要在已有研究成果基礎上〔註109〕繼續作進一步探討。

〔註109〕相關揚州地區宗教信仰情況的論著主要有：李廷先《唐代揚州史考》(江蘇古
　　　　籍出版社 2002 年版) 第十章「唐代揚州的道教」和第十一章「唐代揚州的佛
　　　　教」分別闡述了道教和佛教在揚州地區的發展概況；朱江《海上絲綢之路的
　　　　著名港口──揚州》(海洋出版社 1986 年版) 第二章第十節「唐代的海上交
　　　　通」中談到了圓仁入唐求法、鑒眞東渡、伊斯蘭教東傳揚州及婆羅門等國僧
　　　　人東遊揚州的情況，不過側重於運用宗教的對外交流來考察唐代揚州的交通
　　　　狀況，故宗教內容的筆墨較爲簡略；論文方面主要有：李興華《揚州伊斯蘭
　　　　教研究》(《回族研究》2005 年第 1 期) 以傳世文獻、實地考察和地下出土文
　　　　物相結合的方法系統論述了伊斯蘭教在揚州地區的傳入及發展情況，是一篇
　　　　研究揚州伊斯蘭教史的力作。此外，杜本明《唐代小說中的揚州印象》(揚州
　　　　大學 2007 年碩士論文〈未刊稿〉) 論文以唐代傳奇小說和筆記逸史爲主要研

揚州在唐代是海港城市，其優越的地理位置決定了該地流行多種宗教，諸種宗教與海外保持著極為頻繁和廣泛的交往，這是揚州地區宗教信仰的一個特點。如所周知，唐代佛道二教與儒家思想在當時的思想體系中同樣居於重要地位，揚州地區也不例外。在揚州地區主要流行著佛教、道教。此外，伴隨著海外商人來揚經商，伊斯蘭教也由此傳入該地。

一、本區的宗教活動概況

《玄怪錄》卷 3《開元明皇幸廣陵》：

> 開元十八年（730）正月望夕，帝謂葉仙師曰：「四方之盛，陳於此夕，師知何處極麗？」對曰：「燈燭華麗，百戲陳設，士女爭妍，粉黛相染，天下無踰於廣陵矣。」……俄頃之間，已到廣陵矣。月色如晝，街陌繩直，寺觀陳設之盛，燈火之光，照灼臺殿。士女華麗，若行化焉，而皆仰望曰：「仙人現於五色雲中。」乃蹈舞而拜，闐溢里巷。帝大悅焉，乃曰：「此真廣陵也？」師曰：「請敕樂官奏《霓裳羽衣》一曲，後可驗矣。」於是作樂雲中，瞻聽之人，紛壇相蹈。……後數旬，廣陵奏云：「正月十五日三更，有仙人乘彩雲自西來，臨孝感寺道場上，高數十丈。久之，又奏《霓裳羽衣》一曲，曲終西去。官僚士女，無不具瞻。」〔註110〕

這段傳奇故事反映了道士葉氏在正月十五日使用幻術，為玄宗展示了遠隔千里的揚州的繁華盛景，如臨其境。故事主旨是說明葉氏的幻術精湛，令玄宗信而不誣。故事真偽我們不論，但從對揚州城望夕美景的描述「寺觀陳設之盛，燈火之光，照灼臺殿」、「有仙人乘彩雲自西來，臨孝感寺道場上，高數十丈」等，雖帶有濃厚的神話色彩，卻恰恰反映了揚州城內正月望夕士女們競相去寺觀賞燈的歡愉熱鬧景象。這也從側面反映了揚州宗教發展面貌，如沒有揚州寺觀的充分發展這一現實為依託，小說也不會空穴來風。

（一）佛教

揚州佛教的興起，當追溯至東漢末年。據《三國志・吳志・劉繇傳》載：

究範圍，在第四章「宗教信仰」裏介紹了唐代揚州地區的道教信仰、佛教信仰和民間信仰等基本情況。

〔註110〕（唐）牛僧孺《玄怪錄》卷 3《開元明皇幸廣陵》，中華書局 1982 年版，頁57。

　　笮融者，丹楊人，初聚眾數百，往依徐州牧陶謙。謙使督廣陵、
彭城運漕，遂放縱擅殺，坐斷三郡委輸以自入。乃大起浮圖祠，以
銅爲人，黃金塗身，衣以錦采，垂銅槃九重，下爲重樓閣道，可容
三千餘人，悉課讀佛經，令界內及旁郡人有好佛者聽受道，復其他
役以招致之，由此遠近前後至者五千餘人户。每浴佛，多設酒飯，
布席於路，經數十里，民人來觀及就食且萬人，費以巨億計。〔註111〕

這是徐、淮地區大興佛事的最早記載。廣陵爲笮融所督三郡之一，信佛者當
不乏人。廣陵地區佛教較大規模的興起，是在永嘉之亂以後的東晉初年。據
《法苑珠林》卷 40 載，大興中（318～321），「北人流播廣陵日有千數，有將
舍利者，建立小寺，立刹，舍利放光，至於刹峰，感動遠近。」到隋朝，文
帝崇佛自不待言，煬帝楊廣在揚州任總管時，也大興佛事，使揚州成爲當時
東南地區的佛教中心。

　　迨至唐代，揚州佛教又有所發展。太宗貞觀二十二年（648），玄奘法師
譯成《瑜伽師地論》，太宗下詔：「秘書省書手寫新翻經、論爲九本，與雍、
洛、并、兗、相、荊、楊、涼、益等九州展轉流通，使率土之人同稟未聞之
義。」〔註112〕可知揚州是朝廷認可的政治樞紐和宗教中心。又據日僧元開《唐
大和上東征傳》載，鑒眞在東渡前在揚州市場上採購的物品有：

　　〔落〕脂紅綠米一百石，甜豉三十石，牛蘇一百八十斤，麵五
十石，乾胡餅二車，乾蒸餅一車，乾薄餅一萬，番〔捻〕頭一半車；
漆合子盤卅具，兼將〔畫〕五頂像一鋪，寶像一鋪，金〔漆〕泥像
一軀，六扇佛菩薩障子一具，金字《華嚴經》一部，金字《大品經》
一部，金字《大集經》一部，金字《大涅槃經》一部，雜經、章疏
等都一百部；月令〔障〕子一具，行天〔障〕子一具，道場幡一百
廿口，珠幡十四條，玉環手幡八口；螺鈿經函五十口，銅瓶廿口；
花氈廿四領，袈裟一千領，〔裙〕衫一千對，坐具一千床；大銅〔盂〕
四口〔竹葉盂〕卅口，大銅盤廿面，中銅盤廿面，小銅盤四十四面，
一尺銅疊八十面，少銅疊三百面；白籐簟十六領，五〔色〕籐簟六
領；麝香廿〔劑〕、沉香、甲香、甘松香、龍腦、香胆、唐香、安
息香、棧香、零陵香、青木香、熏陸香都有六百餘斤；又有畢鉢、

〔註111〕《三國志》卷 49《劉繇傳》，頁 1185。
〔註112〕《大慈恩寺三藏法師傳》卷 6，頁 141。

坷黎勒、胡椒、阿魏、石蜜、蔗餹等五百餘斤，蜂蜜十斛、甘蔗八
十束；青錢十千貫，正爐錢十千〔貫〕，紫邊錢五〔千〕貫；羅補頭
二千枚，麻靴卅量，蓆冒卅箇。〔註113〕

上述鑒眞所購旅途用品中，除了日常生活用品外，佛經、佛像及爲莊嚴道場
所需飾品在市場上都能購齊。這一方面說明揚州城內商品交易的興盛和市場
出售商品種類的繁多，足見「廣陵當南北大衝，百貨所積」的記載所言不虛，
另一方面市場上出售大量多種的佛教用品是爲了滿足大批信徒的需求，這正
說明了佛教在揚州的發展盛況。

揚州地區的高僧傳法弘教不遺餘力，西行到高僧大德薈萃的長安、洛陽
求佛法者也大有人在，據《宋高僧傳》卷14《法愼傳》載：

釋法愼，姓郭氏，江都人也。……從瑤臺成律師受具戒。依太
原寺（長安以西）東塔（指懷素法師），體解律文，絕其所疑……（揚
州）諸寺眾請綱領，乃默然而東歸。既還楊都，俯允郡願。……學
者流誤，故親校經論。延來者聽受，故大起僧坊。將警群迷，故廣
圖菩薩因地。善護諸命，故曲濟眾生壽量。以文字度人，故工於翰
墨。以法皆佛法，故兼采儒流。以我慢爲防，故自負衣缽。以規矩
爲任，故綱正緇林。以發揮道宗，故上行恭禮。以感慕遺迹，故不
遠他邦。以龍象參議，故再至京國。以軌度端明，故研精律部歟！……
天寶七載（748）十月十四日……滅於龍興寺別院，年八十三，夏六
十二。緇素弟子，北距泗沂，南踰嶺徼，望哭者千族，會葬者萬人。
〔註114〕

由文中可知，法愼年輕時曾游學西京求法，學成後被揚州諸寺僧邀爲寺之綱
領。東歸後校經論、起僧坊、濟眾生、正緇林，並廣收僧徒、廣宣佛法，不
僅教化了當地民眾，還廣收「北距泗沂，南逾嶺徼」的緇素弟子，爲東南地
區的民眾信佛提供了便利之機。類似的情況還有著名的東渡扶桑傳法高僧鑒
眞：

景龍元年（707），詣長安。至二年三月二十八日，於實際寺依
荊州恒景律師邊得戒。雖新發意，有老成風，觀光兩京，名師陶誘。

〔註113〕（日）眞人元開著，汪向榮校注《唐大和上東征傳》，中華書局1979年版，
頁47～48。
〔註114〕《宋高僧傳》卷14《法愼傳》，頁346～347。

　　三藏教法，數稔該通，動必研幾，曾無矜伐。言旋淮海，以戒律化
　　誘，鬱爲一方宗首。〔註115〕

鑒眞先入兩京拜師學法，後回本地化導群生，最後傳法日本。總之，揚州之
地因爲有了諸如法愼、鑒眞等高僧的不懈努力，使得揚州地區的佛教在原有
基礎上繼續發展。

　　但是，我們不能過高估計揚州地區的佛教發展情況，比較兩京地區和巴
蜀地區的佛道之風，揚州可能還是遜色許多。有學者據《續高僧傳》和《宋
高僧傳》中唐僧行止初見的寺院統計得出，揚州地區的寺院數量共有 11 所，
〔註116〕其所屬淮南道的寺院數量在十個道中位居第七。若從籍貫來看，兩《高
僧傳》中所載揚州籍的高僧也才有 6 個，分別是法向、法愼、鑒眞、靈一、
廣陵大師、從諫。〔註117〕這雖是不完全的統計，但由此看出，相對而言，揚
州還不能說在佛教信仰方面非常突出。

　　揚州地區的佛教有自己的特色，它不同於同時代其它地區的最大特徵
是佛教僧徒的活動範圍廣、空間大，除了一些高僧西行兩京拜師求法外，
更多的是面向海外，與海外尤其是日本佛教僧徒的往來交流十分頻繁。

　　據我國文獻記載，從隋代開皇二十二年（600）起，日本就不斷派遣使團
來中國朝貢，到唐代，往來的更加頻繁。有唐一代，日本先後 19 次向中國派
遣使團，到達中國的使團，達 16 次之多。人們通常把這個時期的使節，稱爲
「遣唐使」，日本的學問僧和請益僧就屬於使團組成部分中的重要成員。由於
揚州正處於日僧入唐的要衝之地，故揚州地區留下了眾多日僧足迹。據日本
學者木宮泰彥的統計，隨遣唐使團來中國的日本學問僧和請益僧留有名號的
有五十餘位。〔註118〕在這五十餘位日本入唐求法高僧中，以普照和圓仁最爲
我們所熟知。普照在中日兩國文化交流和佛學東傳等方面，貢獻最大；圓仁
的著作《入唐求法巡禮行記》以日記體形式記載了他自入唐以來的所見所聞，
對後人研究晚唐時期的政治、經濟、宗教文化、社會風俗、佛教活動及唐、
日、新羅關係等提供了豐富翔實的史料。而二位高僧都與揚州關係緊密。

〔註115〕《宋高僧傳》卷 14《鑒眞傳》，頁 349。

〔註116〕張弓《漢唐佛寺文化史》，頁 121。

〔註117〕分別見《續高僧傳》卷 26《法向傳》、《宋高僧傳》卷 14《法愼傳》、同書同
　　　　卷《鑒眞傳》、同書卷 15《靈一傳》、同書卷 19《廣陵大師》、同書卷 12《從
　　　　諫傳》。

〔註118〕（日）木宮泰彥《日中文化交流史》，商務印書館 1980 年版，頁 126～150。

學問僧普照與另一高僧榮睿於聖武朝天平五年（732，唐開元二十年）四月，接受日本佛教領袖隆尊的使命，隨同第九次遣唐使由揚州港沿淮南運河北上，先後到達洛陽和長安，併入住該地寺院學習佛法。後在唐天寶元年（742），榮睿和普照等一行七人，離開長安，南下航行到揚州，掛單于揚州的既濟寺，在這期間，邀請鑒真和尚東渡日本，弘傳佛法。據《唐大和上東征傳》載：

> 時，大和上在揚州大明寺爲眾（僧）講律，榮睿、普照師至大明寺，頂禮大和上足下，具述本意曰：「佛法東流至日本國，雖有其法，而無傳法人。本國昔有聖德太子曰：二百年後，聖教興於日本。今鍾此運，願和上東遊興化。〔註119〕

鑒真和尚當即答應了他們的邀請，揭開了東渡日本的序幕。而普照在中國的時間，從開元二十一年（733）到天寶十二載（753）共二十一年，其中有十二年的時間，花在邀請與陪同鑒真和尚東渡事業方面。可以說，鑒真的東渡，普照之功不可沒。據統計，普照曾經八次來往於揚州〔註120〕，他在揚州逗留期間對當地的佛法的推動作用，是不容置疑的。

請益僧圓仁於唐文宗開成三年（838）隨第十五次遣唐大使藤原常嗣入唐求法。他於該年的七月到次年（839）的二月在揚州的開元寺停留，等候朝廷回覆——當時揚州大都督府長史李德裕已將藤原使團到達揚州且擬北上之事驛報朝廷。在這八個多月中，他瞭解了揚州地區的政區、人口、交通，並目睹了該地的風俗習尚、節日慶典等，這在他的《行記》第一卷中都有記錄。書中除記錄了揚州府的地理位置、所轄範圍、人口數外，還涉及到風俗節令，如：新年「燒紙錢」、「燒竹興爆聲」，立春「作鸎賣之」，正月十五「燃燈」、「燈樓」、「燈樹」、「匙燈」、「竹燈」，寒食節「吃寒食」、「斷火」。還有對冬至節時揚州市民相互拜賀祝福的記載：「冬至之節，道俗各致禮賀。住俗者，拜官，賀冬至節。見相公即道：『晷運推移，日南長至。伏惟相公尊體萬福。』貴賤官品並百姓皆相見拜賀。出家者相見拜賀，口敘冬至之辭，互相禮拜。」〔註121〕這些在當時人眼中是習以爲常的慣例，不值得書寫，但他帶著好奇、新鮮的眼光描述了外國僧人眼中的異域風情，所以更詳細具體，因而爲我們後人研究當時的風情留下了

〔註119〕《唐大和上東征傳》，頁40。
〔註120〕參朱江《海上絲綢之路的著名港口——揚州》，頁42。
〔註121〕《入唐求法巡禮行記》卷1，頁78。

珍貴的史料。

上述主要論及日僧來唐求法的情況，還有中國高僧渡海赴日弘傳佛法的事例。在唐代最爲著名的是鑒眞和尚六次出生入死東渡日本。天寶元年（742），鑒眞接受日本學問僧榮睿、普照的邀請，發願率領眾弟子東渡弘法。從揚州起航，遠涉重洋，歷經磨難，六次東渡，五次失敗。已是六十六歲高齡的鑒眞仍以「不遂本願，決不罷休」的堅強意志，第六次終於在天寶十二年（753）十一月到達日本，攜弟子完成了在日本傳律弘法的誓願。

此外，還應注意的是，在揚州不僅有中日兩國佛教僧徒的往來，還有爲數甚多的婆羅門等國的僧人，經由揚州，東遊日本。早在唐開元二十四年（736）七月，就有臨邑（今越南中部地區）僧人佛徹、婆羅門（即印度）僧人菩提仙那和波斯人李泌醫，隨同日本第九次遣唐使團的第二艘海舶，由海上南線航至日本。後在唐天寶十二年（753）十月，又有胡國僧寶最、崑崙國人軍法力，占婆國人善聽等外國人，跟隨鑒眞大師由南線海域，東渡到日本。這些東遊日本的外國僧俗人等，大都是沿著海上絲綢之路到達中國，經由揚州而去日本的。據日本方面的文獻記載，在揚州山光寺所在的江陽縣臨灣坊附近有一座「梵寺」。這座梵寺不是一般的中國佛教寺廟，而是由婆羅門和尚住在的寺廟。這種印度佛教寺廟，不僅在揚州有，而且在廣州還更多一些。約在我國唐代之際，不少婆羅門的佛教徒沿著海上絲綢之路，來到我國的廣州和揚州，並在當地建立梵寺，如《唐大和上東征傳》在談到廣州時即說當地有三所婆羅門的寺廟，有些梵僧就居住在裏面。揚州在唐代除有梵寺而外，考古工作者還於公元1964年在瓜洲附近發現一座埋葬梵僧骨灰的舍利石塔。塔內出土了一尊灰陶梵僧造像。這尊造像的形制表明，它是依照婆羅門僧生前的模樣塑造的。從整個石塔的形制與內容來鑒定，是屬於唐代佛教文化的遺存，說明這個婆羅門的和尚，是在我國唐代中葉到揚州來的，死後就埋葬在這裡。他與山光寺附近的那座梵寺一樣，恰好都是座落在大運河岸旁的婆羅門僧的文化遺迹。以上種種告訴人們，不僅有婆羅門和尚經由海上絲路來到揚州，而且還有婆羅門僧人經由揚州，東遊日本。〔註122〕

婆羅門僧人往來於揚州，不僅會受到當地佛教文化的影響，反過來也會影響到當地的佛教文化。

〔註122〕此段內容參考朱江《海上絲綢之路的著名港口——揚州》，頁59～60。

（二）道教

　　道教傳入揚州地區，大致與佛教傳入該地的時間相近，也是在東漢末年。據《太平廣記》卷 60《東陵聖母》條載：「東陵聖母，廣陵海陵人。適杜氏，師劉綱學道。……杜不信道，常怒之。聖母理疾救人，或有所詣。杜恚之愈甚，訟之官，云：聖母姦妖，不理家務。官收聖母付獄。頃之，已從獄窗中飛去，眾望見之，轉高入雲中，留所著履一雙在窗下，於是遠近立廟祠之。」〔註123〕據之，道教初入該地就帶有神異色彩。兩晉南北朝隋時期該地的道教，史籍中也有零星記載，但大多數不脫初傳時的光怪陸離色彩。

　　到了唐代，在統治者極爲推崇道教的大時代背景下，道教在揚州地區也獲得了發展。當時備受玄宗皇帝青睞的著名道士李含光就是揚州人。《全唐文》卷 340 收錄了顏眞卿爲其撰寫的碑文《有唐茅山元靖先生廣陵李君碑銘》，詳細記載了其生平：

> 　　先生姓李氏，諱含光，廣陵江都人。……誦習墳典。年十八，志求道妙，遂師事同邑李先生，遊藝數年。神龍初，以清行度爲道士，居龍興觀。尤精《老》、《莊》、《周易》之旨趣。……開元十七年（729），從司馬練師於王屋山，傳授大法。……元宗知先生偏得子微之道，乃詔先生居王屋山陽臺觀以繼之。歲餘，請居茅山，纂修經法。頻徵，皆謝病不出。……先生常以茅山靈跡，翦焉將墜，眞經秘籙，亦多散落，請歸修葺。……初，山中有上清眞人許長史、楊君、陶隱居，自寫經法，歷代傳寶。時遭喪亂，散逸無遺，先生捧詔搜求，悉備其跡，而進上之。……以大曆己酉歲（大曆四年，769）冬十一月十有四日，遁化於茅山紫陽之別院，春秋八十有七。其年十二月八日，門人赴喪而至者凡數千人。〔註124〕

由碑文可知，李含光性自慕道，後受過正規剃度而出家爲道，並獲得高道之士王屋山司馬承禎的眞傳，此後名聲大噪。玄宗皇帝頻繁不斷地徵召入京，他多次託辭婉拒。在茅山道觀時，他修葺靈迹、整理先人遺經、弘法授徒，爲茅山之地的道教發展做出了貢獻。茅山距隔江的揚州很近，加之他又出生於揚州，必然會促進揚州的道教發展。

〔註123〕《太平廣記》卷 60《東陵聖母》引《女仙傳》，頁 374。
〔註124〕《全唐文》卷 340，頁 3445～3446。

　　除此而外，有關揚州地區道士傳法收徒的記載多以神仙詭異之事見諸於筆記小說中，主要有如下幾種情況：

　　《雲笈七籤》卷113《劉商》引《續仙傳》：

　　　　劉商，彭城人也。……性耽道術，逢道士即師資之，煉丹服氣，靡不勤切。……是以託病，免官入道。遊及廣陵，於城街逢一道士賣藥，聚玩頗眾，人言多有靈效。眾中見商，目之相異，乃罷藥，攜手登樓，以酒爲歡。〔註125〕

文中的道士以賣靈效藥而爲市人所知。

　　《太平廣記》卷27《劉白雲》引《仙傳拾遺》：

　　　　劉白云者，揚州江都人也。……忽在江都，遇一道士，自稱爲樂子長，家寓海陵。曰：「子有仙籙天骨，而流浪塵土中。何也？」因出袖中兩卷書與之，……乃指摘次第教之。良久，失子長所在。……（白雲）復於江都値樂眞人，曰：「爾周遊人間，固有年矣，金液九丹之經，太上所敕，令授於爾，可選名岳福地鍊而服之，千日之外，可以登雲天矣。」〔註126〕

道士授人經書和靈丹妙藥。

　　《太平廣記》卷74《張定》引《仙傳拾遺》：

　　　　張定者，廣陵人也。童幼入學，天寒月曉，起早，街中無人，獨行百餘步，有一道士行甚急，顧見之，立而言曰：「此可教也。」因問汝何所好。答曰：「好長命耳。」道流曰：「不難致。汝有仙骨，求道必成；且教汝變化之術，勿泄於人。十年外，吾自迎汝。」因以口訣教之。定謹訥小心，於家甚孝，亦曾私爲此術，召鬼神，化人物，無不能者。〔註127〕

道士施幻術。

　　《太平廣記》卷23《馮俊》引《原仙記》：

　　　　唐貞元初，廣陵人馮俊，以傭工資生。多力而愚直，故易售。常遇一道士於市賣藥。〔註128〕

〔註125〕（宋）張君房編《雲笈七籤》卷113《劉商》引《續仙傳》，書目文獻出版社1992年版，頁821。
〔註126〕《太平廣記》卷27引《仙傳拾遺》，頁180～181。
〔註127〕《太平廣記》卷74引《仙傳拾遺》，頁464～465。
〔註128〕《太平廣記》卷23《馮俊》引《原仙記》，頁156。

道士於市中賣藥物。

　　上舉數例中的道士，在揚州求仙訪道、好道法、施幻術和陰陽數術、好燒煉之事的人事比較多，入揚州傳道法的道士非常活躍，如遊化於該地的道士借販賣藥物、施展法術等形式在當地頻繁地進行傳道活動。由此我們認為，活躍於揚州的外來道士，大概是距離茅山較近，許多茅山道士入揚傳道。施幻術、好託神仙之事是道教徒傳教的方式。而道士與販賣藥物聯繫在一起，借販賣藥物傳播道法，當受該地商品交換活躍的影響所致。

（三）伊斯蘭教

　　如所周知，安史之亂前，唐王朝與西亞的交往主要依賴於西北的陸路，即自西漢以來的「陸上絲綢之路」。安史之亂後，由於吐蕃王朝向北擴張，控制了西北的河西走廊一帶，「陸上絲綢之路」被戰火隔斷。揚州本為唐代東南對外交往的港口之一，安史之亂前，雖有相當數量的西亞商人經海路來揚州，但揚州港的海路交往仍以朝鮮、日本為主。公元 7～8 世紀，唐與大食是亞洲兩個最強大、最富庶的國家。從當時的國際環境看，唐王朝對外經濟、文化交流主要是同大食的交流。而此時，「陸上絲綢之路」受阻與航海技術的發展，使得「海上絲綢之路」空前繁榮，這也就為阿拉伯和波斯商人雲集揚州創造了條件。這些西亞商人入唐經商時，仍保持著自己的宗教信仰即伊斯蘭教，並一以行之，故伊斯蘭教隨之傳入揚州。

　　最早來到揚州的阿拉伯穆斯林，據我國明人何喬遠在他的著作《閩書·方域志》（卷 37）中說：在中國唐朝武德年間，穆罕默德的門徒，有大賢四人到中國來傳教。一賢傳教於廣州，二賢傳教於揚州，三賢四賢傳教於泉州。二賢傳教於揚州的文化遺迹，已不復存留。在《舊唐書》的鄧景山傳和田神功傳中提到田神功屠戮商胡也是被學者們常引用的例證。《舊唐書》卷 110《鄧景山傳》載：

　　　　鄧景山，曹州人也……至德初……遷揚州長史、淮南節度……
　　　居職四年，會劉展作亂，引平盧副大使田神功兵馬討賊。神功至揚
　　　州，大掠居人資產，鞭笞發掘略盡，商胡大食、波斯等商旅死者數
　　　千人。

《舊唐書》卷 124《田神功傳》載：

　　　　田神功，冀州人也……尋為鄧景山所引，至揚州，大掠百姓商

人資產。郡内比屋發掘略徧。商胡波斯被殺者數千人。

唐肅宗時，田神功恣意屠戮揚州，殺胡商以數千，城中穿鑿殆徧，揚州城慘遭空前的浩劫。特別是黃巢起義失敗後，「四五年間，連兵不息，廬舍焚蕩，民戶喪亡，廣陵之雄富掃地矣。」〔註129〕這裡所指的「大食、波斯商旅」，實際上就是來自阿拉伯和波斯的穆斯林商人。如果說在揚州被殺的已達數千人，那麼加上受傷、逃避等幸存者，其人數就相當可觀了。圓仁在揚州時，正值揚州大都督府長史李德裕爲揚州開元寺修瑞像閣而捐款，其中有波斯僑民捐錢一千貫，婆國僑民捐錢二百貫。〔註130〕商胡爲當地寺院施捨錢財，由此可知，這些商胡也參與揚州當地的宗教性的慈善活動，但有關他們的宗教生活，則史載不詳。

1980 年考古工作者在揚州唐代子城遺址東郊外的一座唐代殘墓中，出土了一件燒製於唐代中晚期時的阿拉伯文背水瓷壺，壺高 18.5 釐米、寬 13 釐米、厚 9 釐米，青灰色彩釉，一面繪有雲氣紋，另一面則用阿拉伯文繪製了「安拉至大」。〔註131〕這件背水壺的出土爲伊斯蘭教傳入揚州提供了極爲重要的實物例證。

在如何分析和看待入唐後的伊斯蘭教異質文化與唐本土文化的關係問題上，有學者運用文化人類學的理論這樣認爲：第一，伊斯蘭教是一種入世性很強的宗教。它的最大特點在於：它將神聖的宗教信仰與世俗的社會生活融爲一體，形成了一種「信仰與實踐一體化的生活方式」，這一特點決定了伊斯蘭教的傳播方式是「伴隨著穆斯林的遷徙而傳播」〔註132〕，形成了哪裏有穆斯林的現實生活，哪裏就有伊斯蘭教宗教實踐的文化傳播模式。穆斯林在伊斯蘭教的文化傳播過程中，既是宗教信仰的載體和宗教文化傳播的媒介，同時也是世俗社會生活的參與者。第二，伊斯蘭教作爲一種完整的社會文化系統，不僅包括意識形態層面的文化因素，還包括物質和制度層面的諸文化因素。因而，它所進行的文化傳播不單純只是作爲其意識形態核心內容的伊斯蘭教的傳播，也是其物質和制度層面的諸多文化實體和文化因素的傳播。事實上，由於「伊斯蘭教主要不是『傳入中國』的，而是由外來穆斯林『移植

〔註129〕《舊唐書》卷 128《秦彥傳》，頁 4716。

〔註130〕《入唐求法巡禮行記校注》卷 1，頁 95。

〔註131〕《揚州出土的唐代阿拉伯文背水瓷壺》，《文物》1983 年第 2 期。

〔註132〕楊文炯《關於伊斯蘭教入華「標誌」問題的再探討》，《西北史地》，1998 年，頁 68。

入華』的」〔註133〕，這些外來穆斯林的主體是外交使節、商人及軍士，其中商人又佔有數量上的優勢〔註134〕。載體的職業特徵決定了伊斯蘭教在唐代所進行的文化傳播中必然是以世俗性和物質性的文化因素占主導地位。第三，文化傳播具有選擇性的特徵。其選擇性體現在：作為受眾的社會文化系統可以根據自身的接納和吸收由另一文化系統所傳遞的諸多文化因素。唐文明作為一種已具有高度發達文化水平的社會文化系統，對外來文化選擇的標準是：能否在原有的文化基調上，豐富和補充自身已具有鮮明個性特徵的文化體系。這決定了唐文明在對伊斯蘭文化系統所傳播的諸多文化因素中必然是：物質文化因素多於制度和意識形態因素；世俗文化因素多於宗教文化因素。而在對制度和意識形態諸因素的選擇性接受過程中，又只能是瞭解多於吸收，借鑒多於接受。〔註135〕揚州地區作為伊斯蘭教在唐代的重要活動地區，當不例外。

在如何看待唐代穆斯林商人在伊斯蘭教文化傳播過程中的作用及意義的問題上，正如白壽彝先生所說：「大食商人在中國似無傳教之事，但他們之間來華對於教義的傳佈，似也不無關係。第一，因為他們是異邦人，並且舉止闊綽，他們行動很易受一般人注意，他們的宗教生活也就可能成為人民注意的一種目標。第二，他們在中國的商業活動，事實上恐怕不能不雇傭中國人來幫忙，這些中國人同他們相處日久，也許有信仰回教的人。」〔註136〕這個理解同樣適用於揚州地區的城居民眾。

二、本區宗教活動活躍之成因

隨著與外部世界往來的頻繁，揚州地區的宗教活動也變得非常活躍，歸納原因，主要有以下幾點：

第一，唐政府實行開放的對外政策，乃眾所周知，不必贅言。與之相應，在宗教上，實行「兼容並包、多教並行、各有側重」的開明宗教政策，保證

〔註133〕金雲峰《怎樣看待伊斯蘭教入華的「標誌」和「時間」》，《甘肅民族研究》，1999 年，頁 60。

〔註134〕李興華《試論穆斯林商人在回族發生、發展中的某種關鍵作用》，《西北民族研究》，1994 年，頁 131。

〔註135〕參見李林《伊斯蘭教在唐代活動述略——兼議伊斯蘭教在中國早期文化傳播的性質》，《回族研究》2001 年第 4 期。

〔註136〕白壽彝《中國伊斯蘭教史存稿》，寧夏人民出版社 1982 年版，頁 9～10。

了各種宗教文化在唐境的並存發展。同時，統治者還根據不同的階段和時期，對外來宗教實行一些優待政策，如唐文宗大和八年（834）頒佈的有關嶺南、福建及揚州蕃客內容的上諭：

> 南海蕃舶，本以慕化而來，固在接以恩仁，使其感悅。……深慮遠人未安，率稅猶重，思有衿恤，以示綏懷。其嶺南、福建及揚州蕃客，宜委節度觀察使除舶腳、收市、進奉外，任其來往，自為交易，不得重加率稅。〔註137〕

此條反映了唐政府對揚州等三地蕃客實行的經濟優待，由此我們可以看出，這三地蕃客當有一定的數量和規模。政府在政策上給予鼓勵和支持，反過來又吸引更多的蕃客來唐經商。這些蕃客大多是來自阿拉伯和波斯的商旅，他們所尊奉的是伊斯蘭教，教由人弘、法由人宣，蕃客行商的特點決定了伊斯蘭教也必然有很大的流動性。

第二，傳統的風俗習尚。杜佑《通典》的揚州卷末《風俗》中特別提到揚州文化的特點及其地理、歷史背景：

> 揚州人性輕揚，而尚鬼好祀。每王綱解紐，宇內分崩，江淮濱海，地非形勢，得之與失，未必輕重，故不暇先爭。然長淮、大江，皆可拒守。閩越遐阻，僻在一隅，憑山負海，難以德撫。永嘉之後，帝室東遷，衣冠避難，多所萃止，藝文儒術，斯之為盛。今雖閭閻賤品，處力役之際，吟詠不輟，蓋因顏、謝、徐、庾之風扇焉。〔註138〕

此段文字道出了揚州人受地理環境的影響而形成本地人「性輕揚」的性格特徵，以及「尚鬼好祀」的文化風貌。所述永嘉之亂後揚州很快接受南遷僑民的文化，可知唐代揚州對外來宗教文化的兼收並蓄，是有著深厚的歷史、地理根源的。

但從另一方面來看，正是這種特徵才更容易接受外來的新事物和新觀念，因而極少發生激烈的衝突和鬥爭。風俗習尚如此，思想及宗教文化也不例外。

第三，自然地理條件的優越。揚州地處江淮平原南部，南臨長江，北連淮水，中貫直達京城長安的大運河，東瀕大海，故被譽為「淮海奧區，一方

〔註137〕《冊府元龜》卷170《帝王部》，頁2056。
〔註138〕《通典》卷182《州郡十二・風俗》，頁4849～4850。

都會，兼水漕陸輓之利，有澤漁山伐之饒，俗具五方，地綿千里」〔註139〕。
北宋時人沈括（1031～1095）稱：「自淮南之西，大江之東，南至五嶺、蜀漢，
十一路百州之遷徙，貿易之人，往還皆出揚州之下，舟車日夜灌輸京師者，
居天下十之七。」〔註140〕因此，自隋唐以來，揚州一直是我國東南部的重鎮。
在唐前期，統治者在全國主要地區設立了五大都督府，多以皇子、親王遙領，
並以名臣幹吏充當大都督府長史，負實際責任，揚州即為其中之一，足見揚
州的重要地位。大都督府表明了唐政府對這個地區的高度重視。到唐代中後
期，揚州已發展成為唐代最繁華的商業貿易城市，而且是整個唐王朝的經濟
中心，時人將之與益州並稱為「揚一益二」。

　　第四，交通的便利與發達。揚州之所以吸引眾多海外各色人種、各種身
份的人入唐實現不同的願望，除去其優越的地理位置外，還與它具有四通八
達的交通運輸的條件及其能力有關。從交通方面來講，揚州已形成水陸並行
的交通網絡。從揚州出發，南向進入江南運河，直達錢塘江口的杭州，與浙
閩通道相接；北向沿著淮南運河，由泗入汴，直達東京洛陽，而轉輸長安；
東向揚子江口出海，直達朝鮮和日本，或下西洋，或由九江轉道洪州，由梅
嶺之路，直抵廣州。因此，通過江河通道而來揚州的「遷徙貿易之人」不絕
於途，通過海上通道或再轉由內陸通道而來揚州的「商胡」和「蕃客」，除卻
數以千計的西亞阿拉伯人而外，還有南亞的斯里蘭卡人、印度人，中亞的波
斯人，東北亞的朝鮮人，日本人，以及北非的埃及人，地中海的羅馬人等等。
即現代國際學術界所提出的西從意大利的威尼斯，東到日本的大阪的「泛海
上絲綢之路」沿線國家和地區的使節、學問僧、商人、傳教士與旅行家，其
中，曾有不少的人居留在揚州，並死葬於此。由於揚州東臨大海之口，又處
東西長江和南北運河交匯之地，這種海、江、河連接，城港結合的優越地理
條件，不僅使之成為唐代以來善於經商的阿拉伯、波斯穆斯林聚居之地，而
且成為東南沿海伊斯蘭教向外輻射的重鎮。當時來揚州的穆斯林商人主要經
營珠寶業及貴重香料藥材，而從揚州輸出的主要是絲綢、瓷器和銅器。便捷、
經濟的水上交通，為流動性較大的穆斯林商人提供了便利。隨著穆斯林商人
的流動，伊斯蘭也沿運河傳至淮陰、常州、蘇州等城市及鄉鎮，這些地區，
至今仍是江蘇回族穆斯林相對集中的地區。

〔註139〕（唐）陸贄《授杜亞淮南節度使制》，《文苑英華》卷454，頁2303。
〔註140〕（宋）王象之《輿地紀勝》卷37《淮南東路・揚州》引沈括《平山堂紀》，
　　　　　江蘇廣陵古籍刻印社1991年版，頁415。

　　綜上所述，在唐代，揚州地區主要流行佛教、道教、伊斯蘭教三種宗教。其中，佛教在揚州地區並不熾熱，但它最大的特點在於活動的範圍廣、空間大，佛教徒與海外尤其是日本僧徒保持著密切的聯繫。在唐代，不僅有高僧鑒眞東渡日本弘傳教法，還有更多的日僧入唐求法，據統計，除去知名的普照和圓仁外，還有近五十位日僧曾來唐求法。除日僧外，還有婆羅門僧多次經由揚州東渡日本，這些高僧的互相往來，促進了當地宗教文化的交流和融合。道教主要在本地區內活動，由於臨近道教聖地茅山，故入揚傳法的道士比本地的道士更多。較本地其它兩種宗教而言，道教的活動區域相對較狹窄和局促，它主要在揚州及茅山周圍活動，而沒有借助優越的地理位置和便利的交通而廣傳於海外，個中原因，有待於進一步研究。伊斯蘭教的廣泛傳入揚州是伴隨著阿拉伯和波斯等國商人來揚經商而發展起來的，根據傳世文獻和地下考古資料的發現，揚州在唐代有相當數量的商胡，這意味著在揚州地區伊斯蘭教的發展當有一定的規模。

　　唐政府開放的對外政策和開明的宗教政策爲揚州地區的宗教發展提供了相對自由的發展空間；揚州人「性輕揚」的性格，六朝時期建康僑舊士族及南北文化的融合，賦予了揚州易於接受外來文化的適應能力；優越的自然地理位置和便利的交通條件促進了該地與海外宗教界人士的頻繁往來。這些綜合因素使得揚州地區的外來宗教與本土宗教之間，以及各種外來宗教之間，均能夠和平相處，開放、交流與兼容，特別是與海外的交流，是揚州地區宗教文化的特色所在。

　　通過本章的論述，我們可以看出，長安和洛陽兩京地區、巴蜀地區、揚州地區三個地區的宗教活動情況各具特色。

　　兩京地區宗教的開放性、多元性、兼容性是與揚州地區所共有的特徵。所不同的是，由於國都這一特殊的地位，使兩京地區受統治政策束縛較大、受時局的影響較大，更易受統治政策和最高統治者個人好尚的影響。兩京地區的宗教發展雖呈多元化態勢，但是勢力和影響最大的還是佛教和道教，與儒家思想共同構成唐代的主流思想體系。而摩尼教、景教、祆教、伊斯蘭教等西來宗教無論從教徒還是教團的發展勢力來說，根本無法與儒釋道三教相提並論。唐穆宗長慶四年（824），舒元輿爲鄂州永興縣遷建的重崖寺作碑銘，對東漢以來佛教的興盛狀況備極讚譽，稱：

　　　　十族之鄉，百家之閭，必有浮圖爲其粉黛。國朝沿近古而有加

　　焉。亦容雜夷而來者，有摩尼焉，大秦焉，祆神焉，合天下三夷寺，

　　不足當吾釋寺一小邑之數也。〔註141〕

作者雖站在佛教的立場上對由「雜夷」傳來的宗教持貶斥和不屑的態度，但從這段記載中我們知道，三夷寺的總數甚至連一個小城邑內的佛寺數量都比不上，可見，西來宗教的發展確是勢單力薄。總的來看，它們在兩京地區始終不曾占過主流。

　　與兩京相比，揚州的佛教和伊斯蘭教的活動範圍更大、空間更廣，更注重與海外之間的宗教往來。

　　揚州與巴蜀兩地區都是唐代最重要的都市，特別是中唐以後，是唐政府在經濟上尤爲倚重的地區，從當時二地有「揚一益二」的美稱，即可見之。巴蜀佛道興盛，且在不同時期二者關係不斷變化，也是唐代二教發展趨勢的反映。而在揚州地區，則佛道二教關係相處很融洽，我們極少見到佛道相爭的迹象。在佛教方面，揚州地區不僅有如鑒眞高僧東渡日本傳法，還有大批的海外僧徒入揚求法，與揚州僧徒建立了友好的往來關係。巴蜀地區受地理位置所限，極少在該地見到西來宗教的蹤跡。巴蜀地區的高僧大德、高道之士更注重在本區內弘傳道法，發展教徒。而揚州地區，因其優越的地理位置和發達的交通條件而吸引了大量的海外胡商入揚經商，西來宗教伊斯蘭教獲得極大發展，這是巴蜀地區所不曾有的情況。

　　而前述幽州地區，以商業手工業行業社邑舉行的共同宗教生活爲特色。不過，也許這一特色的存在，是因爲房山石經題記保存了大量的相關資料所致。

〔註141〕舒元輿《唐鄂州永興縣重嚴寺碑銘》，《全唐文》卷 727，頁 7498。

參考文獻

一、古籍、出土資料

1. 《白居易集》，唐・白居易撰，北京：中華書局，1979 年版。
2. 《北夢瑣言》，五代・孫光憲撰，北京：中華書局，2002 年版。
3. 《北夢瑣言逸文》，五代・孫光憲撰，上海：上海古籍出版社，1981 年版。
4. 《冊府元龜》，宋・王欽若等撰，北京：中華書局，1960 年版。
5. 《長安志》，宋・宋敏求撰，北京：中華書局，1991 年版。
6. 《敦煌社邑文書輯校》，寧可、郝春文輯校，南京：江蘇古籍出版社，1995 年版。
7. 《房山石經題記彙編》，北京圖書館金石組，中國佛教圖書文物館石經組編，北京：書目文獻出版社，1987 年版。
8. 《抱朴子內篇》，晉・葛洪，北京：北京燕山出版社，1995 年版。
9. 《管子》，唐・房玄齡注，明・劉績增注，上海：上海古籍出版社，1989 年版。
10. 《漢書》，漢・班固撰，北京：中華書局，1962 年版。
11. 《淮南子集釋》，何寧集釋，北京：中華書局，1998 年版。
12. 《後漢書》，南朝宋・范曄撰，北京：中華書局，1965 年版。
13. 《晉書》，唐・房玄齡撰，北京：中華書局，1974 年版。
14. 《金石萃編》，清・王昶撰，北京：中國書店，1985 年版。
15. 《舊唐書》，唐・劉昫等撰，北京：中華書局，1975 年版。
16. 《舊五代史》，宋・薛居正等撰，北京：中華書局，1976 年版。
17. 《論語譯注》，楊伯峻譯注，北京：中華書局，1980 年版。

18.《洛陽出土歷代墓誌輯繩》，洛陽市文物工作隊編，北京：中國社會科學出版社，1991 年版。

19.《全唐文》，清・董誥編，北京：中華書局，1983 年版。

20.《全唐文補遺：千唐誌齋新藏專輯》，吳鋼等主編，西安：三秦出版社，2006 年版。

21.《全唐詩》（增訂本），清・彭定求編，北京：中華書局，1999 年版。

22.《全唐詩外編》（上），王重民、孫望、童養年輯錄，北京：中華書局，1982 年版。

23.《全上古三代秦漢三國六朝文》，清・嚴可均輯，北京：中華書局，1958 年版。

24.《尚書今古文注疏》，清・孫星衍撰，陳抗、盛冬鈴點校，北京：中華書局，1986 年版。

25.《十三經注疏》，阮元校刻，北京：中華書局，1980 年版。

26.《水經注》，北魏・酈道元撰，四部叢刊本。

27.《史記》，漢・司馬遷撰，北京：中華書局，1959 年版。

28.《司馬氏書儀》，司馬光撰，北京：中華書局，1985 年版。

29.《隋書》，唐・魏徵撰，北京：中華書局，1973 年版。

30.《隋唐五代墓誌彙編》，陳長安主編，天津：天津古籍出版社，1991 年版。

31.《太平廣記》，宋・李昉撰，北京：中華書局，1959 年版。

32.《唐大詔令集》，唐・宋敏求撰，北京：商務出版社，1959 年版。

33.《唐代墓誌彙編》，周紹良主編，上海：上海古籍出版社，1992 年版。

34.《唐代墓誌彙編續集》，周紹良、趙超主編，上海：上海古籍出版社，2001 年版。

35.《唐會要》，宋・王溥撰，北京：中華書局，1955 年版。

36.《唐兩京城坊考》，清・徐松撰，北京：中華書局，1985 年版。

37.《唐六典》，唐・李林甫等撰，北京：中華書局，1992 年版。

38.《唐律疏議》，唐・長孫無忌撰，北京：中華書局，1993 年版。

39.《唐語林》，宋・王讜撰，北京：中華書局，1987 年版。

40.《唐五代筆記小說大觀》，丁如明、李宗爲、李學穎等校點，上海：上海古籍出版社，2000 年版。

41.《唐摭言》，五代・王定保撰，上海：上海古籍出版社，1978 年版。

42.《通典》，唐・杜佑撰，北京：中華書局，1988 年版。

43.《魏書》，北齊・魏收撰，北京：中華書局，1974 年版。

44.《文苑英華》，宋・李昉撰，北京：中華書局，1966 年版。

45. 《新唐書》，唐・歐陽修等撰，北京：中華書局，1975 年版。

46. 《玄怪錄》，唐・牛僧孺撰，北京：中華書局，1982 年版。

47. 《因話錄》，唐・李肇撰，上海：古典文學出版社，1957 年版。

48. 《酉陽雜俎續集》，唐・段成式撰，方南生點校，北京：中華書局，1981
年版。

49. 《輿地紀勝》，宋・王象之撰，揚州：江蘇廣陵古籍刻印社，1991 年版。

50. 《元一統志》，元・李蘭肦，趙萬里校輯，北京：中華書局，1966 年版。

51. 《資治通鑒》，宋・司馬光撰，北京：中華書局，1956 年版。

52. 《左傳譯注》，李夢生譯注，上海：上海古籍出版社，2004 年版。

53. 《荊楚歲時記》，梁・宗懍，武漢：湖北人民出版社，1985 年版。

54. 《賈島集校注》，齊文榜校注，人民文學出版社，2001 年版。

二、佛道教典籍

1. 《大唐大慈恩寺三藏法師傳》，唐・慧立本、彥悰箋，北京：中華書局，
2000 年版。

2. 《大宋僧史略》，宋・贊寧撰，《大正新修大藏經》第 54 冊，《大正新修大
藏經》（簡稱《大正藏》）第 51 冊。臺北：臺北佛陀教育基金會。（以下
同）。

3. 《大智度論》，後秦・鳩摩羅什譯，《大正藏》第 25 冊。

4. 《法苑珠林校注》，唐・道世撰，周叔迦、蘇晉仁校注，北京：中華書局，
2003 年版。

5. 《佛國記》（又名《高僧法顯傳》），東晉・法顯撰，《大正藏》第 51 冊。

6. 《佛祖歷代通載》，元・念常撰，《大正藏》第 49 冊。

7. 《佛祖統紀》，宋・志磐撰，《大正藏》第 49 冊。

8. 《高僧傳》，南朝梁・釋慧皎，湯用彤校注，北京：中華書局，1992 年版。

9. 《廣弘明集》，唐・道宣撰，《大正藏》第 52 冊。

10. 《隆興編年通論》，宋・祖琇撰，《大正藏》第 75 冊。

11. 《洛陽伽藍記校釋》，北魏・楊衒之撰，周祖謨校譯，中華書局，1963 年
版。

12. 《冥報記》，唐・唐臨撰，《大正藏》第 51 冊。

13. 《入唐求法巡禮行記校注》，日・圓仁撰，白化文、李鼎霞、許德楠校注，
周一良審閱，石家莊：花山文藝出版社，1992 年版。

14. 《釋氏稽古略》，明・覺岸撰，《大正藏》第 49 冊。

15. 《宋高僧傳》，宋・贊寧撰，北京：中華書局，1987 年版。

16. 《唐大和上東征傳》,日・眞人元開撰,汪向榮校注,北京:中華書局,1979 年版。

17. 《玄應音義》(又稱《一切經音義》),唐・玄應撰,《大正藏》第 30 冊。

18. 《續高僧傳》,唐・道宣撰,《大正藏》第 50 冊。

19. 《雲笈七籤》,宋・張君房編,書目文獻出版社,1992 年版。

20. 《諸經要集》,唐・道世撰,《大正藏》第 54 冊。

21. 《道藏》,文物出版社,上海書店,天津古籍出版社,1988 年版。

三、近人論著

1. 陳寅恪《金明館叢稿初編》,上海:三聯書店,2001 年版。

2. 陳寅恪《金明館叢稿二編》,上海:上海古籍出版社,1980 年版。

3. 陳寅恪《隋唐制度淵源略論稿》,上海:三聯書店,2001 年版。

4. 程義《關中地區唐代墓葬研究》,北京:文物出版社 2012 年版。

5. 鄧小南主編《唐宋女性與社會》,上海:上海辭書出版社,2003 年版。

6. 凍國棟《中國人口史:隋唐五代時期》,上海:復旦大學出版社,2002 年版。

7. 樊光春《長安道教與道觀》,西安:西安出版社,2002 年版。

8. 傅璇琮主編《唐才子傳校箋》第四冊,中華書局,1990 年版。

9. 高世瑜《唐代婦女》,西安:三秦出版社,1988 年版。

10. 高國藩《中國民俗探微》,南京:河海大學出版社,1993 年版。

11. 葛兆光《中國思想史》,上海:復旦大學出版社,2000 年版。

12. 龔國強《隋唐長安城佛寺研究》,北京:文物出版社,2006 年版。

13. 谷霽光《府兵制度考釋》,上海人民出版社,1962 年版。

14. 顧朝林《中國城鎮體系──歷史・現狀・展望》,北京:商務印書館,1996 年版。

15. 郭紹林《唐代士大夫與佛教》,開封:河南大學出版社,1987 年版。

16. 郭朋《漢魏兩晉南北朝佛教》,濟南:齊魯書社,1986 年版。

17. 耿世民《新疆文史論集》,北京:中央民族大學出版社,2001 年版。

18. 郝春文《唐後期五代宋初敦煌僧尼的社會生活》,北京:中國社會科學出版社,1998 年版。

19. 侯旭東《五六世紀北方民眾的佛教信仰:以造像記爲中心的考察》,北京:中國社會科學出版社,1998 年版。

20. 胡戟等主編《二十世紀唐研究》,北京:中國社會科學出版社,2002 年版。

21. 胡如雷《中國封建社會形態研究》，北京：三聯書店，1979 年版。

22. 黃懺華《中國佛教史》，上海：上海文藝出版社，1990 年版。

23. 黃正建主編《中晚唐社會與政治》，北京：中國社會科學出版社，2006 年版。

24. 黃新亞《消失的太陽：唐代城市生活長卷》，長沙：湖南出版社，1996 年版。

25. 霍旭初《考證與辯析：西域佛教文化論稿》，烏魯木齊：新疆美術出版社，2002 年版。

26. 季羨林《季羨林文集》，南昌：江西教育出版社，1996 年版。

27. 羅香林《唐元二代之景教》，香港：中國學社，1966 年版。

28. 姜伯勤《唐五代敦煌寺戶制度》，北京：中華書局，1987 年版。

29. （日）加藤繁《唐宋時代的市》，收入《中國經濟史考證》上，中譯本第 1 卷，商務印書館，1959 年版。

30. （日）加藤繁《中國經濟史考證》第 1 卷（中譯本），北京：商務印書館，1960 年版。

31. 李斌城等《隋唐五代社會生活史》，北京：中國社會科學出版社，1998 年版。

32. 李廷先《唐代揚州史考》，南京：江蘇古籍出版社，2002 年版。

33. 李申《中國儒教史》（上下卷），上海：上海人民出版社，1999 年、2000 年版。

34. 李興華等《中國伊斯蘭教史》，北京：中國社會科學出版社，1998 年版。

35. 李豐楙《憂與遊：六朝隋唐仙道文學》，北京：中華書局，2010 年版。

36. 梁鴻飛、趙躍飛主編《中國隋唐五代宗教史》，北京：人民出版社，1994 年版。

37. （日）礪波護著，韓昇譯《隋唐佛教文化》，上海：上海古籍出版社，2004 年版。

38. （臺）劉淑芬《慈悲清淨：佛教與中古社會生活》，臺北，三民書局，2001 年版。

39. （日）鐮田茂雄著、鄭彭年譯：《簡明中國佛教史》，上海：上海譯文出版社，1986 年版。

40. 林悟殊《古代摩尼教》，北京：商務印書館，1983 年版。

41. 林悟殊《唐代景教再研究》，北京：中國社科出版社，2003 年版。

42. 林悟殊《中古三夷教辯證》，北京：中華書局，2005 年版。

43. 林悟殊《摩尼教及其東漸》，臺北：淑馨出版社，1997 年版。

44. 林悟殊《波斯拜火教與古代中國》，臺灣：新文豐出版公司，1995 年版。

45. 劉玉峰《唐代工商業形態論稿》，濟南：齊魯書社，2002 年版。

46. 龍顯昭等主編《巴蜀道教碑文集成》，成都：四川大學出版社，1997 年版。

47. 龍顯昭等主編《巴蜀佛教碑文集成》，成都：巴蜀書社，2004 年版。

48. （日）妹尾達彥《白居易と長安・洛陽》，東京：岩波書店，1958 年版。

49. 蒙默、劉琳、唐光沛《四川古代史稿》，成都：四川人民出版社，1988 年版。

50. （臺）明復《中國僧官制度研究》，臺灣明文書局，1981 年版。

51. 牟鍾鑒、張踐《中國宗教通史》，北京：社會科學文獻出版社，2000 年版。

52. （日）木宮泰彥《日中文化交流史》，北京：商務印書館，1980 年版。

53. 馬德《敦煌莫高窟史研究》，蘭州：甘肅教育出版社，1996 年版。

54. 潘桂明《中國居士佛教史》，北京：中國社會科學出版社，2000 年版。

55. （日）平岡武夫《唐代的長安與洛陽》，上海：上海古籍出版社，1989 年版。

56. 齊文榜《賈島集校注》，北京：人民文學出版社，2001 年版。

57. 卿希泰、唐大潮《道教史》，南京：江蘇人民出版社，2006 年版。

58. 任繼愈總編《佛教史》，北京：中國社會科學出版社，1991 年版。

59. 任繼愈主編《宗教大辭典》，上海：上海辭書出版社，1998 年版。

60. 榮新江主編《唐代宗教信仰與社會》，北京：北京大學盛唐叢書，上海辭書出版社，2003 年版。

61. （日）矢吹慶輝《三階教の研究》，東京：岩波書店刊行，1927 年版。

62. 石峻編《中國佛教思想資料選編》（第 2 卷第 4 冊），北京：中華書局，1992 年版。

63. 孫繼民《敦煌吐魯番文書所出唐代軍事文書初探》，北京：中國社會科學出版社，2000 年版。

64. 鍾國發《神聖的突破：從世界文明視野看儒佛道三元一體格局的由來》，成都：四川人民出版社，2003 年版。

65. 張小貴《中古華化祆教考述》，北京：文物出版社，2010 年版。

66. 湯用彤《隋唐佛教史稿》，北京：中華書局，1982 年版。

67. 湯用彤《漢魏兩晉南北朝佛教史》，石家莊：河北人民出版社，2001 年版。

68. 唐長孺《魏晉南北朝隋唐史三論》，武漢：武漢大學出版社，1993 年版。

69. （美）太史文著，侯旭東譯《幽靈的節日：中國中世紀的信仰與生活》，杭州：浙江人民出版社，1999 年版。

70. 王永平《道教與唐代社會》，北京：首都師大出版社，2002 年版。

71. 王媛媛《從波斯到中國：摩尼教在中亞和中國的傳播》，北京：中華書局，2012 年版。

72. 魏明孔《隋唐手工業研究》，蘭州：甘肅人民出版社，1999 年版。

73. 向達《唐代長安與西域文明》，石家莊：河北教育出版社，2001 年版。

74. 謝重光、白文固《中國僧官制度史》，西寧：青海人民出版社，1990 年版。

75. （法）謝和耐著、耿昇譯《中國 5～10 世紀的寺院經濟》，上海：上海古籍出版社，2004 年版。

76. 徐連達《唐朝文化史》，上海：復旦大學出版社，2003 年版。

77. 閻文儒《兩京城坊考補》，鄭州：河南人民出版社，1992 年版。

78. 閻步克《士大夫政治演生史》，北京：北京大學出版社，1996 年版。

79. 嚴耀中《中國東南佛教史》，上海：上海人民出版社，2005 年版。

80. 嚴耀中《佛教戒律與中國社會》，上海：上海古籍出版社，2007 年版。

81. 楊慶堃著，范麗珠譯《中國社會中的宗教：宗教的現代社會功能與其歷史因素之研究》，上海：上海人民出版社，2007 年版。

82. 楊鴻年《隋唐兩京考》，武漢：武漢大學出版社，2000 年版。

83. 楊富學《回鶻之佛教》，烏魯木齊：新疆人民出版社，1998 年版。

84. 姚平《唐代婦女的生命歷程》，上海：上海古籍出版社，2004 年版。

85. 陰法魯等《中國古代文化史》3，北京：北京大學出版社，1991 年版。

86. 余英時《士與中國文化》，上海：上海人民出版社，1987 年版。

87. 余欣《神道人心：唐宋之際敦煌民生宗教社會史研究》，北京：中華書局，2006 年版。

88. 郁賢皓《唐刺史考全編》，合肥：安徽大學出版社，2000 年版。

89. 張弓《漢唐佛寺文化史》，北京：中國社會科學出版社，1997 年版。

90. 張國剛《佛學與隋唐社會》，石家莊：河北人民出版社，2002 年版。

91. 張國剛《唐代政治制度研究論集》，臺灣：臺灣文津出版社，1994 年版。

92. 張澤咸《唐代工商業》，北京：中國社會科學出版社，1995 年版。

93. 張榮明《中國的國教》，北京：中國社會科學出版社，2001 年版。

94. 張勃《唐代節日研究》，北京：中國社會科學出版社，2013 年版。

95. 趙文潤《隋唐文化史》，西安：陝西師範大學出版社，1992 年版。

96. 朱江《海上絲綢之路的著名港口——揚州》，北京：海洋出版社，1986年版。

97. 朱謙之《中國景教》，北京：人民出版社，1993年版。

98. 中國大百科全書出版社《中國大百科全書》，1984年版。

99. 中華地圖學社出版《中國歷史地圖集》，1975年版。

四、相關論文

1. 北京市文物管理處《北京萬佛堂孔水洞調查》，《文物》1977年第4期。

2. 曹爾琴《唐長安的寺觀及有關的文化》，刊於《中國古都研究》，浙江人民出版社，1985年版。

3. 常青《龍門石窟「北市綵帛行淨土堂」》，《龍門石窟研究論文集》，1993年版。

4. 陳寅恪《馮友蘭〈中國哲學史〉下冊審查報告》，載於氏著《金明館叢稿二編》，上海古籍出版社，1980年版。

5. 陳垣《火祆教入中國考》，收入吳澤主編《陳垣史學論著選》，上海人民出版社，1981年版。

6. 陳垣《回回教入中國史略》，收入吳澤主編《陳垣史學論著選》，上海人民出版社，1981年版。

7. 陳兵《佛教的宗教信仰心理觀》，《法音》2001年第5期。

8. 陳瑞《佛教文化與隋唐洛陽城市生活》，《中學歷史教學參考》2001年第3期。

9. 陳忠凱《唐人的生活習俗：合葬與歸葬》，《文博》1995年第4期。

10. （日）道端良秀《中國佛教社會事業之一問題：養病坊》，《印度學佛教學研究》，1970、18（2）。

11. 丁建軍、趙麗梅《從城與市的關係看我國古代城市發展的三個階段》，《河北大學學報》2003年第3期。

12. 丁雙雙、魏子任《論唐宋時期喪葬中的佛事消費習俗》，《河北學刊》2003年第6期。

13. 段塔麗《從夫妻合葬習俗看唐代喪葬禮俗文化中的性別等級差異》，《陝西師範大學學報》2005年第3期。

14. 丁毅華《從唐詩看唐代洛陽的生活畫卷》，《文史知識》1994年第11期。

15. 馮培紅《P.3249背〈軍籍殘卷〉與歸義軍初期的僧兵武裝》，《敦煌研究》1998年第2期。

16. 葛兆光《重新清理唐代宗教的歷史：讀吉川忠夫編〈唐代の宗教〉》，載於《屈服史及其他：六朝隋唐道教的思想史研究》，三聯書店，2003年版。

17. 葛承雍《唐代長安：一個粟特家庭的景教信仰》，《歷史研究》2001 年第 3 期。

18. 葛承雍《唐代乞丐與病坊探討》，《人文雜誌》1992 年第六期。

19. 葛承雍《西安、洛陽唐兩京出土景教時刻比較研究》，《文史哲》2009 年第 2 期。

20. 耿慧玲《由墓誌看唐代取佛教化名號的社會現象》，刊於《唐代文化研討會論文集》，臺灣文史哲出版社，1991 年版。

21. 郭紹林《論隋唐時期慶生辰》，《陝西師範大學學報》1988 年第 3 期。

22. 郝春文《隋唐五代宋初傳統私社與寺院的關係》，《中國史研究》1991 年第 2 期。

23. 韓香《唐代外來宗教與中亞文明》，《陝西師範大學學報》2006 年第 5 期。

24. 何茲全《中古時代之中國佛教寺院》，《中國經濟》1934 年第 2 期。

25. 賀梓城《唐長安城歷史與唐人生活習俗》，《文博》1984 年第 2 期。

26. 胡昌健《佛教傳入巴渝地區的時間和路線》，《四川文物》2004 年第 3 期。

27. 胡小偉《三教論衡與唐代俗講》，選自《周紹良先生八十壽辰紀念論文集》，中華書局，1997 年版。

28. 洪修平《儒佛道三教關係與中國佛教的發展》，《南京大學學報》2002 年第 3 期。

29. 黃心川《瑣羅亞斯德教簡介》，《世界宗教史料》1984 年第 4 期。

30. 黃夏年《四十年來我國玄奘研究的綜述》，《佛學研究》1993 年。

31. 黃夏年《百年玄奘研究綜述》，《廣東佛教》第 1 期，後收入黃心川主編《玄奘精神與西部文化：玄奘精神與西部文化研討會論文集》，三秦出版社，2002 年版。

32. 黃夏年《唐代山西太原寺與崇福寺芻議》，2006 年 8 月太原「佛教本土化與晉陽文化嬗變」學術研討會論文。

33. 黃海德《中國西部古代道教石刻造像研究》，《世界宗教研究》1994 年第 1 期。

34. 黃清發《唐代僧尼的出家方式與世俗化傾向》，《南通師範學報》2002 年第 3 期。

35. 黃炳章《房山雲居寺石經》，刊於中國佛教協會著《房山石經之研究》，中國佛教出版社，1984 年版。

36. 焦傑《從唐墓誌看唐代婦女與佛教的關係》，《陝西師範大學學報》2000 年第 1 期。

37. 金雲峰《怎樣看待伊斯蘭教入華的「標誌」和「時間」》，《甘肅民族研究》1999 年第 1 期。

38. 李斌城《唐前期道儒釋三教在朝廷的鬥爭》，選自楊曾文、方廣錩《佛教與歷史文化》，宗教文化出版社，2001 年版。

39. 李斌城《論唐代士大夫與佛教》，刊於《魏晉隋唐史論集》2，中國社會科學出版社，1983 年版。

40. 李興華《試論穆斯林商人在回族發生、發展中的某種關鍵作用》，《西北民族研究》，1994 年第 1 期。

41. 李興華《揚州伊斯蘭教研究》，《回族研究》2005 年第 1 期。

42. 李林《伊斯蘭教在唐代活動述略——兼議伊斯蘭教在中國早期文化傳播的性質》，《回族研究》2001 年第 4 期。

43. 李林《中國佛教史上的福田事業》，《法音》2005 年第 12 期。

44. 李傳軍《論元宵觀燈起源於西域佛教社會》，《西域研究》2007 年第 4 期。

45. 李曉敏《隋唐時期的出家人與家庭》，《河南社會科學》2005 年第 2 期。

46. 李文生、楊超傑《龍門石窟佛教瘞髒形制的新發現——析龍門石窟之瘞穴》，《文物》1995 年第 9 期。

47. （臺）劉淑芬《林葬——中古佛教靈屍葬研究之一》，《大陸雜誌》第 96 卷第 1 期。

48. （臺）劉淑芬《林葬——中古佛教露屍葬研究之一（三)》，《大陸雜誌》第 96 卷第 3 期。

49. （臺）劉淑芬《石室瘞窟——中古佛教露屍葬研究之二》，《大陸雜誌》第 98 卷第 2 期。

50. （臺）劉淑芬：《五至六世紀華北鄉村的佛教信仰》，《史語所集刊》1993 年第 63 本第 3 分。

51. （臺）劉淑芬：《玄奘的最後十年（655～664）——兼論總章二年（669）改葬事》，《中華文史論叢》2009 年第 3 期。

52. 劉有延《伊斯蘭教入華隋開皇說溯源及其正確評價》，《回族研究》2013 年第 3 期。

53. 劉琴麗《墓誌所見唐代比丘尼與家人關係》，《華夏考古》2010 年第 2 期。

54. 梁豐《從房山「石經題記」看唐代的邑社組織》，《中國歷史文物》1987 年。

55. 林悟殊《唐朝三夷教政策論略》，刊於《唐研究》卷 4，北京大學出版社，1998 年版。

56. 林悟殊、殷小平《經幢版〈大秦景教宣元至本經〉考釋——唐代洛陽景教經幢研究之一》，《中華文史論叢》2008 年第 1 期。

57. 殷小平、林悟殊《〈幢記〉若干問題考釋——唐代洛陽景教經幢研究之二》，《中華文史論叢》2008 年第 2 期。

58. 林悟殊《經幢版「三位一體」考釋——唐代洛陽景教經幢研究之三》,《中華文史論叢》2009 年第 1 期。

59. 林悟殊《唐代景僧名字的華化軌迹——唐代洛陽景教經幢研究之四》,《中華文史論叢》2009 年第 2 期。

60. 盧建榮《從造像記論五六世紀北朝鄉民社會意識》,《歷史學報》1995 年第 23 期。

61. 羅炤《洛陽新出土〈大秦景教宣元至本經及幢記〉石幢的幾個問題》,《文物》2007 年第 6 期。

62. 米壽江《揚州早期的穆斯林與伊斯蘭教東傳》,《世界宗教研究》,1999 年第 2 期。

63. 牟發松《陳朝建立之際的合法性訴求及其運作》,《中華文史論叢》2006 年第 3 期。

64. 牟發松《關於〈荊楚歲時記〉的幾個問題》,載於《南國名都江陵:它的歷史與文化》,湖北教育出版社 1993 年版。

65. 卿希泰《道教在巴蜀初探(上、下)》,《社會科學研究》2004 年第 5、6 期。

66. 全漢昇《中古佛教寺院的慈善事業》,《食貨》1935、1 (4)。

67. 榮新江《關於隋唐長安的幾點思考》,《唐研究》第 9 卷,北京大學出版社,2003 年版。

68. 榮新江《一個入仕唐朝的波斯景教家族》,《伊朗學在中國論文集》第 2 集,北京:北京大學出版社,1998 年版。

69. (日)善峰憲雄《唐朝朝代的悲田養病坊》,《龍谷大學論集》,1969 年版。

70. 蘇士梅《從墓誌看佛教對唐代婦女生活的影響》,《史學月刊》2003 年第 5 期。

71. 孫昌武《唐長安佛寺考》,《唐研究》第 2 卷,北京大學出版社,1996 年版。

72. 孫剛英《長安與荊州之間:唐中宗與佛教》,載於榮新江主編《唐代宗教信仰與社會》,上海辭書出版社,2003 年版。

73. 石小英《八至十世紀敦煌尼僧與世俗家庭的關係》,《世界宗教研究》2009 年第 1 期。

74. 唐長孺《吐魯番文書所見絲織手工業技術在西域各地的傳播》,氏著《山居存稿》,中華書局,1989 年版。

75. 唐耕耦《房山石經題記中的唐代社邑》,《文獻》1989 年第 1 期。

76. 田廷柱《唐代手工業者生產生活狀況探微》,載於《中外封建社會勞動者狀況比較研究論文集》,天津:南開大學歷史系,1989 年版。

77. 王三北、趙宏勃《唐代的佛道之爭：論官方對民間信仰的整合》，選自《中國社會歷史評論》，張國剛主編，商務印書館，2002 年版。

78. 王永平《論唐代道教的發展規模》，《首都師範大學學報》2002 年第 6 期。

79. 王維坤《唐代長安與西方宗教文化交流的研究》，《西北大學學報》2002 年第 4 期。

80. 王濤《唐宋之際城市民眾的佛教信仰》，《山西師範大學學報》2007 年第 1 期。

81. 王永平《試釋唐代諸帝服餌丹藥之謎》，《歷史研究》，1999 年第 4 期。

82. 王媛媛《唐開元二十年禁斷摩尼教原因辨析》，《中華文史論叢》2008 年第 2 期。

83. 王媛媛《新出漢文〈下部贊〉殘片與高昌回鶻的漢人摩尼教團》，《西域研究》2005 年第 2 期。

84. 魏明孔《唐代私營手工業作坊之管見》，《中國經濟史研究》，1998 年第 2 期。

85. 吳敏霞《從唐墓誌看唐代女性佛教信仰及其特點》，《佛學研究》2002 年。

86. 吳濤《盛唐時期的東都洛陽》，《鄭州大學學報》1992 年第 6 期。

87. 吳夢麟《房山石經述略》，載於《房山石經之研究》1987 年版。

88. 北京市文物管理處《北京萬佛堂孔水洞調查》，《文物》1977 年第 4 期。

89. 謝生保、謝靜《敦煌文獻與水陸法會──敦煌唐五代時期水陸法會研究》，《敦煌研究》2006 年第 2 期。

90. 許蔚《吐魯番出土編號 81TB65：1 摩尼教殘卷插圖之臆說》，《敦煌研究》2011 年第 2 期。

91. 嚴耀中《墓誌祭文中的唐代婦女佛教信仰》，載於鄧小南主編《唐宋女性與社會》，上海辭書出版社，2003 年版。

92. 袁剛《論隋唐政府的宗教事務管理》，《貴州社會科學》2013 年第 1 期。

93. 楊梅《唐代尼僧與世俗家庭的關係》，《首都師範大學學報》2004 年第 5 期。

94. 楊寶玉《中晚唐時期的世俗佛教信仰》，載於黃正建主編《中晚唐社會與政治研究》，中國社會科學出版社，2006 年版。

95. 楊文炯《關於伊斯蘭教入華「標誌」問題的再探討》，《西北史地》1998 年第 4 期。

96. 楊維中《法門寺佛骨崇拜析》，《西北大學學報》1994 年第 1 期。

97. 楊富學《關於回鶻摩尼教史的幾個問題》，《世界宗教研究》2007 年第 1 期。

98. 姚瀟鶊《試述魏晉南北朝時期中土商人的佛教信仰》,《史林》2011 年第 2 期。

99. 姚瀟鶊《隋唐時期中土商人的佛教信仰》,《雲南社會科學》2013 年第 4 期。

100. 張澤洪《唐代道教規模辨析》,《宗教學研究》1997 年第 1 期。

101. 張澤咸《唐代的誕節》,《魏晉南北朝隋唐史資料》11,武漢大學出版社,1991 年版。

102. 張澤咸《唐代的節日》,《文史》37,1993 年。

103. 張弓《南北朝隋唐寺觀戶述略》,《中國史研究》,1984 年第 2 期。

104. 張弓《中古盂蘭盆節的民族化衍變》,《歷史研究》1991 年第 1 期。

105. 張弓《敦煌春月節俗探論》,《中國史研究》1989 年第 3 期。

106. 張弓《唐代士人的「始儒終佛」》,《華梵大學第七屆儒佛會通學術研討會論文集》,臺北,2003 年版。

107. 張乃翥《跋河南洛陽新出土的一件唐代景教石刻》,《西域研究》2007 年第 1 期。

108. 張乃翥《龍門石窟唐代瘞窟的新發現及其文化意義的探討》,《考古》1991 年第 2 期。

109. 張建木《房山石經題記歷史資料初探（上）》,《法音》1981 年第 2 期。

110. 張國剛《〈佛說諸德福田經〉與中古佛教的慈善事業》,《史學集刊》2003 年第 2 期。

111. 張梅雅《同行解脫之道：南北朝至唐朝比丘尼與家族之關係》,《文獻》2012 年第 3 期。

112. 趙宏勃《唐代的宗教體驗與世俗社會：對戴孚〈廣異記〉的解讀》,載於《中國社會歷史評論》第 2 卷,2000 年版。

113. 鄭顯文《唐代道僧格的研究》,《歷史研究》,2004 年第 4 期。

114. 鄭華達《唐代宮人釋放問題初探》,《中華文史論叢》,1994 年第 53 輯。

115. 周侃《淺談唐代手工業者的宗教信仰生活》,《聊城大學學報》,2004 年第 2 期。

116. 朱江《揚州出土的唐代阿拉伯文背水瓷壺》,《文物》1983 年第 2 期。

117. （日）佐藤智水《北朝造像銘考》,載於《日本中青年學者論中國史·六朝隋唐卷》,上海古籍出版社,1995 年版。

五、博碩士論文

1. 朱紅《唐代節日民俗與文學研究》,復旦大學 2003 屆博士論文。

2. 周奇《唐代宗教管理研究》，復旦大學 2005 屆博士論文。

3. 杜本明《唐代小說中的揚州印象》，揚州大學 2007 年碩士論文。

後　記

本書是在我的博士論文基礎上修改而成的。

掩卷回眸，往事如昨。求學時的清苦、但快樂無憂的生活，仍令我回味無窮。尤使我難忘並賦予我終生精神財富的是在求學期間，我有幸追隨並沐浴三位先生的春風化導。

胡戟先生是我碩士研究生的導師。先生學風嚴謹，思維敏銳，視野宏闊，對中古佛教史的研究就是在先生的指導下選定的。先生還主張我們快樂的學習和研究歷史。爲了使我們深刻體驗歷史的滄桑感，他堅持讓我們在暑期遊走絲綢之路。絲綢之路之行是我一生難忘的經歷，這使我對中古佛教有了感性的認識，也激發了我後來對佛教史的繼續研究。

牟發松先生是我博士研究生的導師。先生儒雅溫潤、睿智深博，治學嚴謹、操清節勁。其言傳身教，使我在學業和人生上都得到莫大的啓迪。尤其對於世事的洞察和明辨更使我歎服於他的大智，這是我在工作後有了一些社會閱歷，才恍悟先生的睿智。

2013 年初，我有幸來到山東大學，成爲一名博士後，繼續我中古佛教史的研究，成爲馬新先生門下的弟子。馬先生的工作、家庭及育子都堪稱典範，令我極其欽羨。我總是竊思，如有先生其中之一的智慧和成就，我也足矣。在研究中，她深諳我研究時間的緊迫和壓力，總是閒談出遊旅行以使我放鬆，卻不忘適時地督促我的課題進展。

藉此向三位恩師表示我最衷心的敬意和深深的謝忱。

山東大學王大建教授的提攜後進，范學輝教授在工作和生活中對我的指導和鼓勵，都給我極大的幫助，我由衷向他們表示感謝。

此外，本書能得以現在的方式完成，還承蒙許多學界專家學者的教誨。他們是華東師範大學章義和教授、華東師範大學莊輝明教授、華東師範大學陳江教授、上海師範大學嚴耀中教授、鄭州大學張旭華教授、南京師範大學劉進寶教授、上海社科院鍾國發研究員。

數年的求學和工作，使我有幸結識並受惠於如下的師友：華東師範大學李磊副教授、新疆師範大學蓋金偉教授、河南科技大學王東洋副教授、衡陽學院宋社洪副教授、上海交通大學劉嘯博士，以及汪海、王偉、潘泠同門同學；同窗貴州師範大學許靜教授、哈爾濱師範大學苑爽副教授、湘潭大學李伏清副教授，同學新華社上海分社朱文娟碩士、許昌學院孫偉碩士、山東女子學院李學娟博士；上海師範大學侯沖教授、西南大學溫翠芳副教授、許昌學院姜榮剛副教授、河南大學王喜副教授、河南理工大學劉剛副教授，山東大學、加拿大多倫多大學譚明冉副教授，齊魯工業大學陳靜、王聖賢伉儷。他們或惠賜資料，或點撥沈冗，或切磋鼓勵，或給予我生活上的關照。每當憶起，總令我唏噓感動。

當然，最應感謝的還有我的父母姐弟。他們從物質和精神生活上對我傾其所能、傾其所有的關愛，任何言語，難述一二。

工作後的人生閱歷，令我讀懂了歷史的滄桑，驚歎於史書中的大智慧，驀然懂得：從讀大學開始，歷史學選擇了資質駑鈍的我冥冥中或許是一種宿命。它大概希望我在社會上能有些安身立命的智慧吧。我固然才疏學淺，但仍真誠希望自己在歷史的研究中獲取知人閱世的更多大智大慧。

如果本書有些微色澤的話，都承蒙師長、朋友的幫助和前賢研究的啓發，而書中存在的缺點和不足，則完全由我個人負責。

陳豔玲

2014 年 5 月 9 日於山東大學洪家樓寓所